新编教育学

蔡慧琴 胡小萍 李 欢
严佳晨 曹晓微 陈油华 编著

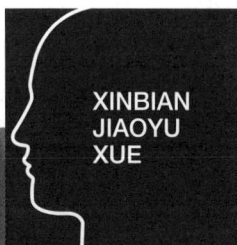

XINBIAN
JIAOYU
XUE

XIN BIAN
JIAO YU XUE

北京师范大学出版集团
BEIJING NORMAL UNIVERSITY PUBLISHING GROUP
北京师范大学出版社

图书在版编目（CIP）数据

新编教育学 / 蔡慧琴等编著. —北京： 北京师范大学出版社，
2018.8（2022.8重印）
 ISBN 978-7-303-24123-1

Ⅰ.①新… Ⅱ.①蔡… Ⅲ.①教育学－高等学校－教材
Ⅳ.①G40

中国版本图书馆CIP数据核字（2018）第191499号

营 销 中 心 电 话	010-58802135　010-58802786

北师大出版社教师教育分社微信公众号　京师教师教育

出版发行：北京师范大学出版社　www.bnup.com
　　　　　北京市海淀区新街口外大街12-3号
　　　　　邮政编码：100088
印　　刷：天津中印联印务有限公司
经　　销：全国新华书店
开　　本：787 mm×1092 mm　1/16
印　　张：23.75
字　　数：545千字
版　　次：2018年8月第1版
印　　次：2022年8月第4次印刷
定　　价：46.50元

策划编辑：王剑虹	责任编辑：陈红艳
美术编辑：李向昕	装帧设计：李向昕
责任校对：陈　民	责任印制：赵　龙

前言
FOREWORD

为加快我国教师队伍建设，推进教育事业健康发展，教育部在 2011 年发布的《教师教育课程标准(试行)》中指出："教师教育课程应引导未来教师树立正确的儿童观、学生观、教师观与教育观，掌握必备的教育知识与能力，参与教育实践，丰富专业体验。"2012 年颁布的《中学教师专业标准(试行)》和《小学教师专业标准(试行)》对中小学教师应具备的专业理念、专业知识和专业能力进行了具体的阐述。从 2015 年起，教师资格考试实行全国统一考试，考试按照高考的要求来组织。依据这些精神，我们特组织教师编写了这本《新编教育学》。本书在编写的过程中体现以下三个特点。

一、理论性与实践性统一

本书坚持以理论为指导，以解决问题为指向。一方面，要将教育学的基本知识和基本原理阐述清楚；另一方面，强调作为教师的实践性知识。

二、前沿性与基础性统一

本书力求在反映学科基本理论、基础知识、基本能力的同时贴近学科前沿，将学科领域最新的研究成果反映出来。

三、严谨性与活泼性统一

本书在追求知识逻辑体系严谨的同时，力求体例的活泼，以增强知识的可读性。

本书共十三章，可以相对地划分为三个部分。第一部分是基础理论篇，包括教育与教育学、教育与社会的发展、教育与人的发展、教育目的和教育制度等五章内容，侧重于理论知识的阐述。第二部分是课程与教学篇，包括课程、教师与学生、教学(上)、教学(下)等四章内容，侧重于实践知识的探索。第三部分是管理篇，包括德育、班主任与班级管理、教育法律法规、教育科学研究等四章，侧重于管理知识的提升。

本书由蔡慧琴拟定写作体例和提纲，其中：蔡慧琴撰写第四章、第七章、第十章；胡小萍撰写第六章、第十一章；李欢撰写第一章、第八章、第九章；严佳晨撰写第二章、第三章；曹晓微撰写第五章、第十二章；陈油华撰写第十三章；全书由蔡慧琴统稿。

在编著过程中，我们参阅借鉴了许多同行专家的研究成果，虽然做了严格的注释，但仍恐挂一漏万。特此向他们表示衷心的谢意！感谢南昌师范学院教务处、教育系领导对本书编写与出版的大力支持！

由于我们的学术水平和研究水平有限，书稿虽然付梓，仍有舛误，敬请各位同行和读者提出宝贵意见，以便我们修改完善。

编者

目 录
CONTENTS

第一章　教育与教育学

学习目标 ▶ ··

1. 掌握教育的基本概念和构成要素，了解教育的形态分类和属性。

2. 熟记教育学的产生与发展的脉络，识记有代表性的人物、观点及相关著作，初步把握教育学未来的发展趋势。

3. 了解教育学的研究对象和研究任务，能够阐述学习教育学的意义，并运用正确的方法学习。

要成为一名合格的教育者，首先需要对"什么是教育"有最初步的认识。本章节从教育的概念、构成要素入手，介绍了教育的形态与属性，并详尽地分析了教育的产生与发展的历史、教育学产生的历程等，有助于学习者从整体上把握教育与教育学发展的趋势与特点。

第一节　教育概述

一、教育的概念

在现代社会中，人们常会提到并在生活中使用"教育"这个词，如"百年大计，教育为本""父母应该重视孩子的教育问题"，参加了某个活动后会认为自己"受到了一次深刻的教育"，似乎每个人都理解教育的意思。但是当深入地追问"教育是什么"时，却未必每个人都能准确地答上来。

从词源来看，"教育"一词在现代英语中是 education，在现代法语中是 l'éducation，在现代德语中是 erziehung。三者都源于拉丁文 educare，educare 是个名词，它是从动词 educere 转换来的，educere 是由前缀 e 与词根 ducare 合成的。前缀 e 有"出"的意思，而词根 ducare 则为"引导"，二者合起来就是"引出"，意思就是采用一定的手段，把某种本来潜藏于人身上的东西引导出来，从一种潜质转变为现实。

"教"的甲骨文常见写法是"𝖺"，这是个会意字，其右是一只手拿了一条教鞭（或是棍子），左下方是个"子"（小孩），"子"上面的两个叉是被教鞭抽打的象征性符号。东汉许慎《说文解字》将其释为"上所施，下所效也。"在我国"教育"一词最早见于《孟子·尽心上》中的"得天下英才而教育之，三乐也"一句。在 20 世纪之前，思想家们论述教育问题，大都使用的是"教"与"学"这两个词，且以"学"的提法居多，如《学记》《进学解》《劝学篇》。20 世纪初，从日文转译过来的"教育"一词取代传统的"教"与"学"，并成为我国教育学的一个基本概念。作为一种直面人、关心人和培养人的社会活动，教育自身有着悠久的发展历史，有着复杂的内在结构，有着与其他社会活动的多方面的联系。

在教育学界，关于教育的定义多种多样，仁者见仁，智者见智。多数学者都认可教育作为一种培养人的社会活动，可以从广义和狭义两种角度理解其概念。广义上，凡是能够增进人的知识和技能的活动，影响人们思想品德的活动，增强人的体质的活动，不管是有组织的还是无组织的，系统的还是零碎的，都可以被称为教育。狭义的教育即学校教育，教育者根据一定社会或阶级的要求，遵循年青一代身心发展的规律，有目的、有计划、有组织地引导受教育者获得知识技能，陶冶思想品德，发展智力、体力，以便把受教育者培养成一定社会和阶级所需要的人。更为狭义的教育即指思想道德教育。

拓展阅读

美国老师如何讲《灰姑娘》

上课铃响了，孩子们跑进教室，这节课老师讲的是《灰姑娘》的故事。

老师先请一个孩子上台给同学们讲一讲这个故事。

孩子很快讲完了，老师对他表示了感谢，然后开始向全班同学提问。

老师：你们喜欢故事里的哪一个？不喜欢哪一个？为什么？

学生：喜欢辛德瑞拉(灰姑娘)，还有王子，不喜欢她的后妈和后妈带来的姐姐，辛德瑞拉善良可爱漂亮，后妈和姐姐对她不好。

老师：如果在午夜12点的时候，辛德瑞拉没有来得及跳上她的南瓜马车，你们想想，可能会出现什么情况？

学生：辛德瑞拉会变成原来脏脏的样子，穿着破旧的衣服。哎呀，那就惨啦。

老师：所以，你们一定要做一个守时的人，不然就可能给自己带来麻烦。另外，你们看，你们每个人平时都打扮得漂漂亮亮的，千万不要突然邋里邋遢地出现在别人面前，不然，你们的朋友要被吓着了。

老师：好，下一个问题。如果你是辛德瑞拉的后妈，你会不会阻止辛德瑞拉去参加王子的舞会？你们一定要诚实哟！

学生：(过了一会儿，有孩子举手回答)是的，如果我是后妈，我也会阻止她去参加王子的舞会。

老师：为什么？

学生：因为我爱自己的女儿，我希望自己的女儿当上王后。

老师：是的，所以，我们看到的童话里的后妈好像都是不好的人，她们只是对别人不够好，可是，她们对自己的孩子却很好，你们明白了吗？她们不是坏人，只是她们还不能够像爱自己的孩子一样去爱其他的孩子们。下一个问题。辛德瑞拉的后妈不让她去参加王子的舞会，甚至把门锁起来，她为什么能够去，而且成为舞会上最美丽的姑娘呢？

学生：因为有仙女帮助她，给她漂亮的衣服，还把南瓜变成马车，把狗和老鼠变成仆人。

老师：对，你们说得好！想一想，如果辛德瑞拉没有得到仙女的帮助，她是不可能去参加舞会的，是不是？

学生：是的！

老师：如果狗、老鼠不愿意帮助她，她可能在最后时刻成功地跑回家吗？

学生：不会，那样她就可以成功地吓到王子了(全班大笑)。

老师：虽然辛德瑞拉有仙女的帮助，但是，光有仙女的帮助是不够的。所以，孩子们，无论走到哪里，我们都是需要朋友的。我们的朋友不一定是仙女，但是，我们需要他们，我也希望你们有很多很多的朋友。下面，请想一下，如果辛德瑞拉因为后妈不愿意她参加舞会就放弃了机会，她可能成为王子的新娘吗？

学生：不会！那样的话，她就不会到舞会上，王子就不会遇到、认识和爱上她了。

老师：对极了！如果辛德瑞拉不想参加舞会，就是她的后妈没有阻止，甚至支持她去，也是没用的，是谁决定她要去参加王子的舞会？

学生：她自己。

老师：所以，孩子们，即使辛德瑞拉没有妈妈爱她，她的后妈不爱她，这也不能够让她不爱自己。就是因为她爱自己，她才可能去寻找自己希望得到的东西。如果你们当中有人觉得没有人爱，或者像辛德瑞拉一样有一个不爱她的后妈，你们要怎么样？

学生：要爱自己！

老师：对，没有一个人可以阻止你爱自己，如果你觉得别人不够爱你，你要加倍地爱自己；如果别人没有给你机会，你要加倍地给自己机会；如果你们真的爱自己，就会自己找到自己需要的东西，没有人可以阻止辛德瑞拉参加王子的舞会，没有人可以阻止辛德瑞拉当上王后，除了她自己，对不对？

学生：是的！

老师：最后一个问题，这个故事有什么不合理的地方？

学生：（过了好一会儿）午夜12点以后所有的东西都要变回原样，可是，辛德瑞拉的水晶鞋没有变回去。

老师：天哪，你们太棒了！你们看，就是伟大的作家也有出错的时候，所以，出错不是什么可怕的事情。我担保，如果你们当中谁将来要当作家，一定比这个作家更棒！你们相信吗？

孩子们欢呼雀跃。

在动物界，尤其是高等动物界的代与代之间也存在着类似人类的"教育"和"教学"的现象，但在本质上有巨大的差异。

首先，所谓动物的"教育"和"教学"完全是一种基于生存本能的自发行为，而不是后天的习得行为。它的产生与动物的生理需求直接相关，其内容也紧紧围绕生存本能。无论是鸟会飞、鸭会游，还是猫捉老鼠、动物表演等，都是建立在本能基础上的，而非教育的结果。人类的教育活动与动物相比，最大的区别在其社会性上。人的教育需要不是直接产生于生物本能，而是产生于社会延续与发展的需要。教育一开始就是一种为了社会的活动。

其次，动物没有语言，不具备将个体经验积累起来向他人传递的能力。"动物不能把同类的不同特征汇集起来，它们不能为同类的共同利益和方便作出任何贡献。"①因此，所谓动物的"教育"只能一直停留在第一信号系统的水平上，它不可能有类的经验，也不可能进行个体之间的经验交流和传递，因而也就不可能通过"教育"使动物一代胜过一代。尽管一代代的老猫都"教"小猫捕鼠，但猫的本领始终不过是捕鼠而已。

由此可见，教育是人类社会特有的活动。正像社会性是人与其他动物的本质区别而因此需要用"人"这个词把人与动物区别开来一样，教育是人类特有的一种有意识的活动教育，是人类社会特有的传递经验的形式，是有意识地以影响人的身心发展为目标的社会活动。尽管教育的形态、性质、目的、内容、方法及组织形式千差万别，人们对教育的界定也是见仁见智，但任何教育都存在着一个共同的基本点，即培养人。教育之所以区别于其他社会现象，就是因为其本质属性就是培养人。

二、教育的构成要素

所谓要素是指构成活动必不可少的、最基本的因素，但它并不包含活动中涉及的所有因素。那些没有包括在要素中的其他因素，可被视为只要具备了要素就能派生出来的成分。

本书借鉴十二所师范大学联合编写的《教育学基础》，将教育活动的基本要素概括为教育者、学习者和教育影响。这三者之间的关系是相互独立、相互依存的。没有教育者，教育活动就不可能展开，学习者也不可能得到有效的指导；没有学习者，教育活动就失去了对象，无的放矢；没有教育影响，教育活动就成了无米之炊、无源之水，再好的教育意图、再好的发展目标也都无法实现。

（一）教育者

教育者，简言之就是从事教育活动的人。由于对教育的定义不同，人们对教育外延的理解也不同。如果将"教育"按照广义的概念理解，即理解为一切能够增进人们的知识和技能、影响人们思想品德的活动，那么任何人都可以是教育者，因为任何人在日常生产和生活中总会通过各种途径对他人的态度、知识、技能及思想品德产生影响。在这个意义上，我们可以说父母是教育者，也可以说新闻记者是教育者，甚至可以说政治家是教育者。如果将教育按照狭义的概念理解，即理解为学校教育，那么教育者主要指教师，因为只有教师才是专门从事学校教育工作的人。如果将教育理解为思想政治教育，那么一切有助于提高人民思想政治觉悟的人都是教育者。在这个意义上，我们可以说环卫工人也是教育者。如果将"教育"定义为引起学习的过程，那么任何能够引起某种学习行为的人都是教育者。在这个意义上，我们可以说，装有学习程序的计算机也算作教育者。

---

① 全国十二所重点师范大学联合编写：《教育学基础（第3版）》，5页，北京，教育科学出版社，2016。

根据我们对教育的理解，我们认为教育者是指能够在一定社会背景下促使个体进行社会化和社会个性化活动的人。一个真正的教育者必须有明确的教育目的，理解他在实践活动中所肩负的促进个体发展及社会发展的任务或使命。那些偶尔对学生的身心发展产生影响的人不能被称为教育者。教育者要了解个体身心发展的规律以及社会对个体发展所提出的客观要求，也就是说，他们必须具有必要的能够实现促使个体发展及社会发展任务或使命的知识。一个对个体社会化或社会个性化的过程、条件、影响因素等一无所知的人是没有资格自称为教育者的。所以，教育者意味着一种资格，是能够根据自己对于个体身心发展及社会发展状况或趋势的认识，来引导、促进、规范个体发展的人。因此，教育者这个概念，不仅是对从事教育职业的人的总称，更是对他们内在态度和外在行为的一种规定。这样才能从类和质两方面来把握这个概念。

(二)学习者

传统上，人们将受教育者或学生作为教育活动的一个基本要素，它是相对于教育者或教师而言的。现在，人们更多地用学习者这个概念而不使用受教育者或学生这两个概念。主要原因是随着人们对教育活动认识的进一步深入，人们认为受教育者这个概念将教育对象看作比较被动的存在，看作纯粹接受教育者教育或被教育者教育的人。这也就意味着教育是一种发生在教育对象身外，并由教育者施加于教育对象身心的某种事情。而学生这个概念尽管也有学习者的含义，但是它所指的学习者主要是那些在身心两方面还没有完全成熟的人，这是由构成学生这个词中的"生"决定的。近半个世纪以来，随着终身教育时代的来临，教育的对象已经从青少年扩大到成人，包括了所有的社会公民。

拓展阅读

如此"受教育"

传统的教育观念将学生视为被动的个体，正如此漫画刻画的那样，教育者一厢情愿地将知识和技能一股脑地塞给受教育者。随着人们对教育活动认识的逐渐深入，人们普遍认可教育者应转变观念，对学生的认识从受教育者转为学习者，努力使学生从被动学变为主动学。

(三)教育影响

教育影响即教育活动中教育者作用于学习者的全部信息，既包括了信息的内容，也包括了信息选择、传递和反馈的形式，是形式和内容的统一。内容主要就是教育内容、教育材料或教科书；形式主要就是教育手段、教育方法、教育组织形式。正是教育内容与教育形式的统一所构成的教育影响，使得教育活动成为一种区别于其他社会活动的一种相对独立的社会实践活动。

上述教育的三要素之间既相互独立，又相互规定，共同构成一个完整的实践活动系统。各个要素本身的变化必然导致教育系统状况的改变，不同教育要素的变化及其组合最终形成了多样的教育形态，担负起促使个体社会化和社会个性化的神圣职责。[①]

三、教育的形态

教育形态是指由上述三个基本要素所构成的教育系统在不同时空背景下的变化形式，也是教育理念的历史实现。根据不同标准，可以划分出不同的教育形态。从目前教育学的研究来看，划分教育形态的标准大致有三个：一是教育系统自身的标准，二是教育系统所赖以运行的场所或空间标准，三是教育系统所赖以运行的时间标准。

从教育系统自身的标准出发，可以将教育形态划分为非制度化的教育与制度化的教育；从教育系统所赖以运行的场所或空间标准出发，可以将教育形态划分为家庭教育、学校教育与社会教育；从教育系统所赖以运行的时间标准以及建立于其上的产业技术和社会形态出发，我们可以将教育形态划分为农业社会的教育、工业社会的教育与信息社会的教育。下面，我们分别阐述和比较这些教育形态的关键特征。

(一)非制度化的教育与制度化的教育

根据教育系统自身形式化的程度，可以把教育形态划分为非制度化的教育与制度化的教育两种类型。

非制度化的教育是指那些没有能够形成相对独立的教育形式的教育。这种教育是与生产或生活高度一体化的，没有从日常的生产或生活中分离出来成为一种相对独立的社会机构及制度化行为。在人类学校产生以前的教育就属于这种非制度化的教育。在当前，非制度化的教育也依然存在，但其地位和作用已非常有限。

制度化的教育是从非制度化的教育中演化而来的，是指由专门的教育人员、机构及其运行制度所构成的教育形态。人们讨论的教育在多数情况下指的是这种制度化的教育，它是人类教育的高级形态。

(二)家庭教育、学校教育与社会教育

从教育系统所赖以运行的空间特性来看，可以把教育形态划分为家庭教育、学校教育与社会教育三种类型。

家庭教育是指以家庭为单位进行的教育活动，学校教育是指以学校为单位进行的教育活动，社会教育是指在广泛的社会生活和生产过程中进行的教育活动。

[①]全国十二所重点师范大学联合编写：《教育学基础(第 3 版)》，7 页，北京，教育科学出版社，2014。

在人类历史中绝大部分时间里，家庭作为一种基本的社会单位，承担了大量的教育任务。对儿童和青少年进行教育也是传统意义上家庭的一种重要功能。只是在大工业革命后，家庭教育功能才像家庭经济功能一样开始衰退，让位于公共的学校教育。然而，即使是在今天，家庭教育的作用仍然是非常重要的，特别是在培养健全人格方面的教育。在一些国家或地区，甚至出现了"家庭学校"（home schooling）这种新兴的教育方式，如何重新发挥家庭的教育作用是一个值得研究的课题。

学校教育作为一种教育形态有其自身的优越性，如：是专门的教育机构，有专门的经过职业培训的教师，有比较充裕的教育经费，有精心设计的课程和教学计划，有比较及时的反馈和评价机制，等等。正是由于这些特征，学校教育才能成为一种主导性的现代教育形态。但是，自从学校产生以来，思想家们对于学校的批评也从来没有中断过。他们的批评告诫我们：并不是所有的学校都有利于年青一代的发展；为了一代又一代的健康发展，我们必须不断改良我们的学校。

社会教育作为一种教育形态，也是自古就有的。从外延上说，社会教育主要包括了社会传统的教育、社会制度的教育与社会活动或事件的教育等不同类型。社会传统的教育指一个社会的传统风尚对于个体的发展具有一种不言而喻的教育性。人们通常意义上所说的国民性主要是由一个国家或民族的社会传统所塑造的。社会制度的教育指当下的社会政治、经济、文化等方面的制度对于个体的态度、行为和信念也有一种塑造的作用。社会活动或事件的教育，是指个体从各种各样的社会活动经验中所得的教育。在当前终身教育和终身学习的时代，社会教育在内涵和外延上也正在发生着质的变化。

（三）农业社会的教育、工业社会的教育与信息社会的教育

首先，这三种教育形态的产生与社会形态的变迁有着密切的联系，是适应不同的生存力发展阶段以及建立于其上的经济形态和生产关系的结果。其次，农业社会的教育不等于农业教育，工业社会的教育不等于工业教育，信息社会的教育也不等于信息教育。前者是指基本的教育形态，而后者是指专门的教育类型。最后，每种形态的教育，是建立在前一种形态教育的基础上的，因此在教育目的、内容、方法、管理等各个方面总是包含着对前一种教育批判、修正和重构，彼此之间有一种历史连续性。

四、教育的社会属性

任何形式、任何时代、任何国家和民族的教育作为一种社会活动，拥有着许多共同点，在本质上有诸多相似之处。通过对教育发展的历史和现实进行抽象概括，可以总结出教育的社会属性。

（一）教育的永恒性

教育是人类所特有的社会现象，它是一个永恒的范畴。只要人类社会存在，就

存在着教育。教育具有的永恒性源于教育具有的两大社会功能：一是使新生一代适应现存的生产力，作为生产斗争的工具；二是使新生一代适应现存的生产关系，在阶级社会作为阶级斗争的工具。社会的存在和延续离不开教育。教育在任何社会都要承担传授生产知识、技能和经验的任务，使年青一代适应现存生产力的需要；同时，教育也要承担传授社会的思想意识、风俗习惯和行为规范的任务，使年青一代适应现存生产关系的需要。正是因为教育具有这两大社会职能，所以教育具有永恒性。

（二）教育的历史性

教育是一种历史现象，在不同的社会或同一社会不同的历史时期，教育的性质、目的、内容等都各不相同，因此教育具有历史性。在阶级社会，教育必须反映统治阶级的利益、愿望和要求，表现出鲜明的阶级性。当社会政治经济发生了变化或者新的统治阶级代替了旧的统治阶级，教育也要进行相应的变化。如当社会主义社会取代资本主义社会时，教育也要进行改革，以社会主义的教育代替资本主义的教育。

（三）教育的相对独立性

教育要受一定社会政治经济的制约，但是教育作为培养人的社会活动，又具有自己的相对独立性。这种相对独立性具体表现在以下三方面。

第一，教育具有自身的继承关系。教育不能脱离社会物质条件而凭空产生。任何一种教育，从其思想、制度、内容、方法等方面来看，尽管受当时的政治经济制度和生产力发展水平的制约，但因其又是从以往教育发展而来的，所以与以往教育有着渊源关系，即教育具有自身的继承关系。

第二，教育要受其他社会意识形态的影响。教育虽然受政治经济制度与生产力发展水平的制约，但同时又和上层建筑中其他意识形态发生密切的联系，受这些意识形态的影响。意识形态主要表现为政治思想、道德观念、哲学思想、宗教、文学、艺术、法律等。一般说来，意识形态对教育的影响主要表现在两方面：一是表现在教育观点上，二是反映在教育内容上。正是由于教育受意识形态的影响，所以在同一时代，当存在不同的意识形态特别是不同的哲学思想时，也会出现不同的教育观点。如孟子和荀子处于同一时代，孟子是性善论者，荀子是性恶论者；孟子认为教育的作用在于保持人所固有的善性，荀子认为教育的作用在于用人为的力量去纠正人的恶性。

第三，教育与社会政治经济发展不平衡。教育虽然受一定的政治经济的制约，但是与政治经济的发展是不平衡的。这种不平衡主要表现为两方面：一种情况是教育落后于一定的政治经济发展水平，即当社会政治经济发生了改变，某些教育思想、内容、方法还能存在相当长的时间，这时教育对新的政治经济起着阻碍作用；另一种情况是教育超前于一定的政治经济发展水平，这时教育对新的政治经济起着催生作用，即在旧的社会政治经济制度未被推翻前，在一定条件下新的教育思想也可以产生，对新社会起着催生作用。

第二节 教育的起源与发展

通过对教育的起源与发展过程进行梳理和学习，有助于我们深化对教育活动的理解，从而更好地对当前和未来的教育现象及问题进行分析和预判。

一、教育的起源

教育的起源问题是教育史中的一个重要问题，学者对此问题的看法并不完全一致，其中比较有代表性的是生物起源说、心理起源说和劳动起源说。

（一）生物起源说

教育的生物起源说，代表人物是法国的利托尔诺和英国的沛西·能。

利托尔诺认为，教育活动不仅存在于人类社会之中，而且存在于人类社会之外，不是为人类社会所特有，而是早就存在于人类产生之前的动物界。他把年长动物对幼小动物的爱护照顾都说成是一种教育，把生物生存竞争的本能说成是教育的起源和存在的基础。动物为了自己的物种的保存与发展，出自一个自然和自发的本能，要把自己的"知识和技能"传授给幼小的动物。

后来，英国教育学家沛西·能在 1923 年不列颠协会教育科学组大会上通过演讲《人民的教育》，充分地阐发了他的教育生物学化的理论观点。

教育的生物起源说是教育史上第一个被正式提出的有关教育起源的学说，其代表人物较早地把教育的起源问题作为一个学术问题提出来。但是它把教育的起源归为动物的本能，没有把握人类教育的目的性和社会性，完全否认了人与动物的区别，从而把教育的起源问题生物学化。

（二）心理起源说

美国教育史学家孟禄（1869—1947）从心理学观点出发，批判了生物起源说。他认为在原始社会中尚未有独立的教育活动，认为教育是起源于原始社会中儿童对成人的本能的无意识的模仿。

教育的心理起源说将模仿作为一种心理现象、学习方式，这也是教育的途径之一，有其合理的一面。但孟禄将所有的教育归为无意识状态下的模仿行为，否认了人的主观意识对教育活动的影响，因此这种观点仍然是错误的。

教育的生物起源说和心理起源说从不同角度揭示了教育的起源，但它们的共同缺陷是都否认了教育的社会属性，否认了教育是一个自觉的、有意识的活动，把动物本能、儿童无意识的模仿同有意识的教育混为一谈，因而都是不正确的。

（三）劳动起源说

教育的劳动起源说也被称为教育的社会起源说，它是在直接批判生物起源说和心理起源说的基础上,在马克思历史唯物主义的理论指导下形成的。这种学说不是武断地判定上述观点的错误,而是在肯定它们的历史贡献的基础上,通过科学分析人类祖先的产生以及开始制造工具前后的历史,认为教育起源于劳动,起源于劳动过程中的生产需要和发展需要的辩证统一。

苏联的教育史学家、教育学家以及我国的教育史学家和教育学家大都认可这一观点。教育的劳动起源说提供了理解教育起源和教育性质的一把金钥匙。

二、教育的发展

教育的历史发展是教育史学科的基本内容。历史证明,在不同历史阶段,由于各自的社会生产方式不同,其教育各有特点。

(一)原始社会的教育

受原始社会生活发展的影响,这一时期的教育处于非形式化、低水平的阶段,并未分化为一种独立的、专门的社会活动。在此基础上的教育具有如下特点。

1. 与社会生活、生产劳动紧密联系

就生产经验和劳动技艺的传授而言,几乎所有的生产活动都包含着教育的因素,这些活动本身既是生产过程,又是教育过程。原始社会的儿童在这种生产和教育高度结合的同一性过程中,逐渐掌握各种技能并成长为合格的部族成员。

2. 教育具有无阶级性、平等性

由于原始社会尚未出现阶级分化,原始部落对所有儿童实行公养公育,每个儿童都同等地接受教育,不存在少数人独享教育特权的现象。随着生产力水平的提高,部落中出现了剩余产品并引发出阶级分化和特权阶层,教育才逐渐与生产劳动相脱离,并演变为少数特权阶层的独享品。

3. 教育内容十分简单,手段和方法单一

由于社会生产力发展水平低下,文化科学落后,这一时期既没有专门的教育机构,也没有专门的教师和教材,教育内容基本上局限于一些原始的生产劳动、社会生活的基本经验。原始社会尚未出现文字,因此教育的方法以口耳相传和行为模仿为主,原始人通过这些形式来接受知识、技能、道德行为等方面的教育。

(二)古代教育

古代社会包括奴隶社会和封建社会,这两个社会历史阶段的生产力发展水平和政治经济状况虽有不同,但同为阶级社会,在生产方式和经济形态上有诸多相似之处,教育也存在着一些共同的特征。其中,奴隶社会是教育作为独立的社会活动的形成时期,表现为在这一时期出现了学校,有了专门的教育者与学习者,有预先确定、相对稳定的教育目的、内容与方法。

1. 古代中国教育

根据记载,我国早在 4 000 多年前的夏朝就有了学校教育的形态。夏、商、周

的庠（xiáng）、序、学、校等代表不同性质和类别的学校。西周建立了典型的政教合一的官学体系，并有了国学与乡学之分，教育的内容主要是六艺，即礼、乐、射、御、书、数（礼是指周礼，范围十分广泛，涉及政治、伦理、道德、礼仪等各个领域；乐是西周官学中的主要科目，包括音乐、诗歌、舞蹈等，实际上是各门艺术的总称；射指射箭的技术；御指驾驭马拉战车的技术；书是学习文字；数是指计算）。西周教育的典型特征是"学在官府"和"政教合一"。这时的教育与生产劳动相脱离，教育掌握在奴隶主手中，教育的目的是为统治阶级培养合格的人才。

春秋战国时，官学衰微，私学大兴，儒墨两家的私学成为当时的显学。孔子私学的规模最大，"弟子三千，贤人七十二"。这一时期私学的发展是我国教育史、文化史上的一个重要里程碑，教育对象由贵族扩大到平民，促进并形成了"百家争鸣"的盛况。齐国的稷下学宫是当时具有代表性的学校，其特点是学术自由。

在汉代，汉武帝采纳了董仲舒提出的"罢黜百家，独尊儒术"的建议，并设立太学，实行思想专制主义的文化教育政策和选士制度，对后世产生了深远影响。西汉以后，儒家思想被确立为2 000多年来封建社会的统治思想，成为维护封建统治的精神工具。

隋唐以后，科举制度使得政治、思想、教育的联系更加制度化，改变了魏晋南北朝时期"上品无寒门，下品无士族"的严格等级制度，为广大中小地主阶级子弟进官为吏开辟了道路，但也加强了对知识分子的思想控制。

宋代以后，程朱理学成为国学，儒家经典被缩减为"四书"（《大学》《中庸》《论语》《孟子》）和"五经"（《诗》《书》《礼》《易》《春秋》），特别是"四书"，成为教学的基本教材和科举考试的依据。科学技术和文学艺术的内容不再是科举的内容，教育的方法是死记硬背，实行严格的棍棒纪律教育，采用个别教育的形式。

明代以后，八股文被规定为科举的固定文体，这不仅使社会思想受到钳制，而且在形式上的创造性也被扼制。

1905年即清光绪三十一年，由于科举制度再也不能适应社会发展的要求，清政府下令废除科举开学堂，建立现代学校。

2. 古代印度教育

古代印度的教育控制在婆罗门教和佛教手中。婆罗门教有严格的等级规定，把人分成四个等级，即婆罗门、刹帝利、吠舍和首陀罗。婆罗门是祭司贵族，主要掌握神权，占卜祸福，在社会中地位是最高的。刹帝利是军事贵族，包括国王以下的各级官吏，掌握国家的除神权之外的一切权力。吠舍仅能从事农工商业。首陀罗是最低等级的种姓，被剥夺受教育的权利，他们识字读经被认为是违反了神的旨意，可能被处死，实际上处于奴隶的地位。

婆罗门教的僧侣是唯一的教师，婆罗门教的经典《吠陀》是主要的教育内容，教育活动主要是背诵经典和钻研经义。

佛教比较关心大众，广设庙宇，使教育面向更多的群众，形成了寺院学府的特色，这种特色一直持续到印度成为英国殖民地时期之前。

3. 古代埃及教育

根据文献记载，埃及在古王国末期已有了宫廷学校。它是法老教育皇子皇孙和贵族子弟的场所。

大约在 4 000 年前，埃及发展成强大的中王国，文化繁荣，古代教育达到鼎盛时期，出现了职官学校。这种学校以吏为师、以法为教，招收贵族和官员子弟。古代埃及设置最多的是文士学校。由于文士精通文字，能写善书，执掌治事权，比较受尊重，因此"学为文士"成为一般奴隶主阶级追求的目标。许多文士便设立私学，招收生徒。于是，"以僧为师""以（书）吏为师"成为古代埃及教育的一大特征。

4. 古代希腊、罗马教育

在西方，古希腊奴隶社会也出现过两种著名的教育体系，即斯巴达教育和雅典教育。

斯巴达教育重视对军人和武士的培养，教育的目的是培养忠于统治阶级的强悍军人。教育的内容单一，强调军事体育训练和政治道德的灌输。教育方法比较严厉。

雅典教育重视培养多方面的人才，教育的目的是培养有文化修养和多种才能的政治家及商人。教育的内容比较丰富，包括哲学、政治、文学、体操、艺术等学科，注重身心的和谐发展。教育方法也比较灵活。

罗马帝国灭亡后，西欧进入封建社会，形成了教会教育和骑士教育两种著名的封建教育体系。这两种教育都脱离生产劳动，为封建地主阶级的统治服务。

教会教育的目的是培养教士和僧侣，教育内容为七艺，包括"三科"（文法、修辞、辩证法）和"四学"（算数、几何、天文、音乐），各科都贯穿神学。

骑士教育的目的是培养封建骑士，教育内容是"骑士七技"，即骑马、游泳、击剑、打猎、投枪、下棋、吟诗。

民间还有大量按行业组织起来的基尔特学校，它代表平民利益，为资本主义教育的发展创造了条件。

拓展阅读

斯巴达人的教育

斯巴达人在婴儿时就要接受生命的考验，父母用烈酒为他们擦洗，然后还要让长老检查他们的身体是否健康。凡是经受不住考验或被长老认为是虚弱的婴儿就被抛在弃婴场。7 岁的男孩进入国家的教练所，从此他们就要经受心魄和筋骨的磨炼，以形成坚韧、勇猛、凶顽、残暴、机警和服从的品质。训练的主要形式是格斗。训练所里的生活制度非常严酷，孩子们一年四季光头赤足，只穿一件单衣，白天吃的是不足以饱腹的饭菜，晚上睡的是粗糙的芦席垫。天刚发白，身着破烂长衣、骨瘦如柴的孩子们便开始在围着圆柱的竞技场上搏斗。即使一方被打倒在地，伤口流着血，另一方也不可手软。被打倒的孩子如果能够不顾一切，顽强抵抗，坚持到底，也会被认为是强者。而哀叫和讨饶则被认为是莫大耻辱。在一旁指导的队长和老人千方百计地挑动孩子，把训练变成你死我活的厮杀。

东西方古代教育虽然在表现形式和内容上有差异，但呈现出以下基本特征。

其一，有强烈的阶级性和等级性。在阶级社会里，受教育是统治阶级的特权，被统治阶级只能在民间接受家庭教育。即使在统治阶级内部，统治阶级的子弟入何种学校也有严格的等级规定。

其二，教学方法及学习方法都有刻板性。教育教学方法主要以严格的纪律约束为主，辅以个人自学和修行。机械记忆、背诵、体罚是常用的教育教学方法及管理措施，与此同时，教育者们也非常强调个人的体会和自觉践行。

其三，有思想统治的道统性。教育服从于统治之道，统治阶级的政治思想和伦理道德是唯一被认可的思想，在这种背景下，天道、神道、人道往往合而为一。

其四，教育过程具有专制性。教育的过程是管制和灌输的过程，通过教师传递专制的威严，通过考试传递政权的威力。

其五，具有身份和地位的象征性。在古代社会，教育的功用性价值不受重视，而是以象征性为主导。能够接受什么样的教育标志着一个人的社会地位，学习经典、教义的教育象征较高社会地位，以实用知识为主的教育象征较低社会地位。

（三）近代教育

16世纪以后，世界进入近现代社会。生产方式的极大变革引起了社会制度、思想观念和生活方式的巨大变化，也引起了教育的巨大变化，主要包括以下几个方面。

1. 国家建立公立教育系统，加强对教育的控制

19世纪以前，欧美国家的学校教育多为教会或行会主持，国家并不重视。19世纪以后，资产阶级政府逐渐认识到公共教育的重要性，建立了公立教育系统。比如，历史上英国的教育曾为教会所垄断，到了19世纪30年代以后，英国政府加强了对教育的干预。从1833年起，英国议会开始资助教育，并加强了监督和管理；之后又成立了皇家教育委员会，对高等教育、初等教育、公学和文法学校进行调查、审议。

2. 普遍实施义务教育

机械化工业革命的基本完成和电气化工业革命的兴起，提出了普及初等教育的要求，并为初等教育的普及提供了物质基础。各国政府陆续颁布了义务教育法，并不断延长义务教育的年限。例如，1852年美国马萨诸塞州颁布了第一个教育法。其后，各地也陆续立法。英国1880年实行5—10岁儿童的义务教育，后来逐渐将年龄提高到12岁。在亚洲的日本，义务教育也不断发展，1907年日本将义务教育的年限延长到6年。

各国普遍强调对国民实施一定的教育是国家的责任，接受一定的教育是公民应尽的义务。

3. 重视教育立法，依法治教

西方教育发展的一个明显特点是有明确的法律规定，教育的每次重要进展或重大变革都以法律的形式规定并由法律提供保证。最早公布强迫教育法令的是普鲁士。

4. 教育世俗化

与公立教育发展相适应，教育逐渐设立了实用功利的世俗教育目标，并最终从宗教教育中分离出来。有些国家明确规定宗教、政党不得干预教育。例如，英国在全面实施义务教育时，规定公立学校可以不进行宗教教学，同时规定学生有权不参加学校的宗教教学，学生家长也可以要求子女回避学校的宗教仪式和宗教教学。

(四)20世纪以后的教育

进入20世纪以后，世界出现了社会主义与资本主义两大阵营的对垒，两次世界大战深刻地改变了世界的格局，民主化、工业现代化、国家主义成为世界三股强大的潮流。在这样的背景下，教育在数量上获得更大的发展，义务教育普遍向中等教育延伸，职业教育发展受到普遍重视，政治道德教育普遍呈现出国家主义特征，平民教育运动、进步主义教育运动在世界各地都有不同程度的开展。

第二次世界大战以后，世界进入冷战时期，科学技术革命魔术般地改变着世界的面貌。教育在落后国家被看作追赶现代化的法宝，在发达国家被看作增强国家竞争力的基础，教育在数量上迅速增加，特别是高等教育突飞猛进；另外，生产力的发展，政治结构的重组，人类对自身生命价值、人生态度、价值观念、生活方式的重新认识，也极大地影响着教育的改革和发展，使得教育制度、教育观念、教育内容、教育形式均发生了深刻的变化，教育的改革和发展呈现出一些新的特点。

1. 教育的终身化

现代社会发展越来越快，知识和信息更新十分迅速，人们只有不断地接受教育，才能适应不断变化的社会。20世纪60年代，法国教育家保尔·朗格朗在《终身教育引论》中提出了终身教育的理论。经过联合国教科文组织和一些教育家的推动，终身教育思想逐渐被各国普遍接受，成为各国教育改革的一个重要指导思想。这是适应科学知识的加速增长和人的持续发展要求而逐渐形成的一种教育思想和教育制度。它的本质在于，现代人的一生应该是终身学习、终身发展的一生。它是对过去将人的一生分为学习阶段和学习结束后阶段的否定。把终生教育等同于职业教育或成人教育是不正确的，终身教育应该贯穿于整个教育过程和教育形式中。教育的终身化体现了教育对人终身发展的意义和价值，适应了个性化和整体化发展的要求，这实现了人力资源与经济、社会和科技的和谐发展。

2. 教育的全民化

全民教育是在世界范围内兴起的使所有人都能受到基本教育的运动，特别是使所有适龄儿童都进入小学并降低辍学率，使所有中青年都摆脱文盲的运动。这一运动得到世界各国特别是发展中国家的积极响应。

3. 教育的民主化

教育民主化是对教育的等级化、特权化和专制性的否定。一方面，它追求让所有人都受到平等的教育，不同种族、性别以及不同社会经济、政治地位的社会成员，都享有平等的受教育的机会。另一方面，教育民主化追求教育的自由化，包括教育自主权的扩大，如办学的自主性，根据社会要求设置课程、编写教材的灵活性，价值观念的多样性，等等。

4. 教育的多元化

教育的多元化是对教育的单一性和统一性的否定，具体表现为培养目标的多元化、办学形式的多元化、管理模式的多元化、教学内容的多元化、评价标准的多元化等。例如，19世纪后期新兴产业革命促进了英国社会经济的发展，对高级专业人才的需求急剧增长。为了适应这种形势，1849年伦敦大学首创了校外学位制度，开设各种私立的函授学院，为伦敦大学校外学位的学员提供函授辅导，改变了以往单一的办学形式。

5. 教育的国际化

在世界经济全球化、贸易自由化的推动下，在国际教育贸易市场开放的前提下，教育资源进行国际配置，教育要素国际间流动加速，教育国际交流与合作日益频繁，世界各国教育相互影响、相互依存的程度不断加深，各国教育相互交流、相互竞争、相互包容、相互激荡，共同促进世界的繁荣和发展。各国在人才培养目标的确定、教育内容的选择以及教育手段和方法的采用等方面，不仅要满足来自本国、本土化的要求，而且要适应国际产业分工、贸易互补等经济文化交流与合作的新形势。因此，教育国际化的最终目的是培养具有国际意识、国际交往能力、国际竞争能力的人才，这种人才能立足于本土，放眼于世界，积极主动地参与国际竞争。

6. 教育技术的现代化

教育技术的现代化是指现代科学技术（包括工艺、设备、程序、手段等）在教育上的运用，并由此引起教育思想、教育观念的变化。

第三节　教育学的产生与发展

一般认为，教育学是研究教育现象、揭示教育规律的科学，即研究如何培养人的科学。它所研究的是教育中最一般的问题，如"什么是教育""如何教育"。它是其他教育学科的基础学科，其根本任务在于揭示教育的基本规律，阐明教育的诸多问题，建立教育学的理论体系。

与其他许多社会学科一样，教育学的发展有一个漫长而又短暂的历史。说它漫长，是因为早在几千年前先哲们就有对教育问题的专门论述和精辟见解；说它短暂，是因为作为一门规范学科，它只有不到 200 年的历史。对于教育学的产生和发展历程，国内学术界有各种不同的划分方法，本书在参考同类资料的基础上进行如下划分。

一、教育学的萌芽

（一）中国古代的教育学思想

1. 儒家的孔子

孔子（公元前 551 年至前 479 年）是中国古代最伟大的教育家和教育思想家，以他为代表的儒家文化对中国文化教育的发展产生了极其深刻的影响。孔子的教育思想在记载他的言论的《论语》中有充分的反映。

孔子认为人的先天本性相差不大，个性的差异主要是后天形成的（性相近也，习相远也），所以他很注重后天的教育工作，主张有教无类，希望把人培养成贤人和君子。他大力创办私学，培养了大批人才。孔子的学说以仁为核心和最高道德标准，并且把"仁"的思想归结到服从周礼上（克己复礼为仁），主张"非礼勿视，非礼勿听，非礼勿言，非礼勿动"，强调忠孝和仁爱。

孔子的教育思想和教学方法是承认先天差异的，但更强调"学而知之"，重视因材施教。因材施教的基本方法是启发诱导。孔子说："不愤不启，不悱不发。"朱熹注："愤者，心求通而未得之意；悱者，口欲言而未能之貌。启谓开其意，发谓达其辞。""启发"一词由此而来。这一教育思想要求在教学过程中掌握学生的心理状态，使教学的内容与方法适合学生的接受水平和心理准备条件，以充分调动学生学习的主动性和积极性。

孔子很强调学习与思考相结合，他说："学而不思则罔，思而不学则殆。"同时他还很强调学习与行动相结合，要求学以致用，把知识运用到政治生活和道德实践中去。

2. 墨家的墨翟

先秦时期以墨翟为代表的墨家与儒家并称为显学。墨翟以兼爱和非攻为核心，注重文史知识的掌握和逻辑思维能力的培养以及实用技术的传习。对于获得知识的理解，墨家认为，主要有"亲知""闻知"和"说知"三种途径，前两种都不够全面和可靠，所以必须重视说知，依靠推理的方法来追求理性的知识。墨家十分重视思维能力的培养，注意训练学生的逻辑思维，使他们能够运用富有逻辑的语言说服别人。

不同于儒家被动地等人上门求学的做法，墨家主张主动去教。他还批评儒家只介绍古代典籍，而没有自己的创造。他重视在继承先前经验基础上的创造，认识到了人类文明有一个创造、继承、发展的过程。教学方法上，他重实践，这类似于杜威的思想，主张以学习直接经验为主，认为只有对生活实际有用的才值得学。另外，他还提出量力原则，即教学时要考虑学生的接受能力。这些思想对于我们现代的教学也有很多启发意义。

3. 道家的老子和庄子

道家是中国传统文化的一个重要组成部分，代表人物为老子和庄子。由于它主张"弃圣绝智""弃仁绝义"，所以长期不为教育理论界所关注。其实道家的许多教育思想也是很值得研究的。

老子否定人为教育的作用，主张"绝学"，赞同"道法自然"的哲学，主张回归自然、"复归"人的自然本性，认为一切任其自然便是最好的教育。

庄子继承了老子"道法自然"、否定文化教育价值的思想，也说"绝圣弃智，大盗乃止"。他倡言不要用人力去改变自然，认为仁义是用来惩治老百姓的，对于权势者则不过是欺世盗名的工具。

4.《学记》

战国后期，《礼记》中的《学记》以言简意赅的语言、生动的比喻，比较系统和全面地总结和概括了先秦中国的教育经验，是中国古代也是世界上最早的一篇专门论述教育和教学问题的论著，是罕见的世界教育思想遗产。

《学记》提出"化民族俗，其必由学""建国君民，教学为先"，揭示了教育的重要性和教育与政治的关系。它设计了从基层到中央的完整的教育体制，提出了严密的视导和考试制度，要求"时教必有正业，退息必有居学"，即主张课内与课外相结合，藏息相辅。《学记》提出了教学相长的辩证关系和"师严然后道尊"的教师观。在教学方面，《学记》反对死记硬背，主张启发式教学，"君子之交，喻也""道而弗牵，强而弗抑，开而弗达"；主张开导学生，但不要牵着学生走；主张对学生提出比较高的要求，但不要使学生灰心；主张指出解决问题的途径，但不提供现成的答案。《学记》主张教学要遵循学生心理发展的特点，"学不躐等"，即循序渐进。这些原则和方法都已经达到了很高的认识水平。

《学记》中的教育思想丰富，论述十分深刻。它所提出的一系列教育教学原则和方法，至今仍有重要的借鉴意义。它为中国古代教育理论的发展树立了典范，意味着中国古代教育思想专门化的形成，是中国教育学的雏形。

(二)西方古代的教育学思想

在西方，要追溯教育学的思想来源，毫无疑问，需要重点介绍的是古希腊的哲学家苏格拉底(Socrates，公元前 469 年至前 399 年)、柏拉图(Plato，约公元前 427 年至前 347 年)和亚里士多德(Aristotle，公元前 384 年至前 322 年)。古罗马帝国时期的雄辩家、教育家昆体良所著《雄辩术原理》(也译为《演说家的培养》)被称为世界上第一本研究教学法的书，也较为全面地提出了雄辩家教育的基本原则和设想，尤为详尽地阐明了有关教学的理论。

1. 苏格拉底

苏格拉底以其雄辩而著名。他在与鞋匠、商人、士兵或富有的青年贵族问答时，佯装无知，通过巧妙地诘问，暴露出对方观点的破绽和自相矛盾之处，从而使对方发现自己并不明了的所用概念的根本意义。这种问答分为三步。第一步为苏格拉底讽刺，他认为这是使人变聪明的一个必要步骤，因为除非一个人很谦逊，"自知其无知"，否则他不可能学到真知。第二步叫定义，在问答中经过反复诘难和归纳，从而得出明确的定义和概念。第三步叫助产术，引导学生自己进行思索，自己得出结论。正如苏格拉底自己所说，他虽无知，却能帮助别人获得知识，正如他的母亲是一个助产婆一样，虽年老不能生育，但能接生，能够催育新的生命。

拓展阅读 ◯

苏格拉底与青年人的对话

一天，苏格拉底和一个非常自负的、名叫尤苏戴莫斯的青年讨论人需不需要学习、学习时需不需要请教师的问题。其中有一段涉及正义与非正义，苏格拉底写下 δ 和 α（分别是希腊文正义与非正义的第一个字母），然后问道虚伪应放在哪一边。

尤：显然应放在非正义一边。

苏：那么欺骗呢？

尤：当然是非正义一边。

苏：偷盗呢？

尤：同上面一样。

苏：奴役人呢？

尤：也是如此。

苏：看来这些都不能被放在正义一边了。

尤：如果把它们放在正义一边，简直是怪事了。

苏：那么，如果一个被推选为将领的人，率领部队去奴役一个非正义的敌国，能不能说他是非正义的呢？

尤：当然不能。

苏：那么他的行为是正义的吗？

尤：是的。

苏：倘若他为了作战而欺骗敌人呢？

尤：也是正义的。

苏：如果他偷窃、抢劫敌人的财物，他的所作所为不也是正义的吗？

尤：不错。不过开始我以为所问的都是关于我们的朋友呢。

苏：那么，前面我们放在非正义方面的事，也都可以列入正义的一边了？

尤：好像是这样。

苏：那么，我们是不是重新给它划个界线——这一类事用在敌人身上是正义的，用在朋友身上就是非正义的了。你同意吗？

尤：完全同意。

苏：那么当战争处于失利而又无援的时候，将领发觉士气消沉，就欺骗他们说援军就要来了，从而鼓舞了士气。这种欺骗行为应当放在哪一边呢？

尤：我看应在正义一边。

苏：小孩子生病不肯吃药，父亲哄骗他，把药当饭给他吃，孩子因此恢复了健康。这种欺骗行为又该放在哪一边呢？

尤：我想这也是正义行为。

苏：又如，一个人想自杀，朋友们为了保护他而偷走了他的剑，这种行为该放在哪一边呢？

尤：同上面一样。

苏：可你不是说对朋友任何时候都要坦诚无欺吗？

尤：看来是我错了。如果您准许的话，我愿意把说过的话收回。

2. 柏拉图

柏拉图是对哲学的本体论研究做出重要贡献的古代哲学家。他认为，人的肉体是灵魂的影子，灵魂才是人的本质。灵魂是由理性、意志、情感三部分构成的，理性是灵魂的基础。理性表现为智慧，意志表现为勇敢，情感表现为节制。

他认为教育与政治有着密切的联系，以培养未来的统治者为宗旨的教育，乃是在现实世界中实现理想的正义国家的工具。柏拉图的教育思想集中体现在他的代表作《理想国》中。

柏拉图认为教育是执政者应该予以重视的一件大事，理想国的建立要依靠教育。他还认为：女子应该享受与男子同样的教育；早期教育应该得到重视；教育的最终目的在于促使灵魂转向。此外，柏拉图还提倡寓学习于游戏。

3. 亚里士多德

古希腊百科全书式的哲学家亚里士多德，秉承了柏拉图的理性说，认为追求理性就是追求美德，就是教育的最高目的。他注意到了儿童心理发展的自然特点，主张按照儿童心理发展的规律对儿童进行分阶段教育，提倡对学生进行和谐的全面发展的教育。这些成为后来强调在教育中注重人的发展的思想渊源。亚里士多德的教育思想在他的著作《政治学》中有大量的反映。

二、教育学的建立与变革

(一)教育学学科的建立

1. 夸美纽斯

夸美纽斯(Johann Amos Comenius，1592—1670)是受到人文主义精神影响的捷克教育家，主张人都应受到同样的教育，并且教育应遵循人的自然发展的原则，强调把广泛的自然知识传授给普通人的"泛智教育"。他的教育思想集中反映在他的著作《大教学论》中。

《大教学论》是西方第一本独立形态的教育学著作，是教育学成为一门独立学科历程的开始，它最早提出班级授课制，将与教育相关的各种概念和范畴(如教育的目标和作用，教学的内容、原则，教学的组织形式，学年计划，教师，教科书，学校制度)组织成一个较完整的理论体系，使教育学的理论水平有了一定程度的提高。

2. 卢梭

启蒙时期法国的卢梭(Jean-Jacques Rousseau，1712—1778)在其著作《爱弥儿》中论述了自然主义教育主张。卢梭批判了当时的教育思想和教育措施，倡导自然教育和儿童本位的教育观。他认为人为的、根据社会要求强加给儿童的教育是坏的教育，让儿童顺其自然发展的才是好的教育，甚至越是远离社会影响的教育才越是好的教育。卢梭的教育观点具有划时代的意义，不仅在当时的法国引起强烈反响，而且对整个欧洲、对后世的教育发展也产生了深远的影响。

3. 康德

卢梭的自然主义思想对德国哲学家康德(Immanuel Kant，1724—1804)的影响很大。将教育学作为一门学科在大学里讲授，最早始于德国哲学家康德，他于1776年在德国柯尼斯堡大学的哲学讲座中讲授了教育学。

康德在他的哲学里探究道德的本质，充分肯定了个人的价值。他力图通过教育来实现他的哲学理想，改造社会。他认为，人的所有自然禀赋都有待于发展，人是唯一需要教育的动物，教育的任务根本在于充分发展人的自然禀赋，使人人都成为自身，成为本来的自我，并得到自我完善。

4. 裴斯泰洛齐

瑞士教育家裴斯泰洛齐(Johann Heinrich Pestalozzi，1746—1827)深受卢梭和康德思想的影响，并且以他博大的胸怀和仁爱精神进行了多次产生世界影响的教育实验。

在西方教育史上，裴斯泰洛齐第一次明确提出教育心理化的思想。他反对机械灌输的旧式教学方法，在实践中积极探索儿童心理发展规律及与之相适应的正确的教学方法。裴斯泰洛齐关于教学心理化的思想和实践探索开启了19世纪欧洲教育心理化运动，揭示了教学过程科学化的发展方向。

裴斯泰洛齐在西方教育思想史上的另一重要贡献是他的要素教育思想。裴斯泰洛齐认为，在一切知识中都存在着一些最简单的要素，它们是儿童自然能力最简单的萌芽。这是他在长期教育实践中不断探索研究的结果，在此基础上创立初等教育的各科教学法，为初等教育的发展与普及做出了很大贡献。在欧美，裴斯泰洛奇的理论和实践都曾产生广泛影响。

5. 洛克

英国哲学家洛克(John Locke，1632—1704)提出了著名的"白板说"，认为人的心灵如同白板，观念和知识都来自后天，主张天赋的智力人人平等，人类之所以千差万别，便是由于教育之故。因此，他主张取消封建等级教育，认为人人都可以接受教育。另一方面，他主张绅士教育，培养的人才应既有贵族气质，又有资产阶级的创业精神和才干，还要有健壮的身体。他主张绅士教育应在家庭实施，父母应该聘请学识、德行都很高的导师到家中来培养儿童，这样能为儿童提供全方位的教育内容。为此，他还详细制定了一套家庭教育课程，包括德、智、体等方面，并分别进行了详细的论述。

(二)规范教育学的建立

1. 赫尔巴特与《普通教育学》

赫尔巴特于1806年出版了《普通教育学》，第一次从人的认识规律出发，以心理学为基础，提出了完整的、严密的教育教学理论，标志着教育学成为一门独立的学科。

《普通教育学》中提出了教学的四个"形式阶段"：明了、联想、系统、方法。在教学上，赫尔巴特把哲学中的统觉观念移用过来，强调教学必须使学生在接收新教材的时候唤起心中已有的观念。他强调系统知识的传授，强调课堂教学的作用，强调教材的重要性，强调教师的中心地位，从而形成了传统教育以教师、教材、课堂为中心的特点。

赫尔巴特的教育思想对19世纪以后的教育实践和教育思想产生了很大影响，被看成是传统教育学的代表。

2. 杜威与《民主主义与教育》

作为现代教育的代言人，杜威的教育思想与赫尔巴特的教育思想针锋相对，其代表作《民主主义与教育》在体系上与《普通教育学》也大不相同。

杜威的教育学体系是在批判传统教育学和吸收现代哲学、心理学、社会学成果的基础上形成的，提出教育即生长、教育即生活、教育即经验的改造，主张在做中学，在问题中学习。他认为，教学的任务不仅在于教给学生科学的结论，更重要的是要激发学生的思维，使他们掌握发现真理、解决问题的科学方法。

杜威还主张教师应以学生内在的发展为目的，反对从成人角度出发提出的外在的教育目标，这个观念被称为"教育无目的论"。杜威强调围绕学生的需要和活动组织教学，并以儿童中心主义著称。

杜威批判地讨论了西方以往的教育思想，同时吸收现代哲学、社会学、生物学、心理学上的成就，形成了一个完整的实用主义教育思想体系。

杜威的《民主主义与教育》及其教育思想，对 20 世纪的教育和教育学具有深远的影响。

三、近当代教育学的发展

马克思主义提出了人的全面发展的学说，揭示了生产力发展水平和社会阶级偏见是造成人的片面发展的因素，要实现人的全面发展，就必须不断提高社会生产力水平，不断消除偏见，将社会劳动与教育有机结合，将社会发展与个人发展有机结合。

1939 年，苏联教育理论家凯洛夫第一个明确地以马克思主义理论为指导编写了《教育学》。20 世纪 60 年代以后，我国开始尝试编写具有中国特色的马克思主义教育学，取得了一系列的理论和实践成果。

以下罗列了几个在近当代国内外较有影响力的教育家及其代表作和主要思想。

蔡元培，我国近代民主革命家、教育家，毛泽东称他为"学界泰斗，人世楷模"。他是第一位提出"军国民教育、实利主义教育、公民道德教育、世界观教育、美感教育皆近日之教育所不可偏废"的教育思想家，主张"五育并举"。他在 1916 年至 1927 年任北京大学校长期间，提倡思想自由、兼容并包，使北京大学成为著名的高等学府。

陶行知，我国人民教育家、思想家，1914 年留学美国，师从杜威，回国后他以"捧着一颗心来，不带半根草去"的赤子之忱，为中国教育探寻新路。最可贵的是，他不仅在理论上进行探索，又以"甘当骆驼"的精神努力践行平民教育，进行乡村教育运动。1927 年创办晓庄师范，提出了"生活即教育""社会即学校""教学做合一"等著名口号，被毛泽东和宋庆龄等称为伟大的人民教育家、万世师表。

杨贤江，我国著名教育家，著有《新教育大纲》，是中国最早以马克思主义观点为依据拟定的教育著作。

徐特立，我国革命家和教育家，是毛泽东和田汉等著名人士的老师，他的著作汇编成《徐特立教育文集》，把马克思列宁主义基本原理与中国的具体实践结合起来，为中国教育理论的发展做出了宝贵的贡献。

苏霍姆林斯基，苏联杰出的教育家，代表著作有《给教师的一百条建议》《把整个心灵献给孩子》等。其理论核心是人的全面和谐发展，对我国的教育实践和教育理论发展都起了积极的推动作用。

两朵玫瑰花

校园的花房里开出了几朵硕大的玫瑰花，全校师生都非常惊讶，每天都有许多同学来观赏。

一天早晨，幼儿园的一个4岁的小姑娘进入花房，摘下了那朵最大、最漂亮玫瑰花，抓在手中，从容地往外走。同学们都诧异而又愤怒地望着她。

迎面走来了该校的校长，校长弯下腰，亲切地问："孩子，你摘下的这朵花是要送给谁的？能告诉我吗？"

小女孩害羞地说："奶奶病得很重，我告诉她学校里有这样一朵美丽的玫瑰花，奶奶有点不信，我现在摘下来送给她看，看完我就把花送回来。"

听了孩子天真的回答，校长在花房里又摘下了两朵大玫瑰花，对孩子说："这一朵是奖给你的，你是一个懂得爱的孩子；这一朵是送给奶奶的，感谢她养育了你这样的好孩子。"

这位校长就是苏联伟大的教育家苏霍姆林斯基。

布鲁纳，美国当代心理学家、教育家，在其所著的《教育过程》中提出认知结构教学论，强调要使学生理解学科的基本结构，倡导发现法，重视学生的科学探索精神、科学兴趣和创造能力的培养。

布鲁姆，美国当代著名教育家、心理学家，代表作为《教育目标分类学》(Taxonony of education objectives)和《学生学习的形成性和终结性评价手册》(Handbook on formative and summative evaluation of student learning)，将完整的教育目标分为三个主要部分，一是认知领域，二是情感领域，三是动作技能领域。

在多元结构、多元思想、多元文化的影响下，近当代的教育也同样呈现出多样的新格局。社会发展的速度越来越快，国际一体化的程度越来越高，如何应对21世纪的挑战，培养具有高尚情操和远大理想、具有创造精神和创新能力的人才，成为国内外教育工作者迫切需要解决的问题。

四、教育学的未来发展趋势

(一)教育学问题领域的扩大

20世纪初，教育学研究主要集中在对学校教育问题的研究上，而且主要集中在对学校教育教学过程中出现的问题的研究上。到20世纪末，教育学研究的问题范围已经从基础教育教学扩展到高等教育，从正规教育扩展到非正规教育，从学校教育扩展到社会教育，从正常儿童的教育扩展到有特殊需要的儿童的教育，从儿童青少年的教育扩展到成人教育、老年教育，等等。一个宽广的教育问题范围已经形成，未来的教育学必将不仅注重学校教育的研究，而且注重家庭教育、社会教育等领域的研究，乃至注重对人的一生发展都起着重大作用的终身教育的研究。

(二)教育学研究学科基础的扩展

在赫尔巴特时代，教育学的基础主要是哲学和心理学，当代教育学的基础涵盖了更加广阔的学科领域，如生理学、脑科学、社会学、经济学、政治学、法学、人类学、文化学、科学哲学、技术学、管理学等。不同的人可以从不同的理论基础出发进行研究，促成了学科的综合化发展。

(三)教育学研究范式的多样化

教育学研究学科基础的扩展也伴随着教育学研究范式的多样化。有的从科学主义的角度进行研究，强调对教育活动中数量关系的描述；有的从人文主义的角度进行研究，强调对教育活动中非数量关系的质的东西进行分析；还有的介于两者之间，或偏向一方，或结合两者，综合运用科学主义与人文主义的研究方法来促进教育学的研究。教育学的研究范式从而呈现出多样化发展的趋势。

(四)教育学的进一步分化与综合

20世纪以来，随着教育问题领域的扩展以及研究基础和范式的多样化，教育学也发生了快速的学科分化，教育学一个个组成部分纷纷发展为独立的学科。如根据组成的内容，分化出了教育概论、课程与教学论、德育论等；根据教育的阶段，分化出了学前教育学、小学教育学、中学教育学、高等教育学等；根据教育范围和性质，分化出了职业技术教育学、特殊教育学、家庭教育学等。与此同时，这些相对独立的学科又与其他类型的学科进行交叉，出现了许多子学科、边缘学科，如教育哲学、教育社会学、教育管理学、教育经济学等。

值得注意的是，就像其他任何学科一样，20世纪后半叶的教育学在发生高度分化的同时又出现了高度综合的现象。所谓的高度综合不是指再综合出一个无所不包的大教育学来，而是指教育学的子学科与子学科之间，子学科与边缘学科之间，以及子学科、边缘学科与其他非教育学科之间出现了多种形式、多种层次和多种类型的综合，出现了许多新的教育知识增长点。例如，教学论是从教育学中分化出来的，分化出来的教学论与哲学和教育哲学综合产生教学哲学，与社会学和教育社会学综合产生教学社会学，与人类学和教育人类学综合产生教学人类学，与技术学和教育技术学综合产生教学技术学。这种多层次、多类型、多形式的学科综合，打破了传统学科界限，扩展了研究视野，深化了问题研究。

(五)教育学与教育改革的关系日益密切

教育学是从哲学中分离出来的，刚刚独立的时候主要是一种形而上学的研究，对教育实际活动中所面临的问题关注不够。而当代教育学的研究者们更关心的是教育实践中到底存在哪些问题，问题产生的原因是什么，以及如何解决这些问题，等等。与此同时，当代教育实践的发展也日益呼唤着教育理论的指导，为教育学的发展提供了强大的社会动力。在这种情况下，未来的教育理论工作者与教育实践工作者之间的间隔、陌生乃至对立状态一定能得到很大程度的改变，在教育理论工作者与教育实践工作者之间会出现多种形式的接触、交流和对话。

(六)教育学的学术交流与合作日益广泛

世界的全球化是未来社会的发展趋势，世界教育的发展也必将顺应这一潮流。各国之间不断加强的教育交流和合作交流有利于各自国家的取长补短，以发展本国的教育事业，拓宽教育研究的视野。联合国教科文组织协助许多国家进行的跨文化、跨地区的合作研究，极大地促进了世界范围内的教育学的学术交流与合作。

第四节　学习教育学的意义与方法

一、教育理论的功能

有人认为教育完全是实践性的活动，不需要掌握理论。事实上，教育理论是对实践的概括反映，它源自实践并能够指导实践，有助于推动实践的发展。具体来说，教育理论可以概括为三大功能。

(一)解释教育实践

教育理论对教育实践的解释和说明集中体现在它可以回答或者说它应该能够回答三个方面的基本问题，即是什么、为什么和怎么样。

科学的教育理论追求的是真理，反映的是规律，它以客观的身份对实践说话。对于符合教育规律的教育实践，它会助其内容更丰富、方向更明确、效果更理想，从而增强其科学性和应用的普遍性。对不符合教育规律的理性(主观意志)产物和实践行为，它会勇敢地站在其对立面，直陈利弊，阐述道理，批评盲目行为，鞭笞违背教育规律的言行，从而保证教育健康发展。

教育理论的主要功能不是让人们认识教育现象，而是借助其理论帮助人们透过现象认识教育的本质和规律，或判断某种教育行为是否符合教育规律。

(二)指导教育实践

教育理论对实践的指导主要表现在：在教育决策领域，它可以指导决策者借助理性的规范，遵循教育发展的客观规律去完成各种正确的决策，使决策过程依据教育规律而不是依据主观愿望、长官意志，从而降低决策失误的可能性，提高决策的科学性；在学校教育过程中，教育理论可以帮助教师按照教育和教学规律及学生的身心发展特点去完成教育和教学的任务，教师认真研究教学过程的本质和特点，研究学生的智力和非智力状况，研究教学方法和教学原则，吸收古今中外优秀的教育遗产，从而加强教育和教学的效果与质量；在学校教育管理领域，教育理论可以提高校长的教育理论水平和管理能力，指导校长和学校各方面管理者协调学校各方面的力量，以人为本，确定制度，加强监督，提高管理的科学化和效率化水平。

教育理论的真正价值在于它能告诉人们是什么与为什么，而且能从宏观与微观的不同维度给教育实践以有效的指导。

(三)推动教育改革

教育改革是人们有计划、有目的地变革现存教育的活动，它是一种特殊的教育实践。教育改革是教育领域里的创新。进行教育改革既需要改革的勇气和魄力，又需要相应理论的理性指导。没有理论指导的实践是盲目的实践，而盲目的实践是注定要失败的。教育理论作为教育实践的研究成果，它既来自于教育实践，又高于教育实践。它是在若干教育实践和教育经验的基础上，经过理性的抽象概括而总结出来的带有普遍指导意义的理性精华。

教育理论对教育改革的推动作用主要体现在三个方面。

第一，用理性尺度评价现实，揭露现存教育中的种种弊端，使人们认清现存教育中存在的不合理因素。

第二，对未来教育进行预测、设计、规划，从对现存教育的评价中和对未来社会发展的分析中提出未来教育的目标、内容、方法、制度、形式等，指明教育改革的方向。

第三，靠理论创造的社会舆论力量，呼唤社会尤其是教育界来投身教育改革，使教育工作者具有参与教育改革的自觉性、积极的热情和必胜的信心。

二、学习教育学的意义

学习教育学的重要意义，主要反映在下述几个方面。

(一)学习教育学是提高教育工作者的职业认识、树立科学教育观的需要

教育观是教育工作者的头等大事，只有树立科学的教育观，形成正确的教育思想，才能有效地从事教育工作。学习教育学有助于教育工作者对其职业产生深刻的认识，树立科学教育观，增强教育信念，做好教育工作。

(二)学习教育学是帮助教育工作者掌握教育规律、方法和技术及其运用原则的需要

正确教育观的科学基础是教育规律。只有正确反映教育规律的教育观才是科学的教育观。所以，教育观是否正确的关键在于是否能够正确认识教育规律。教育学的根本任务就是探索和揭示教育的一般规律，以更好地指导教育实践。

教师掌握了教育的一般规律，还需要与实践操作中具体的方法、技术联系起来，不可因循守旧，还需要教师根据实际情况总结经验，充分发挥自身的创造性，将方法和技术用活用好。

(三)学习教育学是深化教育改革、探索教育未来发展的迫切需要

教育的稳定是相对的，变革是绝对的，无论是教育专业研究人员还是一线教师

都要投入其中。

教育的改革不能盲目而动，需要教育基本理论指导。进行教育改革必须建立在对教育现状科学分析的基础上，找出新的矛盾，经过科学论证和试验，并不断解决教育改革中大量的理论问题和实际问题，探索未来教育的发展前景。

(四)学习教育学是进行教育学科建设的需要

教育学基础理论阐述的是教育的一般规律和基本原理，它对各个教育学科都有指导意义。

教育学科建设的关键是队伍问题。学习教育学有助于学习者掌握教育科学知识，认识教育规律，学会一定的技术方法，培养专业思想；有助于提高教育工作者的素质水平，对教育学科建设大有裨益。

三、学习教育学的方法

学习方法是通过学习实践总结出的快速掌握知识的方法，人们普遍认识到，好的方法能够提高学习效率，有事半功倍的效果，因此越来越受到人们的重视。结合教育学的学科特征和现有的条件，学习者可以从以下角度切入，学好教育学。

(一)认真学习课内的学习材料。

对多数学习者而言，需要认真阅读教材，深入地理解和领会教育学的基本概念和基本原理；初步了解教育学的基本结构，这是读书学习的重点。除教材之外，其他参考书籍的广泛阅览也是重要的。

对教材的学习要注意反复推敲，弄懂并吃透教材每一章节的主要内容，渗透在其中的重要观念、教育思想，并弄清楚每一章节之间的内在联系，注意把握教材的逻辑体系。独立思考、切磋讨论是学习教育学的重要方法。对教材、对前人的结论，对流行的观点和看法，对已有的研究成果，等等，要多思考，多问几个为什么，不要为传统的观念和结论所束缚，人云亦云。要勇于探索新问题，提出新见解，这是提高自己认识水平的重要途径。不过，独立思考并不是闭门造车，更不是凭空臆测。独学而无友则孤陋而寡闻，在自己学习的基础上和老师、同学相互交流看法，讨论切磋，让不同观念相互碰撞，这样便能相互启发，激起思想火花，帮助你更清楚、更全面、更准确地掌握教育学理论。

(二)多主动思考理论与实践中的问题，善于横向联合。

对学习者而言，仅仅在课内学好理论是远远不够的，社会中各种教育现象、教育问题层出不穷，学习者应时刻给予关注并展开深入思考，善于横向联合。这种联合主要包括三个方面，即联系教育实际，联系相邻学科和相关知识，联系有关社会现象和问题。

1. 联系教育实际

在校期间联系实际的方式是多种多样的，如到教育机构进行见习、实习，访问优秀教师，开展社区、家庭的教育调查，尝试设计和组织一些教育活动，做一些教育小实验，对一个或几个学生进行观察研究，以及参加各种有关的专业活动，等等，都能有效地提高自己的教育理论修养和从事教育工作的能力。

2. 联系相邻学科和有关知识、信息

在科学飞速发展的今天，各个学科之间越来越具有综合性和渗透性。教育学也是在不断吸收和综合其他相关的理论和知识的过程中变得越来越完善。与教育学相关的学科很多，如心理学、卫生学、各种教育活动的设计与组织、中外教育史、教育管理，以及其他社会科学(如哲学、社会学、语言学、美学)和自然科学(如数学、生物学)，等等。

除了与相关学科的结合之外，学习教育学还应注意要有广泛的知识基础和多渠道的信息来源，必须积极参加课外活动，特别是相关的各种专业活动，如教育知识竞赛、教育问题讨论会、教育观点辩论会、社会调查、访问等，以拓宽知识面，提高实践能力，加深对书本知识、对教育理论的认识和理解。

3. 联系有关社会现象和问题

教育与社会息息相关，社会上的思潮、风气、各种现象会对教育造成或大或小的影响。经常尝试运用学过的理论知识对社会问题进行理智的分析、思考，对各种思潮、观点进行冷静的判断、辨析，能让自己对不断变化的环境，对现实中出现的新情况、新问题始终保持敏感，有利于形成自己的教育理论观点和看法。而且带着实际问题学理论，还能大大提高学习效率，发展自己处理实际问题的能力，形成实事求是的学风。

学习教育学不是一件轻而易举的事，有效的学习领会需要通过思考和实践逐步达到。如果在学习教育学的过程中能够提出自己的问题，认真地进行思考，尝试利用理论解决实际问题，那么，学习者将逐渐进入教师的角色，为将来的工作和持续深入学习奠定好的基础。

思考题

一、单项选择题

1. "劳心者治人，劳力者治于人"的封建儒家思想把(　　)相隔离。

A. 教育与科学技术　　　　　　B. 教育与生产劳动

C. 教育与政治　　　　　　　　D. 教育与人口

2. 在中国乃至世界历史上，最早出现的专门论述教育问题的著作是(　　)。

A.《论语》　　　　　　　　　B.《学记》

C.《孟子》　　　　　　　　　D.《大学》

3. 主张"教育即生长，教育即生活，教育即经验的改组、改造，在做中学"的教育家是(　　)。

A. 布鲁纳　　　　　　　　　　B. 赫尔巴特

C. 杜威　　　　　　　　　　　D. 杨贤江

二、辨析题

1. 学校教育是随着人类社会的产生而出现的。

2. 赫尔巴特的《普通教育学》是近代第一本教育学著作。

三、简答题

1. 简述心理起源说。

2. 简述原始社会教育的特点。

四、材料分析题

几个学生正趴在树下兴致勃勃地观察着什么，一个教师看到他们满身是灰的样子，生气地走过去问："你们在干什么？"

"听蚂蚁唱歌呢。"学生头也不抬，随口而答。

"胡说，蚂蚁怎么会唱歌？"老师的声音提高了八度。

严厉的斥责让学生猛地从"槐安国"里清醒过来。一个个小脑袋耷拉下来，等候老师发落。只有一个倔强的小家伙还不服气，小声嘟囔说："您又没蹲下来，怎么知道蚂蚁不会唱歌？"

请你运用现代教育理论对该教师的行为进行评析。

学习目标 ▶ --

1. 了解影响教育的主要社会因素。

2. 明确教育的社会发展功能的表现。

3. 认识教育在我国社会主义现代化建设中的作用。

教育是人类的一种特有的社会现象与社会活动。进入现代社会，社会与教育的可持续发展问题已经成为一个迫切而前沿的问题。作为社会大系统中的重要子系统之一，教育的发展一方面会受到其他社会子系统，如政治、经济、文化、人口等的影响，另一方面也会对社会的政治、经济、文化等子系统具有积极推进的作用。

第一节　教育与政治经济制度

政治经济制度决定着教育的性质，同时，教育作为一种社会现象，在影响社会政治生活、维护社会维度、促进社会发展方面起着重要的作用。

一、政治经济制度对教育的制约作用

(一)政治经济制度决定着教育的领导权

在一个国家和社会中，统治阶级掌握了政权，就掌握了教育的领导权，并通过制定教育法律、颁布教育方针政策、规定教育目的、领导教育组织机构、任免教育行政人员和教师、控制教育经费的分配和使用等手段，将自己的意志和利益付诸教育实践，进而培养为本阶级服务的人。统治阶级对教育领导权的把握主要表现在以下几个方面。

第一，统治阶级通过制定一系列教育法律和教育方针政策，制定教育的发展规划和发展战略，规定教育的方针和路线，并以强制的手段监督执行，使教育运行在其所需要的轨道上。

第二，统治阶级从组织上对教育机构进行直接领导，实现对教育的管控。例如法国的政治体制是中央集权制，它的教育由中央集中管理；美国的政治体制是地方分权制，它的教育是由各州分权管理。尽管世界各国组织领导的形式各有不同，但实质上都体现出统治阶级对教育的一种控制。

第三，统治阶级还通过利用其拥有的组织人事权对教育行政人员和教师进行任免。教育行政人员和教师是统治阶级的利益、方针、政策在教育领域内的具体贯彻者，对学校教育是否能按教育目的的规定方向运行起着决定性的影响。所以，在培养、聘用师资方面，各国政府、各阶级历来都重视其政治态度问题。

第四，统治阶级通过控制教育经费的分配与使用来达到控制教育的目的。国家权力机关通过教育经费的划拨和投放间接实现对教育的领导和管理，控制教育发展的规模和速度，决定教育机构的兴衰存亡。

第五，统治阶级以思想宣传上的优势力量来影响或控制教育。由于统治阶级在社会生活中处于统治地位，所以统治阶级的思想必定是统治思想。统治阶级能够利用国家的宣传机器，将自己的思想价值观念传播于社会，并左右教育的发展方向。

(二)政治经济制度决定着受教育的权利

教育发展的历史告诉我们，在不同的社会里，不同的人可能享有不同的受教育权。原始社会以生产资料原始公有制为基础，氏族成员处于平等的地位，因而受教育权也是平等的，所有儿童接受的教育相差无几，只是由于男女分工的不同，男女儿童的教育有一定的差别。在进入阶级社会以后，不同的阶级在政治和经济上是不平等的，反映在教育上也是不平等的。在奴隶社会和封建社会，只有统治阶级的子弟才有受教育的权利，被统治阶级没有权利接受学校教育。不仅如此，在统治阶级内部，不同等级的子女所受的教育也不同。

例如，我国东汉时期的太学规定，只有大将军以下至俸禄六百石的官家子弟才能去学习。唐代的官学有国子学、太学、四门、律学、书学、算学等，其入学资格有严格的等级限制，文武三品以上的子孙入国子学，三品以下五品以上的子孙入太学，五品以下七品以上的子孙入四门，至于律、书、算学则供八品以下及庶民子孙学习。到了资本主义社会，虽然封建教育的等级性被废除了，但是各个阶级由于经济地位不同，仍然不能受到真正平等的教育。正如列宁所说："阶级学校没有等级，只有公民。它对所有的学生只有一个要求，要求他们缴纳学费。阶级学校根本用不着把大纲分成富人的大纲和穷人的大纲两种，因为缴不起学费、教材费和整个学习时期膳宿费的人，阶级学校根本不让他受中等教育。"[1]有钱人的子弟可以进入学费高昂的、教育质量较高的私立学校，将来接受高质量的高等教育，成为统治人物。穷苦人的子弟只能进入质量低下的公立学校，将来进入职业技术学校，学习一技之长，毕业后找一个维持生计的职业。这种状况即使在经济发达、教育普及的国家也不例外。[2]

新中国成立以后，我国实行面向工农大众的教育，1986年颁布的《中华人民共和国义务教育法》（简称《义务教育法》）也是国家意志的体现。在中小学阶段普遍实行了义务教育以后，义务教育阶段后的教育是否实行双轨制，是否允许个人办学，是否确立重点学校等问题，也反映了一定的政治经济制度对教育政策的制约。

（三）社会的政治经济制度决定着教育的目的和内容

教育的根本任务是培养人。在社会中培养什么样的人，为谁负责，这取决于社会的政治经济制度。也就是说，政治经济制度不同，教育目的就不同。为了确保教育能够培养出统治阶级所需要的人才，国家就需要直接控制教育，选择教育内容。

在原始社会中，教育的目的是培养未来的氏族成员，使人们能从事生产劳动，能英勇作战，保卫氏族的利益，并能遵守氏族的传统信仰和风俗习惯。所以年青一代学习的内容主要是生产知识、宗教仪式、道德规则、风俗习惯，并进行军事训练。

在阶级社会中，教育是以巩固和发展统治阶级的利益为根本宗旨，在政治、经济上居于统治地位的阶级，为了巩固和发展自我利益，总是力图通过教育培养他们所需要的人才。例如，在中国的奴隶社会，为了维护奴隶社会的等级制、宗法制，镇压和剥削奴隶，学校教育的目的主要是把奴隶主的子弟培养成为奴隶社会的统治

---

[1]顾明远：《教育与社会政治经济制度的关系》，载《江苏教育》，1982(9)。
[2]顾明远：《教育与社会政治经济制度的关系》，载《江苏教育》，1982(9)。

者，学生需要接受礼、乐、射、御、书、数所谓"六艺"的教育，学习礼乐制度和军事技术。在封建社会，学校教育的主要目的是把地主阶级的子弟培养成为国家政权中的士大夫，他们学习的内容是"三纲五常"等一套封建统治者的道德观念。

在资本主义社会中，根据资产阶级的需要，他们一方面要把自己的子弟培养成为政府的官吏，工厂企业中的经理、工程师，军队中的军官，以及为他们服务的律师、医生、科学家、记者、艺术家等高级知识分子；另一方面由于大工业机器生产的需要，他们不得不给予劳动人民子女一定的学校教育，把他们培养成为有文化的熟练的工人，能够为他们创造高额的利润。

在社会主义社会中，学校的教育目的与历史上任何阶级社会的教育目的都不同，是培养全面发展的社会主义建设者和接班人。

以上充分说明，一个国家的政治理念、意识形态以及社会的伦理道德观，直接受到该国政治经济制度的制约；学校教育所培养人才的政治倾向和道德观也同样反映了国家政治经济制度的要求，国家的这种要求通过制定教育目的、规定思想政治教育的内容以及相应的考试评价手段来实现。

(四)教育相对独立于政治经济制度

尽管政治经济制度对学校的教育有着巨大的影响和制约，但这并不意味着学校可以忽视自身的办学规律，更不是说学校要放弃学校教育的任务而直接为政治经济服务，参加具体的政治运动，执行具体的政治任务。那种在教育工作中照搬照套政治经济工作的做法，或以政治经济取代教育，对教育的特点和规律视而不见、横加干涉的做法，都是不利于教育工作的。

二、教育的政治功能

教育会受到政治经济制度的制约，反过来，它也能为政治经济制度培养所需的人才，从而促进一个国家的政治民主。教育的政治功能主要表现在以下几个方面。

(一)教育通过培养合格的公民和政治人才为政治服务

通过培养人才实现对政治经济的影响，是教育作用于政治经济的主要途径。自古以来，任何一种政治经济制度，要想得到维持、巩固和发展，都需要不断有新的接班人，而这些人才的培养主要是通过学校教育来实现的。进入现代社会，社会生活的日益复杂以及科学技术的高度发展，势必要求国家的政治经济人才具有较高的文化素养和科学文化水平，而这必然要依靠专门化的学校教育。国家各级政治集团的核心人物的学历层次和多方面的素养都将随之而提高，这意味着教育的影响力亦相对增强。例如，在英国历史上50多位首相中，毕业于牛津大学、剑桥大学的就达30多位。1979年6月的资料显示，英国当年399位保守党议员中就有94位毕业于牛津大学，75位毕业于剑桥大学。在美国，高级政治人才大多毕业于诸如哈佛大学、耶鲁大学、普林斯顿大学等少数名牌大学。在日本，70%的高级文职人员毕业于东京大学。

在现代学校，世界各国均开设政治类和思想品德教育的课程，旨在通过向学生介绍一个国家的社会政治制度、法律制度、主导的意识形态、公民的权利和义务等，使每个人都具备该社会所要求的政治思想和信念，成为社会所期望的合格公民。

(二)教育通过传播思想、制造舆论为统治阶级服务

学校是宣传、灌输、传播一定阶级的思想体系、道德规范、政策路线的有效阵地，也是知识分子集中的地方。这些群集于学校中的知识分子，有知识，有见解，思想敏锐，勇于发表意见，善于通过言论、行动、讲演、文章、教材和刊物等宣传一定的思想，制造一定的舆论，借以影响群众，为一定的政治经济服务。从历史上看，许多政治事件都是从学校发端的，如我国东汉时的太学生风潮，近代的"五四运动"等；1968年法国爆发的"五月风暴"由学生运动开始，继而演变成整个社会的危机，最后甚至导致政治危机。

我们应充分利用学校教育阵地，一方面，对于进步的符合时代潮流的政治观点和政治变革进行积极的学习、研究和宣传，扩大其影响，从而促进社会政治进步和变革；另一方面，对于消极腐败的社会政治理论和观点进行有效的抵制，不让其在社会上扩散和蔓延。此外，还可发挥学校尤其是高等学校对于社会政治决策的作用，即对确定政治路线、方针、政策的咨询作用。

(三)教育具有推进社会民主化进程的功能

一个国家的民主程度直接取决于一个国家的政体，但又间接取决于该国人民的文化程度和教育事业发展的程度。教育普及的程度越高，人们的知识越丰富，人民的权利意识就越强，更能认识民主的价值，推进民主的政策，推动政治的改革和进步。民主的政治必然要求民主教育与之相配合，教育推进社会的民主发展主要体现在以下三个方面。

第一，通过教育传播科学，启迪人们的民主观念。只有具备拥有民主意识的公民，才能建立民主的社会和民主的政体。从历史上看，古代社会中的教育是统治阶级麻痹人民思想的精神鸦片，而在现代社会，教育的兴旺发展是政治取得民主与进步的根本保证。

第二，教育民主化是政治民主化的重要组成部分。教育民主化包括教育平等及参与教育管理的平等两个方面，其中的教育权利平等、教育机会平等、教育资源分配公平、师生关系的民主平等方面，是衡量教育民主化、政治民主化和社会民主化的重要指标。

第三，民主的教育是政治民主化的"孵化器"。民主的教育不仅可以提高国民的政治素质，提高国民参与政治的热情和能力，民主的教育还可以通过营造平等民主的环境增强新生一代的民主意识和民主观念。

第二节　教育与生产力

生产力是经济社会发展的决定力量，推动或制约着整个社会的发展。教育作为一种社会现象，一开始就和人类物质资料的生产过程联系在一起，教育的人才培养规格、结构、内容、方法手段和组织形式等都要受到生产力发展水平的制约。从教育本身来说，教育一直承担着传递生产技能、知识经验和社会意识等重要职能，教育的基本职能决定了教育也是生产力，社会生产力的发展必须依赖于教育的发展。

一、生产力对教育的制约作用

(一)生产力水平决定着教育发展的规模和速度

教育的各方面发展都需要有一定的物质条件作保证，生产力的发展水平对教育事业发展的规模和速度具有直接的影响并起到最后的决定作用，具体体现于三个方面。其一，生产力发展水平决定了一个社会所能提供的剩余劳动的数量，这种剩余劳动数量与社会中可能受教育和办教育的人数之间有着直接的联系。其二，生产力的发展水平直接制约着一个国家在教育经费方面的支付能力，这种支付能力不仅表现在教育经费的绝对数值上，而且也表现在国民总收入中教育经费所占比例上。教育经费投入的数量直接影响着教育发展的规模和速度。其三，生产力的发展不仅为教育的发展提供了物质的实体和基础，而且也对教育事业的发展提出了以下需要：一方面社会要求教育能够为其提供足够数量和质量的人力资源；另一方面，社会个体在文化教育方面的需要也是随着生产力的提高而不断增长的。不断满足社会和个人在文化教育方面日益增长的需要，这是教育事业发展的重要动力。

但需要明确的一点是，教育的发展不能超越生产力的发展，如果教育的发展超过了生产力的承受能力，盲目办学和加快发展速度，占用了过多的资金和人力，那么社会必将对其进行合理调整，使其适应生产力发展的水平，否则教育的发展只能以牺牲质量为代价，产生"欲速则不达"的不良效果。

(二)生产力水平制约着人才培养规格和教育结构的变化

教育培养什么样的人与社会的生产力发展水平密切相关，这一点在教育的不同发展历程中有明显的体现。如古希腊哲学家柏拉图认为，教育的目的在于"培养哲学王和勇敢的武士"，我国封建社会的大教育家孔子提出"学而优则仕"的观点，而社会主义现代化建设时期我国的教育目的在于培养适应社会主义现代化建设的创新型人才。

社会生产力发展水平以及在此基础上形成的社会经济结构，制约着教育结构的调整。生产力的发展会不断引起产业结构、技术结构、消费结构和分配结构的变革，

拓展阅读

中国生均教育经费支出(JY)和人均国内生产总值(GDP)序列①

年份	教育经费支出 （万元）	在校学生数 （万人）	生均教育经费支出 （元）	人均国内生产总值 （元）
1992	8 670 491	19 974	434	2 331
1993	10 599 374	20 346	521	2 998
1994	14 887 813	21 141	704	4 044
1995	18 779 501	22 046	852	5 046
1996	22 623 394	22 829	991	5 846
1997	25 317 326	23 396	1 082	6 420
1998	29 490 592	23 576	1 251	6 796
1999	33 490 416	23 630	1 417	7 159
2000	38 490 416	23 732	1 622	7 858
2001	46 376 626	23 625	1 963	8 622
2002	54 800 278	23 933	2 290	9 398
2003	62 082 653	23 950	2 592	10 542
2004	72 425 989	23 971	3 021	12 336
2005	84 188 391	23 848	3 530	14 185
2006	98 153 087	23 879	4 110	16 500
2007	121 480 663	23 823	5 099	20 169
2008	145 007 374	23 681	6 123	23 608
2009	165 027 065	23 570	7 002	25 608
2010	195 618 500	23 624	8 280	29 992

与此相适应，教育结构也随之出现新变化，如大、中、小学的比例关系，普通中学与职业中学的关系，全日制学校与社会教育的关系，高等学校中不同层次、不同专业、不同学科之间的比例关系，都要与社会生产力发展水平相适应。否则就会出现教育结构比例失调、教育培养的人才与社会经济需求不匹配、人才短缺或人才过剩等问题。

（三）生产力水平制约着教育的内容和手段

生产力的发展、科学技术的进步，使得人们的认识能力、思维水平得到不断提

---

①张兴茂、赵志亮：《1990 年代以来中国教育生产力的发展和经济增长的关系——基于 EC 从模型的实证研究》，载《吉首大学学报(社会科学报)》，2012(4)。

升，进而促进学校的课程设置与教学内容不断改进与更新。世界各国的许多重大教育改革都是以课程改革为核心，而每次重大的课程教学内容改革都反映了生产和科学技术发展的新水平和新要求。同样，学校的物资设备、教学实验仪器、教育教学组织管理所使用的工具和技术等，都是一定的生产工具和科学技术在教育领域的应用，反映了当时的生产力发展水平。例如理化实验，幻灯、电影教学，电视教学，多媒体教学的出现，都是以生产力发展和科技发展为前提的。将新的科技成果引进教育领域，以此改进教学手段和教学设备，会大大提高教育技术现代化的水平。

拓展阅读

科学教育：斯宾塞的教育思想[①]

斯宾塞生活在 19 世纪的英国。19 世纪中期，英国已基本完成产业革命，大机器生产取代了传统的手工工场的劳动，资产阶级在这一过程中深刻感到科学知识能带来巨大利益。然而，在教育领域，英国的古典主义教育仍占统治地位。"大多数人对衣料的华美比对它的温暖考虑得多，对剪裁的式样比对穿着的方便考虑得多……我们所追求的都是装饰先于实用……那些受人称赞的知识总放在第一位，而那些增进个人福利的知识倒放在第二位。"总之，当时英国教育制度的缺点在于"它为了花而忽略了植物，为了想美丽就忘了实质"。在这样一个社会变迁的时代，英国中学和大学培养出来的人才也已不适应科学和经济发展的需要，学生成为古典教育的附庸。在此背景下，斯宾塞提出了科学教育思想。

斯宾塞根据生活准备说和科学知识价值论，提出了相应的课程论，认为学校应当开设五种类型课程：第一类是生理学和解剖学科目，这是阐述生命和健康规律，直接保全自己的知识；第二类是除读、写、算科目之外的逻辑学、几何学、力学、物理学、化学、天文学、地质学、生物学和社会科学等科目，这是与生产活动有直接联系，间接保全自己的知识；第三类是心理学和教育学科目，这是履行父母职责，更好地教导自己的子女所需要的知识；第四类是历史科目，这是作为一位公民合理调节自己的行为和履行社会义务所需要的知识；第五类是有关欣赏自然、文学和艺术科目，这是满足人们闲暇时间的知识。可以看出，斯宾塞的这一课程体系所包含的内容是极其广泛的。尤其是自然科学知识占有很大比重。相对于传统教学内容来说，这无疑是一个革命。

科学教育内容的传授需要科学的原则和方法，在对古典强制性的教育给予彻底批判的基础上，斯宾塞提出了几点科学教学的原则与方法。一是自然教学原则。斯宾塞要求教师按照自然渐进的方法进行教育。他认为，儿童心智的发展有个"自

[①] 戴莹莹：《科学教育：斯宾塞的教育思想》，http://www.cssn.cn/sf/bwsf_jy/201704/t20170406_3477393.shtml，2017-04-06。

然过程"，是按照规律进行的。所以，"教育必须包含心智演化的自然过程"。依照斯宾塞的看法，学生的"能力发展有一定次序，而在发展中每个能力都需要一定种类的知识，我们应该找出这个次序和供给这个知识"。二是快乐原则。斯宾塞认为，教学要激发儿童的好奇心和求知欲望，让他们乐于掌握知识，认为学习是一件快乐的事情。三是自我教育原则。斯宾塞指出，一个无论怎样竭力坚持也不过分的"原理"，"就是在教育中应该尽量鼓励个人发展的过程。应该引导儿童自己进行探讨，自己去推论"。教师尽量减少讲授的东西，更多地引导他们去发现，让学生积极主动地探索。

此外，为了有效地达到科学教育的效果，斯宾塞提出了归纳法、观察法、实物教学法、实验法和启发式教学方法。这些方法都是与传统的死记硬背、强行灌输的教学方法相对立的。其总的精神是按照自然规律，遵循儿童的心理发展次序，让学生在理解的过程中进行学习，使学生感到学习的愉快。

二、教育的经济功能

社会的经济建设离不开生产力发展，生产力发展离不开人才培养和科技进步，人才培养与科技进步离不开教育生产力的发展，教育可以通过实现劳动力和科学技术的发展，创新科学技术，促进生产力的发展，从而推动社会经济的进步。教育的经济功能具体体现在以下几个方面。

(一)教育是劳动力再生产的重要手段

劳动力的质量和数量是生产力发展的重要条件，教育担当着劳动力再生产的重任。在现代生产过程中，技术改造、设备更新、丰富的自然资源、先进的生产工具、高技术与高效率的生产无一能离开高素质劳动者的管理与操作。而劳动者基本劳动素质的高低、技术人员科技水平的高低、管理人员管理能力的强弱，主要取决于他们所受教育的程度和质量。教育能使未掌握生产知识和劳动技能的人发展成为掌握高深科学知识和劳动技能的人，从而使得可能的劳动力转变为现实的劳动力，并最终促进经济的发展。现代经济发展理论证明，经济发展与人力资本的积累有着直接的关系。人力资本的积累是社会经济增长的源泉，而人力资本的积累是教育生产力发展的直接结果，离开了教育生产力的发展，不可能有人力资本的增加。尽管教育并不直接产生经济效益，但教育对经济发展一直功不可没。

拓展阅读

人力资本理论——教育与经济发展关系的基础[①]

人力资本理论是把经济学有关资本的理论应用到人力资源的分析上来。一些

---

① 熊芳：《论教育生产力的作用规律》，载《湖南科技大学学报(社会科学版)》，2011(5)。

经济学研究者曾探讨过经济总产出增长比要素投入增长更快的原因，结果发现教育和培训是现代经济增长的重要源泉。

以美国为例，在美国经济增长过程中，教育对经济的贡献率非常大。有关数据表明，美国战后农业生产增长只有 20% 是靠物质的资本投资取得的，而 80% 是靠教育和科技投资取得的。美国经济学家舒尔茨曾经以美国经济发展作为样本来统计教育对经济发展的贡献率。在 1900 年到 1959 年的 60 年中，美国对物质资料的投资增加 4.5 倍，可以带来利润增长 3.5 倍；而对劳动者的教育和培训的投资增加 8.5 倍，所带来的利润增长可达 17.5 倍。舒尔茨在《高等教育的经济价值》一文中论述教育的功能时写道："人们需要有益的知识和技能，但人们却不完全知道技能是一种资本，这种资本实质上是一种计划投资产物；这种投资在西方社会按着一种比传统的投资大得多的速度增长，而且这种增长恰好是该经济体系中最为突出的特点……"美国经济学家丹尼森也曾统计过教育对经济贡献的估算，发现教育投资与经济增长之间存在着非常密切的关系，如下表所示。

美国实际国民收入增长中教育的贡献率

增长率	1929—1948 年	1948—1973 年	1973—1982 年
国民实际收入增长率	2.44%	3.58%	1.26%
归功于教育的增长率	0.48%	0.52%	0.62%
归功于教育的增长率占实际国民收入增长率的比例	19.7%	14.5%	49.2%

(二)教育是科学知识、科学技术再生产的重要手段

马克思曾经指出"生产力也包括科学在内"，但在用于生产之前，科学知识只是一种潜在的生产力，因此必须依靠教育对科学知识进行积累、继承和传播，使科学知识得到普及，使先进的生产经验得到推广，从而提高劳动生产效率，促进生产力的发展，实现科学知识的再生产。

除了传递人类已有的科学知识这一职能外，开展科学研究和进行科技创新一直是现代教育尤其是现代高等教育的重要职能之一。现代高等教育由于科研能力比较集中、学科门类比较齐全、科研后备力量比较充足、学术思想较为活跃、信息来源丰富等特点，成为科学研究的重要力量。从 18 世纪德国创立柏林大学提出"科学研究和教学相统一"的观点以来，世界各国都把教学与科研的结合作为高等院校办学的基本方针，科学研究已成为现代大学的第二职能。

拓展阅读

日本各种研究机构的数量的变化情况[1]

1960—1998 年日本各种研究机构的数量变化

年度	总计（个）	企业研究所（个）	政府研究所（个）	大学及附属研究所（个）
1960	7 455	6 575	578	302
1970	18 935	17 620	831	484
1980	19 283	17 648	992	643
1990	15 792	13 849	1 178	765
1998	22 940	20 720	1 126	1 094

2000—2004 年日本各种研究机构数量的变化情况

年度	总计（个）	企业（个）	NPO（个）	政府（个）	大学（个）
2000	27 061	22 789	613	632	3 027
2001	22 056	17 903	523	615	3 015
2002	18 468	14 258	520	599	3 091
2003	29 663	25 440	507	596	3 120
2004	28 608	24 290	488	601	3 229

从以上表格的数据中可看出，大学成为日本越来越重要的科研阵地。这一点不仅体现在大学科研机构数量在进入 21 世纪以来的迅速增加，而且体现在其在基础研究方面所发挥的重要作用。众所周知，基础研究投入多，研究周期长，是否出高水平的研究成果有很大的不确定性。因此，企业的科研机构虽然数量很多，但一般是从事新产品、新工艺的开发研究，很少从事基础研究。因此，日本基础研究的重任就自然落到了专门的科研机构特别是大学科研机构的身上。尤其是体现世界各国基础研究最高水平的诺贝尔奖，日本获奖者大都是大学教授或大学科研院所的专家。

总体来看，教育和社会生产力之间是相互依存和相互制约的关系，但教育与社会生产力两者之间并非完全是亦步亦趋的。如我国社会主义初级阶段也还存在着"万般皆下品，唯有读书高"的封建教育思想，又如教育先行论与教育滞后论的提出，但无论是哪种理论，如果不考虑特定的条件，片面地强调某一方面，就违背了教育与生产力发展之间的客观规律。

---

[1] 王玉珊：《日本教育及其在经济发展中的作用研究》，博士学位论文东北财经大学，2012。

第三节　教育与文化

文化是人类劳动实践的产物，有广义和狭义之分。广义的文化包括物质文化、制度文化、精神文化，狭义的文化仅仅指精神的或观念性文化。教育作为一种特殊的实践活动，对人类文化的发展起着传承与创造的重要作用，它在促进文化变迁与发展的同时，也受到文化的强烈制约与影响。

一、文化对教育的制约作用

(一)文化影响着教育价值观

文化对教育最直接的影响表现在教育价值观中，因为教育价值观实质上是文化传统，即民族思想信念、道德观念、价值取向、风俗习惯以及思维和生活方式等在教育领域的反映。教育价值观是人对教育价值的认识，不同时期的人对教育有着不同的需要，因此不同时期有着不同的教育价值观；同一时期不同的国家、不同的人对教育也有着不同的需要，所以同一时期的不同国家、不同的人也有着不同的教育价值观。例如，由于文化传统不同，传统的英国社会有着浓厚的古典人文主义传统，它强调教育的直接目的在于促进人性或理性的自由发展，培养绅士型人才，强调教育本身就是目的，而不是实现目的的手段。美国是一个讲求实用主义的国家，受实用主义文化传统的影响，它把教育看作实现个人价值的手段，更强调教育的工具价值。我国是有着浓厚文化传统的国家，儒家文化是文化传统的主流，在它的影响下，我国强调的是以社会为中心的教育价值观，即所谓"修身、齐家、治国、平天下"。但教育价值观并不是永久不变的，随着文化的开放与交流，各民族文化传统的相互交融，不同的教育价值观也会出现一定程度的融合趋势。

(二)文化影响着教育内容

文化是学校教育内容的直接来源，教育离开了人类积累的文化，就没有可传授的内容。不同时代、不同民族国家的文化传统客观上限制着学校教学内容选择的可能性。例如在欧洲中世纪时期，宗教文化是一种占统治地位的文化，中世纪大学的教学内容就是以神学知识为主；文艺复兴时期，古希腊罗马的文学艺术被重新发现，学校的教学内容则以世俗性知识为主；随着科学的兴起和工业革命的发生，人类的知识的内容越趋丰富，体系越趋完整，科学和技术成为现代学校主要的教学内容。

(三)文化影响着教育管理体制

教育管理体制除了会受到生产力发展水平的影响外，还会受到一定的文化影响。一个国家或民族社会选择的教育管理体制，要能够被自己的文化及价值观接受。正如比较教育学家康德尔在《英美教育与民族性比较》一文中指出："英国人不相信全国性的教育设计是良策，而宁愿信赖个人或团体办学的自主活动。……英国人不愿依赖政府的积极性，怀疑政府采取行动所依据的理论与计划。""美国人从建国初期起，在鼓励利己主义和对政府干涉拓荒抱怀疑态度的影响下，也逐渐地养成了为谋求地方公益而合作，为社会有用而服务的思想，在别国由中央政府统筹主办的公共事业，而在美国则利用地方当局和社会团体的积极性与事业心，利用为个人与团体'服务'的口号来取代中央政府的集中管理。"①所以，美国在教育管理体制上实行地方分权式；在学校内部管理体制上主要实行民主式的管理方式，少有校长负责下的科层官僚制，很多学校实行校外人士参与的董事会制，学术权威在学校管理中发挥着很大作用，这是美国文化中自由、民主观念在教育管理中的体现。同样是西方资本主义国家，法国实行的却是高度集权管理模式，这是法兰西帝国所形成的政治文化传统的影响结果。

（四）文化制约着教育方法的选择

由于教育方法很大程度上是由教育内容决定的，教育内容又会受到文化传统的影响，所以一定的文化对教育方法的选择也有影响作用。如在古代社会，由于文化和技术的落后，教学方法大都为口耳相传，而随着现代科学技术的发展、传递文化能力的提高，除口耳相传、教师的讲授和灌输外，讨论、练习、参观、实践等教学方法也发展起来。又如我国汉民族使用的汉语是文化的重要组成部分，它的文字具有读音有四声、字形呈方块的特点，而且汉字数量大，因此在语文教学中就得使用不同于其他国家和民族的特殊的教学方法。

二、教育的文化功能

文化是教育实践的基础，而教育是文化得以传播、继承、整合、积累和发展的生命机制。

（一）教育的文化选择、批判功能

文化选择是文化变迁和文化发展过程中产生的一种重要的文化现象，不同于自然的优胜劣汰，文化选择体现了较强的人的主观能动性。教育是有目的、有计划、系统地培养人的过程。这一过程离不开确定教育内容，而确定教育内容的过程实际上就是选择文化的过程。随着时代的发展，任何文化都包含着先进与落后、崇高与卑下、文雅与粗野的成分，教育则需要依据统治阶级的需要、社会需求、学生发展需求来选择社会主流文化及优秀的精粹文化。教育对文化的选择过程，往往表现为文化的系统化、条理化和规范化的过程，主要是按照适合于传授和学生接受的原则而进行的，并高度重视各种知识的相互关系，对其进行教育学意义的改造。

（二）教育的文化传承与保存功能

文化的传承是指文化在时间上的延续。随着社会的不断发展，文化的传承、保

---

① 朱勃、王孟宪编译：《比较教育——名著与评论》，87、92～93 页，长春，吉林教育出版社，1988。

存方式不断发生变化。人类保存和传递文化的方式大体上经历了三个历史阶段：文字出现之前，文化主要依靠上下代人之间和同代人之间的口耳相传而获得传递和保存；文字出现以后，文化的传递和保存主要依靠文字的记载和授受；进入现代社会以后，人类通过教育与多种高科技手段传递和保存文化。从教育最广义的意义来看，不论人类文化的传递和保存方式发生何种变化，都离不开教育这一最基本的方式。

教育传递文化，将人类的文化财富内化为个体的精神财富，这样文化便找到了它最安全且具有再生功能的"保险库"。因此，教育作为传递文化的手段，也就具有了保存文化的功能。①

(三)教育的文化传播与融合功能

文化传播是指文化在空间中的流动，文化交流是指两个或两个以上文化共同体的文化相互传播的过程，文化融合则是文化交流的产物。文化可通过经济商贸往来、军事战争、传教活动、派遣留学生、学术交流等多种途径传播，其中教育对文化的传播作用最为集中、专门和根本。教育对文化的传播与融合功能主要体现在以下两个方面：一是内在的教育过程本身，教育作为培养人的活动，能提高人们的文化理解、接受能力，激发人们传播文化、接受文化的心理动力，为文化的传播和融合奠定了前提和基础，人们通过对不同文化的学习，对文化进行选择、整合，形成新的文化，促进文化的不断丰富和发展；二是外在的交流活动，如互派留学生，教师出国访问、国际学术交流和合作等，促进不同文化间的相互吸收、相互融合。

拓展阅读

历史上的留学教育②

美国在 1815—1915 年的 100 年间，有上万名青年在德国完成学业回国。他们不仅带回了德国大学的学位证书，更为重要的是带回来德国大学关于科学研究及其方法论、新的教学技术以及学术自由等方面的新观念。其中很多人还不断努力试图把德国大学的教育思想和实践移植到美国社会中来，最典型的就是将德国大学的科学研究的理念移植到美国高等教育体系中，建立了全美第一所研究型大学——约翰·霍普金斯大学。

中国近代的留学教育也是如此。早在 20 世纪 30 年代舒新城就说过："无留学生，中国的新教育与新文化决不至有今日……现在教育上的学制课程、商业上之银行公司、工业上之机械制造，无一不是从欧美模仿而来，更无一不是由留学生以直接间接传来。"

---

①肖川：《论教育与文化》，载《教育理论与实践》，1991(1)。
②麻艳香、蔡中宏：《教育：文化发展的内在机制》，载《西北民族大学学报(哲学社会科学版)》，2010(1)。

(四)教育的文化创造与更新功能

教育的文化创造与更新功能是教育的文化功能中最根本的功能。教育的文化创造与更新功能具体体现在以下几个方面。

第一，教育通过培养创造性人才进行文化创新。通过教育，把人类已有的文化财富内化为受教育者个体的精神财富，培养、造就他们与文化发展相关的个性和创造力，从而使文化得以发展和更新。

第二，教育直接地参与文化创新。新的文化包括新的作品、新的思想和新的科学技术等。当代学校往往成为新思想、新文化的策源地，在文化的更新和创造中发挥着越来越重要的作用。同时，广大教师也不只是知识的传授者，他们也是知识的创造者，是创生新文化的主力军。

拓展阅读

文化本身是复杂的，学习文化的过程也是复杂的，从某种意义上看，每一代人对他们自己的文化都有一个重新发现和理解过程。每一代人不仅学习自己的文化，而且重新结构自己的文化。

——《思想生态学的步骤》，人类学家格里库里·贝特森著

第四节　教育与人口

人口与教育之间存在着各种关联。人口领域的各个方面，如生育、死亡、迁移引起的人口变动，人口的年龄、性别结构和社会结构，人口的婚姻家庭特征，人口的地理分布等，都有可能与教育的各方面或某个方面有不同程度的关联(见图 2-1)。[①] 在本节中，我们主要探讨人口数量、人口质量、人口结构与教育之间的关系。

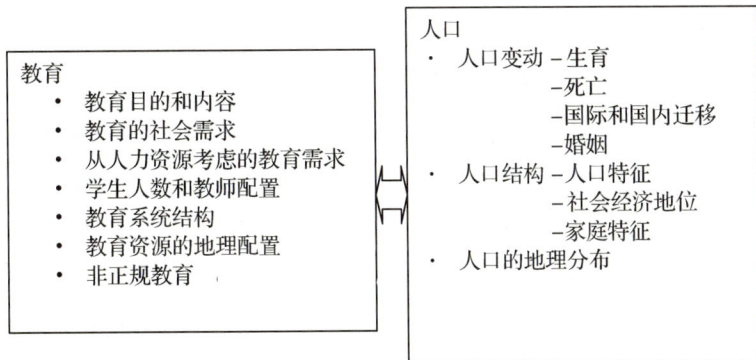

```
教育                              人口
 · 教育目的和内容                 · 人口变动 – 生育
 · 教育的社会需求                            – 死亡
 · 从人力资源考虑的教育需求                   – 国际和国内迁移
 · 学生人数和教师配置                         – 婚姻
 · 教育系统结构                   · 人口结构 – 人口特征
 · 教育资源的地理配置                         – 社会经济地位
 · 非正规教育                                 – 家庭特征
                                 · 人口的地理分布
```

图 2-1　人口与教育之间的关系

①郑真真、吴要武：《人口变动对教育发展的影响》，载《北京大学教育评论》，2005(2)。

一、人口对教育的制约作用

(一)人口数量影响着教育的投入与规模

人口增长率的变化有四种类型：第一种是高出生和高死亡构成的低增长；第二种是高出生和低死亡构成的高增长；第三种是低出生和低死亡构成的低增长；第四种是低出生和高死亡构成的负增长。[①] 其中人口的高增长必然要求提高教育的投入、扩大教育的规模，如果不断增加的教育经费与不断扩大的教育规模跟不上人口增长的速度，教育的经济基础得不到充分的保障，就会导致教育基本建设投资不足、教师数量不足、教师质量不佳等不良连锁反应。此外，人口数量的脉动式增长也会使得教育不能保持相对稳定的规模。

(二)人口质量影响着教育的质量

人口质量是人口的身体素质、文化素质和道德素质的总和。人口质量对教育质量的影响主要表现为直接和间接两个方面。直接方面表现为入学者自身的质量水平对教育质量的影响，间接方面表现为年长一代的人口质量影响着新生一代的人口质量，进而会对以新生一代为对象的学校教育质量产生影响。

(三)人口结构影响着教育的结构

人口结构包括人口的自然结构和社会结构。自然结构指的是人口的年龄、性别等方面，社会结构指的是人口的阶级、文化、职业、地域、民族等方面。人口结构对教育结构的影响主要表现为：人口的年龄结构会影响学校教育系统中各级各类学校的比例设置；人口的文化结构对教育的需求和质量产生很大的影响；人口的职业结构影响着高等教育、职业教育的专业发展；人口的地域结构影响着各地域的教育发展水平；人口的民族结构要求多样化的学校和不同的教育内容，以满足不同民族对教育的不同需求。

二、教育的人口功能

人口是社会的人力基础，教育对控制人口数量、提高人口素质、改善人口结构都有重要的作用，这就是教育的人口功能。

(一)教育能够控制人口数量

教育具有控制人口增长的社会功能。一些人口学家指出，全体国民受教育程度与人口出生率呈负相关。人口数量的控制需要制度的制约，但在根本上需要通过教育来改变人们的生育观念，实现少生优育。此外，随着时代的发展，国家对教育的重视程度空前，家庭对教育的需求水平也日益提高，养育孩子的费用逐渐增加，这也是教育能控制人口的一个重要原因。

[①]叶澜：《教育概论》，100 页，北京，人民教育出版社，2006。

（二）教育能够提高人口素质

教育作为促进人的德智体美劳全面发展的活动，其培养人的目的就是提高每个人的素质，从而提高整体的人口素质。

（三）教育能够改善人口结构

教育是将人口结构合理化的手段之一。通过教育可以逐渐减少"重男轻女"的观念，调整人口的性别结构。通过教育有助于改变人口的文化结构和职业结构，更好地适应社会发展的需要。通过教育能够减少人口质量的区域差异，促使人口的地域分布区域合理。

拓展阅读

高考的社会功能[①]

高考不仅是一种教育行为，而且是一种社会行为，一种社会大动员。如果说高考的教育功能是积极与消极并存的话，那么其社会功能则以正面的居多。

第一，社会安定功能。维护社会公平、平等竞争是考试制度的灵魂和根本，公平、公开和公正是考试制度的核心理念。有学者认为，从法理的视角讲，考试制度其实可以被视为一种崇尚程序正义的程序制度，正是基于程序正义理念的运作赋予了古代科举制度和现代高考制度毋庸置疑的权威性。尽管现行高考制度受到一些人的质疑及现实的挑战，但有一个事实是无法否认的：高考已经成为当代中国最成熟和最权威的人才选拔机制，迄今尚没有任何一种制度可以取而代之。"文化大革命"后高考制度的恢复并不只是使教育恢复了正常秩序，更是带动了整个国家秩序的恢复。人心向学，人心思治，学生与社会上的知识青年稳定之后，整个社会才有可能稳定下来，走上正轨。高考是维护社会公平、坚持社会公正、稳定社会秩序的重要手段。而且恢复高考是在粉碎"四人帮"这个大的政治背景下被作为拨乱反正的突破口而实行的重大举措，它使中国的人才培养重新走上健康的轨道，在使社会秩序恢复的过程中发挥了至关重要的作用。由此可见，高考对恢复和稳定社会秩序具有重大的作用。

第二，社会流动功能。世界上各国的大规模教育考试都有强大的评价和筛选功能，也各有重要的作用和影响，这在中国表现得尤为突出。高考在促进社会阶层流动方面起着重要的作用，参加高考长期以来是中国农村学生获得城镇户口的一条重要渠道。虽然在城乡差距较大的情况下，高考促进农村人口向非农业人口转化，会使本来人才就稀少的农村人才更少，但它客观上促进了农村教育的发展，成为激发农村人口接受教育的无形动力，也在一定程度上促进了农村城市化进程的发展。在中国高等学校尚未全面收费之前，高考促进社会阶层流动的作用尤其

---

①刘海峰：《高考改革的教育与社会视角》，载《高等教育研究》，2002(5)。

明显，多年来一直是许多农村青年改变命运的主要甚至是唯一办法。通过高考，许多家境清寒的学子进入大学深造，现今已成为中国各个部门、各个行业的骨干力量，这是高考的社会流动功能的生动体现。

由于高考长期实行全国统一考试，考生在当地就可以方便地报考全国重点大学或跨省区录取的大学。这一制度造成大范围的人才流动，为这些高校选拔了来自于不同省市、不同民族的人才，大大开阔了学生的视野，有利于各地文化的交流和国家的统一。比起过去高校单独招考时家境不好的学生较难到大城市报考著名大学的情况，高考制度在促进人才区域流动方面起着重要的作用。有研究者通过云南整个省、其中的一个少数民族自治州及一个县的实例和全国高校招生录取年度统计分析，证明高考是人才从农村向城镇流动或区域间流动的重要渠道，不仅促进了边疆地区、少数民族地区的教育发展，而且比较公平地控制、调节着流动的通道，深刻地影响着中国的社会结构。

第五节　教育与我国社会主义建设

教育是民族振兴、社会进步的基石，是提高国民素质、促进人的全面发展的根本途径，是社会生产力的重要组成部分。教育优先发展是中国社会主义建设的发展战略，教育在社会主义现代化建设中占有举足轻重的地位。

一、教育与社会主义建设的关系

教育和社会主义建设的关系，是教育理论和教育实践中的一个基本问题。关于两者之间的关系，在 1985 年通过的《中共中央关于教育体制改革的决定》中就作了明确的回答，指出：“教育必须为社会主义建设服务，社会主义建设必须依靠教育。”[①]这个科学论断揭示了现代生产和现代教育之间的内在联系。

教育必须为社会主义建设服务，这指明了我国教育的性质，规定了教育改革、发展教育事业的出发点和归宿。社会主义建设包括物质文明的建设和精神文明的建设。从物质文明方面来说，教育为经济建设服务是为社会主义现代化服务的最重要组成部分，通过教育发展提高社会生产的科技水平和劳动者素质，对经济社会发展具有巨大的推动作用。从精神文明的内容来说，教育既是精神文明建设的重要内容，又是精神文明发展程度的重要标志。正确的世界观、人生观、价值观的确立，民族优良传统的发扬，共同理想和精神支柱的形成与巩固，科学文化水平的提高，都离

---

①顾明远：《从新民主主义教育到社会主义教育——纪念中国共产党成立 90 周年》，载《教育研究》，2011(7)。

不开教育工作。教育为社会主义"两个文明"建设服务主要表现在提高民族素质、培养人才上。通过教育提高民族素质，对于民族的发展、"两个文明"的建设和培养人才具有重大的意义。

社会主义建设必须依靠教育，这肯定了教育在社会主义建设中的作用。社会主义建设需要人才，人才只有通过教育才能培养。人的自身的生产，一要靠生育传递生命，二要靠教育对人本身进行加工，把生物性的人转化为社会性的人，把人这个可能的生产力转化为现实的生产力。实现这两个转化需要借助教育传递文化科学知识，对人进行培养，才能使人适应社会生产和社会生活的需要。有了这样的人，才能进行生活资料、生产工具的生产。特别是在现代生产、新的科技革命迅猛发展的时代背景下，现代教育已成为发展生产的决定性因素。

二、我国社会主义教育的发展与改革

(一)以中国特色社会主义理论为指导思想

中国社会主义教育是以中国特色社会主义理论为指导的现代教育体系，既具有现代教育的基本特征，如民族性、科学性、生产性、终身性、国际性等，又具有中国特色社会主义的方向性。

(二)以育人为本为根本目的

育人为本是中国社会主义教育的根本，促进人的全面发展是中国教育基于马克思主义教育原理的一贯的教育方针。我国教育把提高人的素质作为重点，既重视人的全面发展，又重视人的个性发展；始终坚持学校以教学工作为中心，着力提高学生服务国家与人民的社会责任感、勇于探索的创新精神和善于解决问题的实践能力。

(三)以促进教育公平和提高教育质量为主要任务

促进教育公平和提高教育质量是中国社会主义教育今后要着重完成的两大任务。教育发展不均衡是中国社会发展过程中长期存在的问题，今后要在普遍提高教育质量的基础上促进教育公平。①

(四)以改革开放为强大的动力

改革开放是中国社会主义教育的强大动力。中国社会主义教育不仅继承了中国几千年的优秀教育传统，而且不断吸收世界各国的先进教育理念和经验为我所用；既重视学龄期青少年的正规教育，又重视人民大众的非正规教育和终身教育。

---

①顾明远：《从新民主主义教育到社会主义教育——纪念中国共产党成立90周年》，载《教育研究》，2011(7)。

思考题

一、单项选择题

1. "建国君民，教学为先"这句话反映了（   ）的关系。

A. 教育与政治　　　　　　　B. 教育与经济

C. 教育与文化　　　　　　　D. 教育与人口

2. 科学知识再生产的主要途径是（   ）。

A. 职业培训　　　　　　　　B. 社会研究

C. 调查研究　　　　　　　　D. 学校教育

3. 我国中小学的语文教材中选取唐诗、宋词、元曲等名篇进行学习，这体现了教育对文化发展的（   ）。

A. 传递和保存　　　　　　　B. 传播和交流

C. 选择和提升　　　　　　　D. 更新和创造

二、辨析题

1. 人口数量决定着教育事业的规模。

2. "教育优先发展"这一口号的提出意味着教育应先于经济而发展。

三、简答题

1. 政治经济制度对教育的制约性体现在哪些方面？

2. 简述教育对文化发展的促进作用。

四、材料分析题

阅读下列材料，运用教育与社会发展相互关系的有关理论进行简要评析。

我国著名平民教育家晏阳初在20世纪30年代曾提出过"教育救国"的理论。他认为中国落后的主要原因是当时农民存在贫、愚、弱、私四大病害，只要我们的教育工作者、仁人志士深入广大农村推行相应的四种教育，即生计教育、文艺教育、卫生教育和公民教育，就可以克服上述四大病害，中国自然就富强了。但实践证明，这种设想只是良好的愿望，并未成功，正如毛泽东同志所说，"教育救国"，唤来唤去还是一句空话。

第三章　教育与人的发展

1. 了解人的身心发展的基本概念和影响因素。
2. 理解人的身心发展的基本规律。
3. 掌握教育在人的身心发展中发挥主导作用的原因及条件。

教育是专门培养人的社会活动，正如乌申斯基在《教育人类学》(第一版)序言中指出："如果教育学希望从一切方面去教育人，那么就必须首先也从一切方面去了解人。"人的成长与发展是一个复杂的过程，教育要有效地培养人，就必须研究人，了解人的特性、本质及身心发展的基本规律，并遵循其身心发展规律。本章从人的发展内涵说起，进而探讨人的身心发展规律及影响因素，并归纳出教育对人的发展所起的主导作用。

第一节　人的发展概述

一、人的发展的内涵

人的发展是指个体从出生开始，在遗传、环境和学校教育以及自我内部矛盾运动的相互作用下生理和心理两个方面所发生的积极变化的过程与结果。

人的生理发展一方面是指机体的正常发育，即身体的结构形态（包括各系统、各器官、各组织）的健康发展；另一方面是指体质的增强，即生理机能的增强。身体健康发育的标志是各项生理指标合乎健康的标准，不达标和超标都是不健康或不正常的表现。人的心理发展一方面包括认识因素的积极发展变化，如感觉的精确性、知觉的全面性、记忆的理解性、思维的深刻性等能力的发展；另一方面包括各种非认知因素的积极变化，如人的需要、兴趣、情感、意志及个性等的发展。上述这些心理发展变化则表现为学生知识的扩展、技能的提高、能力的增强、思想品德的不断成熟和个性品质的逐渐形成。

人的生理发展和心理发展是相互促进、相互制约的。从总体上来看，人的发展是全面的渐进的过程，既包括了量的变化，也包括了质和结构上的积极变化；既有生理属性的发展，也有社会属性、精神属性方面的不断丰富和完善。

二、关于人的发展的基本理论

（一）内发论

内发论者一般强调人类个体的身心发展的力量主要源于人自身的内在需要，是由个体内部所固有的自然因素预先决定的。身心的发展实质上是由个体内部所固有的自然因素按照内在的目的或方向而展现出来的，外部条件只能影响身心内在的固有发展节律，而不能改变节律。内发论又称自然成熟论、生物预成论、遗传决定论等。

中国古代内发论的代表人物首推孟子。《孟子·告上书》提道："仁义礼智，非由外铄我也，我固有之也，弗思耳矣。"孟子认为人的本性是善的，万物皆备于我，人的本性中就有恻隐、羞恶、辞让、是非四端，这是仁、义、礼、智四种基本品性的根源。人只要善于修身养性、向内寻求，这些品性就能得到发展。

现代西方的内发论者进一步从人的机体需要和物质因素来说明内发论。如奥地利精神分析学派的创始人弗洛伊德认为，人的性本能是最原始的自然本能，是推动人发展的潜在的、无意识的、最根本的动因。美国当代生物社会学家威尔逊把"基因复制"看作决定人的一切行为的本质力量，而美国心理学家格塞尔则强调成熟机制对人的发展的决定作用。美国儿童心理学家霍尔提出的复演说（recapitulation theory）也属于内发论。霍尔认为"一两的遗传胜过一吨教育"。他把当时生物学上的复演说用来解释儿童心理的发展，认为个体心理发展是人类进化过程的简单重复，个体心理发展是由种系发展决定的。遗传决定论的创始人高尔顿于1869年发表了著名的《遗传的天才》，明确地宣称："一个人的能力是由遗传得来的，它受遗传决定的程度，如同一切有机体的形态及躯体组织受遗传决定一样。"[1]

内发论认为心理发展与生理发展没有根本的实质性区别，心理发展是先天因素成熟的结果，完全否定了后天学习、经验的作用。这就导致了以生理发展曲解心理发展，这是内发论的根本错误所在。

拓展阅读

高尔顿《遗传的天才》

高尔顿用家谱调查的方法，从英国的名人（包括政治家、法官、军官、文学家、科学家和艺术家等）中选出977人，调查他们的亲属（有血缘关系）中有多少人与他们同样著名。结果发现，他们的父子兄弟中有322人也同样出名。而在对照组，即所谓的平常人（人数相等），他们的父子兄弟中只有1个名人。由此，他得出"名人家族中出名人的概率大大超过一般人"的结论，从而认为一个人的能力乃由遗传得来，其受遗传决定的程度，如同一切有机体的形态及躯体组织之受遗传的决定一样，其调查结果就是能力受遗传决定的证据。

霍尔的复演说

斯坦利·霍尔（G. Stanley Hall，1844—1924）被称为美国心理学之父。他不仅开创了美国儿童心理学的研究，而且也是使用科学方法对青少年心理进行研究的第一人，因此还有"青少年心理学之父"的美誉。

19世纪末20世纪初，达尔文的进化论影响甚广，当时在生物学上已经发现人类的胚胎发展史就是动物进化过程的复演。霍尔受这种思想的影响，把达尔文关于进化（evolution）的生物学观点引入心理学领域，并扩展为心理学的复演说（theory of psychological recapitulation）。该学说认为，个体的发展只不过是人类种族进化的复演过程。具体地说，个体在出生以前即胎儿期复演了动物进化的过程；4岁前的婴幼儿期复演了动物到人的进化阶段；4～8岁的儿童期复演了人类从蒙昧向文明过渡的农耕时代；12～25岁的青少年期则是复演了人类的浪漫主义时代。

---

[1] 徐勇、曾广玉、张洪波等：《119对双生子智力遗传度的研究》，载《心理科学》，1996(5)。

纵观霍尔的观点我们不难发现，他强调的是个体的生物因素通过遗传决定性地控制和引导着个体的发展与成长，而环境的作用非常小。个体成熟以后，其行为将不可避免地随着遗传物质记载的方式而改变，而且这种发展与成长的模式在不同的文化背景以及各种环境中都是基本一致的。

(二)外铄论

外铄论的基本观点为人的发展主要依靠外在的力量，诸如环境、他人影响和学校的教育等，个体心理发展的实质是环境影响的结果，环境影响决定个体心理发展的水平与形式。外铄论又被称为环境决定论、教育万能论或经验论等。

部分外铄论者认为人自身的因素是需要改造的。如我国古代性恶论的代表人物荀子指出："今人之性，生而有好利焉，顺是，故争夺生而辞让亡焉"。近代一些哲学家和社会生物论者也把战争、丑恶归于人性的攻击和自私、贪婪，主张社会的良好发展必须改造人性。

英国的哲学家、教育家洛克是教育万能论者，他的白板说认为人出生时不具备任何知识，就像一块白板，没有特性，也没有理念，人的理性和认识来自后天的经验，人的知识都是由经验得来的，儿童心理发展的原因在于后天，人的心理发展的差异十分之九是由教育决定的。

外铄论的另一典型代表人物是美国行为主义心理学家华生。他从行为主义的"刺激—反应"的观点出发，过分强调外显的刺激与反应之间的联结，认为提供了某一刺激(S)就可以预言有机体的反应(R)。同时，已知有机体的反应，可以推断其先行的刺激。行为主义反对研究有机体内部的心理过程。华生试图通过刺激与反应的联结，通过经典条件反射的方法来塑造儿童的行为，为此，他说："给我一打健康的婴儿，如果让我在由我所控制的环境中培养他们，不论他们的前辈的才能、爱好、倾向、能力、职业和种族情况如何，我保证能把其中任何一个人训练成我选定的任何一种专家：医生、律师、艺术家、富商，甚至乞丐和盗贼。"[1]

由于外铄论者强调外部力量的作用，故一般都注重教育的价值，对教育改造人的本性，形成社会所要求的知识、能力、态度等方面，都持积极乐观的态度。他们关注的重点是人的学习，关注学习什么和怎样才能有效地学习。外铄论把身心发展看作外界环境影响的结果，否认心理发展的内部作用。其根本错误在于否认心理反应的能动性，因而是一种机械主义的发展观。

---

[1]王琼宇：《从班杜拉的社会学习理论看教育》，载《社会心理学》，2015(2)。

拓展阅读

华生的行为主义理论

约翰·华生(John B. Watson，1878—1958)于1913年首先举起行为主义心理学的旗帜，是美国第一个将巴甫洛夫的研究结果作为学习理论基础的人。他认为学习就是以一种刺激替代另一种刺激建立条件反射的过程。在华生看来，人类出生时只有几个反射(如打喷嚏、膝跳反射)和情绪反应(如惧、爱、怒等)，所有其他行为都是通过条件反射建立新的"刺激—反应"(S—R)联结而形成的。

1913—1930年是早期行为主义时期，由华生在巴甫洛夫条件反射学说的基础上创立，他主张心理学应该摒弃意识、意象等太多主观的东西，只研究所观察到的并能客观地加以测量的刺激和反应。无须理会其中的中间环节，华生称之为"黑箱作业"。他认为人类的行为都是后天习得的，环境决定了一个人的行为模式，无论是正常的行为还是病态的行为都是经过学习而获得的，也可以通过学习而更改、增加或消除。他认为查明了环境刺激与行为反应之间的规律性关系，就能根据刺激预知反应，或根据反应推断刺激，达到预测并控制动物和人的行为的目的。他认为，行为就是有机体用以适应环境刺激的各种躯体反应的组合，有的表现在外表，有的隐藏在内部。在他眼里人和动物没什么差异，都遵循同样的规律。

在华生的主要观点中，首先他认为行为发生的公式是"刺激—反应"。从刺激可预测反应，从反应可推测刺激。在华生看来，刺激是指客观环境和体内组织本身的变化，反应是指整个身体的运动，手臂、腿和躯干的活动，或所有这些运动器官的联合运动。他将思维、情绪、人格等心理活动都等同于一系列动作。由于刺激是客观存在的，不决定于遗传，而行为反应又是由刺激引起的，因此行为不可能决定于遗传。

其次，华生虽承认机体在构造上的差异来自遗传，但他认为，构造上的遗传并不能导致机能上的遗传。个体遗传的构造，其未来的形式如何要取决于其所处的环境。华生曾举例对此进行说明。一位身为钢琴家的父亲有两个儿子，大儿子手指长而灵活，而小儿子的手指不长也不灵活。而演奏钢琴这种乐器需要手指长，手型好，有腕力。假定父亲喜欢小儿子，对他说："我要你成为钢琴家，我想做一个尝试。你的手指不长，也不灵活，但我会为你造一架钢琴。我把键变窄，以适合你的手指，再改变键的形状，使你按键时无须特别用力。"谁又会知道，小儿子在这样的条件下，会不会成为全世界最伟大的钢琴家呢？

第三，华生的心理学以控制行为作为研究的目的，而遗传是不能控制的，所以遗传的作用越小，控制行为的可能性越大。因此华生否认了遗传对个体心理与行为发展的作用。

华生的一句名言充分体现了其环境决定论的理论取向，他指出："给我一打健康的婴儿，并在我自己设定的特殊环境中养育他们，那么我愿意担保，可以随便选择其中一个婴儿，把他训练成为我所选定的任何一种专家——医生、律师、艺术家、小偷，而不管他的才能、嗜好、倾向、能力、天资和他祖先的种族。不过，请注意，当我从事这一实验时，我要亲自决定这些孩子的培养方法和环境。"虽然华生在提出此观点的同时，注意到了个体的遗传基础——"给我一打健康的婴儿"，但他片面夸大了环境和教育在个体心理发展中的作用，忽视了个体的主动性、能动性和创造性，忽视了促进心理发展的内部动因。不可否认华生的环境决定论观点确实具有很大的启发作用，他使人们开始关注个体心理发展的社会因素。同时我们在现实生活中也深刻地体会到了环境，包括家庭环境、社会环境和学校教育环境对个体发展的巨大作用。

（三）多因素相互作用论

由于内发论和外铄论具有明显的片面性，于是在 19 世纪末 20 世纪初出现了内发论和外铄论的混合体——多因素相互作用论，也被称为双因素论、遗传—环境决定论。

多因素相互作用论主要有两种观点。一是以美国心理学家伍德沃斯为代表的观点，认为人的发展既不是单由遗传决定的，也不是单由环境决定的，而是由遗传和环境共同决定的。人的发展不是遗传和环境之和，而是二者的乘积。二是以德国心理学家施太伦为代表人物的观点，认为遗传从怀孕时起就受环境的影响，出生后环境的影响更是无处不在。遗传和环境对人身心发展的作用在人的形成和发展过程中一直是交织在一起的，很难明确区分开。

总体来看，多因素相互作用论认为遗传与环境对人发展的作用是相互制约、相互依存的，是相互渗透、相互转化的，并且遗传与环境的相互作用不是始终固定不变的，它们是一个动态的相互作用过程，主体与客体之间是一种作用与反作用的动力关系。也就是说，人的发展是多种因素综合作用的结果，是先天遗传与后天社会影响以及主体在活动中的主观能动性相互作用的结果，个体在身心发展过程中所表现出来的基本特点，不是某一因素单独作用的结果，而是综合作用的结果。

第二节　影响人的发展的基本因素

一、遗传素质在人的发展中的作用

遗传是指个体从上代继承下来的生理解剖上的特点，如机体的结构、形态、感官和神经系统的特点等。这些遗传的生理特点也叫遗传素质。遗传素质对人的发展具有一定的影响作用，为人的发展提供了必要的生物前提和发展的潜在可能性。没有这个前提，人就无法得到发展。例如，一个先天失明的人就不能发展视觉，成为画家；一个生来就聋哑的人也就不能发展听觉，成为音乐家。

人的遗传素质的最大特点在于它潜藏着发展的巨大可能性。恩格斯曾经指出："即使最低级的野蛮人的手，也能做几百种任何猿手所模仿不了的动作。"[①]尤其是人的神经系统和大脑的构造与机能，对人的发展具有特别重大的意义。

（一）遗传素质为人的发展提供了可能性

遗传素质为人的身心发展提供了可能性，这体现于遗传是人的身心发展过程中必不可少的物质前提，没有这些物质前提，人的身心发展根本无从谈起。例如，对于先天色盲的个体，不管后天环境和教育如何，都难以发展成为画家或需要辨别颜色的其他工作者。但是遗传为人的发展提供的可能性能否发展成为现实性，关键在于后天的环境和教育。例如"狼孩"事例证明，如果离开了社会生活条件和教育的影响，即使人类拥有优于动物的遗传素质，也会和动物一样，没有语言和思维，没有人的情感和兴趣，只能消极地适应环境。由此可见，从遗传素质到智慧才能，需要经过一个复杂的发展过程，必要的遗传素质并不能从根本上决定个人的发展。

拓展阅读

伤仲永

金溪民方仲永，世隶耕。仲永生五年，未尝识书具，忽啼求之。父异焉，借旁近与之，即书诗四句，并自为其名。其诗以养父母、收族为意，传一乡秀才观之。自是指物作诗立就，其文理皆有可观者。邑人奇之，稍稍宾客其父，或以钱币乞之。父利其然也，日扳仲永环谒于邑人，不使学。

余闻之也久。明道中，从先人还家，于舅家见之，十二三矣。令作诗，不能称前时之闻。又七年，还自扬州，复到舅家问焉，曰："泯然众人矣。"

王子曰：仲永之通悟，受之天也。其受之天也，贤于材人远矣。卒之为众人，则其受于人者不至也。彼其受之天也，如此其贤也，不受之人，且为众人；今夫不受之天，固众，又不受之人，得为众人而已耶？

——王安石：《临川先生文集》

---

① 恩格斯：《自然辩证法》，150 页，北京，人民出版社，1971。

(二)遗传素质的生理成熟程度制约着人的身心发展的过程及阶段

生理成熟指的是个体受遗传素质制约的生理机能和构造的变化在一定的年龄阶段所达到的一般程度。也就是说，按照正常的发展，个体到了某一年龄阶段就应出现该年龄阶段应出现的年龄特征，如婴儿期、幼儿期、儿童期、少年期、青年期都具有各自不同的生理发展程度。这个生理发展程度影响着人的身心发展过程和阶段。

个体的身心发展是连续不断的变化过程，是渐进的成熟过程，人们常说的"三翻，六坐，八爬，十个月会喊大大"，就反映了人的遗传素质的发展过程及其成熟程度，体现出个体发展的阶段性特点，这种阶段性的形成是与人的年龄相关的，并在一定程度上受到遗传素质生理成熟水平的制约。

此外，同年龄段的儿童身心发展有共同的特点，但彼此间又可能存在着一定的差异。这些差异即个体之间生理成熟程度的不同导致超前发展或延后表现。许多超常儿童表现出早熟或少年早慧，而另一些儿童又可能有许多行为与其年龄不十分相称，这些都是生理成熟的不同程度的具体表现。

拓展阅读

格塞尔双生子爬梯实验

美国心理学家格塞尔曾经做过一个著名的实验，他让一对同卵双胞胎练习爬楼梯。其中一个为实验对象(代号为 T)，在他出生后的第 48 周开始练习，每天练习 10 分钟。另外一个(代号为 C)在他出生后的第 53 周开始接受同样的训练。两个孩子都练习到他们满 54 周的时候，T 练了 7 周，C 只练了 2 周。

这两个小孩哪个爬楼梯的水平高一些呢？大多数人肯定认为应该是练了 8 周的 T 比只练了 2 周的 C 好。但是，实验结果出人意料——只练了 2 周的 C 的爬楼梯水平比练了 8 周的 T 好，C 可以在 10 秒内爬上特制的五级楼梯的最高层，T 则需要 20 秒才能完成。

格塞尔分析说，其实 48 周就开始练习爬楼梯，为时尚早，孩子没有做好成熟的准备，所以训练只能取得事倍功半的效果；53 周开始爬楼梯，这个时间就非常恰当，孩子做好了成熟的准备，所以训练就能达到事半功倍的效果。

(三)遗传素质的差异性在一定程度上影响着个体身心发展差异

世界上没有两片相同的叶子，人的遗传素质也会呈现出个体差异。即使是同卵双生子，在机体的构造和机能上也有不尽相同的特点，如感觉器官、神经系统等的构造和技能都会具有不同的素质差异。例如有的人反应敏捷，有的人则迟缓；有的人喜静，有的人喜动。这都反映了不同的人在高级神经活动类型上的个别差异，正是这种差异性使青少年儿童的发展表现出不同的智力水平、才能和个性特征等，即所谓人上一百，形形色色。

巴甫洛夫利用条件反射的方法揭示了人的神经过程的强度、灵活性和平衡性等的差别。在每个人的身上表现出来的不同特点，如智力水平、才能、特长等，都在一定程度上受遗传素质的影响。由于遗传素质上的差异，有的人易于发展成善于思辨的科学家，有的人易于发展成有才能的音乐家，有的人易于发展成优秀的体育运动员。同理，不同的民族、种族、性别之间产生的差别通常不是靠简单的后天努力就可以消除的，要通过遗传的缓慢变化才能实现。

拓展阅读

巴甫洛夫高级神经活动类型学说

巴甫洛夫运用动物条件反射试验的方法提出了高级神经活动学说，巴甫洛夫的学生运用条件反射的方法在人的身上做了大量的印证性实验，证明巴甫洛夫的高级神经活动学说也适用于人。这一学说中的高级神经活动类型学说较好地解释了气质的生理基础，得到了广泛的认同。

巴甫洛夫认为高级神经活动的基本过程有两个，即兴奋和抑制。所谓兴奋是指神经活动由静息状态或较弱的状态转为活动或较强的状态；所谓抑制是指神经活动由活动的状态或较强的状态转为静息的状态。兴奋和抑制都是一种神经活动的过程，它们指的是这种活动的方向，且高级神经活动的两个基本过程有三个基本特性，即它们的强度、平衡性和灵活性。

神经过程的强度是指神经细胞能接受的刺激的强弱程度，以及神经细胞持久工作的能力。神经过程的强度有强弱之分，兴奋过程强者，在强烈刺激的作用下能形成条件反射，并能保持已经形成的条件反射；兴奋过程弱者，在强刺激的作用下难以形成条件反射，甚至会使已经形成的条件反射受到抑制或破坏。抑制过程强者可长时间忍受持续不断的内抑制，抑制过程弱者只能忍受较短时间的内抑制。

神经过程的平衡性是指兴奋和抑制两种过程的力量是否平衡，所以神经过程的平衡性有平衡和不平衡之分，且不平衡又有兴奋占优势和抑制占优势两种情况。

神经过程的灵活性是指兴奋和抑制两种过程相互转化的难易程度，有灵活和不灵活之分。

两种基本神经过程的三个特性之间的不同组合，构成了高级神经活动的不同类型。从理论上讲可以组合成12种不同的高级神经活动类型，但有些类型在现实生活中是不存在的。例如，神经过程不平衡的人，不管他是兴奋过程占优势还是抑制过程占优势，两种神经过程之间的转化都是不灵活的。因而"强—不平衡—灵活"或"弱—不平衡—灵活"的组合是不存在的。

巴甫洛夫根据大量的实验，确定了4种高级神经活动的类型，即兴奋型、活泼型、安静型和抑制型。这4种高级神经活动类型的神经过程的特点，以及与之相对应的气质类型如下表所列。

神经过程的基本特性			高级神经活动 类型	气质类型
强度	平衡性	灵活性		
强	不平衡		兴奋型(冲动型)	胆汁质
强	平衡	灵活	活泼型	多血质
强	平衡	不灵活	安静型	黏液质
弱			抑制型	抑郁质

巴甫洛夫的高级神经活动类型和心理学中的气质类型有着对应的关系，可以把高级神经活动类型看作是气质类型的生理基础。但是，胆汁质、多血质、黏液质和抑郁质这四种气质类型是典型的气质类型，真正属于这四气质类型的人并不多，大多数人是介于两种气质类型之间的中间型或混合型。

(四)遗传素质具有很大的可塑性

遗传素质不能决定人的发展，个体的发展除了基于遗传素质提供的可能性外，主要还取决于个体所处的社会环境、所受的教育和个人的努力程度等。随着环境、教育和实践活动的作用，人的遗传素质会逐渐发生变化，这就是遗传素质具有可塑性的一个有力证据。例如当今青少年较新中国成立前的青少年来说，在身高、体重上都有所增加，智力方面的发展也有所增强。

二、环境在人的发展中的作用

环境是指对人的发展产生直接或间接影响的全部外在因素。从范围上来分，环境有大环境与小环境两类。大环境与个人距离较远，对人的影响没有小环境直接。从性质上说，环境可分为自然环境和社会环境。自然环境是指环绕着人类并影响人类发展的自然界，主要有大气、土壤、水、岩石、植物、动物、太阳等。社会环境是指人类在自然环境基础上创造和积累的物质文化、精神文化和社会关系的总和，如民族文化、生产方式、生活方式、社区机构、家庭亲友、科学教育、公共场所、社会风气、流行思潮和各类社会教育等。社会环境是人类创造的产物，也是年青一代身心发展的基础。人从出生起就面对现实社会而不能选择，只有认识、适应这个现实的社会环境，人才能生存并获得自身的发展。

(一)环境是人的发展的外部条件

环境是人的发展的现实根基与资源，可分为自然环境和社会环境两大类。其中，自然环境是人和生物共同的生存环境，是人和生物生存的物质基础。自然环境的好坏直接影响着人的生存质量的高低，恶劣的自然环境甚至威胁到人的生存。所以，保护自然环境就是保护人类的生存家园。自然环境对人的发展的影响主要体现在群体的差异方面。例如南方人与北方人的个性差异，海边的人与山里的人的差异等，都被打上了自然环境影响的烙印。

作为一个社会人，人的社会关系的本质必然是在社会环境中形成的。相比起自然环境，社会环境是影响人的身心发展更为直接的重大因素。

社会生产力的发展水平决定着人的发展程度和范围。一定发展水平的生产力创造和决定了一定水平的物质生活条件。人在一定物质生活条件下生活着、发展着，人的发展程度和范围直接为这种物质生活条件所制约。

社会关系影响着人的发展的方向和性质。社会关系包括家庭关系、朋友关系、同事关系等，最主要的是人们之间的经济、政治关系（在阶级社会里表现为一定的阶级关系）。这些客观存在的性质不同，对人的身心的影响也就不同。

社会的精神文化影响着人的身心发展内容。不同的精神文化可能对人的行为习惯、思想品德、人生观、世界观和理想信念等造成不同的影响，这些影响具有耳濡目染、潜移默化的性质，因此它具有一定的深刻性。

拓展阅读

资源、环境与人[①]

谈及技术在教育信息化过程中所起的作用时，不能就技术论技术，更需关注技术背后信息化资源、信息化环境和人的改变。使教育在原有基础上丰富和拓展，创造出一种新的增长模式，这是教育信息化要实现的价值之一。描述这种变化的核心模型由资源、环境和人三个要素构成，可借其阐释教育中资源观、环境观及人的改变。

信息化社会中，课程资源正在以几何倍数的方式增长，与以往不同的是，许多非物质文化形态的课程资源日渐重要，例如国际理解和老北京文化等。作为一种课程资源，它们很难以物化的形式呈现出来。随着信息技术的发展，我们有更好的条件使此类资源逐渐丰富，增进多元文化的影响与理解，弘扬我国优秀的传统文化。

教育环境可分为微观、中观和宏观环境。微观环境是指课堂教学环境，这个环境对教师和学生有最直接的影响，教师教的方式和学生学的方式都会随着这个环境的变化而改变。中观环境是指以一个学校或一个行政区域为基础而构建的教育环境。宏观环境是指更加广阔的、面向世界的教育环境。信息化可以给教育环境带来多层次和多方位的拓展。通过某项新技术（例如白板）的推广，可能形成一种新型的组织文化，优化微观环境。

中观环境的优化也使教学从单纯的学科向更加综合的环境跨越。北京的一所中学和东北师大附中曾经协作组织了一堂信息技术课，在那节课上，两个地区的学生分别把具有当地地域色彩的图片和自己喜欢的音乐传送给对方，然后利用对

---

① 朱文英：《资源环境和人——李奕谈信息化对基础教育的影响》，载《中国教育信息化》，2006(12)。

方传过来的图片和音乐编辑多媒体相册。学生们在学习使用技术的同时，也在进行一种文化沟通和跨地域的文化理解，实现了多元文化的渗透和多维教育目标的培养，符合新课程理念。

作为教育管理者，我们关注中观环境和宏观环境的变化，这个窗口有可能使老师的课堂教学在一个更大的环境中进行交流和互动；我们也关注微观环境中学生通过技术实现自我学习的心灵超越。

北京市基础教育信息化的建设，核心目标是促进包括学生和教师在内的人的全面发展，这里既包括人的信息素养，也包括人在信息化社会中文化品位的整体提升。一年前在部分中小学开展的"中英基础教育合作项目"，就是在一定的条件下实现教育资源与环境的跨越边界的融通。通过白板这个窗口，实现中英两国学生协作学习，两国教师共同备课，共享教育资源。参与项目的教师、学生的生存环境和工作学习环境正在改变，他们不再局限于学科、班级和学校的"一亩三分地"，而是在全球化的环境中去思考自己的工作、学习和生活。这正是基础教育多年来期待达到的促进教师与学生真正做到"三个面向"的转变。

信息技术能够帮助教师创设更丰富多彩的教学环境，这样的环境对学生有非常深刻的影响。一些小学培养出的小学生能够非常勇敢地表达自己的想法，积极参与各项活动，这就是一种能力，是人与人之间相互理解和交流的能力。我们能够看到网络、白板等新技术在教学的诸多环节、在培养学生能力方面所起的作用，在改变人的精神面貌上所具备的潜在优势，因为在传统的模式和手段下有些目标确实很难实现。

(二)环境对个体发展的影响有积极和消极之分

环境是多种因素的复合体，其中有积极的因素，也有消极的因素。青少年缺乏明确的信念以及辨别是非的能力，加上好奇心、模仿性、求知欲强，因而很容易接受正反两个方面的影响。"近朱者赤，近墨者黑""昔孟母，择邻处"等教育格言，都是长期教育实践的经验总结。对于教育者来说，分析、综合利用环境因素的积极作用，抵制消极影响，是极其重要的工作。

(三)环境对人的发展的作用离不开人对环境的能动活动

环境对发展的个体来说是客观的、先在的和给定的，但人与动物的根本区别在于人具有主观能动性，人面对环境的作用和影响不是消极被动地接受，而是在接受环境影响的同时，又能凭借自己的经验和创造能力，积极地改造环境、利用环境。所以，尽管人的身心发展始终离不开环境的制约，但人究竟怎样接受环境的影响，归根到底要由人本身负责。环境的给定性不会限制人的选择性，反而会激发人的能动性和创造性，二者之间的相互作用蕴含着人多样发展的可能性。同样处于逆境，有的人沉沦，有的人奋起；同样处于顺境，有的人玩物丧志，有的人锐意进取，道理就在于此。因此，环境决定论的观点是错误的。

孟母三迁

昔孟子少时，父早丧，母仇氏守节。居住之所近于墓，孟子学为丧葬，躄，踊痛哭之事。母曰："此非所以居子也。"乃去，遂迁居市旁，孟子又嬉为贾人炫卖之事，母曰："此又非所以居子也。"舍市，近于屠，学为买卖屠杀之事。母又曰："是亦非所以居子矣。"继而迁于学宫之旁。每月朔望，官员入文庙，行礼跪拜，揖让进退，孟子见了，一一习记。孟母曰："此真可以居子也。"遂居于此。

——刘向：《列女传·卷一·母仪》

三、教育在人的发展中的作用

(一)教育对人的身心发展起主导作用

社会性是人的本质所在，人的发展首先是社会性的发展，所以教育的个体发展功能首先表现为促进个体社会化的功能。但一个人生活在社会上，既是社会人，又是个体人。教育不是面向抽象的共性人，而是面向具体的个人，要为每个独特的个体提供适合的教育，所以促进人的个体发展是教育最根本的功能。

教育作为社会环境的一部分，包含着特殊的个体、特殊的环境和特殊的活动。教育，尤其是学校教育，是有目的、有组织、有计划的以影响人身心发展为直接目标的活动，在人的身心发展中起着主导作用。

教育对人的发展所起的主导作用主要体现于以下四点。

1. 引导个体身心发展的方向

没有接受过教育的个体，其发展是一种随意、盲目的发展。教育是有目的、有计划的引导个体发展的活动，不仅能够改变个体自然发展的随意盲目性，而且能对个体的发展做出社会性规范，培养社会所需要的人。

2. 提升个体身心发展的速度

没有接受过教育的个体，其发展是一种自然发展、自然成熟的过程。教育以一种科学有效的方式提升个体发展的速度，使个体获得更快、更好的发展。

3. 开发个体的特殊才能

教育面对一个个具体、独特的生命个体，就必须依据每个人的特长和发展的需要提供适合每个人的教育，开发个体的特殊才能，促进个体个性的发展。

4. 唤醒个体生命的自觉

教育，尤其是基础教育，对个体的发展不仅具有即时的价值，而且还具有延时的价值。换句话说，教育不仅需要传授知识技能、开发人的潜力，更需要唤醒生命的发展自觉，使个体发展的过程成为生命自觉。①

(二)学校教育对人的身心发展起主导作用的原因

1. 学校教育具有明确的目的性和方向性

学校教育是专门培养人的活动，它能根据一定的社会政治、经济和生产力发展的需要，按照一定的方向，选择适当的内容，采取有效的方法，利用集中的实践，对人进行系统的教育和训练，使人获得比较系统的科学文化知识和技能，形成一定的世界观和道德品质。

2. 学校教育具有高度的计划性和系统性

学习教育是有计划的系统活动，是在各种严格的规章制度的制约下进行的。它保证了教学的良好秩序，把人的发展所需要的一切时间和空间纳入可控的程序之内，保证了教学得以顺利、有节奏地进行。同时学校教育又具有系统的学习内容，这些内容既考虑了社会政治经济对人才规格的需要，又考虑了知识的逻辑顺序和学生的年龄特点与接受能力，以此保证人才培养的高质量与高效率。

3. 学校教育具有一定的选择性和调控性

学校教育是一种特殊的环境影响，它是按照发展人的身心这种特殊的需要而组织起来的，不同于自发的社会环境；它是一种有意识、有目的的影响，能够调节和引导各种环境因素，让学生处于最佳的发展环境之中，给人更多的正面教育，对学生的发展产生积极的影响，使年青一代健康成长。

4. 学校教育具有严密的组织性

学校教育主要是通过专门的教育机关——学校进行的。学校是按照一定的教育目的组织起来的，有比较完整的组织机构，又有经过教育和训练的专门教育工作者，他们熟悉丰富广博的科学文化知识，掌握科学的教学方法与手段，了解学生身心发展的规律和特点，能自觉地把学生按照一定的教育要求组织在专门的教育过程中进行教育和训练。因此它对年青一代身心发展的影响和作用，比其他任何社会生活活动都更为有效和深刻。

(三)教育在人的发展中发挥主导作用的条件

教育要发挥其对人的身心发展的主导作用，必须考虑与之有关的相关因素和条件。

1. 教育要遵循人的身心发展规律

人的身心发展规律，对教育活动具有必然的制约作用，教育如果违背了这些规律，非但不能发挥其主导作用，还可能阻碍人的身心发展，教育也就失去了意义。对于人的身心发展规律，一方面要认识到人的身心发展的一般性规律，另一方面也要认识到人的身心发展的个别差异性是客观存在的，教育应根据人的身心发展的共

---

① 全国十二所重点师范大学联合编写：《教育学基础(第 3 版)》，41 页，北京，教育科学出版社，2014。

性和个别差异性，认真分析和研究每个教育对象，做到因材施教，而不是像工厂制造标准件一样按统一规格要求学生。

2. 教育要充分调动个体的主观能动性

马克思指出："一个种的全部特性、种的类特性就在于生命活动的性质，而人的类特性恰恰就是自由的有意识的活动。"①教育必须成为个体的一种实践活动，且在活动中能够展现人的自觉能动性，这样才能促进个体的发展。人是一个能动的主体，在人与环境的相互作用中，人的主观能动性发挥着筛选、过滤和改造的机制作用。对于学生个体来说，环境和教育都只是促进其身心发展的外因，而外因需要通过内因发挥作用，此处的内因就是学生个体的主观能动性。人的主观能动性是一种积极的学习动机和渴望，教师的作用不是强制性地"主导"学生发展，而是顺势"引导"学生发展，教师只有把学生的主观能动性激发起来，才能引起学生的认知建构活动，才能使社会对学生的德智体等方面的要求转化为学生个体的自觉要求，才能真正使学生成为发展的主体。

3. 学校教育要加强与家庭、社会的相互协调与配合

人出生后接触的第一个环境便是家庭，父母是孩子最早的老师。家庭和学校在教育过程中是合作者，家庭环境及其教育与学校教育的配合程度直接影响着学校的教育作用。同时，社会的生产力水平、社会政治经济制度、社会风尚、社会文化传统、科学技术发展状况等都可能对学校教育功能的实现产生影响。所以，学校必须加强与社会的联系，有计划、有目的地让学生接触社会、了解社会、认识社会、锻炼才干，也应当努力用良好的教育影响抵制社会对学生的不良影响。

(四)教育的主导作用并不是万能的

教育可以控制和利用各种环境因素对人的影响，充分发挥个体遗传上的优势，排除或限制不良因素的干扰，利用和发挥积极因素的作用，在个体的身心发展中起着主导作用。但教育的主导作用并不是万能的，教育既不能超越它所处的社会条件，凌驾于社会之上去发挥其主导作用，又不能违背儿童身心发展的客观规律，任意决定人的发展。因此，教育万能论是一种片面地夸大教育在人的发展中的作用的观点，这种观点忽视了遗传素质及人的主观能动性在人的发展中的作用，这显然是不对的。

拓展阅读

教育万能论

"教育万能论"的历史源头可以追溯到古希腊的客观唯心者柏拉图，主要形成于西欧封建社会末、资本主义崛起的时期，由18世纪法国的哲学家爱尔维修正式提出。

---

① 《马克思恩格斯选集》第1卷，46页，北京，人民出版社，1995。

教育万能论是一种对教育的主张，认为教育可以改变所人。无论什么人，只要给条件、环境，就可以按照一定的目的把人教育培养成所要求的人。法国启蒙思想家爱尔维修是教育万能论的代表人物，他在《论人的理智能力和教育》中，认为人的天赋是平等的，遗传素质不存在差别，人是环境和教育的产物，人的性格、气质和精神都是教育的结果。通过教育发展人的理性，可使人形成健全的道德，从而改变社会现状，建立合乎理性的社会制度。他否认人与人之间的个别差异，断言人的形成只是教育的结果，人与人之间的才智差异也仅仅是教育造成的，即"人受了什么样的教育，就成为什么样的人"。他一方面认为人是环境和教育的产物，改造人必须改造环境；另一方面又认为人们的偏见统治着世界，改造环境又必须改造人的偏见，即通过教育改造社会，因而主张教育万能。爱尔维修的这一教育理论，在当时的历史条件下，反映了新兴资产阶级推翻封建制度的进步要求，但陷入"意志支配世界"的唯心史观。

德国哲学家康德认为，人之所以成为人，完全是教育的结果。美国的心理学家华生曾说过，他可以用特殊的方法将一打健全的儿童任意加以改变，把他们培养成为医生、律师、乞丐、盗贼等。英国空想主义者欧文否认人与人之间的个别差异，断言人的形成只是教育的结果，指出人可以经过教育而形成出任何一种情感和习惯或任何一种性格。

四、个体主观能动性在人的发展中的作用

环境和教育的影响只是个体身心发展的外因，对个体发展的影响只有通过个体身心的活动才能起作用。个体主观能动性是促进个体发展从潜在的可能状态转向现实状态的决定性因素，是个体身心发展的动力。

人的主观能动性随着人自我意识的提高和社会经验的丰富而逐渐增强，并通过各种活动表现出来，如选择周围的环境事物，控制自己的行为，制定自身发展目标，等等。人们只有通过这些生命活动、心理活动和社会实践活动才能得到发展。所以，从个体发展的各种可能变为现实这一意义上来说，个体主观能动性是个体发展的决定性因素，个体身心发展的特点、广度和深度主要取决于其自身主观能动性的高低。

总之，影响人的身心发展的遗传、环境、教育和个体主观能动性等各种因素是一个整体系统，它们是相互作用、相互影响、共同作用于人的发展的，要以动态的眼光来研究和把握各因素与人的发展的关系。

第三节　个体身心发展的一般规律

个体身心发展是有规律的，这些规律是个体在一定年龄阶段的身心两方面发展

的稳定的、典型的本质特征。教育者只有了解了这些规律，才能更好地遵循规律，促进青少年的身心健康发展。

一、个体身心发展具有顺序性

个体的身心发展是一个连续不断的过程，是由低级到高级、由量变到质变的过程。在生理方面，身体的发展是先头部后四肢，先中心后边缘。如躯体的发展是自上而下，即头部、颈部、躯干、下肢依次发展；大脑皮层是先枕叶，而后依次是颞叶、顶叶、额叶；肌肉是先大肌肉群，后小肌肉群；心理机能发展的顺序是由具体形象思维到抽象逻辑思维，由机械记忆到意义记忆，由无意注意到有意注意，由喜、怒、惧等一般情感到道德感、理智感等高级情感；行为的发展是先爬后行再跑。

人的身心发展的顺序性决定了教育活动必须根据这一特点循序渐进地进行。无论是知识技能的学习还是思想品德的发展，都应由浅入深、由简到繁、由少到多、由具体到抽象。在教育工作中急于求成、揠苗助长、陵节而施都是违背个体身心发展顺序性的做法。

二、个体身心发展具有阶段性

在人的成长过程中，不同的年龄阶段表现出一些不同的特征，反映了量变与质变的统一，这些特征是开展教育工作的依据。换言之，个体身心发展的阶段性决定了教育工作的针对性，对不同年龄阶段的受教育者应选择不同的内容和方法。

关于年龄阶段的划分至今尚无定论。一般是根据生理年龄，结合心理发展特点来划分的，通常划分为乳儿期（0～1岁）、婴儿期（1～3岁）、幼儿期（3～6岁）、儿童期（6～11或12岁）、少年期（11或12岁～14或15岁）、青年初期（14或15岁～17或18岁）。皮亚杰则是按照儿童认知发展阶段将儿童的发展分为四大阶段：感知运动阶段（0～2岁）、前运算阶段（2～7岁）、具体运算阶段（7～11岁）、形式运算阶段（11～16岁）。

每个阶段在身心发展方面都有自己的特征。例如在生理发展方面，幼儿期身高、体重增长速度快；儿童期身体发育比较平稳，骨骼硬度小、韧性大、易变形，大肌肉群比小肌肉群先发展，大脑发育快，脑重量逐渐接近成人；少年期进入了迅速发育的青春期，身体猛长，体内机能和神经系统发育趋于健全，出现了第二性征，性发育逐步成熟；青年初期身体发育已经完成。在心理发展方面，个体在童年期的思维特征是以具体形象思维为主，情感特征是不稳定且表现在外；而在少年期，其抽象思维已有较大发展，对情感的体验开始向深与细的方向发展，但很脆弱；在青年初期，以抽象思维为主，情感较细腻丰富、深刻稳定，同时道德感、理智感等在情感生活中占主要地位。上述每个阶段内主要表现为量的变化，经过一段时间后，就由量变发展到质变，使身心发展从一个阶段推进到另一个新的阶段。前一阶段是后一阶段发展的基础，后一阶段是前一阶段发展的必然结果。

个体身心发展的阶段性特点，要求教育工作必须适合于个体身心发展各个阶段的特点，针对不同年龄阶段的学生选择不同的内容，采取不同的方法，抓住其学习的关键期，不能采用一刀切的方法。同时，由于身心发展各阶段是相互联系的，具有连续性，这就要求注重各阶段教育的衔接。

三、个体身心发展具有不均衡性

个体身心发展的不均衡性，表现在不同年龄阶段的身心发展以及同一方面的发展是不均衡的。

生理发展方面，不同年龄阶段生长不均衡。例如，个体身高、体重有两个发展的高峰期，第一个高峰期出现在出生后的第一年（从出生的 50cm 增长到 75cm），第二个高峰期出现在青春发育期。这两个高峰期，个体的身高、体重的发展较之其他年龄阶段更为迅速。除身高、体重发展具有非等速的特性外，个体的脑重增加速度呈现出先快后慢的特点，出生后第一年增长速度最快，以每天 1 克的速度递增，9 个月时达 660 克，第一年末完成出生后需要的发展的 50％。两岁半至 3 岁脑重发展到 900～1011 克，相当于成人脑重的 75％，以后的增长速度逐渐减缓，6～7 岁时达 1280 克，9 岁时约为 1350 克，已接近成人水平，12 岁时为 1400 克，到 20 岁左右停止生长。

心理发展方面，在人的心理发展的不同时期，语言、感知觉、抽象思维、人格发展等方面都存在关键期，存在着发展不均衡的现象。例如著名意大利幼教专家蒙台梭利认为，儿童从出生到 5 岁是感觉发展的关键期（也称敏感期），在这个时期，循序渐进的感觉练习就显得特别重要。根据国内外的研究，2～3 岁是儿童学习口头语言的关键年龄，3.5～4.5 岁出现书写敏感期，4.5～5.5 岁出现阅读敏感期，2～4 岁是形象视觉发展的关键期，3～5 岁是音乐和听觉发展的关键期，4～5 岁是记忆流畅性的关键期，5 岁左右是数量知觉发展的关键期，6～7 岁是运动知觉速度和灵敏度发展的关键期。[①] 如《学记》中所说："当其可之谓时，时过然后学，则勤苦而难能成。"个体身心发展的不均衡性要求教师要善于把握学生个体身心发展的关键期，并提供合适的教育，使其得到最好的发展。

拓展阅读

心理断乳期

少年期是儿童心理发展过程中的一个关键期，少年期的儿童处于半幼稚、半成熟的状态，是独立性和依赖性、自觉性和幼稚性交错的时期，他们既不屈从权

---

① 卢乐珍：《儿童成长的三大关键期（二）别错过幼儿感知觉发展关键期》，载《家庭教育》，2004（2）。

威，又缺乏正确的决断；既精力旺盛，又缺乏自觉性。因而有人将这个时期称为分化期、危险期或心理断乳期，这也是可塑性最大的时期。

四、个体身心发展具有个别差异性

由于个体身心发展的主客观条件不一样，所以其发展的速度、水平及优势领域也存在着差异性。

从群体的角度来看，首先表现为男女性别的差异，这些差异又在一定程度上会带来社会角色、地位、交往群体的区别，并造成发展的方面和水平上的差别。从个体的角度来看，个体的差异不仅表现在同一年龄阶段儿童在不同时期的发展速度和水平有个体差异，而且在相同方面的发展速度和水平也有个体差异。正如加德纳的多元智能理论认为每个人的智能是多方面的，是由相对独立的语言、数理逻辑、空间、身体—运动、音乐、人际、内省、存在等九种智能要素构成，这就证明了个体的身心发展必定会存在着差异性。

从生理差异上看，由于遗传因素和后天环境的影响，人的身高、体重、长相、体质、生长发育速度各有不同。从心理差异上看，个体的认知能力与水平、兴趣爱好、个性差异、优势才能等也会有不同的表现。

教育的对象是有差异的具体个人，这就决定了教育活动必须考虑个体的差异，做到有的放矢、因材施教，让学生得到最大的发展。[①]

五、个体身心发展具有互补性

个体身心发展的互补性反映了个体身心发展各组成部分的相互关系，它主要表现在两个方面。

其一，机体在某一方面的机能受损甚至缺失后，可通过其他方面的超常发展得到部分补偿。例如，失明者可通过听觉、嗅觉等方面的超常发展得到部分补偿。互补性使人在某方面机能缺失的情况下依然能够与环境协调，为继续生存和发展提供了条件。事实上，不同机能之间通过协调互补使得人以整体的方式与环境相互作用的特点，在正常人身上同样存在，只是由于它们的自然、平常而不被人们意识到，一旦某一机能缺失后，它就以惊人的方式显现出来了。这种显现还使人们看到了人体器官各种机能的巨大发展潜能和可塑性。

其二，心理机能与生理机能之间的互补。人的精神力量、意志、情绪状态对整个机体能起到调节作用，帮助人战胜疾病和残缺，使身心依然得到发展。如果一个人的心理承受能力极差，缺乏自我调节能力和坚强的意志，即使身体健康，也可能失去信心。

---

① 冯建军：《基于个体发展差异的教育公正原则》，载《教育研究与实验》，2008(4)。

个体身心发展的互补性要求教育者首先要使生理或心理机能发生障碍、学业成绩落后的学生树立起坚定的信心，相信他们可以通过其他方面的补偿性发展来达到与一般学生一样或相似的发展水平；其次要掌握科学的教育方法，特别是善于发现他们的优势，扬长避短、长善救失，激发他们自我发展的信心和积极性，通过他们自己的精神力量来达到身心的协调、统一发展。

思 考 题

一、单项选择题

1. 小学阶段的教学多运用直观形象的方式，中学以后可进行抽象讲解，这体现了儿童身心发展（　　）的特点。

A. 顺序性 　　　　　　　　　　B. 个别差异性

C. 不平衡性 　　　　　　　　　D. 互补性

2. 强调人的身心发展的力量主要源于人自身的内在需求，身心发展的顺序也是由身心发展成熟机制决定的，该观点属于（　　）。

A. 内发论 　　　B. 外铄论 　　　C. 多因素相互作用

3. 陵节而施违背了个体身心发展的（　　）特点。

A. 顺序性 　　　B. 阶段性 　　　C. 差异性 　　　D. 互补性

二、辨析题

1. 教育决定着人的发展。

2. "一把钥匙开一把锁"，这句话体现在教育上就是因材施教的原则。

三、简答题

1. 简述学校教育在人的身心发展中的独特功能。

2. 简述个体身心发展的规律。

四、材料分析题

美国耶鲁大学的华裔教授蔡美儿出版了一本名叫《虎妈战歌》的书，在美国引起轰动。该书介绍了她如何以中国式教育方法管教两个女儿，她骂女儿"垃圾"，要求每科成绩拿A，不准看电视，琴练不好就不准吃饭，等等。虎妈的教育方法轰动了美国教育界，并引起美国关于中美教育方法的大讨论。2011年，讨论随着《时代周刊》的参与几乎达到了一个高潮，虎妈登上了《时代周刊》封面。

继"虎妈"之后，"狼爸""鹰爸"也进入人们的视野。"狼爸"可谓"语不惊人死不休"——"打是一种威严、一种法度、一种文化"。"打是亲，骂是爱"的传统教育观念在"狼爸"那里有了新的诠释。"鹰爸"让4岁幼儿多多清晨在零下13度的雪地里裸跑，声称经过3年多的"极限训练"，现在在多多身上已经完全看不出早产儿的痕迹，并且在很多方面都要优于同龄儿童。

请结合个体身心发展的影响因素，谈一谈你是如何看待"虎妈""狼爸""鹰爸"的做法的。

第四章　教育目的

学习目标 ▶ ···

1. 识记教育目的的概念、我国当代的教育目的。

2. 理解制定我国教育目的的依据。

3. 了解教育目的的功能。

4. 正确把握素质教育的内涵。

教育目的是根据一定社会的政治、经济、生产、科学技术、文化等多重因素的要求和受教育者身心发展的年龄特征确定的，它反映了一定社会对受教育者的要求。一切教育活动过程都是实现一定教育目的的过程。教育目的既是教育活动的出发点，也是教育活动的结果；既是确定教育内容、选择教育方法的依据，也是检查和评价教育效果的标准。本章揭示了教育目的的概念及功能，介绍了教育目的的价值取向，分析了教育目的选择和确立的基本依据，阐释了我国教育目的的精神实质，论述了素质教育的内容和实施策略。

第一节 教育目的概述

一、教育目的概念和意义

(一)教育目的概念

广义的教育目的是指人们对受教育者的期望，即人们希望受教育者通过教育在身心诸方面发生什么样的变化，或产生怎样的结果。狭义的教育目的是国家对培养什么样的人才的总的要求。各级各类学校的培养领域、培养层次虽有不同，但都必须努力使所有学生都符合国家提出的总要求。因此，教育目的对所有学校都具有指导意义。学生虽有个别差异，如体质强弱不同、成绩高低不等、兴趣爱好不一，但学校必须努力使他们符合国家提出的总要求。

人的活动都是有预定目的的活动。人根据预先设计的活动目的，在活动中进行选择和创造，使活动结果最终符合自己的需要。马克思在谈到人的自觉的有目的的活动同动物本能活动的区别时写道："蜘蛛的活动与织工的活动相似，蜜蜂建筑蜂房的本领使人间的许多建筑师感到惭愧。但是，最蹩脚的建筑师从一开始就比最灵巧的蜜蜂高明的地方，是他在用蜂蜡筑蜂房以前，已经在自己的头脑中把它建成了。劳动过程结束时得到的结果，在这个过程开始时就已经在劳动者的表象中存在着，即已经观念地存在着。他不仅使自然物发生形式变化，同时他还在自然物中实现自己的目的，这个目的是他所知道的，是作为规律决定着他的活动的方式和方法的，他必须使他的意志服从这个目的。"[①]

(二)教育目的的意义和功能

教育目的对一切教育工作的意义在于，它决定了教育制度的制定、教育内容的确定、教育与教学方法的运用。教育目的是整个教育工作的方向，是一切教育工作的出发点，教育目的的实现则是教育活动的归宿。如果教育目的强调培养军人或武士，教育体系遂有军国主义的倾向；教育目的强调培养国家公民，教育体系遂有强调基础教育和注重培养民族情感的倾向；教育目的强调培育英才，教育体系遂有强调高质量教学和鼓励竞争的倾向；教育目的强调个性自由发展，教育体系遂有灵活多样和自由活泼的倾向。教育目的的确定受教育价值观的支配，也与社会发展水平与需要相关。

教育目的对整个教育工作的指导意义是通过发挥以下功能实现的。

---

① 《马克思恩格斯全集》第23卷，202页，北京人民出版社，1972。

1. 导向功能

教育目的规定了教育活动所应培养的人才的质量和规格，实际上就是规定了教育活动的大方向。教育制度的建立、教育内容的确定、教育活动的形式及教育方法的选择等都必须以教育目的为最高准则。同时，幼儿园、小学、中学、大学以及大学后的教育，学校、家庭和社会的教育等，也都应互相配合，以教育目的的达成为整体和最高的目标。

2. 调控功能

一定的教育目的，是一定社会根据自身或人的发展需要对教育活动进行调节、控制的一种手段，以便达到其自身发展的目的。教育目的对教育活动的调控作用一般借助三种方式来进行。一是通过确定价值的方式来进行调控。这一点主要体现在对教育价值取向的把握上。教育的产生和发展既是社会的需要，也受社会制约，社会在利用教育实现自身或人的发展时，无不赋予它特有的价值取向。因此，教育目的带有一定价值实现的要求，并成为衡量教育价值意义的内在根据，进而调控实际教育活动，使其不可违背价值。二是通过标准的方式进行调控。教育目的总是含有培养什么样的人的标准要求，这些标准对实际教育活动的影响是多方面的，是教育活动培养什么样的人的基本依据，使教育者根据这样的标准调节和控制自身对教育内容或教学方式的选择等。三是通过目标的方式来进行调控。一种教育目的的实现会使它自身衍生出一系列的短期、中期或长期的目标，正是这样一些目标铺开了教育目的可以实现的操作路线，具体调节和控制教育的各种活动。

3. 激励功能

目的是一种结果指向。人类的活动既然是有目的、有意识、有计划的，那么也就应该是有着明确的方向和目标的。教育活动因为有想要达成的最终目标，最终目标就可反过来成为一种激励的力量。教育者因为有目标的存在，便可动用自己的智慧力量，发挥创造的能力去设计活动的计划、组织、过程、方法、保证条件，在竞争心理的驱使下去多快好省地达到目标。因而，在人类的教育活动中，目的越是明确、越是具体，达成目的的可能性就越大，就越能调动更多人的积极性。相反，目的越是宏大、越是抽象、越是遥远，达成目的的困难就越大，达成的可能性就越小，激励的作用也就越差。

4. 评价功能

教育活动既然以教育目的为出发点和归宿，那么检验教育活动成功与否的最根本标准也应是教育目的是否达成。教育目的是整合所有具体的教育评价标准的精神内核，也是教育评价的最高准则。当具体评价标准有违教育目的时，就需要对具体评价标准做出修正。

教育目的的上述功能是相互联系、综合体现的。每一种功能的作用都不是单一表现出来的。导向功能是伴随评价功能、调控功能和激励功能而发挥的，没有评价、调控和激励功能，导向功能难以发挥更大的作用；而调控功能的发挥需要以导向功能和评价功能作为依据；评价功能的发挥也离不开对导向功能的凭借。[①] 在现实教育活动中，应重视和发挥教育目的的这些功能，对这些功能的合理把握则在于对教育目的理解的深刻性和全面性。

二、教育目的的特点

(一)教育目的是主观与客观的统一

人们提出目的、实现目的，必须以客观存在的现实世界为前提和依据。从教育发展的历史来看，不同社会、不同国家的教育目的各不相同，甚至有本质的差别。这些不同的教育目的，往往是由这个社会的教育家或这个国家的政府提出的，体现着某个人或某个集团的主观意志。然而，教育目的无论如何也不是纯粹自由意志的产物，它必须以客观的社会、经济、文化等为前提和依据，必须以社会对人的发展和对教育的要求来规定，是社会客观需要在人们观念中的反映。

(二)教育目的是理想与现实的结合

教育目的既是理想的，又必须是现实的，即通过努力是可以达到的。如果目的通过努力也达不到，那么，这个理想就变成了空想。

(三)教育目的是社会需要和身心发展可能的一致

确定教育目的的科学依据应是社会需要与身心发展可能的一致。从教育的基本规律来说，一个国家的教育目的一要符合社会发展的需要和可能，二要符合人的身心发展的需要和可能，应是上述两种需要与两种可能的有机统一，单方面地强调其中任何一方的需要与可能都是违背客观规律的行为。

(四)教育目的是理论上的规定性与实践上的操作性的统一

教育目的是集多方需求之大成的一种理论规定，这种规定应尽可能地反映社会现实和未来发展的需求。与此同时，这种理论规定还应具有实践的可操作性，是实践工作者能够将其付诸实践，并通过实践达成的。如果理论规定过于抽象化，那么在实践中就很难将其推向具体的实施和运用。

三、教育目的的层次结构

教育目的与人类社会、国家、学校，与政治、经济、科技、文化等存在着多方面的联系，于是教育目的不是单向度的，而是多元的，由此构成了教育目的体系。由于这个问题的复杂性，人们对于教育目的的体系结构有不同的见解。

(一)"五分说"的层次结构

"五分说"是其中较有代表性的观点，它认为根据厘定教育目的的主体的差异，

[①] 全国十二所重点师范大学联合编写：《教育学基础(第3版)》，74页，北京，教育科学出版社，2014。

可以将教育目的划分为五个层次。

一是理想的教育目的，是由思想家、学术研究组织依据自己的教育理念提出的。由于它是提出者依据自己的教育理念提出的，因而带有浓烈的"应然"色彩。比如，先秦时期的教育目的是使人"明人伦"；柏拉图以理念论为指导，提出教育目的在于使人接近善的观念；后来，夸美纽斯提出泛智论，主张把一切知识教给一切人；洛克提出教育以培养绅士为目的；卢梭提出教育应顺应儿童的自然本性；斯宾塞提出教育为完满的生活做准备；等等。理想的教育目的具有很强的学术性，它与教育实际间有相当大的距离，它能否对教育实践产生影响受制于诸多中介因素。

二是正式的教育目的，又称成文的教育目的，它是由国家以法令、法规、条例、文件等形式规定的。这种形式的教育目的具有极强的政策导向和约束性，体现着国家的意志和政治、经济、文化、生产、科技等方面发展的需求，与国家利益密切相关，综合反映国家发展对受教育者的需要，是教育活动的主要依据，也是国家检查、评价教育发展及人才质量规格的根本依据，对于教育具有重要的作用。

三是教育者理解的教育目的。由于正式的教育目的具有高度的概括性和抽象性，加上对其的理解深受理解者本人的知识背景的影响，教育者实际理解的教育目的与正式的教育目的间会存在一定的差距。这种差距一方面可能会对正式的教育目的的实现产生一定的消极影响，减弱其预期效应；另一方面，它又给教育者展现自身主观能动性的空间，使其有可能创造性地理解并实践正式的教育目的。

四是教育者操作的目的。由于各地、各个学校的情况和条件殊异，加上每个人的理解能力、实践能力和教育期待的差异，教育者实际操作的教育目的与他们理解的教育目的仍然存在着差距。例如，某个教育者（如校长）谈教育理念时是一套，但实际做的可能是另一套。这说明教育目的在由观念（文本）形态转变为行为的形态的过程中，容易受到社会现实、个人因素甚至某些功利因素的影响。

五是实现的教育目的。任何教育目的，无论是观念的还是文本的，无论是合理的还是不合理的，它们最终都必须落到受教育者身上，能够在其身上实现。我们把最后落在受教育者身上的教育目的称为实现的教育目的。

上述五个层次的教育目的有一个递进关系。不过，这种递进关系是在理论上描述的，在实际的教育过程中未必有这样的关联。但是，如果一个教育者能够从现实开始溯源，穷极其理，必将有助于其教育理念的提升和对教育价值的追问。

(二)"三分说"的层次结构

"三分说"的观点认为，教育目的分为教育目的（国家的或理想中的）、培养目标（各级各类学校的）、教学目标（课程或教学的）三个层次。

国家的教育目的是国家对培养出的人才的质量和规格的规定，它处于教育目的结构的上位，应被各类教育遵循。但是，由于这个层面的教育目的是高度概括化、抽象化的，与教育实践存在着较大差距，不能代替各级各类学校对所培养人才的特殊要求，必须把它具体化。

培养目标是教育目的在各级各类学校教育中的具体化。教育目的与培养目标是普遍与特殊的关系。二者区别在于，教育目的是一个国家教育的总要求，而培养目标则是各级各类教育的具体要求；二者联系在于，培养目标是教育目的的具体化。

教师的教学目标是将培养目标再次具体化，使之成为某个教学阶段、某门学科或某项活动的期待，即教学目标是教育者在教育教学的过程中，在完成某一阶段（如一节课、一个单元或一个学期）工作时，希望受教育者达到的要求或产生的变化。这就是说，学生发展是一个长远目标，而发展的实现是通过诸如一堂课、一个单元或一个学期的工作等这样一些具体目标的实现达到的。一般来说，教学目标越明确、越具体，就越容易操作，也就越便于进行评估和改进。

由上述内容可以看出，教育目的是一个庞大的、复杂的范畴体系。对于教育者来说，要使教育目的的价值得以充分展现，就必须最大限度地考虑到教育目的体系的复杂性和多样性，使自己的教育活动更趋于科学性和价值的统一，进而更有助于理想的教育目的的达成。

第二节　教育目的的选择与确立

教育目的实质上是特定的政治经济的反映，是具体时代的产物。教育目的的制定要以一定的理论和实践基础为依据，体现时代特征。

一、教育目的选择制定的依据

(一)社会生产力和科学技术发展水平

教育目的是受社会生产力和科学技术发展水平制约的。社会生产力和科学技术发展水平体现了人类已有的发展程度，又对人的进一步发展提供了可能并提出了要求。

在古代社会，由于生产力和科技水平低下，不可能让全体社会成员都接受学校教育，教育与受教育的权利都控制在极少数统治阶级的手中。同时，由于社会生产的科技含量较低，劳动者也无须经过学校教育的专门培训。因此，古代教育的教育目的只有一条，那就是培养有一定文化素养的统治者，即培养神职人员和政治、军事、法律等方面的管理人才。

机器大工业时代的到来使社会生产对普通劳动者的科技文化素养提出了更高的要求。劳动者不具备一定的科技和文化素养，就无法适应现代化的社会生产。因此机器大工业出现之后，资本主义国家普遍实施了强制性的国民义务教育，学校教育开始具有全民性、民主性。教育目的必须兼顾培养有文化的管理人才、有较高科学文化水平的脑力劳动者和具有一定科学文化素养的体力劳动者或半体力劳动者。

信息时代和知识经济时代对全体社会成员的文化与科技素养提出比原来要高得多的要求，因此未来社会对于教育机会均等和劳动者文化素养的要求将更高。这也必然会影响到教育目的的确定。

(二)特定的社会经济、政治制度

教育目的属于社会意识形态范畴，与社会政治、经济有着直接的制约关系。教育目的是统治阶级人才标准的集中体现，一个社会需要什么样的人，具有什么样的政治倾向和思想意识，需要哪些类型与规格的劳动力，都集中地反映在所制定的教育目的上。在阶级社会中，统治阶级的教育目的首先表现为要符合统治阶级或执政党的利益和需要。由此可以说，有什么性质的社会政治经济制度，便会有什么性质的教育目的。不同社会、不同阶级、不同政党的人才标准不同，教育目的便会有所不同。奴隶社会、封建社会的教育目的，其内容和要求可能因时代和国家的不同有所不同，但他们都有着共同的特点：专制的社会决定了教育的专制，统治阶级独享教育以培养本阶级的继承人，剥夺被统治阶级子弟的受教育权以达到愚民的目的。资本主义倡导教育的民主与公平，但教育中渗透着资本主义的目的，明显地体现为教育要为培养具有心甘情愿为资本主义发展奉献终生的人服务。所有这些都是社会政治经济需要对教育目的直接制约的结果。从规律的角度说，一个社会通过办教育以培养统治阶级需要的各种人才，这也是一件理所当然的事情，一个占统治地位的政治集团确立一个违反本阶级需要的教育目的，这种反常规的事在任何一个社会都是不存在的。

拓展阅读 🕐

美国的教育目的

美国追求民主、平等。他们将民主主义的教育目的分为四个目标，其中每个目标又包括具体细目和说明。

1. 自我实现的目标——求知欲、说话、阅读、书写、计算、视听能力、保健知识、保健习惯、公共卫生、娱乐、理智兴趣、审美兴趣、品格。

2. 人际关系的目标——尊重人道、友谊、合作、礼节、重视家庭、爱护家庭、家事处理、家庭中民主。

3. 经济效率的目标——工作、职业知识、职业选择、职业效率、职业赏识、个人经济、消费者的判断、购买效率、消费利益的维护。

4. 公民责任的目标——社会正义、社会活动、社会理解、审慎的判断、宽容、保护公共资源、科学的社会应用、世界公民、遵守法律、经济知识、政治责任、笃信民主。

日本的教育目的

日本学者认为，基于《教育基本法》精神，21世纪的教育目标概括起来有如下几点。

1. 培养宽广的胸怀与丰富的创造能力。

宽广胸怀指在德、智、体协调发展过程中追求真、善、美；丰富的创造能力指艺术、科学和技术各个领域的创造性能力。

2. 培养自主、自律精神。

在形成稳定的自我性格时，要具有自主地思考判断问题的能力，有尽职尽责、严于律己、积极主动等精神；在确立自主、自律精神的同时，要培养助人为乐、宽容心和指导他人的能力。

3. 培养在国际事务中能干的日本人。

要在和平、国际协调这种相互依存的关系中生存下去，培养深刻理解多种异国文化，具有国际性人际交流能力，即能充分沟通彼此思想的能力的国际型人才是非常重要的。在广泛的国际交流中，应当首先培养作为日本人的自觉意识。

(三)受教育者身心发展规律

从教育的基本规律来说，一个国家的教育目的一要符合社会发展的需要和可能，二要符合人的身心发展的需要和可能，应是上述两种需要与两种可能的有机统一。教育目的之所以必须符合人的身心发展的需要和可能，是因为教育服务的直接对象是受教育者，教育是首先通过培养人进而服务社会的。正如俄国著名教育家乌申斯基说的那样："如果教育学希望从一切方面去教育人，那么就必须首先从一切方面去了解人。"

教育目的的确立要符合教育对象的身心发展规律，具体体现在以下三点。

第一，教育目的的确立要符合教育对象的身心发展程度。教育目的作为一种发展指向，必须考虑教育对象能够实现的可能性。

第二，教育目的的确立要符合教育对象的身心发展变化。科学技术发展的不同时代给予了学生不同的信息量和发展程度，今天的学生与10年、20年前的学生相比，在发展潜能上就有着很大的区别。

第三，教育目的的确立要符合不同类别的教育对象的不同需要。小学生、中学生、高中生、大学生与职业技术教育学生的需要是不同的，教育目的便应有所区别。

(四)民族的历史文化传统

东方文化的传统比较重视个人对于集体的义务感，所规定的教育目的和培养目标无不强调对社会和国家的义务和忠诚，如我国自古强调以"格物、致知、诚意、正心、修身、齐家、治国、平天下"为教育目的。而西方文化传统比较重视个人，所规定的教育目的和培养目标往往突出个人的自由发展，比如，英国向往"绅士"，教育目的强调陶冶学生的人格，注重培养有教养的人；德国是后起的资本主义国家，强调依靠科学技术来增强国力，注重科学技术教育，要求培养出来的人具有创新意识和开拓精神。

(五)马克思主义关于人的全面发展理论

马克思主义关于人的全面发展理论是建立在马克思主义关于人的本质论和人的发展论的科学基础之上的。马克思说："人的本质，并不是单个人所固有的抽象物，在其现实性上，它是一切社会关系的总和。"①人既是自然动物，又是社会动物。人的本质属性是由社会关系决定的，因为人的发展是由社会生活条件决定的，是由生产力和生产关系决定的，归根结底，是由社会的物质生活条件决定的。只有根据马克思主义关于人的全面发展学说，才可能科学地分析造成人的全面发展的社会根源，深刻认识人的全面发展的客观依据和历史必然性，明确实现人的全面发展的根本方法和社会条件。因此，它是制定社会主义教育目的必须遵循的科学理论基础。

具体来说，马克思主义的作用表现在三个方面：第一，马克思主义揭示了人的全面发展的含义，为社会主义国家建立全面发展的教育指明了方向；第二，马克思主义揭示了人的全面发展的社会历史进程，为社会主义国家确立全面发展的教育提供了有力证据；第三，马克思主义提出了实现人的全面发展的条件和途径，为实现社会主义教育目的提供了科学的原则和方法。

二、教育目的确立的基本价值取向

一个国家或社会确定教育目的不可避免地受到国家或社会占主导地位的教育价值观的制约。

(一)个人本位的价值取向

个人本位的教育目的论认为人的价值高于社会价值，因此应根据个人的本性和个体发展的需要来确定教育目的，人是教育目的的根本。持个人本位目的论的教育学家为数甚多，代表人物有卢梭、福禄贝尔、裴斯泰洛齐等。

个人本位目的论的主要观点为：教育价值在于满足人的个性发展及需要；教育目的根本在于促使人的本性、本能得到自然发展；教育目的的选择应依据人的本性发展和自身完善这种天然的需要。

在不同历史发展阶段，各种个人本位价值取向的背景和针对性有所不同，在对待人与社会的关系上，个人本位的价值取向在态度上具有对立与非对立之分、激进与非激进之别。

个人本位的教育目的论具有强烈的人道主义特色，其理论的全盛时期是18世纪至19世纪。这一时期个人本位的教育目的论高扬人的个性自由解放的旗帜，打破了

①《马克思恩格斯选集》第1卷，18页，北京，人民出版社，1995。

宗教神学和封建专制对人的束缚，促进了人的解放，使教育回归人间，对提升人的价值和地位具有重要的进步意义。但这一目的论带有历史唯心主义色彩，具有片面性。激进的个人本位无视人发展的社会要求，甚至把满足人的需要和满足社会的需要对立起来，导致个人主义的绝对化。

(二)社会本位的价值取向

社会本位的教育目的论以社会的稳定和发展为教育的最高宗旨，认为教育目的应根据社会要求来确定。其主要代表人物有法国的孔德、德国的纳托尔普、法国的迪尔凯姆等。

社会本位的目的论主要反映的是古代社会的特征和要求。《学记》说："君子欲化民成俗，其必由学乎。"中国古代教育一直以修身为本，但修身的最终目的是"治国平天下"。与此相似，柏拉图所主张的教育目的是教育应当为维护奴隶社会的社会秩序服务。

在近代教育史上也出现了社会本位的目的论思想，最具代表性的是教育社会学中的社会功能学派。他们将人类个体发展的社会条件夸大，认为个人的发展完全取决于社会，因此，教育目的应根据社会的要求来确定。法国实证主义哲学家孔德认为："真正的个人是不存在的，只有人类才存在，因为不管从哪方面看，我们个人的一切发展都有赖于社会。"另一位社会学家纳托尔普也认为："在教育目的的决定方面，个人不具有任何价值，个人不是教育的原料，个人不可能成为教育的目的。"同时期的迪尔凯姆也说："教育在于使青年生活在我们每个人之中，造成一个社会的我，便是教育的目的。"[①]教育除了造就每个人乐于为社会而生活，并乐于贡献其最优力量于人类生活的改善以外，不能有别的目的。

社会本位的教育目的论强调教育目的从社会出发，满足社会的需要，具有一定的合理性，因为人的存在和发展是无法脱离社会的。但这一理论过于强调人对社会的依赖，把教育的社会目的绝对化，完全割裂了人与社会的关系。

(三)个体发展与社会发展的辩证统一论

在关于教育、个体、社会三者之间相互关系的认识上，个人本位论和社会本位论都有片面性。真正达到历史辩证唯物高度的是马克思主义。马克思对个人发展与社会发展进行了哲学、经济学、社会学考察，提出了关于人的全面发展的学说，为正确地解决教育目的的价值取向问题奠定了理论基础。依据历史事实和马克思的思想，我们可以认为，社会发展和个人发展是对立统一的历史过程。

---

①吴俊升：《教育哲学大纲》，145、149页，北京，商务印书馆，1935。

第三节　我国的教育目的

一、我国教育目的的理论基础

我国的教育目的蕴涵着全面发展的要求，这一点与马克思主义关于人的全面发展学说有着密切联系。马克思主义关于人的全面发展学说是我国教育目的的理论基础。要理解我国的教育目的，必须了解马克思主义关于人的全面发展学说的基本思想和观点。

(一)马克思主义关于人的全面发展学说的思想

1. 马克思主义关于人的全面发展学说的基本思想

马克思主义关于人的全面发展学说是马克思、恩格斯在经济学研究中考察社会物质生产与人的发展关系时所提出的关于人的发展的基本原理，是马克思主义教育思想的重要组成部分。它的基本思想是人的发展与社会发展相一致。旧式劳动分工造成人的片面发展，大工业机器生产要求人的全面发展，并为人的全面发展提供物质基础。实现人的全面发展的根本途径是教育与生产劳动相结合。

2. 马克思主义关于人的全面发展的含义

纵观马克思主义对人的全面发展含义的各种表述，可见人的全面发展具有丰富的内涵，包括以下四点。

(1)人的生产生活本身的劳动能力的全面发展。它意味着"个人生产力的全面、普遍的发展""是各方面都有能力的人，即通晓整个市场系统的人"，正如马克思所说的："全面发展的个人……也就是用能够适应极其不同的劳动需求并且在交替变换的职能中……使自己先天的和后天的各种能力得到自由发展的个人。"[1]这种劳动能力的全面发展，既表现为人的体力和智力的全面发展，又表现为人的才能和志趣的全面发展。

(2)人的才能的全面发展。正如马克思、恩格斯说的"每一个人都无可争辩地有权全面发展自己的才能""任何人的职责、使命、任务就是全面地发展自己的一切能力"。[2]

(3)人自身的全面发展。它意味着"人以一种全面的方式，也就是说作为一个完整的人，占用自己的全面的本质""均匀地发展全部的特性"。[3]

(4)人的自由发展。包括"全部才能的自由发展""各种能力得到自由发展""个人

---

①《马克思恩格斯全集》第2卷，614页，北京，人民出版社，1972。
②《马克思恩格斯全集》第3卷，330页，北京，人民出版社，1972。
③《马克思恩格斯全集》第42卷，123页，北京，人民出版社，1972。

独创的和自由的发展""个性的比较高度的发展"等。①

(二)人的全面发展学说的基本观点

1. 人的发展同社会生活条件相联系

马克思、恩格斯首先指出，人的发展，从根本上说决定于人们生活在其中的社会物质生活条件。"人的本质并不是单个人所固有的抽象物。在其现实性上，它是一切社会关系的总和。"②这就是说，人们在社会生产生活中、在社会关系中所处的地位不同，得到的发展机会就不同，发展的结果也会随之不同，没有抽象的离开社会关系、社会实践的人的发展。

2. 人的片面发展是由旧的社会分工造成的

人类个性多方面的发展是人类自身发展的要求，但是它在阶级社会中由于旧式分工而长期受到阻碍，旧式分工造成了人的片面发展。一方面是广大劳动人民只从事体力劳动而没有文化，在政治、法律、科学、艺术等智力活动方面得不到发展；另一方面是少数剥削分子垄断了政治、文化活动，一点也不从事体力劳动。从人的身心发展来说，这两种人都是有缺陷的、片面的。

马克思、恩格斯指出，人的片面发展和社会分工齐头并进。恩格斯在《反杜林论》中这样说，"由于劳动被分成几部分，人自己也随之被分成几部分，为着训练某种单一的活动，其他一切肉体的和精神的能力都成了牺牲品。"③农民被土地束缚，单纯从事农业劳动，其他的能力都被牺牲了。手工业者为某种手艺所束缚，同样也牺牲了其他方面的能力的发展。这种片面的畸形的发展，在资本主义手工工场里达到最严重的程度。马克思在《资本论》中指出："工场手工业把工人变成畸形物，它压抑工人全面的生产志趣和才能，人为地培植工人片面的技巧。"④在资本主义手工工场里，工人整天从事某道工序的局部操作，这严重地摧残了工人的智力和体力的全面发展。

3. 人的全面发展是大工业生产的必然要求

分工是人类社会的一大进步。由于分工而造成的人的片面发展是必然的。但是，大工业生产的不断发展，特别是日益进步的现代化生产，把人的全面发展当作一个生死攸关的问题提了出来。

马克思、恩格斯认为，一方面，现代工业的技术基础是革命的，新的科学技术在生产上的应用，带来了机器设备的不断更新，生产工艺不断改革，使一些行业迅速消失了，另一些行业又迅速产生了，造成了大批工人从一个生产部门转到另一个生产部门。所以，马克思说："大工业的本性决定了劳动的变换、职能的更动和工人

---

① 《马克思恩格斯全集》第 3 卷，516 页，北京，人民出版社，1972。
② 《马克思恩格斯全集》第 1 卷，18 页，北京，人民出版社，1995。
③ 《马克思恩格斯全集》第 20 卷，399 页，北京，人民出版社，1971。
④ 马克思：《资本论》第 1 卷，614 页，北京，人民出版社，1975。

的全面流动性。"这样，现代生产就要求"用那种把不同社会职能当作相互交替的活动方式的全面发展的个人来代替只是承担一种社会局部职能的局部个人"①，即代替片面发展的人。另一方面，随着大工业生产的发展，自然科学和工艺学也迅速发展，从而为劳动者通晓整个生产系统的基本原理和基本技能创造了条件。同时，随着大工业生产的发展，劳动生产率也迅速提高，使劳动者可以缩短劳动时间，有充分的闲暇去学习文化科学技术知识和从事体育、文艺、交际等各种活动，全面地发展自己的智力和体力。马克思、恩格斯从以上两方面科学地论证了大工业生产从客观上提出了人的全面发展的必要性和可能性。

4. 人的全面发展只有在共产主义社会才能实现

马克思、恩格斯认为，大工业生产提出的使人获得全面发展的要求，在资本主义制度下并不能成为现实。因为大工业的资本主义形式生产了旧的分工。资本家占有生产资料，对工人进行奴役。他们为了获取更大的利润，不仅加强了对劳动者的剥削程度，而且扩大了对劳动者的剥削范围，使用女工、童工，造成大量失业工人，从而雇用廉价工人。工人为了谋生，被迫出卖自己的劳动力，变成了机器的附属品，继续畸形发展。所以，尽管大工业生产提出了人的全面发展的要求，资本家为了牟取更大的利润也不得不给予工人子女一定的入学受教育权利，但资本主义剥削制度使工人仍无法摆脱片面发展的困境。在资本主义社会里，不仅工人的智力体力得不到全面发展，资产阶级也受到资本和利润的奴役，受资产阶级偏见的束缚，受他们所从事的职业的局限，其智力体力的发展也是片面的。马克思和恩格斯认为，要解决大工业生产要求人的全面发展而资本主义制度限制人的全面发展的矛盾，只有进行无产阶级革命，建立共产主义社会。

5. 培养全面发展的新人的方法是教育与生产劳动相结合

马克思主义不仅深刻论述了人的全面发展只有在消灭剥削制度以后才有可能，而且提出了未来社会实现人的全面发展的途径和方法。早在《共产党宣言》中，马克思和恩格斯就指出把教育同物质生产结合起来。接着他们在考察资本主义工厂制度时，从欧文在工厂给工人办学校的实践中发现了未来教育的萌芽，认为劳动同智育、体育相结合是使人全面发展的关键。

(三)全面发展教育思想的基本内涵

所谓全面发展教育，是含有各方面素质培养功能的整体教育的一种概括，是对为使受教育者得到多方面发展而实施的培养多种素质的教育活动的总称，由多种相互联系而又各具特点的教育所组成。德育、智育、体育、美育、劳育是全面发展教育的基本组成。

1. 德育

德育是培养学生正确的人生观、世界观和价值观，使学生具有良好的道德品质

---

① 马克思：《资本论》第 1 卷，540 页，北京，人民出版社，1975。

和政治素质，形成正确的思想方法和强烈的社会责任感的教育。我国小学德育的目标为：培养学生初步具有爱祖国、爱人民、爱劳动、爱科学、爱社会主义的思想感情和良好品德；遵守社会公德的意识和文明行为习惯；良好的意志、品格和活泼开朗的性格；自己管理自己、帮助别人、为集体服务和辨别是非的能力；为使他们成为德、智、体全面发展的社会主义事业的建设者和接班人打下初步的良好的思想品德基础。普通中学在德育方面的要求是：帮助学生初步了解马克思主义的基本观点和具有中国特色的社会主义理论；热爱社会主义祖国，自觉维护国家尊严和利益，继承和发扬中华民族的优秀传统，愿意为民族振兴和社会进步做贡献；具有民主与法制意识，遵守国家法律和社会公德，能依据法律维护社会正义，自觉行使公民的权利和义务，对自己的行为负责，并具有强烈的社会责任感；正确认识自己，尊重他人，学会交流与合作，具有团队精神，理解文化的多样性，具有国际视野和全球意识。

2. 智育

智育是授予学生系统的科学文化知识、技能，发展他们的智力和与学习有关的非认知因素的教育。小学智育的主要任务和内容是传授知识、形成技能和发展智力。之所以强调知识和技能的传授，是因为这两者是发展智力的必要条件。此外，要充分发展学生的智力，还需要努力培养他们的自主性和创造性。普通中学在智育方面的要求是：帮助学生在小学教育的基础上，进一步学习和掌握适应时代发展所需要的基础知识和基本技能，形成收集、判断和处理信息的能力，发展思维能力、想象能力和创造能力，有浓厚的学习兴趣、强烈的求知欲望并养成良好的学习习惯，具有终身学习的愿望和能力。

3. 体育

体育是授予学生有关健康的知识、技能，发展他们的体力，增强他们自我保健的意识和体质，培养参加体育活动的需要和习惯，增强其意志力的教育。小学阶段在体育方面的要求是：初步养成锻炼身体和讲究卫生的习惯，具有健康的身体。普通中学在体育方面的要求是：向学生传授基本的运动知识和技能，培养他们锻炼身体和讲究卫生的良好习惯，培养他们顽强的意志力，促进他们身体的正常发育和机能的成熟，增强他们的活动能力和身体素质，提高自我保健的意识和能力，形成他们强健的体魄和顽强、健全的人格，以及积极健康的生活方式。

4. 美育

美育是培养学生健康的审美观，发展他们鉴赏美、创造美的能力，培养他们的高尚情操和文明素养的教育。美育并不等于艺术教育，也不仅是美学的学习，它的内容比艺术教育与美学学习要宽得多。

美育工作主要有以下三方面的内容。

(1)提高学生感受美的能力。它指的是人对自然、社会中存在的现实美，对艺术作品的艺术美的感受能力。人对美的感受必然通过感觉器官，但又不限于某种器官，人实际上是用自己的全部感知能力、用自己的生命体验感受美。所以，提高学生感受美的能力，从根本上说是提高人的整体性的精神素养。

（2）培养学生鉴赏美的能力。鉴赏美，包括鉴别和欣赏美。鉴别美主要是区分美与丑、文与野、优与劣，区分美的程度和种类。这里重要的是审美观的形成。欣赏美要求欣赏者具有美学的基础知识，懂得各种类型美的特性与形态的丰富性，领悟美所表达的意蕴和意境，从而达到物我同一的审美境界，并使人格和性情得到陶冶。

（3）培养学生创造美的能力。个体把自己独特的美感用不同的形式表达出来，这就是对美的创造。创造美的能力既包括艺术美的创造，也包括生活美的创造。形成学生创造美的能力是美育的最高层次的任务，它的实现对人感受美和欣赏美的能力的提高有积极意义。对于大多数人来说，创造美的能力首先是创造现实生活中美的能力。例如，按美的规律对自己的劳动条件和劳动产品进行设计和加工；对居室、日用品、服饰等按美的观念做出选择与合理的配置；以自己的行为、表情、语言、仪态等方面的优美表现创造交际方式的美，等等。指导学生掌握艺术创造的知识和技能，形成艺术气质、艺术思维，特别是艺术的独创性和个人特性，则是美育的至高境界。

5. 劳动技术教育

劳动技术教育是引导学生掌握现代信息技术和现代生产的知识和技能，形成劳动观点和习惯，具有初步创业精神和人生规划能力的教育。

小学在劳动技术教育方面的要求是：初步学会生活自理，会使用简单的劳动工具，养成爱劳动的习惯。普通中学在这方面的要求是：通过信息技术和通用技术知识的教学和相应的实践指导，使学生了解和初步掌握现代信息技术的方法和原理，学习一些现代生产的原理和技术，了解当地的资源状况和经济发展规划，以及国家的经济政策、法律，对当代不断更新的职业有一定的敏感性和知悉度，形成良好的劳动态度、劳动习惯及初步的创业精神，能主动学习规划自己的人生道路。

"五育"之间既是相互独立又是相互联系的，它们具有在活动中相互渗透的特征，在教育实践中，应坚持使学生在德、智、体、美、劳诸方面都得到发展，防止和克服重此轻彼、顾此失彼的片面性，坚持全面发展的教育质量观。

二、我国的教育目的

（一）教育目的的表述

我国对教育目的的表述随着历史的发展而有所不同。1949年《中国人民政治协商会议共同纲领》规定："人民政府的文化教育工作，应以提高人民文化水平、培养国家建设人才、肃清封建的、买办的、法西斯主义的思想、发展为人民服务的思想为重要任务。"①

社会主义改造基本完成以后，毛泽东于 1957 年在最高国务会议上提出："我们的教育方针就是使受教育者在德育、智育、体育几方面都得到发展，成为有社会主义觉悟的有文化的劳动者。"1958 年，毛泽东又指出："教育必须为无产阶级政治服务，教育必须同生产劳动相结合。"同年，中共中央、国务院《关于教育工作的指示》明确指出："教育目的是培养有社会主义觉悟的有文化的劳动者"。②

毛泽东关于教育目的的思想对我国教育目的的制定有着重要的影响。以毛泽东的指示为直接指导所形成的教育目的着重强调了教育目的的社会制约性，也考虑到了教育目的对教育对象身心发展及其规律的适应性，在不同时期起过一定的积极作用。

中国共产党十一届三中全会以来，改革开放及社会主义现代化建设事业的发展对教育事业提出了新的要求。国家制定了新时期的教育目的——以经济建设为中心的方针主导下的教育目的。

1981 年，中共中央《关于建国以来若干历史问题的决议》要求："坚持德智体全面发展、又红又专、知识分子与工人农民相结合、脑力劳动和体力劳动相结合的教育方针。"

1982 年，第五届全国人民代表大会第五次会议通过的新的《中华人民共和国宪法》（简称《宪法》）规定："国家培养青年、少年、儿童在品德、智力、体质等方面全面发展。"

1985 年，《中共中央关于教育体制改革的决定》提出，要"为九十年代以至下世纪初叶我国经济和社会发展，大规模地准备新的能够坚持社会主义方向的各级各类合格人才""所有这些人才，都应该有理想、有道德、有文化、有纪律，热爱社会主义祖国和社会主义事业，具有为国家富强和人民富裕而艰苦奋斗的献身精神，都应该不断追求新知，具有实事求是、独立思考、勇于创造的科学精神"。20 世纪 80 年代初期强调又红又专和科学精神等是国家工作重点转移到经济建设上来的大环境的产物，也是对"文化大革命"时期片面强调政治素质的一种拨乱反正。

1986 年，第六届全国人民代表大会第四次会议通过的《义务教育法》规定："义务教育必须贯彻国家的教育方针，努力提高教育质量，使儿童、少年在品德、智力、体质等方面全面发展，为提高全民族素质，培养有理想、有道德、有文化、有纪律的社会主义建设人才奠定基础。"

1995 年，八届人大三次会议通过的《中华人民共和国教育法》（简称《教育法》）规定："培养德、智、体等方面全面发展的社会主义事业的建设者和接班人。"

1999 年 6 月，《中共中央国务院关于深化教育改革，全面推进素质教育的决定》

---

①转引自王道俊、郭文安：《教育学》，100～101 页，北京，人民教育出版社，2009。
②转引自王道俊、郭文安：《教育学》，101 页，北京，人民教育出版社，2009。

指出："实施素质教育，就是全面贯彻党的教育方针，以提高国民素质为根本宗旨，以培养学生的创新精神和实践能力为重点，造就'有理想、有道德、有文化、有纪律'的、德智体美等全面发展的社会主义事业建设者和接班人。"

2006年9月1日新修订的《义务教育法》第三条规定："义务教育必须贯彻国家的教育方针，实施素质教育，提高教育质量，使适龄儿童、少年在品德、智力、体质等方面全面发展，为培养有理想、有道德、有文化、有纪律的社会主义建设者和接班人奠定基础。"[①]

新时期的教育目的具有历史继承性，也反映了新时期社会发展的特点及对教育目的的新的思考和探索。

(二)教育目的的基本精神

新中国成立以来，随着党和国家工作重点的不断变化，我国教育目的的表述曾有过多次变动，但其基本精神是一致的，总的来说，包括以下几个基本点。

1. 培养"劳动者"或"社会主义建设人才"

教育目的的这个规定，明确了我国教育的社会主义方向，也指出了我国教育培养出来的人的社会地位和社会价值。我国是社会主义国家，劳动是每一个有劳动能力的公民的光荣职责。人们不论承担什么社会角色，都要为社会劳动，这既是个人谋生、自立、自强的手段，也是个人为他人、为人民作贡献的形式。

2. 要求德智体美全面发展

教育目的的这一精神阐明了所培养的人才的素质及结构，充分体现了教育促进人的发展的功能，把握教育目的这个精神要做到以下三个确保：确保德、智、体、美等方面全面统一发展；确保德、智、体、美等方面主动发展；确保脑力与体力两方面的和谐发展。

3. 全面发展与个性发展

现代社会为人的个性发展提供了前所未有的可能性，现代社会也需要具有个性和创造性的社会成员，从而促进社会的高速发展。尊重个体的存在价值、促进个性的充分发展也是非常重要的。所以，社会主义的教育目的在强调全体受教育者的德、智、体、美全面发展的一般要求的同时，也必然重视个人的自主性、创造性和其他个性品质，强调个体才能和特长的充分发挥，从而寓一般于特殊之中，形成较为完善的教育目的内涵。

(三)我国教育目的的落实

1. 坚持全面发展的教育

教育，尤其是基础教育，应该要促进和实现学生的德智体美全面发展，为学生的终身发展打下基础。绝不能把全面发展理解为单纯智育中全科发展，不能认为语

[①]转引自全国十二所重点师范大学联合编写：《教育学(第3版)》，90页，北京，教育科学出版社，2016。

文、数学、政治、外语等各个学科学好了，就是全面发展了。

2. 培养学生的创新精神和能力

创新能力不仅是经济发展的巨大动力，也是推动社会主义精神文明与政治文明建设的巨大动力。在 21 世纪的今天，我国开展基础教育课程改革，十分重视学生的创新精神与创新能力的培养。培养学生的创新性，除了必须培养学生具有一般人才所具有的知识、能力外，最主要的是必须培养学生的创新品格，使学生具有丰富活跃的想象力、敏感锐利的思维能力、鲜明开放的个性特征，以及敢于直面批判、勇于开拓进取的自信。

3. 培养学生的实践能力

实践能力即学以致用、解决实际问题的能力，也包括直接的生产劳动和社会实践的能力。学以致用不仅是巩固知识学习的需要，更是学习的根本目的。参加适度的生产劳动和社会实践是培养一代新人的重要途径。

4. 充分发展学生的优良个性

培养学生的优良个性，也就是要使学生的个性自由发展，增强学生的主体意识，形成学生的开拓精神、创造才能，提高学生的个人价值。一个追求主宰自己的人才能胸怀理想，懂得自尊、自立、自强、自制，对自己的言行负责；才能具有对社会、对人民的使命感，充分实现自我的价值；一个具有开拓精神、创造才能的人，才能不囿于传统，不安于现状，不盲从，才能面向未来，求实进取，充分挖掘自己的潜能，表现出较强的应变能力和适应能力。

(四)落实我国的教育目的必须正确处理的几个关系

1. 教育目的与教育目标的关系

教育目标是根据教育目的而制定的。除了考虑落实教育目的之外，确立教育目标还应结合各级各类学校教育的性质和任务以及特定教育对象的身心特点及规律。从教育目的到教育目标的转换实际上就是教育目的由一般到具体的实现过程，所以应当对不同学校的教育目标有正确的理解与界定。

2. 德、智、体、美诸育之间的关系

教育目的，从内容结构上说，可以理解为应当进行德育、智育、体育和美育等几个方面的全面教育。在诸育关系的认识上，有两点需要明确。一是各育均有相对的独立性。应根据不同的教育内容或领域的特点实施合乎规律的教育，有重点地完成整体教育目标，同时使德、智、体、美诸育相互配合、互相促进。二是现实或真正的教育应是一体的。在实际工作中虽有所分工，但所有从事教育工作的人都兼有完成德、智、体、美诸育的任务，都应是德育兼智育、体育和美育工作者。只有这样，才可能真正实现全面发展的教育目的。

3. 全面发展与因材施教的关系

这是全面发展与有个性的发展相统一的问题。全面发展不仅不排斥个性发展，

而且是以个人合乎本性的自由发展为条件的。全面发展不等于平均或平面发展。不同个体所处的环境不同，自身具有的素质和客观条件不同，因而会形成不同的个性、兴趣和特长。所以，必须根据每个学生的特殊性对学生因材施教，在充分发挥每个人的长处的同时求得全面发展。

4. 全面发展教育与素质教育的关系

全面发展教育是一种理想化的目标，以追求人类的最高理想和最大限度发展为目的。素质教育追求现实化的目标，以促进每一个人发展现状的改善为目的。在实践中，素质教育侧重使每个人在自己的基础上有所发展。在实践中处理好全面发展教育各部分的关系有利于素质教育的进行，并防止片面发展。因而从教育终极目的看，素质教育是全面发展教育的深化、补充和完善；从素质教育的时代背景看，素质教育是全面发展教育在历史进程中的一种逻辑的、现实的、动态的体现。

5. 全面发展与职业定向的关系

在义务教育阶段，个性发展的一个重要意义就在于使有特殊个性和才干的受教育者更有可能适应未来社会不同工作的需要。在义务教育完成之后，各学段的教育都直接具有职业定向的性质。全面发展的人才终究要在一定社会中生活，要满足社会发展的需要，教育就必须为不同的社会岗位培养人才。如果不管不同教育的性质和实际，一味片面强调一致的全面发展，反而会违背全面发展的教育目的。

三、普通中小学的任务和培养目标

(一)普通中小学的性质与任务

作为我国总的教育目的，培养全面发展的具有独立个性的社会主义现代化的建设者，是各种形式的教育和各级各类学校都必须贯彻的。由于社会主义建设事业需要多层次、多类别的人才，而且各级教育对象的身心发展水平有差异，所以各级各类教育在实现教育目的时也各有自己的特点。因此，在普通中小学中实现教育目的，首先就要明确这种教育的性质和任务。普通中小学(包括小学、初中和高中)教育的性质是基础教育，它的任务是培养全体学生的基本素质，为他们学习做人和进一步接受专业(职业)教育打好基础，为提高全民族素质打好基础。

(二)普通中小学的培养目标

基础教育的培养目标在教育目标体系中属中间层次，它比较具体地规定了各级教育所应达到的人才培养的具体要求。

1. 小学教育的培养目标

(1)德育：使学生初步具有爱祖国、爱人民、爱劳动、爱科学、爱社会主义和爱中国共产党的思想感情，初步具有关心他人、关心集体、诚实、勤俭、不怕困难等良好品德，以及初步分辨是非的能力，养成讲文明、懂礼貌、守纪律的行为习惯。

(2)智育：使学生具有阅读、书写、表达、计算的基础知识和基本技能，掌握一些自然、社会和生活常识，培养观察、思维、动手操作和自学能力，以及有广泛的兴趣和爱好，养成良好的学习习惯。

（3）体育：培养学生锻炼身体和讲究卫生的习惯，具有健康的体魄。

（4）美育：培养学生爱美的情趣，具有初步的审美能力。

（5）劳动技术教育：培养学生良好的劳动习惯，会使用几种简单的劳动工具，具有初步的生活自理能力。

小学教育的培养目标是根据我国社会主义教育的目的任务和学龄初期学生身心发展的特点提出来的。小学教育是基础教育的基础，因此，为学生今后全面、和谐、充分的发展打下初步基础，是小学教育培养目标的重要特征。

2. 初中教育的培养目标

（1）德育：使学生具有爱祖国、爱社会主义、爱中国共产党的思想感情，初步了解辩证唯物主义、历史唯物主义的基本观点，初步具有为人民服务和集体主义思想，具有良好的品德以及一定的分辨是非和抵制不良影响的能力，养成文明礼貌、遵纪守法的行为习惯。

（2）智育：掌握必需的文化科学基础知识和基本技能，具有一定的自学能力，运用所学知识分析问题、解决问题的能力，以及动手操作能力，培养学生实事求是的科学态度和不断追求新知识的精神。

（3）体育：初步掌握锻炼身体的基础知识和正确方法，养成讲卫生的习惯，具有健康的体魄。

（4）美育：具有一定的审美能力，初步形成健康的志趣和爱好。

（5）劳动技术教育：掌握一定生产劳动的基础知识和基本技能，了解择业的一般常识，具有正确的劳动观点、劳动态度和良好的劳动习惯。

初中教育是小学教育的继续，又是为普通高中、职业高中打基础的教育。初中教育阶段的学生处于学龄中期（少年期）。学龄中期是从儿童到少年又由少年走向青年的过渡时期，是人的成长、发展过程中非常重要的一个转折时期，因而也是为学生全面发展、全面提高素质打基础的最关键的时期。初中教育的培养目标，要在小学阶段使学生初步得到全面发展的基础上，为促进他们的身心健康、和谐发展打好坚实的基础。初中教育是重要而又薄弱的一环。因此，教育界和全社会都十分关注初中教育目标的全面实现。

3. 高中教育的培养目标

高中教育在义务教育的基础上进一步提高学生思想道德素质、科学文化素质、身体心理素质，并且使学生的个性得到健康的发展，为培养社会主义建设者和接班人奠定良好的基础。其主要目标有以下几点。

（1）德育：使学生具有社会主义和共产主义理想，热爱社会主义祖国和社会主义事业，热爱中国共产党，具有为国家富强和人民富裕而艰苦奋斗的献身精神，树立辩证唯物主义和历史唯物主义的观点，具有社会主义和共产主义道德品质；使学生具有道德思维和道德评价能力，具有自我教育的能力和习惯，养成遵纪守法、文明礼貌的行为习惯。

（2）智育：使学生在初中教育的基础上进一步掌握必需的文化科学基础知识和基本技能，特别要打好语文、数学、外语的基础，要发展学生的志趣、特长，培养学生具有不断追求新知识的热忱以及自学能力和分析问题、解决问题的能力，具有实事求是、独立思考、勇于创造的科学精神。

（3）体育：掌握锻炼身体的基础知识和技能技巧，学会科学锻炼身体的方法，逐步养成自觉锻炼的习惯，使学生的身体素质全面发展，具有健康的体魄和生活、生产所需的身体活动能力，养成良好的卫生习惯。

（4）美育：培养学生正确的审美观，使他们具有感受美、鉴赏美和创造美的能力。

（5）劳动技术教育：使学生具有劳动观点、劳动习惯和学习生产技术的兴趣，掌握现代生产技术的一些基础知识和基本技能，学会使用一般的生产工具，掌握组织生产和管理生产的初步知识和技能。

高中教育阶段的学生处于青年早期，学生的身体和心理的发展将达到基本成熟。他们在已有的文化科学知识、生活经验和思想道德水平的基础上，初步形成了一定的世界观、人生观和道德观。这个阶段也是学生立志择业，为走向生活、走向独立做准备的时期。因此，培养目标要体现出上述各项特点。

培养目标具有导向性、规范性和一定的可操作性。上述中小学各阶段的培养目标，体现了中小学教育在不同阶段培养德智体美全面发展的人的不同的基本要求。

第四节　素质教育

一、人的素质的概念

"素质"一词本是生理学术语，指人的先天的解剖生理特征，主要是神经系统、脑的特性以及感觉器官和运动器官方面的特征。人的素质就是先天素质与后天素质的统称。目前理论界趋于一致的定义是：人的素质是指以人的先天生理特征为基础，在后天环境和教育的影响下形成并发展起来的身体和心理方面相对稳定而巩固的特性。这一界定包括下列两方面的含义。

（一）人的素质是先天的生物因素与后天的社会因素相互作用的产物

人的先天特质是人的素质形成并发展的物质基础，它给人的身心发展提供了一定的生物前提，它规定了个体素质发展的可能性。但是，要把这种可能性转化为人的素质发展的现实性，又必须通过后天的社会文化因素的习染与濡化，而且在一定的社会实践作用下，最大限度地发挥历史发展赋予人的潜能素质。所以说，人的素质是先天特质与后天因素的"合金"。

（二）人的素质具有相对稳定而巩固的特征

偶尔出现的行为和举止并不是人的素质，只有那种以固定的行为方式、价值观念表现出来的人的属性才是人的素质。当然，人的素质的稳定性和巩固性是相对的，随着环境的改变和教育条件的改善，人的生理和心理发展水平在不断提高，人的素质同样也得到发展和提高。

二、素质教育的概念

（一）素质教育的含义

1999 年 6 月 13 日，《中共中央国务院关于深化教育改革，全面推进素质教育的决定》（简称《决定》）指出：全面推进素质教育，培养适应二十一世纪现代化建设需要的社会主义新人。2006 年 6 月修订的《义务教育法》明确规定义务教育必须贯彻国家的教育方针，实施素质教育，表明素质教育已上升为国家意志。《国家中长期教育改革和发展规划纲要（2010—2020 年）》（简称《纲要》）指出：坚持以人为本、全面实施素质教育是教育改革发展的战略主题，是贯彻党的教育方针的时代要求。

素质教育是指以人的素质发展为核心的教育。它以提高国民素质为根本宗旨，强调面向全体学生，以促进学生全面发展为根本目的，以培养学生的社会责任感、创新精神、实践能力为重点，它应该贯穿于教育的全过程并渗透于教育的各个方面。

《决定》对素质教育的表述是："全面贯彻党的教育方针，以提高国民素质为根本宗旨，以培养学生的创新精神和实践能力为重点，造就'有理想、有道德、有文化、有纪律'的、德智体美等全面发展的社会主义事业建设者和接班人。"[①]

（二）素质教育的特征

1. 全面性

素质教育应使学生的所有素质都得到发展，不可重此轻彼。合理的素质结构是一个和谐的系统整体，构成素质结构的各因素之间是相互渗透、相互依存、相互促进并相互制约的。任何一个人的素质水平都是素质各要素的综合表现。素质教育旨在使受教育者个性得到最优化发展，使其在各自的基础上获得最大可能性的发展，而不是每个人的素质平均发展或同步发展。

2. 全体性

在素质教育中，不是选拔适合教育的儿童，而是创造适合儿童的教育。它是一种使每个人都得到发展的教育，而非英才教育。它要求教育工作者不得人为地忽视

---

① 《中共中央国务院关于深化教育改革，全面推进素质教育的决定》，http：//old. moe. gov. cn/publicfiles/business/htmlfiles/moels6986/200407/2478. html，2018-05-14.

任何一个学生素质的培养与提高。

3. 基础性

素质教育担负着为学生打下良好素质基础的任务，即培养其基本素质。基础性是对素质教育教学内容的最关键的要求。基础不仅包括知识，还包括态度、能力等。素质教育强调为学生培养基本知识、基本技能，教会学生做人、做事，为人生打好基础。

4. 发展性

素质教育的本质在于促进人的发展。素质教育不仅注重学生现在的一般发展，更重视学生创新能力和自我发展能力的培养。素质教育致力于学生多方面素质的提高，促进学生全面和谐的发展，进而有益于社会的发展。

5. 未来性

素质教育要立足于未来社会发展的需要，而不是仅仅着眼于眼前的升学和就业需要。

三、素质教育的目标体系

我国《宪法》规定："国家培养青年、少年、儿童在品德、智力、体质等方面全面发展。"①《中共中央关于教育体制改革的决定》指出我国教育所培养的人"都应该有理想、有道德、有文化、有纪律，热爱社会主义祖国和社会主义事业"。② 根据上述精神，我国中小学素质教育目标应包括以下方面。

(一)思想政治素质目标及其教育

思想政治素质在受教育者整个素质结构中占有统领地位，对受教育者人生发展具有定向和动力的作用。因此，必须克服淡化政治的不良倾向，认真研究和加强对中小学生的思想政治素质教育，以保证中华民族下一代人的政治质量，使革命先烈用鲜血和生命开创的社会主义事业后继有人。

思想政治素质教育包括：政治素质教育，主要解决立场、观点、态度、信念和理想问题；思想素质教育，主要解决思想认识和思想方法问题；道德素质教育，主要培养社会公德、社会主义道德品质、共产主义道德品质及相应的文明行为习惯。

在当前和今后一段相当长的时期里，对学生的思想政治素质教育要特别强调社会主义优越性的教育并教育学生坚持四项基本原则，旗帜鲜明地反对资产阶级自由化，在心灵深处筑起防止和平演变的长城，并树立为国家的社会主义建设而献身的牢固信念。

---

① 《中华人民共和国宪法》，http：// www. moe. gov. cn/s78/A02/moe_ 905/201805/t20180508_ 335334. html，2018-05-01。

② 《中共中央关于教育体制改革的决定》，http：// www. moe. gov. cn/jyb. sj2l/moe_ 177/tmull_ 2482. html，2018-04-01。

（二）科技、文化素质目标及其教育

科技素质包括旺盛的求知欲、良好的学习习惯、正确的学习方法、必要的知识技能结构、一定的智能基础、积极的创造精神等。这是学生认识、改造自然和社会，迎接科学技术高速发展的挑战所必需的素质，是他们将来获取谋生手段和发展自身的必要条件。在对学生科学素质的培养上，最重要的是要纠正那种只重视知识而轻视智能、轻视实践、轻视创造的偏向。教育者都要明确：教育不是要把学生培养成为书呆子，而是要把他们培养成为创造型的人才。

科学文化知识素质教育包括：基本知识教育，主要是建立知识的基本结构；基本技能教育，主要是掌握基本技能技巧；基本学习方法教育，主要是掌握科学的学习方法；基本智力素质教育，主要是发展智力因素和培养非智力因素。人类文化更多地是以物质的工具系统和符号系统为载体的，文化素质教育自然要借助于工具与符号这一中介，通过有计划地组织个体掌握工具系统和符号系统来使个体掌握社会文化成果。

（三）身体素质目标及其教育

身体素质包括正常的发育、良好的体能、健康的体质、良好的生活和卫生习惯、广泛的体育活动爱好等。这是人适应和改造环境的需要，是人的其他各项素质形成和发展的生理基础。虽然现代社会高速发展的科学技术大大减轻了人们体力劳动的负担，但无论是学习、掌握先进的科学技术，还是适应紧张的社会生活和工作，都离不开强健的体魄。而且，良好的身体素质是人的全面发展的一个重要方面，是获得个人幸福的必要条件。

身体素质教育指提高学生身体健康水平的教育，它包括促进学生身体形态的正常发展，提高人体器官的生理机能（如力量、耐力、速度等），提高对自然环境的适应能力和抗病能力，养成良好的卫生习惯和锻炼身体的习惯。身体素质教育就是在先天身体素质的基础上，使年青一代有健康的身体、健美的体魄和健壮的体格，使身体的各个部分、各个系统获得和谐统一的发展，增强对外界环境的适应能力和运动能力，养成良好的生活卫生习惯。

现在的任务是，一方面要纠正教育工作中只重智育而轻视体育的偏向，另一方面要纠正体育中只重运动技能训练而轻视体质培养的偏向，使学生的身体素质真正得到发展。

（四）心理素质目标及其教育

心理素质包括广泛的兴趣、积极的情绪、奋发的进取心、健康的个性等，这是适应环境、获得学习和生活成功的必要条件，是形成和发展人的社会文化素质的基础。当今社会生活的显著特点是发展迅速、变化复杂、竞争激烈，对每个人来说，不但机遇与挑战同在，而且往往成功与挫折并存，这就需要有较强的心理适应能力和心理承受力。对于生活在社会转型的年代而且大多为独生子女的中小学生来说，良好的心理素质显得格外重要。

心理素质教育就是要培养健康的心理、健全的人格。主要内容是：开发潜在的智能，使人获得正常的智力；培养愉快的情绪，使人乐观向上，积极进取，对生活充满信心，具备一定的情绪调控能力；形成顽强的意志，使人能主动自觉地迎接挑战、战胜困难，具有独立、果断、坚韧、勇敢的品质；养成协调的行为，使个体心理行为符合环境需要和自己的身份，与环境协调一致，关心理解他人，与人相处和谐。

(五)审美素质目标及其教育

审美素质包括良好的审美意识、健康的审美情趣、一定的审美创美能力等。良好的审美素质有助于人追求真理、发扬善性、增进健康，从而促进人的各种素质的发展，是少年儿童按照美的规律来塑造自己的人格的必要条件。

审美素质教育即美育或审美教育，指形成受教育者科学的审美观念、较强的审美感和创造美的能力的教育。通过审美教育，可以提高学生的审美修养以及辨别真善美和假恶丑的能力，使年青一代更加热爱生活，热爱未来，并为美好未来的实现而努力奋斗。同时，审美教育又可以促进人的身心健康发展，净化人的心灵，陶冶人的心性，还具有益智的功能。因此，审美素质教育也是素质教育结构中的不可缺少的重要方面。

要克服那种把美育看作可有可无的偏见，要纠正那种把美育局限于艺术教育的狭隘看法，要加强以美育为主要任务的艺术教育，要挖掘各科、各类课程中的美育因素，而且整个学校教育都要按照美的规律来安排，使学生在美的教育中不断发展自己的审美素质和其他各种素质。

(六)劳动素质目标及其教育

劳动素质包括热爱劳动的态度、自觉劳动的习惯、一定的生活自理能力和简单的劳动技能等。这是少年儿童将来投身改造自然、投身社会的物质生产劳动和精神生产劳动的基础，也是通过实践促进其他各种素质形成和发展的需要。

劳动素质教育指教育者通过对受教育者实施劳动教育和劳动技术教育，使其掌握劳动方面的知识和技能，并在此基础上培养其劳动观念和劳动习惯的过程。提高受教育者的劳动素质，不仅是我国现代化建设的客观要求，而且对促进受教育者的全面发展也具有十分重要的意义。因此，要克服那种重智轻劳的偏向，保证和加强劳动课程，强化日常劳动的教育和锻炼。在具体安排上，要纠正那种把学生劳动局限于体力劳动而排除脑力劳动的片面性，也要懂得学生的劳动必须有动手这一内容，不能用脑力劳动代替体力劳动；要纠正那种只抓简单劳动而忽视技术训练的片面性，也不能因强调技术训练而忽视日常的劳动锻炼。总之，要从劳动观念、态度、习惯、知识、技能等方面加强劳动教育和训练，为使学生成为合格的劳动者打下基础。

(七)能力素质目标及其教育

能力素质教育指教育者在受教育者形成一定知识结构和技能的基础上，自觉地发展其智力，培养其学习能力、适应能力、创造能力、动手操作能力和独立制作能力。我国传统学校教育一直走着一条重知识轻能力的办学路线，造成许多"优秀"毕业生高分低能的现象，并为其后继的学习造成困难。这种重知轻能的办学模式已经无法应对世界新技术革命的挑战，也无法适应我国社会主义现代化建设的需要。因此，必须把学生能力的培养和能力素质的提高作为素质教育的重点工作来抓。

(八)交往素质目标及其教育

交往素质包括参与社会政治生活、人际交往、群体合作等方面所要求的素质。人都是在一定的社会关系中从事各种活动的，人在交往中获得的大量间接经验能促进个体心理的成熟和素质的发展。当今我国由计划经济转向社会主义市场经济，由封闭转向开放，个人与他人、个人与社会的物质、政治、思想文化等方面的联系越来越紧密，人与人之间的交往越来越频繁、广泛、深入，一定要纠正那种只让学生埋头读书、"独善其身"的偏向，要通过各种教育活动，训练学生乐于合作、热心参与、善于交往、善于应变的品质，为学生将来更好地适应社会生活打下基础。

(九)外在素质目标及其教育

外在素质教育指教育者有意识地培养受教育者具有良好的仪表风度的教育。主要包括培养学生衣着整洁、仪表端庄、举止得体、谈吐文雅等。

人的外在素质是内在素质的外部表现。一个人的仪表美、语言美、行为美通常是心灵美的自然流露，而良好的仪表又对人的言行有正向约束作用。提高受教育者的外在素质水平，既是全面发展教育的一项重要内容，也是社会主义精神文明建设的一个重要方面。

以上素质目标是个体素质教育目标结构的主要要素，它们相互联系，构成了一个比较完整的体系。各种素质的教育之间有着互相渗透、互相促进的作用，因此必须全方位地进行教育；如果将某种素质的提高不适当地推向极端，也会损害其他素质的正常发展，并且弱化或破坏素质教育的整体功能。

四、实施素质教育的主要途径和方法

(一)充分发挥政府作用

政府行为具有导向作用、调控作用和约束作用。就政府对基础教育的作用而言，基础教育主要由国家举办和管理，政府行为是实施素质教育的根本保证。

(二)推进新课程改革

在素质教育背景下，新课改带来的教学转变可以总结为：教学从以"教育者"为中心转向的"学习者"为中心；教学从"教会学生知识"转向"教会学生学习"；教学从"重结论轻过程"转向"重结论的同时更重过程"；教学从"关注学科"转向"关注人"。

(三)加强学校内部管理、课外教育活动、班主任工作

素质教育的途径除了课程之外，还包括学校教育活动中的管理活动，校外、课

外教育活动及班主任工作。其中，班主任工作是实施素质教育的重要途径。

1. 学校内部管理

改革学校内部管理体制可以为素质教育的实施提供良好的内部环境。

2. 课外、校外教育活动

学校实施素质教育的主阵地是课堂教学，除此之外，实施素质教育的阵地还有各种课外、校外教育活动。

3. 班主任工作

在学校教育中，班级是有组织地开展素质教育活动的基层单位。班主任是班级的组织者、教育者和管理者。因此，班级素质教育开展的效果，很大程度上依赖于班主任的班级管理思想、管理方法和教育方法。

(四)提高教师的作用

素质教育的成败，相当程度上取决于教师素质的高低。要提高教师的综合素质，就必须要更新教育观念，掌握素质教育观，以全身心的投入去实现自己的教学追求。

(五)调动学生学习的主动性和积极性

调动学生学习的主动性和积极性，保证学生学习的有效性，提高学生学习的质量，促进学生学习的良性循环，这是教学的首要任务。

思 考 题

一、单项选择题

1. 在教育目的问题上，德国教育家赫尔巴特的主张体现了教育目的的（　　）。

A. 社会本位论思想　　　　B. 个人本位论思想

C. 社会效益论思想　　　　D. 教育无目的论思想

2. 一切教育活动的出发点和归宿是（　　）。

A. 教育思想　　　　　　　B. 教育制度

C. 教育目的　　　　　　　D. 教育方法

3. 教育目的要回答的根本问题是（　　）。

A. 教育培养什么样的人　　B. 教育怎样培养人

C. 教育内容　　　　　　　D. 教育的方向

二、辨析题

1. 根据各级各类学校任务确定的对所培养人的特殊要求，我们习惯上称之为培养目标。

2. 教育与生产劳动相结合是实现人的全面发展的唯一方法。

三、简答题

1. 教育目的具有什么功能？

2. 如何正确把握素质教育的内涵？

四、材料分析题

某市教育局《关于进一步规范基础教育办学行为有关问题的通知》中规定："坚持义务教育阶段公办教育就近免试入学，任何公办、民办和各类进行办学体制改革的小学、初中不得以考试的方式择优选拔新生，也不得以小学阶段各类学科竞赛(如小学奥数等)成绩作为录取新生的依据。"

你对该市教育局的规定有什么看法？请从全面发展的教育目的出发对奥数进行评价。

第五章　教育制度

学习目标 ▶ ···

1. 了解学校教育制度的相关知识。
2. 了解西方现行教育制度的类型及发展历程。
3. 掌握我国现代教育制度的类型及发展历程。

教育制度是一个国家实现教育目的、培养社会人才、发展社会事业的必要条件。教育制度受到社会政治、经济和文化等诸多因素的影响，必然随着社会的发展变化而不断变化。只有建立科学、完备的教育制度并不断加以调整和改进，才能满足不同社会发展阶段对各级各类人才的需要，促进教育事业的稳步发展。

第一节　教育制度概述

一、教育制度

(一)教育制度的定义

在教育学界，"教育制度"最初被定义为"国家各种教育机构系统的体系"。[1] 人们认为此定义过于广泛且笼统，因此，为了对教育制度做出更为详细合理的解释，有学者从词源上探析其含义。从"制度"二字来看，汉语中的"制度"一方面指"要求成员共同遵守的、按一定程序办事的规程，如工作制度、学习制度等"；另一方面指"在一定条件下形成的政治、经济、文化等各方面的体系，如社会主义制度等"。[2] 英语中的制度可用 system 和 institution 表示。System 意为制度、体制、系统、方法；institution 意为制定、制度、公共机构、习俗。由此，从英汉词源上看，制度一词具有两层含义：一是机构或组织的系统，二是机构或组织系统运行的规则。

因此，教育制度是指一个国家各级各类教育机构与组织的体系及其管理规则。它包括相互联系的两个方面：一是在一定历史条件下各级各类教育机构与组织形成的体系；二是为保证教育机构与组织体系正常运行而确立的一整套规则，如各种各样的法律、法规、条例等。值得注意的是，教育机构与组织的管理规则通常被当作教育管理问题来加以论述，故本书中关于教育制度的论述侧重于各级各类教育机构与组织体系。

(二)教育制度的特点

教育制度作为国家确立的教育形式、层次结构、组织管理等相对稳定的运行模式或规定，与其他类型的社会制度既有共同的特点，又具有其独特性。具体表现为以下几点。

1. 客观性

教育制度的客观性体现在教育制度是对社会政治、经济、文化、人口等客观现实的反映，其制定或废止主要取决于社会生产力发展水平。虽然教育制度由一定时代的人根据需要制定或形成制度化体系，反映着人的主观愿望和特殊的价值需求，但某种教育制度的制定、修订或废止，要依据客观的现实基础和发展规律，归根结底，要看它是否符合社会生产力发展水平的需要。

---

[1]顾明远：《教育大辞典》第 1 卷，68 页，上海，上海教育出版社，1990。
[2]辞海编辑委员会：《辞海(上)》，485 页，上海，上海辞书出版社，1989。

2. 规范性

教育制度的规范性主要表现为入学条件和培养目标的标准化。教育制度是统治阶级根据需要制定的，体现统治阶级的价值取向，反映了统治阶级的意志和需要，为统治阶级的利益服务。社会主义的教育制度应为广大人民的利益服务，最大限度地保障和满足广大人民日益增长的文化教育需要，从而体现社会主义教育的性质。

3. 历史性

教育制度的历史性体现在教育制度随着时代和文化背景的变化而不断变化，不同的社会历史发展阶段和不同的文化背景下会有不同的教育制度。在不同的历史发展阶段，由于受到政治、经济、文化、人口等社会因素的制约，教育制度会随着社会历史发展变化而变化。

4. 强制性

教育制度的强制性表现在作为教育体系正常运行的规范或规定的集合，教育制度的正常运行必须依赖于强有力的教育法律的支持。教育制度独立于个体之外，对相关主体及主体行为具有强制约束力。如相关主体若违反制度，那么将受到相应的处罚。比如，我国九年义务教育制度规定，适龄儿童必须由国家、社会、家庭和学校保证入学并完成规定年限的义务教育，否则，相关个体或部门将接受相应的处罚。

(三)教育制度的发展历程

伴随着人类社会发展的各个阶段，教育制度的发展历经了从前制度化教育到制度化教育再到非制度化教育的过程。

1. 前制度化教育

前制度化教育是教育制度化之前的教育形态的统称。早期的原始社会教育以生产生活经验为主，到奴隶社会形式化教育逐渐形成。夏朝庠、序、校、学等古代学校的产生意味着教育的基本形态的初步建立，与之相应的教育制度也逐渐建立，并随着社会发展和统治阶级的需要不断得到改进。形式化的教育形态具有以下特点。

一是教育主体确定。古代社会已出现兼任传道授业的教师；二是教育的对象相对稳定，如西汉官学面向统治阶级子弟开设，私学面向平民子弟开设，具有鲜明的等级性；三是形成系列的文化传播活动，如教学内容多以儒家伦理道德为主；四是有相对稳定的活动场所和设施等，如夏朝的庠、序、校，商和西周的学、辟雍、瞽宗，汉代的太学，唐宋的书院、私塾；五是由以上因素结合而成的独立的社会活动形态。古代学校教育与生产劳动相脱离。

2. 制度化教育

近代学校教育系统的出现开启了制度化教育的新阶段。制度化教育指正规教育，即具有层次结构、按年龄分级的系统的教育制度，指向形成系统的各级各类的学校。它从初等学校延伸到大学，包括全日制、半日制、业余的学校教育以及函授教育等。制度化教育的兴起和不断完善是教育发展的质的飞跃。建立完备的现代教育制度和体系是当前世界各国教育改革与发展的主流。

3. 非制度化教育

非制度化教育指没有形成相对独立的教育形式的教育形态。非制度化教育是相对于制度化教育而言的。它推崇教育不应再限于学校的围墙之内，不应局限于教室、课本等传统的教育形式，而倡导教育应与人的生产、生活紧密结合。如库姆斯的非正规教育观念、伊里奇的非学校化社会理念。当代社会提倡的终身教育理念、学习化社会的主张正是非制度化教育的重要体现。非制度化教育成为未来教育的发展趋势。

二、学校教育制度

(一)学校教育制度的含义

学校教育制度，简称学制，是指一个国家各级各类学校的系统及其管理规则，它具体规定各级各类学校的性质、任务、目的、入学条件、修业年限以及它们之间相互衔接的关系。学校教育制度是现代教育制度的核心部分。

我国《教育法》规定国家实行学前教育、初等教育、中等教育、高等教育的学校教育制度。国家建立科学的学制系统，学制系统内的学校和其他教育机构的设置、教育形式、修业年限、招生对象、培养目标等，由国务院或者由国务院授权教育行政部门规定。

(二)学校教育制度的影响因素

与整个教育系统一样，学校教育制度会受多种因素的制约，既有社会生产力和科技发展水平、政治经济制度、文化、人口等社会因素，也有受教育者的身心发展规律等个体因素。

1. 社会生产力和科技发展水平

学制的变化，从根本上说，取决于社会生产力发展水平和科技发展水平。生产力发展和科技发展的需要对人才的质量规格提出要求，由此影响学校教育的人才培养目标，要求学校种类、层次、结构以及区域布局等方面与社会产业结构保持一致。古代社会生产力水平低、科技落后，人民大众自给自足，并不需要经过学校专门培养。当时的学校教育被统治阶级垄断，但也只处于官学合一、以吏为师的初级阶段。近代社会以来，随着资本主义机器大工业生产的需要，科学技术得到广泛应用，培养各种专门人才和训练熟练工人成为当时社会对人才的迫切需要，因此义务教育制度和职业技术教育应运而生并不断发展。进入现代社会以来，世界范围内新一轮科技革命和产业革命蓄势待发，创新已成为大国竞争的制高点，人才竞争愈加激烈。世界各国竞相聚焦于教育事业，纷纷制定教育发展规划，强调教育为未来发展做准备。因此，学校教育制度逐渐关注其在早期教育、幼儿教育、义务教育、高等教育各阶段的完善。

2. 政治经济制度

与国家各项决策一样，学制必然以适应本国的政治经济制度的需要为依据，由国家政权机关制定并颁布实施。古代社会学校教育为统治阶级所垄断，其目的是为了培养统治阶级继承者，以维护其专制统治。资本主义社会制定的渐趋完备的教育制度，除了适应生产力和科技发展的要求之外，也受资本主义的政治经济制度影响，旨在巩固和扩大资产阶级的利益，维护资产阶级统治。社会主义也应按照政治经济制度的要求，调整教育结构，培养符合国家需要的各级各类人才。

3. 人口

教育与人口紧密相连。教育事业的投资、规模、发展规划、结构调整等受人口状况的制约。学校教育制度的建立与改革亦是如此。当前我国人口结构深度变化，老龄化加快、全面二孩政策的实施对教育供给、布局和结构提出新的要求。例如，2015 年我国实施"全面二孩"政策，预计 2019 年学前教育阶段将因"全面二孩"政策新增适龄幼儿近 600 万人。据联合国预测，到 2050 年，中国 65 岁以上老龄人口比例将从 2015 年的 9.6%上升到 27.6%。[①]"全面二孩"政策带来的入学儿童剧增以及老龄化加剧的现实必然要求社会提供充足优质的学前教育、义务教育和老龄教育资源。另外，随着城镇化的推进，大量劳动力在城乡之间流动，流动儿童、留守儿童的教育问题亟待解决。

4. 文化传统

各国的学校教育制度均有其形成和发展的过程，既根植于本国的历史文化土壤，又在一程度上吸取其他国家的有益经验。不同社会制度下的学制可能具有相同的形式；同一社会制度下的学制，由于各国生产发展水平、科技发展水平、政治经济、文化等国情的不同，也可能表现为不同的形式，各国根据本国国情相互借鉴。例如，我国历史上第一个完整的学制——1902 年颁布的壬寅学制，虽然以日本学制为蓝本，但仍体现出"中国特色"，如严禁女学，将各级学堂毕业生分别授予附生、贡生、举人、进士等身份，科举制度的烙印尽显。

5. 青少年儿童的身心发展规律

学制规定的各项内容如入学年龄、修业年限、学校层次的选择等都需要遵循青少年儿童的身心发展规律。例如，大多数国家将儿童入学年龄定为 6 周岁，其后的 10～12 年为基础教育阶段。科学研究证明，人的思维发展与脑的重量发展密切相关，大多数人在 6 岁时大脑重量已接近成人的 90%，剩余 10%将在之后的 10 年中增加，16～17 岁正是身心迅速成熟的重要时期。另外，在高等教育领域，实施弹性学制已成为国际高等教育的基本趋势，即允许学生根据个人学习特点、学习需求自主选择学习内容、学习年限等，以满足学生对教育的个性化、多样化要求。可见，

---

①王砚峰：《老龄化的代价与中国未来人口红利》，http://news.hexun.com/2017-06-19/189706886.html，2018-02-19。

学制的建立与变革必须遵循青少年儿童的身心发展规律。

第二节　西方现行学校教育制度

一、西方现行学校教育制度的演变

现代学制最早出现在欧洲。欧洲资本主义工业革命后，现代学校迅猛发展，其中学校系统的形成有两条途径。一条是自上而下的发展，以最早的中世纪大学为顶端，向下延伸，产生了古典文科中学，并经过长期发展形成了大学和中学系统。另一条是自下而上发展，最初为面向广大劳动人民的国民小学到中学（包括初级中学、高级中学和职业学校等），并沿至高等职业学校。至19世纪末，西方现代学制逐步形成。

二、西方现行学校教育制度的类型

现代学制主要有三种类型：一是双轨学制，以英国、法国等西欧国家的学制为代表；二是单轨学制，以美国学制为代表；三是分支型学制，以苏联学制为代表。

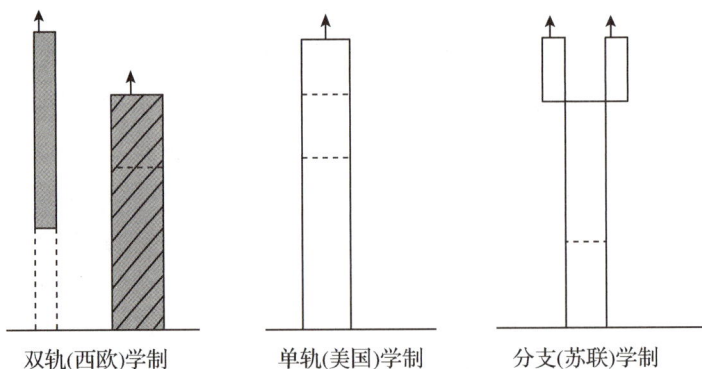

双轨(西欧)学制　　单轨(美国)学制　　分支(苏联)学制

图 5-1　三种类型学制示意图[1]

(一)双轨制

双轨制是18世纪和19世纪的西欧等级特权在学制发展过程中遗留的产物，它把学校系统分为两个平行、互不相通的轨道。一轨为统治阶级及特权阶层子女设立，其自上而下的结构为从大学（高等学校）到中学（含中学预备班）。这些学校多从古代学校发展而来，各方面条件都比较优越，体现出等级性和学术性。另一轨为劳动人民的子女设立，其自下而上的结构为小学（后来是小学和初中）到职业技术学校（与小学相连的初等职业教育、与初中相连的中等职业教育），学习从事劳动生产的技术，

---

[1]黄济、王策三：《现代教育论》，269页，北京，人民教育出版社，1996。

体现生产性。两轨之间互不相通、互不衔接。许多欧洲国家都曾采用双轨制，英国是典型代表。

(二)单轨制

单轨学制最早产生于美国。18世纪末19世纪初，产业革命和电气化进程推动美国逐渐由农业社会向工业社会转变，加上美国等级特权基础薄弱，其沿用的双轨学制中学术性的一轨未得到充分发展，反而被快速发展的生产性的一轨淹没，美国的单轨学制由此形成。该学制自下而上的结构是小学、中学、大学。其特点是一个系列、多个学段相互衔接。如常见的"六三三"学制、"五三四"学制、"四四四"学制等。相对于双轨制而言，这种学制是历史的一个进步，有利于教育的逐级普及和国民素质的提高。单轨学制的典型代表为美国，后被世界许多国家采用。

(三)分支型学制

分支型学制于20世纪上半叶在苏联形成。十月革命后，苏联制定以社会主义统一劳动学校为主的单轨学制，之后又恢复了部分文科中学和职业学校，因而形成兼具单轨制和双轨制特点的苏联学制。同时，它又区别于欧洲的双轨制和美国的单轨制。苏联学制在前段(小学和初中)是单轨，中学阶段开始分叉，是介于双轨和单轨的分支型学制。分支型学制的特点和优点在于它是以中学阶段为界，是上通(高等学校)下达(初等学校)、左(中等专业学校)右(中等职业学校)畅通、纵向衔接、横向联系的立体式学制。这种学制有利于教育的普及，满足社会对人才的灵活性需求。

三、现代学校教育制度的变革

自20世纪以来，从纵向学校系统来看，现代学制由双轨制向分支型学制和单轨学制方向发展。西欧的双轨制历经变革，各学段逐渐并轨，向着单轨和分支型学制发展。一是随着义务教育向上延伸、教育机会均等等原则的实施，双轨学制从小学开始向上与中等教育衔接。二是为劳动人民子女及社会上层人士子女平行设立的两种初等教育形式统一。三是中学学段通过综合中学等形式实行并轨。如此一来，欧洲双轨学制事实上已变成分支型学制，其特点为小学、初中单轨，其后多轨。由此看出：第一，义务教育的年限影响着双轨学制并轨的临界点，即义务教育延长到哪里，双轨制就并轨到哪里；第二，单轨学制是教育逐级普及和促进教育机会均等的有效形式；第三，综合中学是双轨制并轨的一种理想形式，已成为现代中学教育发展的方向。

为了适应社会发展的需要，为21世纪培养具有创造力的人才，世界各国均对本国的教育制度进行改革，其共同的发展趋势为以下几方面。

(一)义务教育范围逐渐扩大，年限不断延长

为了提高人才质量，发达国家的义务教育范围有不断扩大的趋势，表现在义务

教育的一端逐渐向学前教育方向扩展，而另一端则向初中后教育阶段延伸。[1] 越来越多的国家将学前教育纳入义务教育范围，加强学前教育与小学教育的衔接。如在英国，幼儿教育是义务教育的第一阶段，招收 5～7 岁的儿童。在法国，学前教育是初等教育的组成部分，可免费入学，所有 2～7 岁的儿童均可就近上幼儿学校。另外，发达国家提出普及高中教育，延长义务教育年限。比如，美国普及 12 年义务教育，法国的义务教育年限为 10 年。

(二)重视职业教育，普通教育和职业教育相互渗透

21 世纪以来，世界各国高度重视发展中等职业技术教育。职业教育与普通教育的分流从初中教育阶段开始。职业教育是基础教育与就业之间的桥梁。职业教育的趋势之一是在职业技术学校中加强普通教育，促进普通教育和职业教育的融合，提高人才的综合素质。比如，法国的职业中学设置教学研究职业文凭，招收初中毕业生，学制为四年，旨在提高熟练技工的科学文化水平。

(三)高等教育日益大众化、多样化

20 世纪后半叶以来，发达国家的高等教育也先后由精英化进入大众化阶段。使高等教育朝着大众化、多样化方向发展，这是当今世界高等教育改革的重要态势之一。一是高等教育结构层次多样化，由原有的单一本科层次发展成当前专科、本科、研究生多个层次呈金字塔形并存的局面。二是高等教育结构类型多样化，现代高等学校的院校、科系、专业类型多种多样。例如，有满足高层次研究型人才需求的研究型大学；有满足实践性专业需求的教学研究型大学；有满足当地经济建设及社会发展需要的高等专科学校和高等职业学校。此外，高等教育国际化、终身化也是其发展趋势。

(四)终身教育体系不断完善

终身教育是人一生各阶段所受各种教育的总和，也是人所受的不同类型教育的总和。[2]它包括个体在各个阶段受到的各种形式的教育，如学历教育和非学历教育，学校教育、社会教育和家庭教育等各方面。20 世纪 60 年代起，终身教育作为国际教育思潮，对世界各国的教育改革产生了重要影响。随着现代社会经济和科技的发展，终身教育成为当今各国教育改革的指导方针，建立终身教育体系成为各国学制改革的共同目标。远程教育、开放大学、社区教育、网络学校的快速发展正是终身教育思想的教育实践。

---

[1]教育部人事司、教育部考试中心：《中学教育学考试大纲》，北京，北京师范大学出版社，2002。
[2]王道俊、郭文安：《教育学》，113 页，北京，人民教育出版社，2009。

第三节 我国现行学校教育制度

一、我国现行学校教育制度的演变

(一)旧中国的学制

我国封建社会的学校主要有官学、私学、书院三种类型，并未形成系统的学校教育制度。我国现代学制的建立源于清末，1840年鸦片战争之后，与帝国主义列强的签约、国内资本主义的兴起迫使清政府对延续几千年的封建教育制度进行改革。从清末"废科举，兴学校"到中华人民共和国成立，近半个世纪里学制也有所变动。但是，旧中国地半封建半殖民的社会性质决定了当时的学制也带有鲜明的半封建半殖民地的特点。影响较大的学制主要有壬寅学制、癸卯学制、壬子癸丑学制、壬戌学制。

1. 壬寅学制

1902年清政府颁布《钦定京师大学堂章程》，亦称"壬寅学制"，这是我国正式颁布的第一个学制，但颁布后不久即被废止，实际上并未推行。它是中国近代教育史上第一个比较完整的法定学校系统，对之后颁行的几个学制产生了深远影响。

2. 癸卯学制

1904年清政府颁布《奏定学堂章程》，亦称"癸卯学制"，这是我国历史上第一个正式颁布且在全国实施的学制。该学制以日本学制为蓝本，本着中体西用的原则，教育目的为"忠君、尊孔、尚公、尚武、尚实"，保留了尊孔读经等封建思想。学制分为三段七级。第一段为初等教育(共13年)，分为蒙养院(4年)、初等小学堂(5年)和高等小学堂(4年)；第二段为中等教育(5年)，不分级；第三段为高等教育(7年)，分为高等学堂(即大学预科，3年)和大学堂(3～4年)。学生3～7岁入蒙养院，7岁入小学，学习时间长达25～26年。因而该学制的突出特点是学习年限长。详见图5-2。

3. 壬子癸丑学制

辛亥革命后，南京临时政府于1912年至1913年制定颁布学制系统，称"壬子癸丑学制"。该学制分三段四级。第一段为初等教育，分为初等小学(4年)和高等小学(4年)两级，初等小学为义务教育，毕业后入高等小学或实业学校；高等小学毕业后入中学、师范学校或实业学校。第二段为中等教育(4年)，不分级，毕业后入大学或高等师范学校。第三段为大学教育(6～7年)，其中预科3年，本科3～4年。学习年限为17～18年，缩短了3年普通教育。它是中国教育史上第一个资产阶级性质的学制，明令废除在教育权方面的性别和职业限制，在法律上给予所有学生平等

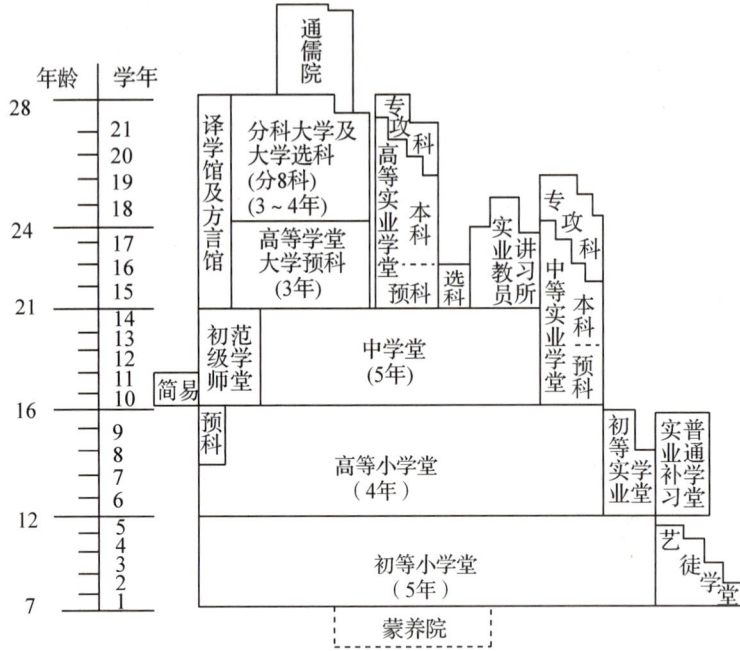

图 5-2 癸卯学制系统

地位。第一次规定了男女同校，废除读经，充实了自然科学的内容，将学堂改为学校。同时，在实业教育之外，增设了补习学校。详见图 5-3。

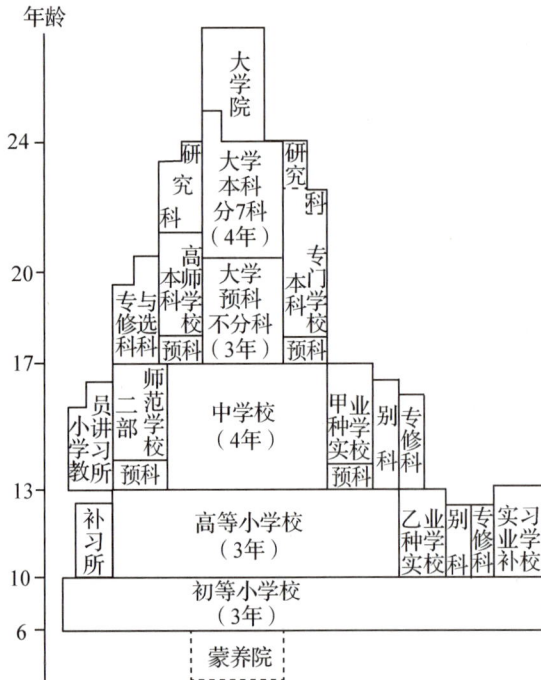

图 5-3 壬子癸丑学制系统

4. 壬戌学制

1922 年，在当时北洋军阀统治下，留美派主持的全国教育联合会以美国学制为蓝本，颁布了壬戌学制，又称新学制或"六三三"学制。该学制分三段五级，小学 6 年，分为初小(4 年)和高小(2 年)两级；中学 6 年，分为初中(3 年)和高中(3 年)两级；高等教育为 4~6 年，不分级。该学制明确以学龄儿童和青少年身心发展规律作为划分学校教育阶段的依据，这在我国现代学制史上是第一次。该学制在国民党统治时期虽几经修改，但一直沿用到中华人民共和国成立初期。详见图 5-4。

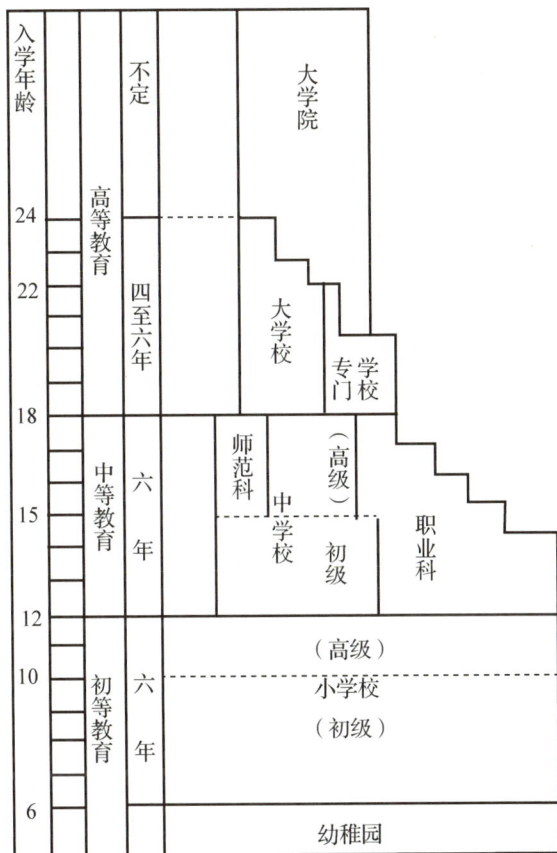

图 5-4 壬戌学制系统

(二)新中国成立以来的学制

新中国成立后，为了使教育适应新社会发展的需要，中央人民政府在社会发展不同阶段颁布了一系列新学制。

1.1951 年《关于改革学制的决定》

1951 年 10 月 1 日，政务院颁布了《关于学制改革的决定》，这是中华人民共和国出台的第一个学制，标志着我国学制发展到了一个新阶段。该学制为我国学制的发展奠定了基础。该学制分四段六级。第一段为幼儿教育(4 年)，入学幼儿为 3~7 岁。第二段为初等教育(5 年)，包括儿童和成人的初等教育。入学儿童为 7 岁，年限为 5 年，对儿童施以全面的基础教育。第三段为中等教育(6 年)，分为初中和高中，也包括中学、业余工农速成中学、业余学校、中等专业学校。第四段为高等教育(2～5 年)，包括大学、专门学院和专科学校以及各种政治学校和政治训练班。

2.1958 年《中共中央、国务院关于教育工作的指示》

1958 年 9 月，《中共中央、国务院关于教育工作的指示》颁布，指出"为了多快好省地发展教育事业，必须动员一切积极因素"，提出"两条腿走路"的办学方针和"三个结合""六个并举"的具体办学原则。"三个结合"即统一性与多样性相结合，普及与提高相结合，全面规划与地方分权相结合。"六个并举"是国家办学与厂矿企业、农业合作社办学并举，普通教育与职业(技术)教育并举，成人教育与儿童教育并举，全日制学校与半工半读、业余学校并举，学校教育与自学(包括函授学校、广播学校)并举，免费的教育与不免费的教育并举。

3.1985 年《中共中央关于教育体制改革的决定》

十一届三中全会以后，为了改变教育不适应新发展形势的状况，1985 年中共中央正式颁布《中共中央关于教育体制改革的决定》，明确指出改革的根本目的是提高中华民族素质，多出人才，出好人才；同时，明确了各个教育阶段的改革要求。

一是有步骤实行九年义务教育。规定把普及九年义务教育的责任交给地方。各地根据实际情况，灵活采取不同的学制，如"六三制""五四制""五三制""九年一贯制"等形式，灵活选择普及义务教育的年限。

二是调整中等教育结构，大力发展职业技术教育。从中学分流，初中毕业生一部分升入普通高中，一部分接受职业高中教育；高中毕业生一部分升入大学，一部分接受高等职业技术教育；九年义务教育尚难以普及的地区，实行小学后分流，发展初中阶段职业技术教育。

三是扩大高等学校办学自主权，加强高等教育改革。为适应经济、社会的发展，增设一批应用性学科、技术性学科专业；拓宽专业面，调整学生的知识结构和能力结构；加强课程建设，更新教育内容；改革高校管理体制；加强教师队伍建设等。

4. 其他教育法律法规对我国教育制度的规定

1995 年教育法明确规定国家实行学前教育、初等教育、中等教育和高等教育的学校教育制度；实行九年义务教育制度。

2006 年修订的《义务教育法》，明确提出我国义务教育学制主要有"六三制"(小学 6 年，中学 3 年)、"五四制"(小学 5 年，中学 4 年)两种，其中还有少数地区实行八年制的义务教育，即小学为五年制、中学为三年制。

2010 年 7 月颁布的《国家中长期教育改革和发展规划纲要(2010—2020 年)》指出要建设现代学校制度，强调要完善中小学管理制度，完善中国特色现代大学制度。

二、我国现行学校教育制度的类型

随着社会发展和教育发展，我国学制几经变革，现已形成一个较为完整的体系。

从学制类型上来看，我国现行学制是从单轨学制发展而来的分支型学制。最初的单轨制形成是基于20世纪初我国现代生产、科学技术和经济发展不充分的现实背景，学校的主要任务是进行文化科学教育以及培养政治人才、管理人才。随着现代社会生产和科技的发展，对为生产和经济服务的各级各类人才的需求越来越迫切。因而学校除了承担文化科学教育的任务，还必须承担为生产和经济发展培养实践应用型人才的职业教育的任务。相应地，单轨制必然向分支型学制的方向转变。因此，我国学制改革的方向为通过基础教育后的科学教育和职业教育完善分支型学制，之后再通过高中综合化走向单轨制。

从学制层次上看，参照2005年修正的《教育法》明确规定的学制，当前我国学校教育制度主要包括学前教育、初等教育、中等教育和高等教育。一是学前教育（或幼儿园），招收3~6岁的幼儿。二是初等教育，招收6或7岁的儿童，进行学制为五或六年的全日制小学教育，或者成人初等业余教育。三是中学教育，包括全日制普通中学、中等职业学校和业余中学。一般而言，全日制中学教育修业年限为6年，初高中各3年；职业高中为2~3年；中职学校为3~4年；技工学校为2~3年。四是高等教育，包括全日制大学、专门学院、专科学校、研究生院和各类业余大学。大学和专门学院修业年限为4~5年，对毕业合格者授予学士学位。符合条件的大学和学院可设立研究生教育机构，硕士研究生修业年限为2~3年，招收学士学位和同等学力者，给毕业合格者授予硕士学位。博士研究生修业年限3~4年，招收硕士学位和同等学力者，给毕业合格者授予博士学位。在职研究生修业年限可适当延长，完成学业可获得相应学位。专科学校修业年限为2~3年。业余大学修业年限适当延长，对通过课程考核达到全日制高等学校同类专业水平者，承认其学历，给予同等待遇。

三、我国现行学校教育制度的变革

改革开放以来，我国教育改革发展已进入一个新阶段，中国特色社会主义教育制度体系得以进一步完善。根据我国教育改革的实际情况，对我国现行学制的改革还将继续推进，以适应社会发展对教育的要求。改革的方向体现在以下几个方面。

（一）基本普及学前教育

20世纪后半叶，学前教育公益化与普及化成为世界性的发展趋势，也成为许多国家教育政策的重要内容。国家通过多种方式承担起教育幼儿的责任。坚持公益普惠是我国学前教育改革发展的基本方向。2010年以来，党和政府先后出台《国家中长期教育改革和发展规划纲要（2010—2020年）》（简称《教育规划纲要》）、《国务院关于当前发展学前教育的若干意见》（简称"国十条"）等发展学前教育的文件，实施"学前教育三年行动计划"等系列重大项目，支持学前教育事业的发展。《教育规划纲要》提出到2020年基本普及学前教育的发展目标，"国十条"明确提出坚持公益普惠，构建学前教育公共服务体系的总体要求。为此，要全面把握我国发展学前教育的基本国情，借鉴发达国家的有益经验，加快学前教育的改革与发展。

(二)均衡发展义务教育

经过几十年的发展，我国义务教育改革发展成效显著，已进入新的发展阶段。九年制义务教育实现全面普及，义务教育成果巩固率大大提高，义务教育均衡化发展成果显著。2010—2014年，小学毛入学率保持在103.8%～104.6%，升学率保持在98.0%～98.7%；初中毛入学率由100.1%上升到103.5%，升学率由87.5%上升到95.1%，义务教育普及成效显著。[1] 2016年，九年义务教育巩固率达到93.4%，比2010年提高2.3个百分点，距离《教育规划纲要》95%的监测目标更进一步。九年义务教育人口覆盖率已达100%，初中阶段毛入学率超过100%，小学学龄儿童净入学率达99.9%。[2] 然而，由于我国全面普及九年义务教育的时间较短，义务教育均衡发展的基础依然薄弱，城乡、区域、群体、学校间差距还较大，在当前和今后一段时期里，巩固九年义务教育、提高义务教育质量仍然是教育工作的主要任务。[3]

(三)继续调整中等教育结构

一方面，推进中等教育多样化。完成九年义务教育后，学生面临升学或就业的选择。为满足社会对高素质文化知识人才以及技能型人才的需要，满足人民群众接受职业教育的需求，义务教育后的学制应该多样化，应有不同类型的中学供学生自主选择。例如，有基础有条件的学校可以办成以升学预备教育为主的学校，大部分普通高中通过分流，办成兼有升学预备教育和就业预备教育的学校，少部分学校办成以就业预备教育为主的学校，还可以举办少量特色学校。中等教育的多样化和普通教育后的职业教育可以为学生提供就业或升学的自主选择。另一方面，加快普及高中阶段教育。当前我国高中阶段的学制主流是分支型结构，然而世界中等教育发展的趋势是通过高中综合化走向单轨制。因而，要全面实现高中阶段教育的普及，高中综合化可成为优先考虑的选择，以适应初中毕业生接受良好高中阶段教育的需求。

(四)努力普及高中阶段教育

继义务教育全面普及之后，普及高中阶段教育成为教育发展的重要趋势。教育部于2017年3月印发《高中阶段教育普及攻坚计划(2017—2020年)》，提出到2020年全国普及高中阶段教育，以适应初中毕业生接受良好高中阶段教育的需求。这既是满足我国经济结构转型升级、增加劳动力受教育年限的迫切需要，也是进一步提

---

[1]柴葳、刘博智：《九年义务教育实现全面普及》，载《中国教育报》，2015-11-27。

[2]《2016年〈中国儿童发展纲要(2011—2020)〉统计监测报告》，http://www.stats.gov.cn/tjsj/zxfb/201710/t20171026_1546618.html，2018-02-19。

[3]《教育部对十二届全国人大五次会议第3361号建议的答复》，http://www.moe.gov.cn/jyb_xxgk/xxgk_jyta/jyta_jijiaosi/201712/t20171219_321932.html，2018-02-19。

升国民整体素质、建设人力资源强国的要求。加快高中阶段教育的普及，有利于巩固义务教育普及的成果，完善现代职业教育体系，增强高等教育发展的后劲。

(五)稳步发展高等教育

我国高等教育已实现由精英教育到大众化教育的跨越式发展。高等教育走向开放和大众化表现在三个方面：一是高等教育的层次多样化，由原有的单一本科层次发展成当前专科、本科、研究生多个层次并存的局面；二是高等教育的类型多样化，早期仅有为数不多的综合类大学，内设科系少，当前高等教育类型有大学、专门学院、专科学校、研究生院和各类业余大学等，科系和专业也大大丰富；三是高等教育向在职人员开放，通过函授教育、广播电视教育、网络教育和自学考试等形式，为有需要的社会人士提供继续教育。

在今后一段时间内，高等教育改革重在扩大规模、优化结构、提高质量。高等教育的结构调整，一是层次结构的调整，即在发展本科教育的同时，大力发展地区性专科教育，扩大研究生培养规模，同时明确各类学校的分工，保证不同层次人才的培养规格、质量和特色。二是科类结构的调整，即调整各类专业人才的培养比例，稳定基础学科的规模，注重发展新兴学科和边缘学科，重点发展应用学科，减少专门学院，增加综合性大学。

拓展阅读

2018年教育改革发展主攻方向[①]

党的十九大报告指出，要大力提升发展质量和效益。质量决定兴衰，是教育工作的生命线。要以质量为本，把标准建起来，把责任落下去，把机制完善起来，推动教育事业进入提质增效的轨道。

持续推进职业教育质量提升。颁布实施职业学校校企合作促进办法，推进职业教育校企深度合作项目，鼓励大企业举办高质量的职业教育，推进现代学徒制试点，要完善具有职业教育特点的教学标准体系，健全专业随产业发展动态调整的机制。实施中国特色高水平高职学校和专业建设计划。创新职业院校评估，提升职业院校办学水平和质量。

健全高等教育内涵发展政策机制。要强化分类管理，研究制定高校分类设置标准，构建有利于各类高校特色发展的评价指标体系和评价方式。开展地方高校转型发展总结评估，加快构建配套制度体系，推动高校转型改革深化。实施"六卓越一拔尖计划"2.0版，建设一批"一流本科、一流专业、一流人才"示范引领基地。发布实施普通高校本科专业类教学质量国家标准，形成周期性评估和常态监

[①]万玉凤、柯进：《形成任务书 明确着力点 答好人民"关切题"》，载《中国教育报》，2018-01-25。

测相结合的多方质量保障机制。要推进科教融合，启动实施高等学校基础研究珠峰计划，加强协同创新平台建设，以高水平科学研究作为高等教育内涵式发展的战略支柱。要注重绩效管理，研究制定"双一流"建设绩效评价办法，推动建设高校从凝练学科方向、编制建设方案到全面落实的进程。要探索建设一批新时代中国特色社会主义标杆大学，发挥其排头兵、领头雁的作用，成为建设高等教育强国中奋进的标杆、学习的样板。

办好继续教育。要从投入上、制度建设上下更大功夫，提高教育体系的包容性、灵活性、可选择性。要以扩宽知识、提升能力和丰富生活为导向，稳步推进学历继续教育改革发展，大力发展非学历继续教育，特别是面向在职人员、社区居民、农民工、新型职业农民、退役军人等重点人群开展教育培训。要加快发展老年教育，统筹发展城乡社区教育，推进学习型城市和各类学习型组织建设。健全继续教育、终身学习制度，建立学分认定转化积累制度，完善人人皆学、时时可学、处处能学的终身学习体系。

政府加大高中阶段教育普及力度[①]

为贯彻党的十八届五中全会精神，落实国民经济和社会发展第十三个五年规划纲要及国家教育事业发展"十三五"规划部署，切实解决高中阶段教育发展面临的问题和困难，在确保义务教育优先发展的基础上推进普及高中阶段教育，满足适龄青少年接受高中阶段教育的需求，特制定《高中阶段教育普及攻坚计划（2017—2020年）》。

计划的主要目标为到2020年，全国普及高中阶段教育，适应初中毕业生接受良好高中阶段教育的需求。全国、各省（区、市）毛入学率均达到90％以上，中西部贫困地区毛入学率显著提升；普通高中与中等职业教育结构更加合理，招生规模大体相当；学校办学条件明显改善，满足教育教学基本需要；经费投入机制更加健全，生均拨款制度全面建立；教育质量明显提升，办学特色更加鲜明，吸引力进一步增强。

计划的攻坚重点包括中西部贫困地区、民族地区、边远地区、革命老区等教育基础薄弱、普及程度较低的地区，特别是集中连片特殊困难地区；家庭经济困难学生、残疾学生、进城务工人员随迁子女等特殊群体；普通高中大班额比例高、职业教育招生比例持续下降、学校运转困难等突出问题。

计划的重点任务有以下四点。

一、提高普及水平。着力提高教育基础薄弱地区特别是高中阶段教育毛入学

①《高中阶段教育普及攻坚计划（2017—2020年）》，http://www.moe.gov.cn/srcsite/A06/s7053/2017-04/t20170406_301981.html，2018-02-19。

率较低地区的普及程度，提高特殊群体接受高中阶段教育的机会。各地要着力推动义务教育均衡发展，提升义务教育巩固率，鼓励具备条件的地区在财力可持续的情况下适当普及更高水平的高中阶段教育。

二、优化结构布局。统筹普通高中和中等职业教育协调发展，提高中等职业教育招生比例。积极扶持民办教育，促进公办民办共同发展。根据人口变化趋势、新型城镇化规划和产业发展需求，合理规划学校布局，有效利用高中教育资源，方便学生在县域内就学。办好必要的乡镇高中。

三、加强条件保障。完善学校办学标准，加强学校办学条件建设。基本消除普通高中大班额现象，减少超大规模学校。优化资源配置，适应高考综合改革对学生选课走班等教育教学改革的要求。建立合理的成本分担机制，健全生均拨款制度，完善学费动态调整机制，保障学校正常运转。积极化解普通高中债务。完善和落实学生资助政策，不让一名学生因家庭经济困难而失学。

四、提升教育质量。改革人才培养模式，落实立德树人的根本任务，全面提高学生社会责任感、创新精神和实践能力。增强普通高中课程选择性，推进选课走班，满足学生多样化需求。提高中等职业教育专业吸引力，加强技术技能培养和文化基础教育，实现就业有能力、升学有基础。完善教师补充机制，提高教师专业化水平。

📋 **思 考 题**

一、单项选择题

1. 世界各国学制的最终发展方向是（　　）。

A. 双轨制

B. 单轨制

C. 分支型学制

D. 分支型学制和单轨制

2.（　　）是中国近代由国家颁布的第一个在全国范围内实际推行的系统学制。

A. 癸卯学制

B. 壬寅学制

C. 壬子癸丑学制

D. "六三三" 学制

3. 世界各国的学制存在着差异，但在入学年龄、中小学分段等方面具有较高的一致性。这说明学制的建立要依据（　　）。

A. 社会政治经济制度

B. 生产力发展水平

C. 青少年身心发展规律

D. 民族和文化传统

二、辨析题

1. 狭义的教育制度指学校教育制度。

2. 义务教育等同于普及教育。

三、简答题

1. 简述西方发达国家学制改革的趋势。

2. 简述我国现行学校教育制度的变革。

四、材料分析题

材料一　不收学费、杂费、借读费，免费提供教科书……2013 年 9 月 1 日，《河南省实施〈中华人民共和国义务教育法〉办法》正式启动实施，全省中小学生九年义务教育进入全免费时代。

材料二　2013 年 9 月 13 日，乌鲁木齐市六十中举行 2013—2014 学年第一学期开学典礼暨表彰大会，为小学一年级至初中三年级"双优"学生发放奖学金。"今天是我第一次拿到奖学金，特别激动，以后我要更加努力。"五年级（2）班的马杰自豪地说。马杰上学期各科考试成绩都在 85 分以上，思想品德成绩为 A，操行考核为优秀，被评为"双优"学生，拿到 500 元奖学金。

问题：材料体现了义务教育的什么特点？

第六章　教师和学生

学习目标 ▶

1. 识记学生的本质属性、教师劳动的特点。

2. 理解教师的社会角色。

3. 了解教师应具备的素质、新型师生关系的特点。

4. 掌握建立良好师生关系的策略。

学校教育活动是教师和学生双方共同的活动，是在一定的师生关系的维系下进行的。因此正确认识教师和学生在教育工作中的地位和作用，研究他们各自的特点和相互关系，对于充分发挥他们的主动性、积极性和创造性有着十分重要的作用。

第一节　学　生

一、学生的本质属性

(一)学生是一个完整的人

每一个社会成员都是自然人与社会人的统一，既是自然的生命实体，又是接受了社会知识经验、思想意识的社会人。学生也不例外，他们既是学生，又是已经形成一定的思想意识、获得一定经验的社会人。因此必须明确，少年儿童处于学生时代，同样具有人类社会成员的基本特征，即具有主观能动性、思想情感和个性。

首先，学生在参与社会生活中同样有自身的主观能动性，在教育过程中可能主动地学习、积极性地参与教育活动，也可能拒绝某种教育要求，是有主观思想认识、自身选择的。

其次，学生在掌握知识、提高认识的过程中，与教师、同学进行着情感交流。培养积极情感既是教育内容，又是保证教育效果的重要条件。学生的情感因素在教育过程中起极大作用。

另外，人类社会成员都是有个性特征的，每个学生同样有其个性。人的个性既是客观存在，也是社会发展的需要。教育者应该尊重学生的个性，从学生的实际出发，因势利导，因材施教，使每个学生的特长、兴趣都得到发展。

总之，教育所要实现的是人的德、智、体、美全面发展。从教育学意义上看，学生是一个完整的人、全面的人。

(二)学生是发展中的人

学生是发展中的人，所谓发展中的人，其意义有以下几点。

1. 学生具有与成人不同的身心特点

青少年儿童不是成人的雏形，而是具有自身身心发展特点的。当生理和心理科学尚未充分发展起来时，在一个很长的时期中，人们都把儿童看作"小大人"，并不认为他们与成人有什么质的差别，认识不到他们所特有的需要和发展的特点。因此，教育工作往往忽视他们的特殊性，向他们提出与成人同等的要求和行为标准。同时，也由于以往生产力水平低下，大多数少年儿童很早就参加到生产劳动中去，他们的生活准备期十分短暂，他们与成人承担了同样的社会义务，构成成人社会的一部分，而没有他们独自的生活领域，得不到社会对于他们的特殊照顾、教育和对待。

2. 学生具有发展的潜在可能

对于发展的人来说，在他们身上所展现的各种特征都还处在变化之中，在逐渐成熟的过程中，他们并不是已经到达发展的顶峰或终点，正如毛泽东同志所说的，他们是"早晨八九点钟的太阳"，在他们身上潜藏着各方面发展的极大可能性，他们出现的某种身心发展的不足之处，思想行为上的缺点错误，较成人来说，一般也有较大的矫正的可能性。

3. 学生具有获得成人教育关怀的需要

由于青少年儿童各方面发展不够成熟，获得成人的教育和关怀就成为他们发展中的必然需要。只有充分认识到这一点，教育者才能以一种培养的观点去对待学生，积极发挥教育的作用。认为儿童的任何要求都是合理的，不需要成人的帮助教育，听任他们自由发展，这种观点显然是错误的。

(三)学生是以学习为主要任务的人

学习是人类生活的普遍现象，凡是个体掌握人类社会历史经验的过程都是学习。人一生几乎都在学习。但是，学生的学习是学习的一种特殊形式，它的特殊性表现为以下三点。

1. 学生以学习为主要任务

以学习为主要任务是学生学习的一个特点。这种特点区别于日常生活和工作中的学习，也是学生区别于社会上其他人的特点。无视这一特点，就会从根本上取消学生这一社会角色，学校也随之消亡。以学习为主，这是学生的本质。

2. 学生在教师指导下学习

学生的学习是在教师指导下进行的。这是学生与从事学习活动的其他社会成员的区别之一。

教师的指导不仅使学习更具成效，也是在特定情况下(如特定的年龄阶段中，特定的学习内容等)学习活动得以产生的前提条件。在当代，科学技术日趋复杂，离开教师的指导，有很多学习几乎不能进行。这说明教师的指导对学习的质和量都能产生作用。

3. 学生所参加的是一种规范化的学习

学生的学习是有目的、有计划、有组织地进行的，它是由一定的教育制度以及学校的各项规章制度规定了的。因此，学生的一系列行为模式和规范不仅要受到社会传统观念、文化习俗等影响，而且还要为一定的制度所规定。师生之间存在着制度化的关系，双方都有制度所规定的权利和义务，甚至有法律上的责任。

二、学生的社会地位

从道义上讲，青少年是社会的未来，是国家的希望；从法制的角度讲，青少年也是独立的社会成员，他们是权利的主体，应该享有自己的权利，履行其相应的义务。

(一)学生是权利的主体

生活在社会中的人，不论其知识经验的多寡、能力的大小，都应该是平等的人，享有自己的权利。

1989年11月20日，联合国第四十四届大会通过了《儿童权利公约》，这是国际社会第一个肯定儿童权利的法律文件。我国于1990年8月29日在该公约上签字，1992年该公约在我国生效。《儿童权利公约》旨在保护儿童的合法权利不受侵害，公约规定缔约国应采取一切适当的措施确保儿童得到保护；涉及儿童的一切行为，均应以儿童的最大利益为一种首要的考虑。公约提出了儿童权利保护的原则：儿童利益最佳、尊重儿童尊严、尊重儿童观点和意见、无歧视。儿童权利的核心是儿童优先。

《中华人民共和国未成年人保护法》(简称《未成年人保护法》)也提出了保护未成年人应该遵循的四个原则：保障未成年人的合法权益，尊重未成年人的人格尊严，适应未成年人身心发展的特点，教育与保护相结合。

(二)学生的身份和法律地位

1. 学生的身份

首先，作为社会的一名成员，学生的身份是一名国家公民，其地位是由《宪法》及其他一系列法律法规确认的。其次，作为学校这一特定环境中的一员，学生具有不同于一般国家公民的地位，其地位是由我国《教育法》《义务教育法》及其他有关教育的法律法规确认的，这种地位体现了学生作为受教育者这一角色的本质特征。根据这些法律的确定，学生的身份有三个层次：第一层次，学生是国家公民；第二层次，学生是国家和社会未成年的公民；第三层次，学生是接受教育的未成年公民。

2. 学生的法律地位

法律地位是由双方主体在法律关系中所享有的权利和履行的义务决定的。学生身份的确定为其法律地位的确定提供了前提。在教育领域中，作为未成年公民，学生在与教师、校长或行政机关的关系中，享有未成年公民享有的一切权利，如受教育权、身心健康权等；作为学生，在受教育过程中，学生享有受教育的平等权、公正评价权等。作为学生权利相对方的学校、教师或行政机关，不能因为履行教育职能而侵害学生的权利。

第二节　教　师

一、教师职业

(一)教师职业的产生与发展

教师是接受社会的委托，在学校中以对学生的身心施加特定影响为主要职责的社会成员。

教师是一种古老而永恒的职业。人类社会形成之初就有了教育现象，随着文字产生，从事教育活动的知识分子出现，并承担着人类文化的传递和新一代的培养的任务。不过在原始社会还没有专门的学校教育和教师职业，到了奴隶社会初期，出现了专门的教育机构——学校，但从事教育的教师仍不具有独立的身份，他们所承担的教育下一代的任务是与他们所从事的直接生产劳动、政治活动、宗教活动紧密结合在一起的。到了奴隶社会后期，才正式出现了在学校中专门从事教育工作的专职教师。可见，教师职业是人类社会脑力劳动和体力劳动发生高度分化之后的产物。随着大工业生产的发展，各国普遍认识到教育在提高国民素质中的重要地位，因此普遍实行了义务教育制度，把教师职业推到一个新的发展阶段，教师队伍不断壮大，教师职业的专门化程度日益提高，教师越来越成为社会中不可或缺的职业。

(二)教师职业的本质

教师职业总是为满足一定社会经济、政治和文化发展的需要服务的。在阶级社会，教师这一职业具有鲜明的阶级性，他们为一定阶级的利益服务，为统治阶级培养合格人才。

1. 教师职业是一种专业性职业，教师是专业人员

1966 年，联合国教科文组织在《关于教师地位的建议》中提出，教师职业应被视为一种专门职业，它是一种经过严格训练和持续不断的研究才能获得专业知识和专门技能的职业。1986 年 6 月，我国国家统计局和国家标准局发布了《中华人民共和国国家标准职业分类与代码》，将所有职业分为 8 大类、63 个分类和 303 个小类，其中，教师列在"专业、技术人员"大类。

我国于 1993 年 10 月颁布的《中华人民共和国教师法》(简称《教师法》)把"教师"界定为"履行教育教学职责的专业人员"，并先后颁布了《教师资格条例》(1995 年 12 月)和《〈教师资格条例〉实施办法》(2000 年 9 月)，通过资格认定来体现教师职业的专门性。2012 年教育部颁布的中小学教师专业标准对中小学教师提出了明确的专业要求。从 2015 年开始，教师资格考试实行全国统考，即不论是师范类专业专业的考生还是非师范类专业的考生，要想成为一名教师，都必须参加教师资格考试，考试将按照高考的要求来组织。

2. 教师是教育者，教师职业是促进个体社会化的职业

个体从自然人发展成社会人，是在学习人类经验、消化和吸收人类文化的社会化过程中逐步实现的。人类早期社会教化的主要承担者是部落、氏族首领和经验丰富的长者，随着社会的发展，专门以教化年青一代成为合格成员为己任的劳动集团——教师产生了。他们根据一定社会的要求，有目的、有计划地向年青一代传授人类长期积累的知识经验，规范他们的行为品格，塑造他们的价值观念，引导他们把社会的要求内化为个体的心理素质，实现个体的社会化。

3. 教师职业的价值包含外在价值与内在价值

教师职业价值是指教师职业对社会、群体和个体的意义。教师职业价值不仅包

括职业外在价值层面，也包括内在价值层面。前者指的是教师作为一个教育工作者所承担的社会责任、义务、使命以及实际的社会贡献，这是教师职业之所以存在的根本依据和实现自身主体价值的根本途径。后者指的是教师这一职业对于教师这一主体的价值和意义，是教师在社会系统和职业体系中享有的各种权利、待遇、地位以及自我发展和精神上的自由程度。

二、教师劳动的特点

任何一种劳动都有其自身的特点。教师的劳动与社会上其他生产劳动相比，其特点在于它是一种培育人的劳动，它是通过为社会培养各种必需的合格人才来体现劳动的价值。充分认识教师劳动的特点，对增强教师工作的自觉性、提高工作效率有着重要的意义。从现代教师的工作任务、工作对象、工作方法手段以及现代教育对教师的要求来看，现代教师职业具有以下特点。

(一)超前性

教育具有超前性，社会进步已使我们看到，教育在为一个尚未存在的社会培养新人，教师正是这一任务的承担者。可以说，今天教育事业发展的状况和水平决定着国家、民族明天的面貌。所以，现代教师应有超前的意识，要把工作的起点放在时代与社会发展的前列；要及时了解国内外教育发展的趋势，学习国内外新的先进的教育教学理论，不断地更新教育思想；要有创造意识，注重培养学生的发现意识与批判精神；要有市场意识，必须使自己的工作适应大市场对人才的需求；要有民主与科学意识，培养学生的自主精神与自治能力。只有这样，教师才能高瞻远瞩，才能走在时代前面，带领青少年奔向未来。

(二)复杂性

1. 教育任务的复杂性

教师劳动的根本任务是教书育人，促使学生身心得到和谐发展。这就是说，教师既要教书，又要育人；既要传播知识，又要发展智力；既要使培养出来的学生在将来能应对社会生产力发展提出的要求，又能应对现有的社会关系以适应社会生活。这都体现了教师劳动任务的艰巨性和复杂性。教师要完成这样艰巨复杂的劳动任务，单依靠自己在学校的教育还不够，还必须协调家庭、社会共同努力。

2. 教育对象的复杂性

教师劳动的对象不是一般的劳动对象，而是活生生的人，是具有主动性、生动活泼发展的学生。他们来自不同的家庭，个性有差异，身心发展的速度和水平有差异，这使他们的发展具有不同的水平和特点，而且又都处在不同的发展变化之中。可以说每个学生都具有一个特殊的主观世界，在教育中，他们可能是积极的参与者，可能是中立的旁观者，也可能是消极的排斥者。总之，学生以其各自不同的反应方式有力地影响着教师的劳动效果。教师的劳动不是一个单向灌输的过程，而是一个双向运动的过程。

3. 劳动过程的复杂性

教师的劳动过程是一个复杂的矛盾运动过程。在劳动过程中，教师要解决知与不知、学与思、知与行等矛盾；要把知识转化为学生自身的素质，要把政治要求、道德规范转化为学生的信念、品德和行为；学生不仅是教师劳动的对象，同时也是教师劳动的主体，教师要通过教育提高学生的自我教育能力，充分发挥学生的积极主动性。这些都要求教师必须善于在错综复杂的矛盾运动中，抓住并解决主要矛盾，促使学生健康成长。

4. 影响学生发展因素的多样性

影响学生身心发展的因素是多样的，有遗传、环境、教育和学生自身的主观努力，其中每种因素里又有若干亚因素，教师在劳动时只有对这些因素逐一正确分析，消除消极因素，综合利用各种积极因素，才能取得好的效果。

(三)创造性

1. 运用教育规律，充分发挥教育机智

教育机智是指教师在教育教学活动中表现出来的对新的、意外的情况正确而迅速地做出判断并巧妙地加以解决的能力。教师的劳动对象是活泼主动的，教育情景是不断变化的，因此，在复杂的教育教学过程中常常出现一些事先预料不到的情况。这就要求教师具有高度的教育机智，善于把突发事件转化为教育的契机。教师是否具有较高的教育机智，取决于教师个体的观察能力、综合能力、驾驭能力和创造能力，它是教师个体的教育理论和教育实践经验的创造性结晶。

2. 创新教育内容、形式和方法

中小学生身心的各个方面都始终处于不断运动变化之中。因此，教师在教学过程中要使教材内容为学生所掌握，就要对教学内容进行分析和综合，恰当地取舍并进行合理组织，使之成为学生可接受掌握的知识体系和观念体系，并考虑如何开启学生的智慧，从而巧妙地设计问题和情境。这个过程如同导演对剧本的再创造，是一个创造性劳动和艺术加工过程。同时，教师要根据学生的差异，选择最佳的教学方法；要根据课堂上的变化，调节学生的情绪。这些都要求教师永无止境地进行探索和创新。

3. 因材施教，培养各种创造型人才

教育对象千差万别，每个学生都是特殊的。教师既要按照统一的目标培养学生，又要注意学生的个别差异，根据差异提出不同的要求，采用不同的方法，区别对待，因材施教。教育是一种培养人的活动，它需要按照一定社会的要求有目的有计划地进行，但它决不能是单纯模仿或机械重复，教师要根据自己对教育方针、培养目标以及教材的理解，针对教育对象的不同特点和普遍规律，选择最能奏效的方法与途径来实现教育目的。

(四)示范性

教育是培养人的活动，这一本质特点决定了教师的劳动必须带有强烈的示范性。由于教学是师生共同活动的过程，而学生的向师性和模仿性特别强，这就决定了学生乐于接受教师的教诲，希望得到教师的注意、关怀和鼓励，愿意以教师为表率。因此，教师的言行、工作态度、情感、意志品质、才能以及世界观等对学生的影响都很大，它们起着潜移默化的作用。教师劳动的这一特点，把教师推向了人类榜样和楷模的位置，决定了做一名教师必须具备很高的素质。教师要用自己良好的心理素质去培养学生的心理品质，教师要用自己热情、积极的工作态度去培养学生努力认真的学习精神，教师要用自己坚强的道德意志去培养学生顽强坚毅的品格。

(五)群体和个体的统一性

教师的劳动在一定的时间和空间上，在一定的目标上，都具有很强的个体性特点。每位教师都要以自己的知识、才能、品德、智慧去影响自己的学生，完成自己的教育教学任务，即教师的劳动从劳动手段角度讲主要是以个体劳动的形式进行的。同时，教师的劳动成果又是集体劳动和多方面影响的结果。任何一个学生的身心发展是各学科教师共同影响的结果，也是学校、家庭、社会和学生本人长期共同努力的结果。教师的个体劳动最终都要融会于教师的集体劳动之中，教育工作需要教师的群体劳动。

(六)长期性

教师的劳动不是一种短期见效的行为，而是一种具有长期性特点的特殊劳动过程。教师劳动的成果是培养合格的人才，而人才培养的周期较长。十年树木，百年树人，这来形容教师劳动过程的长期性是非常贴切的。因为学生知识水平的提高、能力的发展和思想品德的形成是一个循序渐进的过程，这就需要一个长期细致的耐心的教育和培养过程，这有赖于教师群体长期的共同努力。教师今天所做的工作，往往要经过许多年之后才能看到真正的效果，才能对它做出真正的评价。因此，评定教师的工作成果时，既要考虑学生现时的发展，又要考虑可能发生的潜在效果和社会效益。

三、教师的社会角色和社会作用

(一)教师的社会角色

社会角色是指由社会地位所决定的人们表现出符合社会所期望的行为和态度的总模式。社会对教师期望的多样性、学校教育活动的多样性决定了教师社会角色的多样性。一般来说，教师在学校教育中充当以下角色。

1. 传道者角色——道德价值的传播者

教师负有传递社会传统道德、价值观念的使命。道之所存，师之所存也。在现代社会，虽然道德观、价值观呈现出多元化特点，但教育、教师的道德观和价值观总是代表着处于社会主导地位的道德观和价值观，并用这些观念引导学生。除了社会一般道德观、价值观外，教师对学生的做人之道、为业之道、治学之道等也有引导和示范的责任。

2. 授业、解惑者角色——人类知识的传授者

教师通过教学，传授文化科学知识，发展学生智力。在学生的心目中，教师是知识的宝库，是一部活的教科书，教师的职责就是要把知识、技能传授给学生。教师在教学中，传授给学生的知识技能要做到博、深、新。博就是给学生丰富的知识，打开学生的眼界；深就是给学生带有规律性的知识，引导学生深入地钻研；新就是要补充现代科学技术的新知识、新成果，去加深学生的知识理解，以激励学生积极地学习。为此，教师本人首先应该成为某一学科的专家和学者。

3. 示范者角色——言传身教的教育者

教师不仅向学生传授知识，还必须向他们进行思想品德方面的教育，教师是人类文化知识的传递者和精神文明的传播者。这种传播主要是通过言传和身教来实现的。言传固然重要，但从某种意义上来说，身教的意义更大。教师通过言传身教，对学生进行思想品德教育，提高他们的思想觉悟，培养他们良好的道德品质。言传身教在于学生乐意接受教师的言行影响，有学习、模仿教师行为的倾向。在学生、家长和社会人士的心目中，教师是有知识有教养的人，是宣传伦理道德、社会政治原则的人，是为人师表的楷模。所以教师要严格要求自己，以自己的身教来促进学生健康成长。

4. 管理者角色——学生集体的领导者

学生在学校里通过相互交往，形成各种正式和非正式群体。班集体是学校里最主要的正式群体。由于教师的地位、知识、年龄等因素，学生普遍认为教师就是班级集体的领导者。在学生集体中，教师的领导职能具体表现在：从集体中选拔学生干部，培养积极分子，正确地分配集体的职务，形成以积极分子为核心的班集体；形成良好的集体气氛和集体舆论，形成良好的班风；培养学生良好的精神面貌和自觉遵守纪律的习惯；开展多种多样的学习活动和教育活动(包括社会活动和劳动)，形成优秀的班集体。当班集体形成后，学生追随教师，对教师的引导更能接受。

5. 父母与朋友角色——人际关系的协调者

教师要尊重学生，把学生视为学习的主体，重视学生的意愿、情感、需要和价值观，在师生之间建立良好的交往关系，促进情感融洽、气氛适宜的学习情境的形成，相信任何一个学生都能自己教育自己，发展自己的潜能，最终达到自我实现。教师也应对自己所处的客观环境、自身情况、自己与学生的关系做出正确的判断。为此，教师要充当父母和朋友的角色，成为学生学习的鼓励者、促进者，使学生确信教师是他们真诚的、可信赖的、无限深情的指导者。

6. 研究者角色——自我提高的学者

教师应是某学科的专家，应具有学者的风度和气质，应是一个孜孜不倦的研究

者和学习者。教师只有不断地进行研究和学习，像海绵一样，从人民中、生活中、科学中吸收更多的营养，充实自己，才能使自己成为一个名副其实的学者。

(二)教师的社会作用

教师的社会作用主要体现在以下方面。

1. 通过教育活动选择、传播、提升和创造人类文化

纵观教师在人类社会发展中的作用就会发现，教师自始至终都担负着传播人类文化知识的重要职能。人类通过生育传递生命，通过教育传递文明。教师闻道在先，掌握较多的文化知识，并且具有一定的教育经验和技能，因而可以在一定时间里将人类积累起来的科学文化知识通过一定的方式方法传授给学生，使人类的优秀文化成果得以总结和世代相传。而且，人类文化知识的发展与突破，更是教师通过启发学生的智慧，开启他们的潜能，使他们在实践中不断丰富和发展人类的文化科学知识而得以实现的。

教师在传递人类文化时不是起一个传声筒的作用。他们不但要对知识做说明、解释、论证，而且要对人类文化进行选择、提升和创造。所谓选择就是选择真正科学的知识，选择人类优秀文化，选择符合真善美精神的文化知识，选择适合于学生接受的文化知识等。所谓提升和创造是指教师在对教科书的知识进行说明、解释和论证时，要结合自己的体验，去阐发和弘扬人类优秀文化传统，引导和鼓励学生追求真善美。教师对知识的说明、解释和论证还要与人类科学文化的最新发展相结合，并进行自己的创造，去阐发它的最新的内涵和意义，把它提升到新的境界。

2. 通过向受教育者传授文化知识以培养人

这里所说的培养人，是指培养和发展人的素质。素质是指人的后天素质，包括国民基础素质和各种专业或职业素质。国民基础素质主要包括思想道德素质、智能素质、身体和心理素质、劳动与生活技能素质等。专业或职业素质是指各种专业或职业活动所需要的素质。在知识经济时代，科学创新将成为发展高新技术和高技术产业的基础，培养科技创新人才是提高综合国力和国际竞争力的关键。科技创新人才具有复杂的素质结构，培养这种具有复杂结构的高素质人才是一个长期艰苦的过程，它需要发挥教师的主动、积极的作用。身负发展高技术使命的科技创新人才必须具有高度的责任感、使命感和献身精神，这需要教师的积极影响。培养高技术时代的科技创新人才主要是培养选择、运用和创造新知识的能力，它需要教师的精心设计和培养。在国内国际竞争激烈的现代社会，科技创新人才还要注意心理平衡的训练，敢于面对挑战、迎接挑战，这也需要教师的指导和培养。

3. 通过传递文化和培养人以全面推动人类社会发展

世界上的一切物质财富和精神财富都是人类自己创造的，人类的一切活动都是发明和应用文化的活动，人类创造的一切都是人类知识的物化或客观化。因此，教师通过传授文化知识和培养人才，可以全面推动人类社会的发展。例如，教师在教

育活动中培养的有知识、懂技术的劳动者，他们能利用自己的知识、技术制造物质产品；教师通过教育培养的科学技术专家，他们可以利用自己的创造活动发现新的科学原理或发明新技术，从而创造新产品，或通过改进工艺提高产品质量。

四、教师专业素养

《教师法》第10条规定：国家实行教师资格制度，中国公民凡遵守宪法和法律，热爱教育事业，具有良好的思想品德，具有本法所规定的学历或者经国家教师资格考试合格，有教育教学能力，经认定合格的，可以取得教师资格。但一名教师是否真正具备从事教师职业的条件，能否正确履行教师角色，根本上还在于教师的专业素养。教师的专业素养是当代教师质量的集中体现。

教师的专业素养是教师在育人过程中稳定的必备的职业品质，是教师职业形象、育人知识与育人能力的综合反映。教师职业劳动的特点决定了教师专业素养的多样性。同时，教师专业素养有着特定的社会规定性，是个动态的概念。随着社会的不断变化，教师的专业素养也在不断丰富和充实，不断具有新的内涵。未来社会对教育的要求，归根到底是对教师素养的要求。无论是教育观念的更新，还是教学内容、教学方法的改革，都取决于教师的工作、教师的态度，教师在教育的发展与改革中起着关键的作用。因此，教师要满足社会发展与育人的需要，必须具备以下几种基本素养。

(一)教师知识素养

教师的主要任务是向学生传授科学文化知识，促进学生个性全面发展。因此，具有较渊博的知识是教师做好本职工作的一个重要条件。一名合格的教师应具有的合理的知识结构，包括以下几点。

1. 扎实的学科基础知识

这是教师知识结构的核心，也是教师向学生传授知识的必备基础。教师要出色地完成教学任务，就必须精通所教学科的基础知识，熟悉学科的基本结构和各部分知识之间的内在联系，了解学科的发展动向和最新研究方向。人们常说，要给学生一杯水，教师自己先得有一桶水。而且，在科学迅猛发展、知识激增的时代，教师的这"一桶水"还需要不断更新，专业基础知识还是教师知识更新的重要基础。教师的专业知识越丰富、越精深，就越容易准确地把握教材，做到深入浅出，引人入胜，使学生不仅知其然，而且知其所以然。

2. 广博的文化知识

教师在具有扎实的学科基础知识的同时，还应具备广博的文化知识。因为各门学科的知识都不是孤立的，数、理、化之间，文、史、哲之间，自然科学和社会科学之间，联系都日趋紧密，教师必须适应这一趋势。另外，教师对学生的影响绝不限于某一专业领域。学生生活在当前科学昌盛的时代，将日益热爱科学、热爱艺术。

他们正处于长知识、长身体的时期，思想丰富，眼界开阔，兴趣广泛，他们的所见、所闻、所想往往会超出教师的专业知识领域，常常向教师提出涉及哲学、文学、艺术、体育等各方面的新问题，要求教师阐明和解答。如果教师没有广博的科学文化知识修养，不仅会使学生感到失望，也会影响学生智力等方面的发展。

3. 丰富的教育理论知识

教育具有科学性，教师只有系统地掌握教育学、心理学、学科教学法等知识，了解教育工作的原理和学生身心发展的规律，才能树立正确的教育指导思想，克服教育工作的盲目性，达到良好的教育教学效果。从某种意义上说，是否懂得并掌握教育的规律和理论，直接决定着教师教育教学活动的成败和效率的高低。教师学习和掌握教育理论知识时，也要注意理论联系实际。

(二)教师职业道德素养

教师职业道德是教师在从事教育工作时应遵循的行为规范和准则，它是教师道德结构中的主体部分，它在调节教师全部道德品质中起重要作用。其基本内容包括以下几点。

1. 爱岗敬业

爱岗敬业，一般分为乐业、敬业、勤业、精业等不同状态。

乐业是建立在对所从事职业的积极态度、浓厚兴趣和深深热爱的心理基础上的。乐业的教师对教育工作、对学生由衷地喜爱，不计较待遇多少、地位高低，工作再苦再累也都是享受。他们为学生的每一点进步而兴奋，这属于情感型的爱岗者。

敬业是教师在对其职业的理智思考的基础上形成的积极态度。敬业型的教师出于对教师职业的性质、社会意义以及个人发展意义的认识，树立起自己的世界观、人生观、价值观。以认真、一丝不苟、作风严谨作为自己的工作准则，这属于理智型的爱岗者。

勤业体现了教师对工作的根本态度和履职程度，勤业的教师总是踏踏实实、勤勤恳恳、埋头苦干，尽职尽责地做好本职工作，属于态度型的爱岗者。

精业是有扎实的教育教学基本功，并不断钻研，具有创造精神和创造能力，这属于创造型的爱岗者。

热爱教育事业、忠于教育事业是做好教育工作的基本前提，是教师工作动力的源泉。作为一名教师，要充分认识到教育工作的重要社会作用，认识到自身劳动的价值，忠于人民的教育事业，以饱满的情绪投入教育工作，更要有"捧着一颗心来，不带半根草去"的无私奉献精神。

2. 热爱、尊重学生

热爱学生是教师热爱教育事业的具体体现，是教师职业道德的核心。教师要从高度的职业责任感和社会责任感出发，全心全意地关心和热爱每一个学生，尊重学生的人格和自尊心，严格要求学生，把学生培养成才。

热爱学生既是教师高尚道德品质的表现、教师职业道德的核心、教师热爱教育事业的直接体现，也是一种教育手段，在教育过程中起着十分重要的作用。教师对学生高尚纯洁的爱，是师生心灵之间的一条通道，是开启学生心智的钥匙，是用以照亮学生心灵的火焰。有了它，教师才能赢得学生的信赖，使学生乐于接受教诲，从而收到良好的教育成果。很难想象一个不热爱学生的教师如何能尽职尽责地把学生教育好。

教师在热爱学生的同时还要做到尊重学生。教师只有内心充满对学生的爱和尊重，才会事事从学生的利益出发，处处为学生着想，允许他们犯错误，维护他们的自尊心，在他们需要帮助时伸出援助之手，在他们需要鼓励时投去赞许的目光。教师尊重学生、爱学生，不仅意味着最终赢得学生的信服和拥戴，也意味着教师能虚心地向学生学习。在教与学的过程中，教师与学生一起成长，共同进步。

3. 团结协作

教育学生的事业是集体的事业。就学校内部来说，班主任、科任教师、学校领导、其他教职员工都应协调一致，相互配合，这样才能取得预期的教育效果。就整个社会来说，学校教育、家庭教育、社会教育也应取得统一的认识，目标一致地对学生进行培养教育。因此，任何教师都不应各行其是，必须有集体协作精神，相互支持，相互配合，充分考虑工作上纵横联系，从大局出发，严于律己，宽以待人，讲涵养，讲风格，努力克服文人相轻、业务封锁的陋习。

4. 严谨治学

严谨治学是对教师职业的重要要求。严谨治学对教师来说有两个方面的内容：一是刻苦学习、求知，勇于探求新理论、新知识，做到锲而不舍，学而不厌，掌握渊博的科学文化知识；二是认真细致地向学生传授科学文化知识，坚持真理，求真务实，做到诲人不倦。这是人民教师必须具备的思想和品德。

5. 教书育人

教师的基本任务是教好学生，把学生培养成为德、智、体、美全面发展的社会主义事业的建设者和接班人。因此，教书育人是教师职业道德的一个重要规范。优秀教师的共同特点，不仅在于他们讲授知识本身的艺术水平，还在于他们较强的教育意识。

教书就是指教好各门功课。如果一个教师教不好功课，就是没有完成基本职责，就是误人子弟。同时，每一位教师应该知道，教书的根本目的是育人，在学校中，育人主要是通过教书即教学过程来进行的。教师把课文中所载的道传授给学生，以自己的人格影响学生，在教学实践中培养学生良好的品德，这就是育人。

教书育人因素不仅在教材中，也在教师行为和全部活动中，也在教师的人格修养中，因为最有力量的教育因素是教师人格的真善美。教师有了这种财富，教师的课堂就会处处是真诚的信任、亲切的支持和积极的配合。

6. 为人师表

除了父母，教师是与学生相处时间最长、对学生影响最大的人。教师的世界观，教师对学习、对生活的态度，教师的理想和追求，无不通过他们的言行举止表露出来，时时刻刻地影响着学生。作为理想、道德和知识的传播者，教师必须有正确的信仰、高尚的品德和丰富的知识。

教师劳动的主要手段是言传身教，示范性很强，这个特点决定了教师必须严于律己，以身作则，为人师表。这是教师道德的一个重要规范，也是教师形成威信的必要条件，是教师做好教育工作的重要保证。

拓展阅读

中小学教师职业道德规范

（2008 年修订）

一、爱国守法。热爱祖国，热爱人民，拥护中国共产党领导，拥护社会主义。全面贯彻国家教育方针，自觉遵守教育法律法规，依法履行教师职责权利。不得有违背党和国家方针政策的言行。

二、爱岗敬业。忠诚于人民教育事业，志存高远，勤恳敬业，甘为人梯，乐于奉献。对工作高度负责，认真备课上课，认真批改作业，认真辅导学生。不得敷衍塞责。

三、关爱学生。关心爱护全体学生，尊重学生人格，平等公正对待学生。对学生严慈相济，做学生良师益友。保护学生安全，关心学生健康，维护学生权益。不讽刺、挖苦、歧视学生，不体罚或变相体罚学生。

四、教书育人。遵循教育规律，实施素质教育。循循善诱，诲人不倦，因材施教。培养学生良好品行，激发学生创新精神，促进学生全面发展。不以分数作为评价学生的唯一标准。

五、为人师表。坚守高尚情操，知荣明耻，严于律己，以身作则。衣着得体，语言规范，举止文明。关心集体，团结协作，尊重同事，尊重家长。作风正派，廉洁奉公。自觉抵制有偿家教，不利用职务之便谋取私利。

六、终身学习。崇尚科学精神，树立终身学习理念，拓宽知识视野，更新知识结构。潜心钻研业务，勇于探索创新，不断提高专业素养和教育教学水平。

《美国教育工作者的职业宣言》（《教育者誓词》）

我在此宣誓，我将把我的一生贡献给教育事业。我将履行作为教育者的全部义务，不断改善这一公共福利事业，增进人类的知识和能力，并向一切为教育和学习做出努力的作为和人表示敬意。我将这些义务当成我自己的事，并时刻准备着、责无旁贷地鼓励我的同事们做到这一点。

我将时刻注意到我的责任——通过严格的对知识的追求来提高学生的智力。即使非常辛苦，即使受到放弃这一责任的外界的诱惑，即使遇到失败等障碍而使之更加困难，我也将坚定不移地履行这一诺言。我还将坚持不懈地维护这一信念——鼓励并尊重终身学习和平等对待所有的学生。

为了忠实地完成这一职业义务，我保证做到努力钻研所教内容，不断改善我的教育实践，并使在我教导下的学生能够不断进步。我保证寻求和支持能提高教育和教学质量的政策，并提供所有热爱教育的人一切机会，去帮助他们达到至善。我决心不断努力以使学生赶上或超过我希望培养的素质水平，并坚持和永远尊重有纪律的、文明的、自由的民主生活方式。

我认识到有时我的努力可能会冒犯有特权和有地位的人，我也认识到我将会受到偏见和等级捍卫者们的反对，我还认识到我将不得不遇到那些有意使我感到灰心、使我丧失希望的争论。但是，我仍然忠于这一信念——这些努力和对目标的追求使我坚信它与我的职业是相称的，这一职业也是与使人民自由相称的。

在这次集会的所有人的面前，我庄严宣誓，我将恪守这一誓言。

(三)教师的教育能力素养

教师的教育能力是成功地进行各种教育活动的重要条件之一，也是教师职业的特殊要求。

1. 语言表达能力

教师的语言表达能力是教师应具有的职业能力之一，是教师职业要求的最基本条件。缺乏这种能力，教师就无法正常地与学生进行交流，更谈不上对学生的教育。充满知识性、智慧性、启迪性且准确、明了、生动的教学语言，是提高教学质量的一个重要手段，也是教师魅力之所在。一般而言，教学语言可分为口头语言、书面语言和身体语言三种类型。

(1)口头表达能力。大量的教师语言是口头语言，对口头语言的要求应更高更严。对于教师的口头语言，首先要求准确，要发音标准；选用词汇要科学，通俗易懂；词句要完整，系统连贯，逻辑性强；重点要突出，观点鲜明。其次要求语言具有教育性，要注意语言修养，讲文明，用健康高尚的语言影响学生，提升学生的思想境界。教师说话要富于情感，用健康高尚的情感激发学生、感染学生。另外，语言表达要具有艺术性，要富于表情，抑扬顿挫，语调语速适当，并以手势和姿势辅助说话，使之生动有趣、富于幽默感。要依据不同对象、不同环境，使用不同的话语、语气和语调，以达到语言表达的理想效果。

(2)书面表达能力。教师的书面语言，如板书、作业评语和操行评语等，要求字要写得端正、整洁、美观。

(3)身体语言,又称体态语言,是指教师在教学过程中用来传递信息、表达情感、表示态度的身体姿势(包括眼神、表情、手势及身体各个部位的姿势),以表达某种特定意义的无声语言。美国心理学家艾帕尔·梅拉别恩通过实验得出如下公式:信息传递的总效率=7%的文字+38%的语调语速+55%的表情动作。可见身体语言在课堂教学中举足轻重。

2. 组织教学的能力

教师高超的组织教学的能力能将教师的教与学生的学两个方面的积极性充分地调动和发挥出来,使教师更好地完成教书育人的任务。教师组织教学的能力包括以下几点。

(1)具有研究和掌握课程标准和教科书,正确确定教学目的和任务,确定教学要点、重点、难点和关键,掌握编制学年教学计划、单元教学计划和课时教学计划的能力。

(2)具有了解和研究学生的知识水平和心理特征,结合教材和学生特点确定教学方法,对教材进行加工,利用启发式教学方法,调动学生的主动性和积极性,教给学生学习方法,以及合理组织教学过程的能力。

(3)具有科学布置和指导学生作业并培养学生技能技巧,了解学生学习情况并及时做好辅导,科学地组织成绩考核与考试,促进学生知识和能力提高,以及指导学生课外活动的能力。

(4)具有听课和分析评价课堂教学的能力,具有对自己的教学进行分析和总结,以及吸取别人优点和克服自己缺点的能力。

3. 组织管理能力

教师面对班集体进行教育工作,其组织管理能力必然会影响到教育教学工作的进行。这种组织管理能力包括以下几方面。

(1)具有研究和了解学生思想、学习、身体状况,了解班集体、少先队和团组织的整体状况,依据班主任和少先队、团支部辅导员职责制订班主任和辅导员工作计划的能力。

(2)具有选择干部,组织班级和少先队、团支部集体,建立班级和少先队、团支部组织,形成班级和少先队、团支部核心,帮助班级和少先队、团支部干部确定工作目标、制订工作计划、全面开展工作的能力。

(3)具有利用教师的威信和权力,借助学生守则和学校制度,建立常规以进行日常管理,定期召开班会、队会,开展多种活动进行集体教育,利用宣传工具建立集体舆论、形成健康班风的能力。

(4)具有深入了解学生,鼓励、发现和培养先进典型,向学生进行个别教育和帮助有困难的学生,引导学生互相交流、互相帮助、共同提高的能力。

(5)具有建立与其他教师、家长和社会的联系,利用一切力量进行管理和教育的能力。

（6）具有进行班主任和辅导员工作总结，不断提高自己的能力。

4. 运用教育机智处理突发问题的能力

教师的教育机智是指一种面对突发事件时，能够迅速而正确地做出判断，随机应变，采取恰当而有效的教育措施以解决问题的能力。

教师运用教育机智处理学生冲突或突发事件时，应注意以下几点。

（1）要表现教师对学生的尊重、热爱和责任感。对问题或事件的处理应有利于学生的成长，而不是给他们带来伤害。

（2）要认识到每个学生都有这样或那样的优点和长处，蕴藏着等待诱发的积极因素。教师应当善于发现、及时捕捉学生在现场表露出来的积极因素，加以引导和激发；抓住学生的闪光点，将之引发为炽烈热情，转化为积极的行动。事实证明，教师对学生所持的心态不同，处理的方法不同，产生的结果就会截然不同。

（3）处理和解决偶发事件，教师应针对不同情况，采取多种方式，对症下药。比如，学生在课间发生冲突，情绪波动，因而影响上课。有经验的教师会首先抚慰受伤害较大的一方，利用其优点，让其有好的表现，然后加以表扬，使其情绪稳定，从而进入正常教学活动，矛盾的具体解决待课后进行。对有生理、心理缺陷或学习较差的学生，有经验的教师则能根据现场情况，及时发现可能出现的问题，鼓励全体学生，有耐心并有意识地鼓励帮助他们。

（四）教育研究能力

教育研究能力是指运用一定的理论和方法，研究、解决教育问题的能力。它和认知能力、教学能力一样，是教师能力结构的重要组成部分。它不仅是高校教师必备的能力，同时也是中小学教师应具备的能力。因为教育工作和教育教学改革本身就是一个不断探索的过程，教师只有具备一定的研究能力，才能把教育实践、教学改革与课题研究紧密地结合起来，才能促进教学质量和自身教育水平的不断提高。重视教师教育研究能力的培养是提高教师素质的重要途径，也是提高教育质量的保证。

（五）身心素养

教师劳动是一种充满创造性的繁重的脑力劳动，又是一种兼有一定强度的体力劳动，所以教师必须有健康的身体和良好的心理素养。健康的身心素质是教师职业素养建立的基础，在教师的职业生活中起着十分重要的作用。它可以使教师在工作和生活中保持高昂振奋的精神和轻松愉快的心情，从而提高工作效率，保证教育质量。

教师良好的心理素养主要包括以下几个方面。

1. 广泛的兴趣。教师的兴趣应该是多方面的，包括对学生心理、对所授学科和教育教学方法的研究兴趣；对其他学科的浓厚兴趣，文科教师应懂得自然科学常识，培养学生爱科学、学科学的浓厚兴趣，理科教师应多读文学作品，加强文学修养，提高课堂语言的丰富性和生动性；教师还应尽量发展对绘画、音乐、体育、观察自然等的兴趣。

2. 高尚的情感。这主要是对学生和所授学科的道德感、理智感、审美感。情感是客观事物是否符合人的需要、愿望与观点而产生的体验，是人的需要与客观事物关系的反映。它是一种复杂的心理功能，具有动力作用和信号作用。教师高尚的情感品质不仅是推动教师积极工作、使教师在教育事业中有所创造和成就的动力，而且对学生起着直接的感染作用，在很大程度上影响着教育和教学过程。

3. 正确的自我意识。教师要在与周围环境、与他人的相互关系中，在自己的教育教学实践中正确认识自己。具有良好心理素质的教师能够了解自己，接纳自己，客观地自我评价，既不因狂妄自大而做力所不能及的工作，也不因妄自菲薄而甘愿放弃可能发展的机会。有良好自我意识的教师自信乐观，事业、生活目标较切合实际，角色定位正确，能注意扬长避短，发挥自身的优势。

4. 积极稳定的情绪。能调节和控制情绪，保持良好的心境，这是教师心理素质的重要内容。教师的情绪状态直接影响教育教学质量，影响师生关系，影响自身身心健康。教师应保持一种积极热情、乐观豁达的良好性格和对己对人的宽容精神。当然，作为一个普通人，教师也会有自己的喜怒哀乐，关键是应学会调节和控制情绪，使自己在学生面前保持良好的心境。

5. 良好的环境适应能力。具有良好心理素质的教师能在环境改变时面对现实，并对环境进行客观的认识和评价，调整自我，使自身的素质、行为能符合新形势、新环境的要求。

6. 坚强的意志。这表现为明确的目的性、一贯的坚持性、处理问题的果断性和克服困难的勇气。

7. 健康的身体。教师健康的身体表现为：精力充沛，能应对日常生活和工作的压力；身体各部分发育良好，功能正常；随机应变的能力强，能适应外界环境的各种变化。

拓展阅读

学生喜欢什么样的教师

我国学者谢千秋以"学生喜欢什么样的教师"为题对42所中学91个班共4 415名学生做过问卷调查，归纳出学生喜欢和不喜欢的教师的特征。

喜　　欢	不　喜　欢
1. 教学方法好。	1. 不同情学生，把人"看死"。
2. 知识广博，肯教人。	2. 经常责骂学生，讨厌学生。
3. 耐心温和，容易接近。	3. 教学方法枯燥无味。
4. 实事求是，严格要求。	4. 偏爱，不公正。
5. 热爱学生，尊重学生。	5. 上课拖堂，下课不理学生。
6. 对人对事公平合理。	6. 说话无次序，不易懂。
7. 负责任，守信用。	7. 只听班干部反映情况。
8. 说到做到。	8. 不和学生打成一片。
9. 有政治头脑，关心国家大事。	9. 布置作业太多、太难。
10. 讲文明，守纪律。	10. 经常向家长告状。

五、教师专业发展

(一)教师专业发展的含义

教师专业发展是指教师作为专业人员，在专业思想、专业知识、专业能力等方面不断发展和完善的过程。它包括教师群体的专业发展和教师个体的专业发展。

(二)教师专业发展的阶段

美国学者福勒根据教师的需要和不同时期所关注的焦点问题，把教师的成长划分为关注生存、关注情境和关注学生三个阶段。

1. 关注生存阶段

这是教师成长的起始阶段，处于这个阶段的一般是新手型教师，他们非常关注自己的生存适应性。他们注重自己在学生、同事以及学校领导心目中的地位，出于这种生存焦虑，教师会把大量的时间用于处理人际关系或者管理学生。

2. 关注情境阶段

教师认为自己在新的教学岗位上已经站稳了脚跟后，会将注意力转移到提高教学工作的质量上来，如关注学生学习成绩的提高，关心班集体的建设，关注自己备课是否充分等。一般来说，老教师比新手型教师更关注这个阶段。

3. 关注学生阶段

在这一阶段，教师能考虑到学生的个别差异，认识到不同年龄阶段的学生存在不同的发展水平，具有不同的情感和社会需求，因此教师应该因材施教。可以说，能否自觉关注学生是衡量一个教师是否成熟的重要标志。

教师发展的每个阶段都有不同的关注重点和需要，这会影响教师的教学活动和课堂行为。但是需要指出的是，并不是每个教师的发展都会经历这三个阶段。

(三)教师专业发展的途径

教师专业发展的途径主要包括职前教育、新教师入职教育和教师的在职培训。

1. 职前教育

职前教育是教师个体专业发展的起点和基础，是对未来准备从事教育的人员进行的专业准备和学习，使他们对教师行为规范有一定的了解和认识，知道哪些行为是正确的，哪些行为是错误的，初步形成教师职业所需要的知识与能力

2. 新教师入职培训

进入教育岗位后的新教师，要经历一个从学生到教师的角色转换个过程。一两年内，新教师可能对所从事的工作不太适应，这是很正常的，这时需要有经验的教师对新教师在生活、学习、教育教学内容与方法等方面进行系统而专门的辅导，使之亲身体验自己作为教育专业人员所承担的社会责任，以此衡量和控制自己的教育行为，逐渐对教育事业和教育对象产生较深的感情。

3. 在职培训

时代的发展和科学的进步促进了新的教育思想和教育内容不断涌现。教师必须具备终身学习的观念和强烈的研究意识，不断追求新知，才能使自己赶上日益变化的教育形势。教师的在职培训主要包括自学、定期脱产进修、参加教研活动，如观摩，相互研讨，参加教育专题研究、调查研究，运用教育理论审视自己的教育实践，发现问题、分析问题、解决问题等。

教师只有不断地学习，积极参与教育改革与研究，才能不断地创造出适应时代和教育对象的有效教育方法，才能提高自身的专业素养，以而逐渐达到专业成熟，成为追求教育理想，具有强烈的敬业精神，有广泛的专业知识、技能，有良好个性品质的教育专业人员。

第三节　师生关系

师生关系是指教师和学生在教育活动过程中在相互交往和影响中形成的人际关系。这是教育过程中最基本、最重要的人际关系，是维系教育活动必不可少的基本要素。

一、师生关系的意义

师生关系是学校环境中最普通、最基本的人际关系。教学过程是师生双方在理性和情绪上的动态的人际关系过程。教育活动是由教师和学生共同参与的活动，由于教师和学生都是能动的主体，因而教育活动是一种双边活动，是教师和学生互相影响、互相作用的活动。

在学校环境中，在影响学生成长与进步的因素中，师生关系这一因素是十分重要的。学生与教师所建立的关系的好坏，是决定学生的学校经验是有助于他们的发

展还是会增加他们的困难的关键。教育学家或心理学家都同意，一切有效学习活动的进行，都是建立在良好的师生关系之中。由于师生关系的普遍存在性，由于学生认知过程和个性心理发展过程的社会性，师生关系不仅构成教育教学的一种背景和环境，而且其本身也成为一种重要的教育要素。教育者必须高度重视师生关系这一教育要素。良好师生关系的建立、维系和发展，既是教育的基本要求，也是教育教学活动取得成功的必要前提。它不仅可以充分发挥教师的主导作用，调动学生的积极性和主动性，而且对于学生的个性发展及良好人际关系的建立都起到积极的促进作用。

二、师生关系的具体表现

(一)从教学内容上分析，师生在教学过程中形成授受关系

教学过程中的授受关系是师生在教学中的关系的最简单、最直接表述。

1. 从教学内容的角度说，教师是传授者，处于主导地位，是教学的组织者、引导者；学生是接受者，处于主体地位。作为处于主导地位的教师，能否建立正确、科学的学生观，在相当程度上决定了教育的水准和质量的高低。从教师与学生的社会角色来看，在知识上，教师是较多者，学生是较少者；在智力上，教师是较发达者，学生是较不发达者；在社会经验上，教师是较丰富者，学生是欠丰富者。教师的任务就是要发挥这种优势，协助学生迅速掌握知识、发展智力，丰富社会经验。但这一过程并不是单项传输过程，它需要学生积极的、富有创造性的参与，需要发挥学生的主体性。

2. 学生在教学过程中的主体性的实现，既是教育的目的，也是教育成功的条件。教育要培养的是生动活泼的主动发展的个体，这个个体是具有主人翁精神的全面发展的人，而不是消极、被动、缺乏主动性和责任心的下一代。要培养主动发展的人，就必须充分调动个体的主动性，很难想象消极被动的教育能够培养出主动发展的人。另外，个体身心发展并不是简单的外在因素施加影响的结果，而是教师、家庭、社会等外在因素通过学生的内在因素起作用的结果。没有个体的主动积极参与，没有师生之间的互动，没有学生在活动过程中的积极内化，就没有真实意义上的教学。

3. 对学生的指导、引导的目的是促进学生自主全面地发展。教师的责任是帮助学生由知之不多到知之较多，由不成熟到成熟，最终使学生能够不再依赖于教师而进行学习、判断、选择，而不是永远牵着教师的手。社会是在不断发展变化的，学习的标准、道德的标准、价值的取向也是在不断变化的，整个世界发展的基本特点之一就是多元化。学生在学校学习的东西不可能终生受用，我们要教育学生善于根据变化着的实际情况有所判断、有所选择、有所发挥。

(二)从地位上分析，师生关系在人格上是平等的关系

教育教学工作的最大特点在于它的工作对象都是有思想、有感情的活动着的个

体，师生关系是教育活动中的基本关系，反映着不同的社会发展水平，也对教育工作者提出不同的素质要求。学生虽然尚未成熟，但作为一个独立的社会个体，在人格上与教师是平等的。封建社会"三纲五常"的等级制度，推演到师生关系上就是"师为生纲"。在封建的师生关系中，教师之于学生，有无可辩驳的真理和权威性，学生服从教师是天经地义的，所谓"师严乃道尊"。这种不平等的师生观对今天仍有影响。不消除这种影响，不充分认识到学生独立的社会地位和法律地位，就不可能建立新型师生关系。

传统的师生关系在管理上是"我讲你听"的专制型关系，这种关系的基础是等级主义的，其必然结果是学生的被动性和消极态度，造成师生关系的紧张。作为对这种师生关系的反抗，19世纪末以后，出现了以强调儿童为中心的师生关系模式，它在哲学上强调儿童的主体地位，强调儿童的积极性和创造性，这对改变传统的师生对立状态起到了明显的促进作用，但在管理上出现了一种放任主义的偏向，对于学生活动的积极性和形成良好的师生关系同样是不利的。所以，建立在有利于学生发展意义上的严格要求和民主的师生关系，应该是一种朋友式的友好帮助关系。在这种关系下，不仅师生关系和谐，而且学习效率高。

(三)从社会组织上分析，师生关系在社会道德上是相互促进的关系

从社会学角度看，师生关系是思想交流、情感沟通、人格碰撞的社会互动关系。教师对学生的影响不仅是知识上的、智力上的，更是思想上的、人格上的。教师对成长中的儿童和青少年的作用是巨大又是潜移默化的。这种精神上的、社会道德上的影响并不是靠说教就能产生的，精神需要精神的感染。道德需要道德的濡染，同样，学生不仅对教师的知识水平、教学水平做出反应，也会对教师的道德水平、精神风貌做出反应，用各种形式表现他们的评价和态度。教师是智慧的使者，是文明的桥梁，是心灵的火炬，是人格力量的重要来源。一个真正热爱教育并领悟教育真谛的教师，是为能从事教师职业感到幸福的人。

师生关系是一个多层次多侧面的概念，除了上述的基本表现形式外，还可能体现在其他方面上，需要从多角度加以系统分析才能真正了解师生关系。有人根据师生在教育过程中不同的情感、态度和行为表现，将师生关系分为三种类型：专制型、放任型和民主型。不同类型的师生关系，有着不同的表现特点。

专制型是以命令、权威、服从、疏远为心态和行为特征的。教师对学生不够热爱和尊重，常使用权威和强制手段管理学生，教育方法简单粗暴甚至苛刻。学生对教师缺乏了解，表面畏服而背后抗拒，处于被动地位。师生之间缺少交流沟通；关系疏远，甚至紧张和对立。

放任型是以无序、随意、放纵为其心态和行为特征的。教师对工作不负责，对学生缺乏感情，对学生不闻不问，采取放任自流的态度。学生对教师也持无所谓的态度，消极对待教师的要求。师生之间交往甚少，交流有限，既缺少相互期望和帮

助，也无明显的冲突和对抗，关系冷淡。

民主型是以开放、平等、互助为主要心态和行为特征的。教师热爱、关心、尊重和信任学生，既利用权威，又用自己的学识、才能和品德去教育学生。学生理解和尊重教师，师生之间交往较多，互相支持配合，关系融洽、密切。这种关系的形成往往源于教师的民主意识、平等观念、创造精神、教师的业务素质以及人格力量，这也是师生关系的最佳模式。

三、新课程理念下师生关系的建立

（一）新课程理念下师生关系的特点

基础教育课程改革从"一切为了学生的发展"出发，重视学生的主体性，对师生关系提出了新的要求。新课程理念下的师生关系具有以下特点。

1. 民主平等

民主平等是新型师生关系精华。师生间的民主体现在师生在教育过程中都有参与教育的权利和义务，更有相应的责任。教师对学生有教育管理的责任，有要求学生完成相应学习任务的权利和向学生传授相应知识的义务；学生有接受教育的权利，有承担学习知识和为社会做出应有贡献的责任和义务。也就是说，教师和学生在政治上和人格上是平等的，学生应听从教师的教诲，虚心接受教育，但教师也要尊重学生的权利和人格尊严，照顾学生的思想情感和心身发展需要，征求学生的意见，认真接受学生提出的合理化建议和要求。研究表明，民主型师生关系远比专制型、放任型师生关系的教育教学效果好。

2. 尊师爱生

尊师爱生就是学生应当尊重教师，教师应当热爱学生，师生之间彼此尊重、相互友爱，这是建立良好师生关系的感情基础。热爱学生是教师的师德，是教师职业责任感的反映，它能使教师对教育教学工作高度负责。如果教师不热爱学生，就会失去教育学生的感情基础，就难以在教育实践中建立良好的师生关系，教育工作的成效就会受到很大的限制。而且，爱生是尊师的基础，它能激发学生对教师的尊重和信赖，缩短师生间的距离，使学生易于接受教师的教育和影响。

3. 和谐相融

师生间的和谐是双方对教育目的、教学任务有统一的认识，都以积极心态对待教学内容，力求克服困难，高质量完成相应任务，有效实现教学目标。即使有不利因素存在，师生也能团结协作，齐心协力克服困难，有效完成各项工作任务。师生的心理相融是指教师和学生集体、和学生个人在心理上能协调一致，并相互接纳，教师的行动能够引起学生积极的响应，学生的心理变化也能被教师及时捕捉，师生之间关系融洽，亲密无间，团结协作，彼此相互依存，对维系正常的师生关系起着重大的情感作用。

4. 教学相长

教学相长是指在教育教学过程中教师和学生相互促进、共同提高。教师只有了解了学生及教育目的，才能正确地引导和教育学生；学生只有了解了教师和教师职业的特点，才能积极参与教育活动，在教育活动中获得知识，促进智能和品德的发展。所以，师生双方是相互促进、彼此推动的关系。正如《学记》中所说："是故学然后知不足，教然后知困。知不足，然后能自反也；知困，然后能自强也；故曰教学相长也。"对教学相长关系的认识越深，师生关系就越容易改善和发展，对师生双方的帮助也越大。因此，教学相长是良好师生关系的一个重要特征。

(二)新课程理念下师生关系的建立

1. 了解和研究学生

教师要深入了解和研究学生，了解学生个体的思想意识、道德品质、兴趣、需要、知识水平、学习态度和方法、个性特点、身体状况、班集体的特点及其形成原因等。教师既要理解学生，将心比心，关怀备至，又要对他们循循善诱，严格要求。教师只有在深入了解自己和了解学生的基础上教育学生，才能建立良好的师生关系。

2. 树立正确的学生观和教师观

树立正确的学生观和教师观是建立良好师生关系的重要因素。正确的学生观是教师爱生的基础，而正确的教师观则是学生尊师的基础。教师的学生观表现为：教师应把学生看成是一个能动的主体，他们有思想有感情，处在发展之中，以学习为主要任务。在教育实践中，教师要做到以生为本，理解学生、尊重学生、热爱学生，多给学生鼓励和肯定的评价；切忌对学生放任自流，或管得过"死"、包办代替。教师不仅要有正确的学生观，而且要深入了解学生的教师观。学生的教师观往往是教师的学生观的反映。学生尊敬教师，是向师性的反映，不能代表学生的教师观。学生的教师观比较复杂，不能简单地看作两个极端：尊师心理和轻师心理。师生双方都要遵循认识的一般规律，从感性到理性，从现象到本质，冷静、客观、全面地考察分析对方，这样才能树立比较正确的学生观和教师观，从而促进良好师生关系的建立。

3. 加强与学生的交往，增进师生之间的感情

交往次数是影响人际关系的客观因素。一般来说，交往的次数越多，了解的时间越长，越容易增强彼此的熟悉性和密切性，越容易形成良好的人际关系。从这个角度来说，教师应利用各种机会有意识地多接触学生，改善师生关系，使学生和教师相互熟悉和理解，增加彼此的喜欢程度，从而激发学生对教师所教科目的兴趣，以实现教学目的。具体应从以下两方面来完成。

(1)以课堂教学过程为主，多与学生沟通。在正常情况下，学生对教师的了解和情感的产生是从课堂教学开始的。教师的诸多素质，如德和才、人生观和价值观、对学生的态度和观念等，都会在课堂上充分地展示出来。对教师而言，课堂教学也

是了解学生的开始。通过各种信息，教师对自己所面对的教育集体进行整体判断，并随着教学活动的深入，逐步深入熟悉每一位学生。因此，教学活动对师生关系的建立至关重要。

(2)以课外活动为补充，多方面了解学生。课外活动中的师生关系是课堂教学中的师生关系的补充。在课外活动中，师生双方的关系形态多种多样，因此师生双方的相互了解是立体的、多侧面的，它使师生双方在彼此心目中的形象显得丰满、充实、有血有肉，其关系也变得丰富多彩。教师要在课外活动中充实自己在学生心目中的形象，给学生树立崇高的榜样。同时，教师要让学生不断了解自己，自己不断了解学生，以实现师生双方正式关系与非正式关系的和谐、教育关系与心理关系的和谐、集体关系与个体关系的和谐。

4. 要研究并掌握批评学生的艺术

学生是一个年轻的群体，易激动，自制力较差，社会经验不够丰富，往往会产生这样或那样的问题，而此时正是影响师生关系好坏的关键时刻。教师如果注意运用恰当的批评艺术，就能赢得学生的信任，使师生关系更加密切。因此，在批评学生的时候，要考虑到学生的合理愿望，维护他们的尊严。比如，教师可以迂回地指出学生的错误，或批评前先赞扬学生、鼓励学生，使学生获得改正自己错误的信心，等等。

拓展阅读

陶行知与四颗糖的故事

陶行知(1891—1946)，安徽歙县人，我国近代人民教育家。1914年毕业于金陵大学，后赴美留学。1917年回国后推行平民教育，认为教育是共和国的保障，并把毕生精力投入教育。

陶行知在担任一所学校的校长时，有一次，他看到学生王友用泥块砸同学，便当即制止，让他放学后到校长室。陶行知来到校长室，王友已等在门口准备挨训了。没想到陶行知却给了他一颗糖，并说："这是奖给你的，因为你很准时，我却迟到了。"王友惊疑地瞪大了眼睛。陶行知又掏出第二颗糖对王友说："这第二颗糖也是奖给你的，因为我不让你再打人时，你立即就停止了。"

陶行知又掏出了第三颗糖："我调查过了，你砸那些男生，是因为他们不遵守游戏规则，欺负女生；你砸他们，说明你很正直善良，且有跟坏人做斗争的勇气，应该奖励你啊！"王友感动极了，哭着说："陶校长，你打我两下吧！我错了，我砸的不是坏人，是自己的同学……"

陶行知这时笑了，马上掏出第四颗糖："因为你能正确地认识错误，我再奖励你一颗糖。我的糖分完了，我们的谈话也结束了。"

5. 要树立民主的作风

教师的民主作风对建立良好师生关系的影响极大。有些教师盲目地追求个人权威，在教育教学过程中不管自己的要求和做法是否合乎教育规律和原则，是否有利于学生的身心发展，一味要求学生言听计从。他们还可能任意惩处学生，学生心理压抑却不敢发表意见，这种独断专行的教师作风是造成不良师生关系的主要原因。有关调查表明，学生最喜欢的是和蔼可亲、具有民主作风的教师，最讨厌甚至怨恨的是专制型的教师。因此，教师应尊重学生，发扬民主作风，要相信师生之间是心相通、情相连的，学生的心灵永远向他们的教师敞开着。建立了良好的师生关系，师生之间的心理距离拉近了，教师开展班级工作便会如鱼得水，游刃有余。

6. 努力提高自我修养，健全自己的人格

教师的素质是影响师生关系的核心因素。教师的道德修养、知识能力、教育态度、个性心理品质无不对学生产生深刻的影响。为此，教师必须加强学习，使自己更有智慧；经常进行自我反思，正确评价自己，克服个人的偏见和思维定式；培养自己多方面的兴趣和积极向上的人生观；学会自我控制，培养耐心、豁达、宽容、理解等个性品质。

思考题

一、单项选择题

1. 学生具有发展的可能性和（　　　）。

A. 潜在性　　　　B. 现实性　　　　C. 特殊性　　　　D. 可塑性

2. 教师胜任教学工作的基础性要求是必须具有（　　　）。

A. 学科专业素养　B. 教育专业素养　C. 品德专业素养　D. 职业道德素养

3. 教师职业的特殊要求是必须具有（　　　）。

A. 管理能力　　　B. 控制能力　　　C. 教育能力　　　D. 研究能力

二、辨析题

1. 学生是学习的主体和受教育的对象。

2. 教师的表率作用主要表现在教师的为人师表上。

三、简答题

1. 教师的社会角色是什么？

2. 新型师生关系的特点是什么？

四、材料分析题

一次公开课过后，一位教师把课堂上用过的精美卡片作为奖励发给同学们，并对他们课堂上踊跃的表现给予表扬。从这以后，教师渐渐发现班上注意力不集中的宋振铭同学在课堂上的听课状态有了明显的好转。一次偶然的机会，他母亲对教师说："自从你给了他那个'特殊的奖励'后，他对自己的要求严格了。"

经询问，教师才知道，在奖励给同学们的卡片中仅有一张是最大的，发的时候

恰好这张被宋振铭得到了，他回家后对母亲说："老师可能觉得我这节课表现最好，所以把最大的一张送给我。"现在这张卡片还贴在他的床头，谁都不准碰。他说那是"特殊的礼物"。这位老师一次无意的举动，却造成了一个美丽的误会。

　　问题：请你就此案例谈谈你的看法。

第七章 课　程

学习目标 ▶ ┈┈┈┈┈┈┈┈┈┈┈┈┈┈┈┈┈┈┈┈┈┈┈┈┈┈┈┈┈┈┈┈┈┈┈┈┈┈┈

1. 识记有关课程的基本概念和类型。
2. 理解课程设计和课程文件的三个层次及课程实施的基本结构。
3. 运用课程评价理论进行课程评价。

课程是集中体现和反映教育思想的载体，是规定以什么样的内容来培养新一代的问题。教育目标的实现有赖于课程，课程是实施教育教学的依据。本章阐述了课程的概念、课程的类型、课程的组织与实施、课程改革等方面的问题，介绍了我国当前正在进行的基础教育课程改革的目标、任务和内容。

第一节 课程概述

课程是组织教育教学活动最主要的依据，在学校教育中处于核心地位。教育目标主要是通过课程来体现和实施的。课程是决定教育质量的重要环节。课程改革是教育改革的核心内容。

课程理论是教育科学体系中的重要分支。课程研究和教学研究同样重要。课程理论侧重研究"教什么"，即提供哪些教学内容，怎样有效地组织这些内容；教学论侧重研究"怎么教"，即如何有效地教这些内容。

一、课程的概念

课程，指课业及其进程。我国宋代《朱子全书·论学》中说的"宽著期限，紧著课程""小立课程，大做工夫"中的"课程"一词，就包含有学习的范围和进程的意思。在西方，课程一词源自拉丁语，意为"跑道"（racecourse），转意为"学习路线"。把课程作为教育科学的专门术语，最早出现在英国教育家斯宾塞的《什么知识最有价值》一文中。作为教育科学的重要倡导者，他把课程解释为教学内容的系统组织。

课程是一个发展的概念，其内涵和外延随着社会的变化而不断变化，中外学者对其有过许多不同的解释。我国的课程概念有广义和狭义之分。广义的课程是指学校为实现培养目标而规定的学习科目及其进程的总和。狭义的课程特指某一门学科。我们所研究的课程是广义的，具体为以下几点。

1. 课程是某类学校中所要进行的德智体美全部教育内容的总和。

2. 课程不仅包括各门学科教学、课内教学，也包括课外活动、家庭作业和社会实践活动。

3. 课程兼有计划、途径、标准的含义。不仅规定了各门学科的目的、内容和要求，而且规定了各门学科设置的程序和课时分配，学年编制和学周安排。

在我国，课程具体表现为课程计划、学科课程标准和教科书。

课程论是研究学校课程设置体系和内容结构的理论。关于课程设置、教材编写和安排的指导思想、原则、方法等均属于课程论研究的范围。

二、制约课程的主要因素

课程是随社会的发展而演变的。课程反映一定社会政治、经济的要求，受一定社会生产力和科学文化发展水平以及学生身心发展规律的制约。也就是说，社会、知识和儿童是制约课程的重要因素。

(一)一定历史时期社会发展的要求及提供的可能

社会要求包括生产、经济、政治、道德、文化、科技等多方面。学校课程直接受制于教育目的和培养目标的规定。社会时代发展的状态与需要是形成不同时代学校教育课程总体结构体系重大差别的重要原因。如古代学校教育重语言、政治、伦理和宗教等学科；至近代，自然科学学科、技术性学科、社会科学学科才逐渐在学校课程中占据重要地位。现代的学校课程必须反映现代社会发展对人的要求以及内容、手段的更新变化。

(二)一定时代人类文化及科学技术发展水平

课程内容应反映各门科学中那些具有高度科学价值和实践价值的基本理论、法则和基本要领。课程的编制应考虑学科体系的完整性、知识结构的内在逻辑性，反映现代科学技术发展的水平，以保证学校课程的科学性、系统性。

(三)学生的年龄特征、知识、能力基础及其可接受的程度

课程内容的深度、广度和逻辑结构，不仅要适合学生的年龄特征，符合学生身心发展的一般规律，而且要正确处理需要与可能、现实与发展的关系，从而最大限度地促进学生身心和谐发展。

(四)课程理论

建立在不同的教育哲学理论基础上的课程论及课程的历史传统，对课程产生重要的结构性影响。

三、课程的分类

课程类型是指课程的组织方式或课程设计的种类。从不同的角度，可将课程分成不同的类型。

(一)基础型课程、拓展型课程、研究型课程

基础型课程注重学生基础学力的培养，即以培养学生作为一个公民所必需的"三基"（读、写、算）为中心的基础教养，是中小学课程的主要组成部分，它的内容以基础知识、基本能力为主，同时也注重对学生的学习态度、学习动机、思维能力、判断能力的培养。基础型课程的要求是最基本的，适应范围大，并可以作为生长点，在此基础上拓展。基础型课程是必修的，是所有学生都要学习的。基础型课程要求很严格，必须有严格的考试。基础型课程的内容是不断发展的，它随学段的不同而有所不同。

拓展型课程注重拓展学生的知识和能力，开阔学生的知识视野，发展学生各种不同的特殊能力，并迁移到其他方面的学习。拓展型课程通常以选修课的形式出现，比起基础型课程来说有较大的灵活性。

研究型课程注重培养学生的探究态度和能力。这类课程可以提供一定的目标和一定的结论，而获得结论的过程和方法则由学生自己组织、自己探究，以引导他们

形成研究能力和创新精神。也可以不提供目标和结论，由学生自己确定目标、得出结论。课程从问题的提出、方案的设计和实施到得出结论，完全由学生自己来做。研究型课程对研究过程的重视胜过研究结论。

基础型课程、拓展型课程、研究型课程三者关系密切，基础型课程的教学是拓展型、研究型课程的学习基础；拓展型课程的教学是研究型课程的学习基础；拓展型、研究型课程的学习又对基础型课程的学习起到促进作用。各类型、各科目课程的教育过程虽然任务不同、层次要求不同，但都具有渗透性、综合性。从课程目标来说，基础型、拓展型、研究型课程在统一的目标下，在不同层次的要求上功能互补递进，形成一个整体。三类课程在课程体系中有机地组成整体，在全面提高全体学生素质与发展学生个性特长方面起着十分重要的作用。

(二)国家课程、地方课程、校本课程

国家课程是由教育行政机构编制和审定的课程，其管理权属于中央教育行政机关。国家课程是一级课程，它的编订宗旨是保证国家确定的普通教育的培养目标和普通教育的先进水准，规定学生应该掌握的基础知识和基本能力。这类课程的教学计划、课程标准、教材由国家统一审定，未经批准，地方不得随意变动。国家课程的编制往往采用"研制—开发—推广"的模式，实施"中央—外围"即自上而下的政策，以确保国家所实施的课程能够达到统一、共同的质量。

地方课程是由省、自治区、直辖市教育行政机构和教育科研机构编订的课程，属于二级课程。二级课程的编订权在省、自治区和直辖市，县、学校不经批准无权变动。地方课程编订的宗旨是补充、丰富国家级课程的内容或编订本地区需要的教材。它既可以安排学科类课程，也可以安排各种活动；既可以安排必修课，也可以安排选修课。

校本课程是在具体实施国家课程和地方课程的前提下，通过对本校学生的需求进行科学评估，充分利用当地社区和学校的课程资源，以学校教师为主体开发的多样性的、可供学生选择的课程。其目的在于尽可能满足各社区、学校、学生之间客观存在的差异性，因而具有一定的适应性和参与性，通常以选修课或特色课的形式出现，学校课程的开发可以分为新编、改编、选择和单项活动设计等。

(三)学科课程、活动课程

学科课程是依据教育目标和受教育者的发展水平，从各门科学中选择内容组成学科，以学科的逻辑体系制定标准，编写教科书，规定教学顺序、教学周和学时，并进行分科教学的课程。[1] 它是学校课程的基本形式。

学科课程以学科逻辑为中心来进行课程设计，强调每一学科的逻辑组织，它可以使学生在较短时间内高效率地掌握人类千百年来所积累的知识经验，有利于人类

---

①袁振国：《当代教育学》，143 页，北京，教育科学出版社，2004。

文化和文明的传承。但学科课程较少考虑学科之间的相互联系，把每一门学科看成是与其他学科互不关联的实体，在许多方面不利于学生的学习，影响了学生的全面发展，特别是随着现代社会经济和科学技术的发展，其缺憾越来越突出。

活动课程是以儿童兴趣的发展为中心，主张通过一系列由学生自己组织的活动，使学生获得经验，培养兴趣，解决问题，锻炼能力。活动课程对于调动学生的积极性、主动性和创造性，培养学生的兴趣特长，丰富学生的精神生活，促进学生个性发展和思想品德的形成具有重要意义。

活动课程打破学科界限，重视直接经验，把科学知识与生活实际相联系，重视学生的主动性、创造性，有利于培养学生的动手操作能力和个性发展，增强社会适应能力，有利于丰富学校的教学内容。但这种课程缺乏系统的科学知识基础和严格的教学计划，损坏了知识的逻辑结构，影响了学生对基础知识的掌握，学生在活动课程中所获得的知识是不系统、不完整的，因而这种课程不能成为学校课程的主要形式。

（四）分科课程、综合课程

分科课程又叫学科课程，其主导价值在于使学生获得逻辑严密、条理清晰的学科知识。这种课程强调知识的逻辑性和系统性，注重系统知识的传授，课程的编排以一门门学科为中心，各门学科之间是并列的。基础教育新课程中所开设的分科课程有语文、数学、外语、物理、化学、生物、历史、地理等。

综合课程是一种双学科或多学科的课程组织模式，它强调学科之间的内在联系，强调不同学科间的相互整合。综合课程的主导价值在于使学生形成系统完整的知识体系并掌握解决问题的科学方法。如基础教育新课程中所开设的历史与社会、科学、艺术、体育与健康、综合实践活动等都属于综合课程。

> **拓展阅读**
>
> ### 基础教育新课程中的综合课程
>
> 《科学》（7—9年级），以提高学生的科学素养为总目标，在3—6年级《科学》课的基础上，进一步增强学生对科学的好奇心与求知欲，学会或掌握一定的解释常见的自然现象、解决一些实际问题的基本技能，初步养成科学探究的习惯。
>
> 《艺术》（1—9年级）的课程目标是：了解各艺术学科基本的艺术语言和表达方式，运用多种工具材料进行艺术表现和艺术创造；获得艺术感知、艺术欣赏和艺术评价的能力，体验视觉、听觉、动觉等活动带来的愉悦，丰富审美经验，提高生活情趣。
>
> 《体育与健康》（7—9年级）以促进学生身体、心理和社会适应能力整体健康水平的提高为目标，融合了体育、生理、心理、卫生保健、环境、社会、安全、

营养等诸多学科领域的有关知识，关注学生的健康意识、锻炼习惯和卫生习惯的养成，将增进学生健康在课程实施全过程的贯穿。

《综合实践活动课》（从小学到高中）主要内容包括：信息技术教育、研究性学习、社区服务与社会实践、劳动与技术教育。设置综合实践活动课程是课程改革的最大亮点，但也是课程实施中的最大难点。

（五）显性课程、隐性课程

显性课程是列入课程表内的学术课程或课外活动。这种课程以直接的明显的方式呈现，是有目的、有计划、有组织的学习活动，学生通过这类课程所获得的主要是学术知识。

隐性课程是指校园文化、校园生活、校风、人际关系、集体活动等潜移默化的课程，它是在课程计划以外的、以间接内隐的方式呈现的，学生通过这种方式所获得的主要是非学术性知识。隐性课程的内容主要包括：学校物理环境构成的物质文化，学校及班级中长期形成的规范、规章、制度等制度文化，以及学校生活中由各种人际关系所形成的观念文化。

隐性课程作为一种校园文化和环境，对学生个性心理、品德修养的形成有着重大影响，也是学校思想教育的有力手段，在实现学校培养目标、促进学生的全面发展中有着重要的、不可替代的作用。

（六）必修课程、选修课程

必修课程是学生必须修读的课程。为了保证教学质量，学校必须设置一定数量的必修课程，主要包括基本理论、基础知识和技能类的课程，政治理论、体育、外语类课程，以及实践性较强的实习、实验、社会调查，等等。

选修课程是相对必修课程而言的，是为了适应学生的兴趣爱好和劳动就业的需要，允许学生在一定范围内自由选择学习的课程。选修课程分限定性选修和非限定性选修两种。限定性选修课就是规定学生必须在所提供的选修课中选修其中的一组课程或在指定的各组中选修一两门课程。非限定性选修课又叫任意选修课，是可以由学生根据自己的兴趣和需要任意选择学习的课程。选修课程的内容可以是知识方面的，也可以是技艺、职业技能方面的。①

四、课程目标

（一）课程目标与教育目的、培养目标、教学目标的关系

要正确了解课程目标，需要把握课程目标与教育目的、培养目标、教学目标之间的关系。

教育目的是指根据不同社会的政治、经济、文化、科学、技术发展的要求和受

①陈玉琨等：《课程改革与课程评价》，13页，北京，教育科学出版社，2001。

教育者身心发展的规律而确定的培养人的总要求，它是教育工作的出发点和最终目标，是制定教育目标、确定教育内容、选择教育方法、评价教育效果的根本依据。我国现行《宪法》规定：国家培养青年、少年、儿童在品德、智力、体质等方面全面发展。这是我国学校教育的目的，它普遍适用于各级各类学校教育，因而具有高度的概括性。

从国家或整个社会的角度来看，教育目的只能是总体性的、高度概括性的，而不可能是具体的。在实现同一教育目的上，不同地区和不同学校会有不同的做法。造成这种差异的原因，除了是各地区、各学校、各学科的实际情况有所不同之外，也不能否认是一些教育工作者对教育目的的理解上的差异。所以，为了确保教育目的得到正确的贯彻落实，就需要根据各级各类学校的实际情况予以具体化，即要明确培养目标。

培养目标是对各级各类学校的具体培养要求，它是学校根据国家的教育目的和自己学校的性质、任务，对培养对象提出的特定要求。所以，教育目的与培养目标没有实质性的区别，只是概括性的程度不同。教育目的是整个国家各级各类学校必须遵循的统一的质量要求，培养目标则是某级或某类学校的具体要求，后者是前者的具体化。也就是说，培养目标要根据教育目的来制定，而教育目的又只有通过各级各类学校的培养目标才能实现。因此，两者的关系是一般与个别的关系，或整体与局部的关系。

培养目标的实现，主要是通过学校所设置的课程来达成的。但通常培养目标不涉及具体的学习领域，因此，为了使课程编制工作切实有效，还必须使培养目标具体化，即确定课程目标。

课程目标是指导整个课程编制过程中最为关键的准则，是特定阶段的学校课程所要达到的预期结果。它有四个方面的规定性：第一，时限性，即课程目标要同特定的教育阶段相联系，不是对所有教育阶段预期结果的笼统规定；第二，具体性，即课程目标要详细描述学生身心发展的预期结果，明确学生所要达到的发展水平；第三，预测性，即课程目标所描述的结果是预期性的，不是实际的结果，是学生发展状态的理想性规划；第四，操作性，即课程目标是明确的，可以被实现，不是一般性的规划，与教育目的不同。

教学目标是课程目标的进一步具体化，是指导、实施和评价教学的基本依据，是师生在学科教学活动中预期达到的教学结果和标准。它具有这样几个特征：教学目标具有可操作指标体系；教学目标体现学生学习行为及其变化；教学目标具有灵活性，教师可根据教学实际情况进行调整。

总之，从国家制定的教育目的、教育行政部门确定的培养目标，到课程工作者所要明确的课程目标以及教学工作者要考虑的教学目标，这个过程包含一系列的转化。当然，这种转化不是一种简单的推演，而是要在对学生、社会、学科进行深入研究的基础上做出的明智抉择。

(二)课程目标的依据

课程目标的依据主要有三个方面：对学生的研究，对社会的研究，对学科的研究。

1. 对学生的研究

对学生的研究，就是要找出教育者期望在学生身上所要获得的预期结果。它通常包括三方面内容：了解学生身心发展的现状，并把它与理想的常模加以比较，确认其中存在的差距；了解学生个体的需要；了解学生的兴趣和个性差异。

2. 对社会的研究

对社会的研究涉及的内容极为广泛，在课程领域里通常采用的方法是把社会生活划分为若干有意义的方面，再分别对各个方面进行研究。泰勒介绍的一种可行的分类是：健康，家庭，娱乐，职业，宗教，消费，公民。他认为这种分类有利于把整个社会生活分析成一些便于控制的方面，保证不遗漏任何重要的东西。

对已有的社会研究的结果如何看待，是课程编制者面临的一个重要问题。例如，对减轻中小学生的课业负担问题，不同的人有不同的看法，甚至有相反的看法，这就需要对人们所重视的价值、观念、习俗等进行进一步研究。

课程编制者还需要对"学校课程能够给予适当满足的社会需求"与"只有通过与社会上其他机构的合作才能完成的社会需求"两者之间做出区分。例如，学生健康、学生安全、品德修养等问题，学校课程可以使学生获得必要的知识、习惯和态度，但这需要家长和社会各界的全力配合。这类目标不可能仅凭学校课程就能达到。

3. 对学科的研究

学校课程要传递通过其他社会经验难以获得的知识，而学科是知识的最主要的支柱。由于不同的学科专家熟悉自己领域的基本要领、逻辑结构、探究方式、发展趋势，以及该学科的一般功能及其与相关学科的联系，所以，学科专家的建议是课程目标最主要的依据之一。事实上，大多数课程的教科书通常就是由学科专家编写的。

由于学生、社会、学科这三个因素是交互作用的，对任何单一因素的研究结果都不足以成为课程目标的唯一来源。如果过于强调某一因素，就会走到极端。课程史上出现过的学生中心课程、社会中心课程、学科中心课程就是典型的例子，它们基本上都是以失败而告终的。

五、课程理论流派

(一)学科中心课程论

学科中心课程论是出现最早、影响最广的课程理论。

20 世纪 60 年代以来，关于学科课程的理论主要有：德国教育家瓦根舍因的范例方式课程论，苏联教育家赞科夫的发展主义课程论，布鲁纳的结构主义课程论。

该理论学派的基本观点是：教学内容要以学科为中心，教材必须按照科学的逻辑系统和学生的认知心理活动来组织，以便学生能较好地掌握人类科学文化知识的精华。这个原则对学校课程设置具有重要的理论意义和实践价值，至今仍是学校课程设置的主要依据。但是，这个学派的理论较多地强调按知识体系编制课程，而对社会生活和生产实际不够重视，对于学生学习上的兴趣、爱好、需要和接受能力等心理特征也较少关注。

(二)活动中心课程论

活动中心课程又叫儿童中心课程或经验课程，具有实用性、综合性、实践性等特点。

活动中心课程论的思想可以追溯到法国自然主义教育思想家卢梭。19 世纪末 20 世纪初，美国的杜威和克伯屈发扬了这一思想。杜威的课程为经验课程或儿童中心课程。其基本特征是：第一，主张一切学习都来自经验，而学习就是经验的改造或改组；第二，主张学习必须和个人的特殊经验发生联系，教学必须从学习者已有的经验开始；第三，主张打破严格的学科界限，有步骤地扩充学习单元和组织教材，强调在活动中学习，而教师从中发挥协助作用。

活动中心理论夸大了儿童的个人经验和兴趣，忽视了知识本身的逻辑顺序，影响了系统的知识的学习，只能使学生学到一些片段、零碎的知识，最终导致教学质量的降低。此外，活动中心课程不指定具体明确的课程标准和教科书。活动分教材由儿童的兴趣和需要而定，因此，活动课程往往带有随意性和狭隘性。

(三)社会中心课程论

社会中心课程论，又称社会改造主义课程理论，它是从进步主义教育运动中分化出来的，主张围绕重大社会问题来组织课程内容。其早期代表人物有康茨和拉格等人，20 世纪 50 年代后的主要代表人物是布拉梅尔德。

社会中心课程理论认为，教育的根本价值在于社会的发展，学校应该致力于社会的改造而不是个人的发展。该理论批判儿童中心课程论过于注重学生的个人需要、兴趣、自由及活动而忽视了社会的需要，主张课程的最终价值是社会的价值，课程是实现未来理想社会的工具。

社会中心课程论的基本主张为以下四点。

1. 课程改造的目标。课程目标要与未来理想社会的总目标统一，各门学科的内容要与社会改造的任务统一，课程安排为解决问题的活动。

2. 课程内容。社会中心课程没有统一的课程内容，它以广泛的社会问题为中心。

3. 课程组织。社会中心课程论主张以解决社会问题的逻辑为主线来组织课程。

4. 学习方式。社会中心课程理论主张尽可能地让学生参与社会生活，增强学生适应社会生活的能力。

社会中心课程理论强调课程建设要关注社会焦点问题，顺应社会政治经济变革的客观需求，课程学习应深入社会生活，深刻认识到社会因素对教育的制约作用。但社会中心课程理论走向了另一个极端，即夸大了学校变革社会的功能，把课程设置的重心完全放在适应和改造社会生活上，使课程与社会生活联系起来，却忽视了学生的主体性，阻碍学生主体意识和能力的发展，其预想的课程目标很难实现。

(四)人本主义课程论

人本主义课程论是以人本主义心理学为基础，在批判结构主义课程理论的过程中逐步发展起来的。最著名的代表人物是马斯洛和罗杰斯。人本主要课程论的主要观点有以下几点。

1. 教育的根本价值是实现人的潜能和满足人的需要。人本主义课程论敏锐地指出，结构主义课程对培养社会和科技精英目的的追求导致了人的畸形化，遗失了人的价值。因此，课程必须走出英才教育思想的桎梏，建立新的教育价值。人是具有心理潜能的，潜能的实现具有内在的倾向性；需要是潜能的自然表现，潜能是价值的基础，需要表现着价值。所以课程的教育价值不是别的，就是实现人的潜能和满足人的需要。

2. 教育的根本目的是培养"完人"。人本主义课程论指出，结构主义课程培养出来的是人格不健全的人，其大肆鼓吹的学科分化是倒行逆施，而且科学逻辑和学习逻辑的同一性是值得怀疑的，"探索—发现"学习也存在适应性问题。它指出，教育的目的是培养人格健全、和谐发展和获得自由的"完人"。这样的"完人"，首先是多种多样的潜能得以发挥，表现为各个层次的需要得以和谐实现；其次是情意发展与认知发展和谐统一，包括情感、感情和情绪的发展，认知、理智和行为的发展，以及情感与认知、感情与理智、情绪与行为发展的统一。

3. 主张平行与并行课程。实现人本主义的教育价值和目的，需要建立和实施平行课程体系，包括学术性课程、社会体验课程和自我实现课程。因而，一种人本主义的并行课程整合模式也应运而生，它与知识课程、情意课程和体验整合课程有机结合而成。

4. 主张有意义学习。罗杰斯指出，人类学习有两种类型，一是无意义学习，比如无意义音节的学习，这类学习只涉及心智，不涉及感情和个人意义，与"完人"无关。二是有意义学习，是指一个使个体的行为、态度、个性及在选择未来行动方针时发生重大变化的学习。这不仅是一种增长知识的学习，而且是一种与每个人的各部分经验都融合在一起的学习。

意义学习理论的基本观点是：①人类有一种天然的学习倾向；②意义学习通常是在学生意识到学习材料与自己的目的有关的情况下出现的，当学生看出他学习的东西能保持和发展自我时，他就会进行意义学习，对学习意义的不同理解，会影响到学习的方向、分量和速度；③许多意义学习是通过学生的实际活动进行的；④学生将整个人（包括他的认知活动和情意活动）投入的自发学习，往往是最持久和最深入的学习，自发学习的关键是获得学习的自由；⑤凡是引起自我概念变化的学习对个体都是一种精神威胁，因而容易招到拒绝，自我概念是指一个人的价值观、信念和基本态度；⑥意义学习在当代多变的世界中应是对学习过程的学习。

第二节　课程设计

一、课程设计的概念

不同的国家对课程设计有不同的解释。最狭义的理解是指制定某个学程的具体过程，而最广义的理解几乎涉及所有形式的课程变化。比较折中的定义是：课程设计是指那些经过精心计划的活动，通过这些活动，设计出各种学程或教育活动方式，并将它们提供给教育机构中的人们，以此作为进行教育的方案。总的来说，课程设计是一个有目的、有计划、有结构地产生教学计划、课程标准以及教材等的系列化活动。其中，课程计划、课程标准、教材是课程内容的三种文本表现形式，也可以说是课程文件的三个层次（课程文件是根据课程设计的原理与方法而制定出的指导教学的各种规定）。

课程设计的意义为：第一，从课程设计活动中可以产生全新的课程方案，从而引发对师生的双边活动具有深远意义的课程改革；第二，可以对目前的课程进行一些修改或重新组织，其中并不增加新的东西，而只是以更清晰的方式将课程中各要素联系起来。

二、课程内容

课程内容是指各门学科中特定的事实、观点、原理和问题以及处理它们的方式，是一定的知识、技能、技巧、思想、观点、信念、语言、行为、习惯的总和。课程内容的三种文本表现形式是课程计划、课程标准、教材。

(一)课程计划

1. 课程计划的概念

课程计划是指导和规定课程与教学活动的依据，也是制定分科标准、编写教科书和设计其他教材的依据。教学计划是否合情合理并具备较强的科学性，直接关系到课程设计和教育教学质量的全面提高。

我国义务教育的课程计划应当具备以下三个基本特征。

一是强制性。义务教育课程计划不是普通的教学计划，它是国家实施义务教育的具体保障，其制定的依据是《义务教育法》。也就是说，义务教育课程计划是义务教育法的实施计划，体现了《义务教育法》的基本精神。

二是普遍性。义务教育课程计划的适用范围要比普通的课程计划宽得多，它规定的培养目标和课程设置等，是针对全国绝大部分地区、绝大多数学校和绝大多数学生的，既不过高也不过低，坚持"下要保底，上不封顶"。

三是基础性。义务教育课程计划的作用在于充分保证为学生的各种素质全面和谐的发展打下好的基础。课程门类要齐全，不能重此轻彼，各门课程的课时比重要恰当。要彻底改变过去的应试教育或升学教育，使之真正成为素质教育，保证学生的思想素质、科学文化素质、健康素质、心理素质、劳动素质、职业素质等得到全面的提高。

2. 课程计划的构成

课程计划主要由指导思想、培养目标、课程设置及其说明、课时安排、课程开设顺序和时间分配、考试考查制度和实施要求几部分所构成。

在指导思想上，我国中小学的课程计划必须遵循教育要面向现代化、面向世界、面向未来的战略思想，坚持以素质教育作为教育发展方向，对学生进行德育、智育、体育、美育，以全面提高基础教育的质量。

在培养目标上，各级各类学校的培养目标是既同又异的。所谓"同"，是指无论哪一级哪一类学校，它的培养目标都必须同教育的总目的相吻合，不能偏离全面发展的教育目的。所谓"异"，是指各级各类学校必须根据自身在整个教育结构中所处的位置，培养不同层次、不同类别、不同规格的人才，完成自身的任务。因此，各级各类学校的培养目标必须同中有异，重点突出，特点鲜明。

课程设置作为教学计划的核心，它具体勾画出实现培养目标的"蓝图"，是把教育目标与教学实践连接起来的桥梁。普通中小学课程设置应根据各地区、各学校以及学生的实际情况，在国家宏观指导下，做出灵活安排。不能强求一律，形成"大一统"的课程发展模式。各地区可以在达到国家要求的前提下，开设一些有利于本地区经济文化发展，有利于本地区儿童、青少年身心素质全面提高的课程。也就是说，要把国家课程、地方课程和学校课程有机地统一起来，形成各有特色的课程体系。

课程计划的基本内容主要是教学科目的设置、学科顺序、课时分配、学年编制和学周安排。

开设哪些科目是教学计划的中心问题。中小学的教学科目设置，基本以科学的分类为依据，并选择其中最一般的、青少年一代最必需的科学知识构成学科。各门学科既有自己的独立系统，又有彼此间的必要联系。我国中小学课程中科目的设置大致包括：语文、数学等基础性科目，思想品德教育科目，社会基础知识科目，自然科学基础知识科目，体育、保健、艺术审美科目，劳动技术教育科目，另外还有外语、计算机等工具性科目。

教学计划中设置的各门学科不能齐头并进，也不宜单科独进，一定要按年限、学科内容、各门学科之间的衔接、学生的发展水平，由易到难，由简到繁，合理安排，使先学的学科为以后学习的学科奠定基础，同时学科之间能互相沟通，并满足学生多方面发展的需要。

课时分配包括各学科的总时数，每门学科各学年（或学期）的授课时数和周学时等。应根据学科的性质、作用、教材的分量和难易程度，恰当地分配各门学科的授课时数。

学年阶段的划分、各个学期的教学周数、学生参加生产劳动的时间、假期和节日的规定等，这是学校工作正常进行的保证。我国学校一般均为秋季招生、秋季开学，一学年分为两个学期，学期之间有寒假或暑假。

(二)课程标准

1. 课程标准的含义

课程标准是教材编写、教学、评估和考试命题的依据，是国家管理和评价课程的基础。课程标准应体现国家对不同阶段的学生在知识与技能、过程与方法、情感态度与价值观等方面的基本要求，规定各门课程的性质、目标、内容框架，提出教学建议和评价建议。

课程标准是单科课程的总体规划，它从整体上规定各门课程的性质及其在课程体系中的地位。课程标准不同于教学大纲，它不是对内容的具体规定，而是对学生学习结果的描述，是某一学习阶段最低的、共同的、统一的要求。课程标准规定了国家公民在某方面或某领域的基本素质要求，这是编写教材、教学和评价的依据，是整个基础教育课程的灵魂。

2. 课程标准的性质与意义

国家课程标准是国家对各级学校一定学段的课程目标、学科设置、课程实施、课程评价等做出的总体规定，体现了国家对国民在某方面或某领域的基本素质的要求，无论是教材编写、课程实施还是教学评价，其出发点和归宿都是为了落实并实现课程标准中所规定的对学生基本素质的要求。国家课程标准属于基本标准或最低标准。

国家课程标准是衡量教育水平的准则，是度量教学质量的准绳，是评估学校管理状况的参照。

3. 课程标准的构成

不同国家或地区颁布的课程标准在体例、结构、表述、呈现方式等方面都有很大差异。我国正在实施的基础教育课程改革中的国家课程标准由前言、课程目标、课程内容标准、实施建议、附录等内容构成。

前言部分对课程的性质、价值与功能做了定性描述，阐述了各学科课程领域改革的基本理念，对课程标准的设计思路做了详细的说明。

课程目标部分明确了各学科在知识与技能、过程与方法、情感态度与价值观三方面共同而又各具特点的课程总目标和学段目标。

课程内容部分按照学习领域、主题或目标要素阐述学生在不同学段应实现的具体学习目标。尽可能清晰地从知识与技能、过程与方法、情感态度与价值观三方面对学生的学习结果进行描述。

实施建议部分提供教与学的建议、教材编写建议、评价建议、课程开发与利用建议等，便于使用者(教师、教材编写人员、教育管理者)正确理解课程标准，减少课程标准在实施过程中的偏差。

附录部分对课程标准中出现的主要术语进行解释和说明，便于使用者更好地理解和把握这些术语。

课程标准的制订过程是连接目标与教科书的过程，它既是目标具体化的关键，也是教科书规范化的关键。

4. 国家课程标准的特点

(1)努力将素质教育理念切实体现在课程标准的各个部分。

课程标准力图在课程目标、课程内容、实施建议等方面体现知识与技能、过程与方法、情感态度与价值观三位一体的课程功能，从而促进学校教育重心的转移，使素质教育的理念切实体现在日常的教育教学过程中。

(2)突破学科中心。

课程标准关注学生的兴趣与经验，精选学生终身学习必备的基础知识和技能，努力改变课程内容繁、难、偏、旧的现状，使教科书与学生生活以及现代社会、科技发展的联系更密切，打破单纯地强调学科自身的系统性和逻辑性的局限，尽可能体现各学科课程应首先服务于学生发展的功能。

(3)改善学习方式。

各学科课程标准结合本学科的特点，加强过程性、体验性目标，引导学生主动参与、亲身实践、独立思考、合作探究，从而实现学生学习方式的变革，改变单纯记忆、接受、模仿的被动学习方式，发展学生收集和处理信息的能力、获取新知识的能力、分析和解决问题的能力以及交流与合作的能力。

(4)体现评价促进学生发展的教育功能，使评价建议有更强的操作性。

各学科课程标准力图结合本学科的特点提出有效的策略和具体的评价手段，引导学校的日常评价活动更多地指向学生的学习过程，从而促进学生的和谐发展。课程标准建议采取多种方法进行评价，如成长记录与分析、测验与考试、答辩、作业(长周期作业、短周期专业)、集体评议等。[1]

---

① 刘兼：《国家课程标准的框架与特点分析》，载《人民教育》，2001(11)。

(三)教材

1. 教材的含义

教材是依据学科课程标准和学生的接受能力编制的、系统反映学科内容的教学用书，是教师和学生进行教育活动的依据，包括教科书、讲义、讲授提纲、参考书、活动指南书、各种视听材料等，其中教科书和讲义是教材的主体部分，因此，人们经常把教科书和讲义简称为教材。教科书是课程标准的具体化，课程标准中规定的各门课程一般均有相应的教科书。教科书不同于一般的书籍，通常按学年或学期分册，划分单元或章节，主要由目录、课文、习题、实验、图表、注释、附录等部分构成。课文是教科书的主体部分。

随着科学技术的发展，教学手段的现代化，教学内容的载体也呈现出多样化。除了教科书以外，还有各类指导书和补充读物，工具书、挂图、图表和其他教学辅助用具，教学程序软件包，幻灯片、电影片、音像磁盘等音像资料。

过去我国90％的地区只有一套教材，这不能很好地适应不同地区的不同需要，阻碍教育质量的提高。根据我国基础教育课程改革的精神，国家鼓励不同地区根据自身经济发展水平和文化特点，考虑本地区教育发展水平、儿童身心发展水平的需要，充分利用具有本地区特色的丰富课程资源，开发出既符合课程标准又体现当地实际的丰富多样的地方教材。

2. 教材的编排

教材的编排形式要有利于学生的学习，符合卫生学、教育学、心理学、美学的要求。教材的内容阐述要层次分明，文字表达要简练、精确、生动、流畅，篇幅要得当。标题和结论要用不同的字体或符号标出，使之鲜明、醒目。封面、图表、插图等要力求清晰、美观。字体大小要适宜，装订要坚固，规格大小、厚薄要合适，便于携带。

3. 教材的作用

(1)教材是学生在学校获得系统知识、进行学习的主要材料，它可以帮助学生掌握教师讲授的内容，同时便于学生预习、复习、做作业。教材是学生进一步扩大知识领域的基础。所以要教会学生使用教材，发挥教材的最大作用。

(2)教材是教师进行教学的主要依据，是教师备课、上课、布置作业、评定学生学习成绩的基本材料。熟练地掌握教材内容是教师顺利完成教学任务的重要条件。

(3)教材可以为教师根据课程计划对本学科的要求分析本学科的教学目标、内容范围和教学任务提供依据。

(4)教材可以让教师根据本学科在整个学校课程中的地位来研究本学科和其他学科的关系，是理论联系实际的最佳方式，有利于确定本学科的主要教学活动、课外活动、实验活动和其他社会实践活动，对各教学阶段的课堂教学和课外活动做出统筹安排。

4. 教材与课程标准的关系

《基础教育课程改革纲要(试行)》指出，国家课程标准是教材编写的依据，教材内容的选择应符合课程标准的要求。二者关系具体为以下几点。

(1)教材编写必须依据课程标准。课程标准是教材的编写指南和评价依据，教材是课程标准最主要的载体。教材的编写思路、框架、内容不能违背课程标准的基本精神和要求。教材的内容既要达到标准的基本要求，又不能无限制地提高难度，教材内容设计、呈现方式要有利于改善学生学习的方式。

(2)课程标准是对学生素质提出基本的、最低限度的要求，这为编写教材提供了广阔的空间。

(3)教材是对课程标准的再创造、再组织。

(4)教材的编写和实验可以检验课程标准的合理性。一方面，教材的编写可以检验课程标准的可行性和合理性；另一方面，可以通过使用教材不断检验和完善课程标准。[①]

第三节 课程实施与评价

一、课程实施的概念

课程实施是指把课程计划付诸实践的过程，它是达到预期的课程目标的基本途径。一般来说，课程设计得越好，实施起来就越容易，效果也越好。如果课程设计得很好，但没有得到有效的实施，那课程设计得再好也都没有意义。我国当前正在进行的新课程改革就需要广大教育工作者很好地发挥主观能动性和创造性，积极参与课程改革，使新课程理念在实践中得到很好的贯彻落实。

二、课程实施的结构

课程实施是一个动态的序列化的实践过程。课程实施要做好以下七方面的工作。

(一)安排课程表

课程表是依据课程计划的要求，考虑学生身心发展的特点，为充分利用现有的教学设施和教学时间而制定的安排学生每天上课内容的表格。课程表的内容包括一周内每日上课的科目和次序，每次上课的起止时间和休息时间，班会、课外活动、团队活动时间和自习课时间等。

课程表的合理性和科学性直接关系到教学秩序的稳定和教学质量的提高。一张

---

①朱慕菊：《走进新课程》，50～51页，北京，北京师范大学出版社，2002。

好的课程表既是从学生全面发展的教育目标出发，又能体现出不同学科的性质和特点，是课程理论和实践相结合的产物。

课程表的安排要遵循以下原则。

1. 整体性原则。要从学校全局着眼，统筹安排好课程计划所规定的每门课程，使每门课程都处在能发挥最佳效果的恰当位置上，从而实现各门课程功能的协调化、整体化，产生最好的教育效果。

2. 迁移性原则。要充分考虑各门学科之间相互影响的性质和特点，利用心理学上的迁移规律，促使课程之间产生正迁移，防止负迁移的发生。

3. 生理适宜原则。要考虑学生的生理特点，使学生的大脑功能和体能处于最佳状态，以最大限度地提高学习效率。

(二)分析教学任务

教学任务通常包括三个方面：学生所要掌握的基础知识、基本技能；学生所要形成和发展的智力、能力和体力；学生所要养成的情感、态度、价值观和个性心理品质等。

(三)研究学生的学习特点

学生的学习有四方面特点：独特性、稳定性、发展性、灵活性。

学生的学习受三方面因素的影响：一是基础因素，即学生的基础知识、基本技能、智能结构、心理品质、个性特征等；二是内部因素，即学生在学习过程中积累的学习经验、掌握的学习方法、学习动机、学习积极性等；三是外部因素，即学习内容、教师的教学风格、社会传统、时代要求、教育环境等。这三方面因素相互联系、相互制约，共同影响着学生的学习。

(四)选择并确定教学模式

教学模式是指在一定的教学思想或理论指导下，为完成特定的教学任务，实现预期的课程目标所形成的相对稳定的、系统化的教学活动的基本范型。为实现预期的课程目标，可根据教学任务和学生的学习特点，选择相应的教学模式。

(五)规划教学单元和课

教学单元是指某门课程的教材内容中的一个比较完整的部分。在对教学单元进行规划时，需要对教学单元中的主要原理、主要概念、技能、态度、诊断性测验和评价等方面加以考虑。课是教学单元的组成部分，所要解决的是如何安排课堂教学活动的问题。

(六)组织教学活动

组织教学活动即按照课程实施计划具体展开教学活动(详见教学部分)。

(七)评价教学活动的过程和结果

这是课程实施的最后任务或环节，即对教学活动的过程与结果进行评价。教学评价一方面可以向学生反馈其学习情况，以激励学生的学习；另一方面，教师可以通过评价发现自身教学中的问题和不足，有利于更好地改进今后的教学。

三、课程评价的概念

评价即评定价值，是对客体满足主体需要的程度做出价值判断的活动。课程评价有狭义和广义之分。

狭义的课程评价是指对课程计划、课程标准、教材在改进学生的学习方面的价值做出判断的过程，包括对课程目标体系的评价、对课程计划的评价、对课程标准的评价以及对教材的评价等。它是一般由受过专门培训的评价人员借助专门的评价方法和技术来进行的。

广义的课程评价即教育评价，是指通过系统地收集和科学地分析信息资料，对教育活动满足社会和个体发展需要的程度做出价值判断，并为被评价者的自我完善和有关部门的科学决策提供依据的活动，包括学生评价、教师评价、狭义的课程评价、学校评价等多个方面的评价活动。

课程评价是学校课程活动的基本环节，是保证学校教育活动沿着正确方向发展的重要手段。课程评价在整个课程系统中占有十分重要的地位，它既是课程设计与实施的终点，又是课程设计与实施继续向前发展的起点。

从不同的维度，以不同的标准，可以将课程评价分为不同的类型。

(一)按照评价主体分为自我评价和他人评价

自我评价是评价者对自己的活动状况或发展状况做出的自我鉴定。自我评价实质上是评价对象自我分析、自我提高的过程。

他人评价是由评价对象以外的有关人员实施的评价，如领导评价、督导评价、同行评价、专家评价等。

(二)按照评价的参照标准分为相对评价、绝对评价、个体内差异评价

相对评价又称常模参照评价，是指以评价对象群体的平均水平或某一对象的水平为参照点，确定评价对象在群体中的相对位置或与群体中某一个体的差距的评价。实施这种评价，通常要从评价对象集合中选取一个对象(如考试中的平均分)作为基准，将各评价对象与之进行比较，以排出名次，区分优劣。按考试成绩对学生进行排名就是这种评价。

绝对评价又称教育目标参照评价，是指在评价对象的群体之外，以某一预定的目标或标准作为参照点，确定评价对象达成教育目标的程度的评价。实施这种评价通常是在评价对象集合之外确定一个客观标准，然后将每个评价对象与之进行比较，以判断其达到标准的程度。我国中小学的毕业会考就是这种评价。

个体内差异评价又叫个人发展参照评价，是指以评价对象自身的状况为参照点，就自身的发展变化情况进行横向或纵向比较而做出价值判断的评价，它包括评价对象的过去和现在的纵向比较和各个不同侧面之间的横向比较。

(三)按照评价目的分为诊断性评价、形成性评价和总结性评价

诊断性评价又叫准备性评价，是在教育活动开始之前或教育活动进行中对学生的学习准备情况或学习困难、障碍进行的评价。其目的是了解评价对象的现状或发现问题以及产生问题的原因，以便"对症下药"，进行相应的教学设计或采取相应的补救措施。

形成性评价又叫过程性评价，是在教育活动过程中为了调节和完善教育活动，引导教育活动正确而高效地进行，对学生的学和教师的教的情况进行评价，以便及时反馈信息，发现问题，改进工作。

总结性评价又叫终结性评价，是指在某一相对完整的教育阶段结束之后对最终结果进行的评价，以判定教育结果实现预定教育目标的程度。

(四)按照是否采用数学方法分为定量评价和定性评价

定量评价是对评价对象进行数量化的分析和计算从而判定其价值的评价。它通常需要将评价目标分解为多项因素，并将其数量化，通过演示或变换来判定诸因素的关联，最后用数值来表示评价结果，如百分制评价法、标准分评价法等。

定性评价是对评价对象做概念、程度上的质的分析，以说明评价对象的性质和程度的评价，它侧重的是评价对象质的方面，分析那些在教育过程中难以用客观定量的方法描述的因素，如等级法、评定法等。

四、课程评价的主要模式

由于课程评价有助于改进课程计划，从而提高学校教育的质量，因而引起许多教育工作者的注意，并在实践中开发出各种课程评价的模式。现介绍几个常用的评价模式。

(一)目标评价模式

这一评价模式是以目标为中心而展开的，是针对 20 世纪初形成并流行的常模参照测验的不足而提出的，是在泰勒的评价原理和课程原理的基础上形成的。评价原理可被概括为七个步骤或阶段。

1. 确定教育计划的目标。
2. 根据行为和内容来界说每一个目标。
3. 确定使用目标的情境。
4. 设计呈现情境的方式。
5. 设计获取记录的方式。
6. 确定评定时使用的计分单位。
7. 设计获取代表性样本的手段。

泰勒在这一评价原理的基础上，结合课程编制的实践，提出了更引人注目的课程原理，可被概括为四个步骤或阶段。

1. 确定课程目标。

2. 根据目标选择课程内容。

3. 根据目标组织课程内容。

4. 根据目标评价课程。

其中，确定目标是最为关键的一步，因为其他所有步骤都是围绕目标而展开的。

目标评价模式强调要用明确的、具体的行为方式来陈述目标，并以预先规定和界说的教育目标为中心来设计、组织和实施评价，从而确定学生通过课程教学所取得的进步，即确定学生实现教育目标的程度，找出实际结果与课程目标之间的差距，并将这种信息反馈作为修订课程计划或更新课程目标的依据。因为这一模式既便于操作又容易见效，所以它在很长时间里在课程领域占主导地位。但由于它只关注预期的目标，忽视了其他方面的因素，因而也遭到了不少人的批评。

(二)目的游离评价模式

该评价模式是由美国学者斯克里文针对目标评价模式的弊病而提出来的。他主张把评价的重点从"课程计划预期的结果"转向"课程计划实际的结果"上来。评价者不应受课程目标的影响，尽管这些目标在编制课程时可能是有用的，但不适宜作为评价的准则。

该评价模式对目标评价模式的批评是直击要害的。评价除了要关注预期的结果之外，还应关注非预期的结果。评价的指向不应该只是课程计划满足目标的程度，而且更应该考虑课程计划满足实际需要的程度。但目的游离评价模式也存在着不少问题。如果在评价中把目标搁在一边去寻找各种实际效果，很可能会顾此失彼，背离评价的主要目的。此外，目的完全"游离"的评价是不存在的。因为评价者总是会有一定的评价准则，游离了课程编制者的目的，评价者很可能会用自己的目的。而且，严格地说，目的游离评价不是一个完善的模式，因为它没有一套完整的评价程序。

(三)背景、输入、过程、成果(CIPP)评价模式

CIPP 是由背景评价(content evaluation)、输入评价(input evaluation)、过程评价(process evaluation)、成果评价(product evaluation)这几种评价的英文名首字母组成的缩略语，该模式包括四个步骤。

第一，背景评价，即要确定课程计划实施机构的背景，明确评价对象及其需要，明确满足需要的机会，诊断需要的基本问题，判断目标是否已反映了这些需要。背景评价强调首先应根据评价对象的需要对课程目标本身做出判断，看两者是否一致。

第二，输入评价，主要是为了帮助决策者选择达到目标的最佳手段，而对各种可供选择的课程计划进行评价。

第三，过程评价，主要是通过描述实际过程来确定或预测课程计划本身或实施过程中存在的问题，从而为决策者提供如何修正课程计划的有效信息。

第四，成果评价，即要测量、解释和评判课程计划的成绩。它要收集与结果有关的各种描述与判断，把它们与目标以及背景、输入和过程方面的信息联系起来，并对它们的价值和优点做出解释。

CIPP课程评价模式考虑到影响课程计划的种种因素，可以弥补其他评价模式的不足，相对来说比较全面，但它的操作过程比较复杂，难以被一般人掌握。

五、课程评价的过程

(一)明确评价问题

评价总是为了解决特定的问题而实施的。一项特定的评价究竟要解决什么问题，是在评价活动开始之前首先要明确的。

(二)确定评价目的

评价目的即评价要达到的预期结果，也就是在明确了评价问题的基础上，确定评价究竟要把问题解决到什么程度。评价目的是统领整个评价过程的，评价目的不同，评价的对象、评价内容、评价方法都会不同。

(三)选择评价对象、评价内容和方法

评价对象是为了实现评价目的，评价活动所必须指向的"事"或"评价物"。

评价内容是评价活动所关注的评价对象的某些具体方面或要素。

选择评价对象和内容实际上是将评价目的进一步细化，是评价工作中的一个核心环节，也是评价活动中技术性和政策性很强的工作。其主要任务是确定评价准则、评价要素的权重和评价标准。

根据评价目的、评价对象、评价内容的不同，需要选择不同的评价方法。

(四)收集评价信息

收集评价信息即围绕评价对象和内容，采用一定的方法和手段，按照评价准则的要求收集相应的评价信息。这是评价活动中的基础性工作，是评价的重要环节。

(五)分析评价信息，得出评价结论

此环节是对所收集到的评价信息进行加工、整理、赋值或描述，在此基础上得出综合性的评价结论。

(六)依据评价结论采取改进措施

根据评价结论明确存在的问题和需要改进的方面，采取相应的改进措施。这是评价活动中非常重要的环节，是将评价结论运用于教育实践的环节。如果仅仅是为评价而评价，不能促进教育工作的改进和发展，那么，评价工作做得再好也都没有意义。

第四节 基础教育课程改革

一、影响课程改革的因素

教育是社会大系统中的子系统，社会政治、经济、文化的发展和变迁都将给教育带来变化。课程作为教育问题的核心，必将反映社会政治、经济、文化发展的要求，并随着社会的变迁而发生变化。

(一)政治因素

政治因素直接制约着课程目标的制定、课程内容的选择和课程的编制过程。统治阶级总是从自己的政治需要出发来确定教育目的和培养目标，而课程目标是教育目的和培养目标的具体化，课程内容是实现课程目标的载体，是为实现课程目标服务的。课程的编制过程即课程计划的设计、课程标准的设定、教材的编制，就是将课程内容具体化的过程。因此，课程内容的选择、课程的编制必然反映统治阶级的意志和要求。中外历史上，政治运动一般会要求变革学校课程。

(二)经济因素

经济因素直接制约着学校的课程改革，主要表现为课程目标和课程内容必须反映经济发展水平对劳动力素质的要求。

(三)文化因素

教育是传承社会文明、传播社会文化的重要手段，文化通过教育的传递、传播和创造得以保存和发展。课程内容本身就来源于社会文化。文化的变迁、文化的差异直接影响着课程内容的选择。

(四)科技因素

随着人类社会的发展，科技的进步和革新对学校课程的影响日益增加，当代的科技革命对学校课程的变革起着直接的推动作用。课程目标、课程内容、课程结构等都需反映科技发展的需要和科技发展的水平。

(五)学生因素

课程内容的深度、广度，课程编排的结构，要符合学生身心发展的现实水平和未来发展的需要，适应学生的年龄特征，遵循学生身心发展的一般规律，这样才能促进学生身心健康与全面、和谐发展。

二、世界各国课程改革的趋势

课程改革是教育改革的核心问题，20世纪下半叶以来，世界各国为了适应社会发展的需要，提高人才培养的质量，在改革课程方面出现了行政主体多元化、课程设置现代化等一系列趋势。①

(一)课程行政主体多元化

课程行政主体即决定课程设置与编制的主体。世界各国由于国家行政体制的不同，在课程管理上有的采取中央集权的模式，有的采取地方分权的模式，但在 20 世纪 80 年代以后都在改革和调整管理模式，呈现出课程设置与编制主体从一元向多元转化的趋势。

传统的中央集权制国家，如法国，对中小学课程实行严格的中央集权控制，无论公立的还是私立的学校，中小学课程全部由国民教育部制定。1973 年以后，法国开始课程行政改革，地方和学校在课程方面的权力得到扩大，学校有 10% 的自由支配课程。而一些地方分权制国家，传统上是由地方政府和学校自主决定课程设置的，自 20 世纪 80 年代以后纷纷开始加强国家对课程行政的干预。如美国，以往公立学校的课程一般是由州教育法规定的，州教育法原则上规定学校开设的主要课程门类和最低时数。每门课程选择哪些内容、应达到什么要求、采用什么教材等都由学校和教师自主决定。但自 20 世纪 80 年代以来，为了所谓的国家利益，联邦政府设立了全国统一的教育目标和课程标准，以加强国家对基础教育课程的宏观控制，由此形成了国家、地方、学校共同决定课程设置和编制的多元化结构。

(二)课程设置现代化

课程设置现代化的改革始于 20 世纪 50 年代的美国，之后蔓延至全球。到 20 世纪 80 年代尤其是 90 年代以后，随着科学技术发展速度的加快，知识经济时代的到来，课程现代化的深度和广度进一步加大，其突出表现就是把现代的科学、技术、文化的成果完整及时地反映到学校的课程上，具体体现为教学科目和教学内容的现代化。在学校课程体系中，学科课程的设置、不同学科教学时间的配比等都随着科技发展的需要及时调整，同时把现代科技发展的最新成果和与科技发展息息相关的一般原理和思想，以儿童能理解的方式及时地反映到教材中。

(三)学习历程个别化

学校教学从最初的个别教学发展到班级授课制是人类社会的一项重大创造，它极大地提高了人才培养的效率，为教育的普及做出了贡献。但第二次世界大战以后，随着经济社会的发展，生产力水平的提高，对人才素质要求的变化，人们开始认识到班级授课制无法满足每个学生的需要，不利于学生个性特长的发挥。因此，世界各国在班级授课制的基础上，努力探索个性化的教学，增强学制和教学管理的灵活性，以帮助学生拥有个性化的学习历程。如新加坡曾提出六条教育改革措施：允许课程要求有差异；对学生学习年限不强求一致；采用多样化的考试和评估方式；对差生实行辅导与教导计划；为学习能力强的学生开设特别课程；组织各种课外活动，

---

①陈玉琨等：《课程改革与课程评价》，26～58 页，北京，教育科学出版社，2001。

发挥学生个性特长。此外，一些国家还结合社会现实和学生关心的问题开设微型课程，以满足不同学生的不同兴趣和需要。

(四)学科之间综合化

现行的学校课程主要是分科课程，从学校产生和发展的历史来看，分科课程的历史在所有课程类型中最为悠久，直至今日，分科课程仍然是现代教育的基础。在第二次世界大战以后，科技发展越来越呈现出学科分化和学科综合同时发展的趋势，学科的交叉和综合成为新的知识产生的条件，大量在综合化基础上发展起来的边缘学科成为推动科技和学术发展的主要因素。因此，各国都开始重视学科课程的综合化。具体表现在以下几点。

1. 理科课程的综合化

一些发达国家在初等教育阶段理科教育中采用称为"科学"的理科课程。在高中阶段，各国采用不同的综合方式实行分科教学，课程的综合主要体现在理科类课程与应用的结合，通过实际应用问题的研究，使学生综合应用一门或数门学科的知识，促使不同学科的知识综合起来。综合理科的开发已成为世界理科课程改革的主流。

2. 社会科目的综合化

社会的发展是各种社会因素综合作用的结果，社会事件往往不是孤立发生的，尤其在现代社会，对于社会问题只有运用综合的知识才可能加以解决，把社会科目分割开来就无法解决一些社会现象和社会问题，以综合的方式来进行一些社会学科的教育有很重要的意义。因此，在20世纪90年代的课程改革中，世界各国普遍重视社会科目的综合，一方面，把不同的社会科目综合起来设立综合性的课程；另一方面，把一些社会问题研究作为课程，通过对问题的研究实现多门社会科目的教学目标。

3. 科学教育和人文教育相统一

科学教育的主要任务是揭示自然规律，其本身并不解决价值观的问题，也就是说，它只回答"是什么"的问题，而不回答"应该是什么"的问题，后者往往是由人文教育回答的。世界发展的现实表明，生产力的巨大进步并未带来一个更加美好的社会，相反却带来了许多社会问题，如人类生存的物质环境和社会文化环境都在恶化，人类开始遭到大自然和人类社会自身的报复。面对这一现实，人们不得不思考社会和人自身的发展问题，思考人的价值和社会价值的问题。重视学生人格的陶冶，既是许多国家教育改革的目标，也是各国深化教育改革的重要手段。科学教育和人文教育相互渗透成为20世纪90年代以来世界课程改革的重要趋势。

(五)课程内容实用化

为了使课程能更好地适应世界快速变化发展的需要，世界各国课程和教学的内容不断转变，从"教材就是学生的全部世界"到"让世界成为学生的全部教材"。具体表现为：一是生活知识进入课程，即把生活知识作为课程纳入基础教育的教学中，如开设消费者教育、家庭生活教育、社会生活教育、环境教育方面的课程，消费学、家政、健康等课程纷纷进入中学；二是职业化、乡土化课程不断得到强化，以增强学生的职业适应能力，满足学生的就业需要；三是当代科技和社会发展的实际问题进入课程，以在课程中及时反映当代科技和社会发展的需要。

三、我国基础教育课程改革的历史沿革

自新中国成立以来，我国基础教育课程经历了八次重大改革。

(一)1949—1952年的第一次改革

中华人民共和国成立后，百废待兴。国家继承了原先中小学课程中分科目和活动的结构形式，发展并规范了集体活动形式，把课程分为朝会或课间会、周会、校内外活动以及校外社团活动等。教育部颁布了小学和中学两个课程计划，人民教育出版社选编、出版了第一套全国通用的中小学教材。

这次改革是由教育部门自上而下实行的，实行对旧课程的改造，初步确立了我国中小学新课程体系，形成了全国统一教学计划、统一教学大纲和统一教科书的"大一统"课程模式。

(二)1953—1957年的第二次改革

此时期的教育和课程全面学习苏联，苏联课程模式被照搬到我国。此次改革取消了"课程"的提法，代之以"教学计划""教学大纲""教科书""教学法"等一整套专门概念及其理论。国家共颁布了五个教学计划。1956年，国家正式发行第二套全国通用中小学教科书。这套教科书理论性有所加强，特别注意学生动手能力的培养。

这次课程改革存在的问题是：虽初步形成了比较全面的课程体系，但模仿苏联的痕迹很深；课程变化过于频繁，教材跟不上需要，致使教学工作不能完全按照教学计划执行；部分学科间的相互联系配合不够紧密，课程甚至不尽合理。

(三)1958—1963年的第三次改革

1958年教育部调整、放权，允许各地自编教材，这是第一次下放中小学课程教材制定和编写权限。1958年的"大跃进"引发了教育大革命，大幅度缩短学制，精简课程，增加劳动，注重思想教育，还出现了多种学制的改革试验。1963年，教育部颁布了十二年制中小学教学计划(第三套教学大纲)，人民教育出版社编写了相应的第四套教材。这些教学大纲和教材重视"双基"，即基础知识和基本技能，注重知识的系统性，受到各方面好评，并成为以后30多年我国基础教育的一大特色和优势。

这一时期的课程改革出现了新的动向：重视学科与育人的作用；首次提出设置选修课；实行国定制和审定制相结合的教科书制度；重视地方教材和乡土教材的编写。

(四)1964—1976年的第四次课程改革

"文化大革命"期间，中小学正常的教学秩序遭到破坏，教学计划、教学大纲和

教材处于无政府状态，中小学教学大幅度削减基础知识，教育质量严重下降。

（五）1978—1984 年的第五次课程改革

以 1978 年 2 月教育部颁发的《全日制十年制中小学教学计划（试行草案）》为起点，课程领域的拨乱反正开始了。1981 年，教育部颁发《全日制六年制重点中学教学计划（试行草案）》，并修订颁发了五年制小学和中学教学计划。根据新教学计划的要求，人民教育出版社立即组织编写了第六套教材。1984 年，教育部颁发了六年制城市小学和农村小学的教学计划，对数学、外语、自然常识、劳动课程分别提出了不同的要求，同时对教学大纲也进行了修订。

（六）1985—1991 年的第六次课程改革

1986 年，《义务教育法》出台，确定我国基础教育课程的义务教育性质，为实行课程教材多样化和三级管理政策提供了法律依据。国家教委公布了义务教育教学计划初稿，突出了新型教育方针的具体要求，适当增加了基础学科的教学时数，在教学计划中给课外活动留出了固定的、充足的空间。

（七）1992—2000 年的第七次课程改革

这是全面建设有中国特色社会主义教育体系的时期。1992 年国家教委第一次将以往的教学计划改为课程计划。新的课程计划推出了以德育为首，德智体美劳五育并举的全面发展的教育方针，第一次将活动与学科并列为两类课程。

中华人民共和国成立以来，随着社会的发展，我国的基础教育一直在不断发展变革，取得了令人瞩目的成就。尤其是 1986 年《义务教育法》的颁布，开启了具有划时代意义的义务教育阶段的课程改革。但是，我国基础教育的质量、素质教育的进展和成效与 21 世纪社会经济发展的要求相比，确实还存在一定的差距。例如，我国中小学几乎都按一个模式办学，升学率成为评估学校的唯一指标；基础教育课程缺少综合性和弹性，课程体制和教材内容都为升学服务。这些越来越不适应时代发展的要求，新一轮基础教育课程改革势在必行。

（八）2001 年至今的第八次课程改革

20 世纪 90 年代以来，我国提出并开始实施素质教育，素质教育要求有别于应试教育的课程。为了全面实施素质教育，更好地解决前七次课程改革遗留的课程问题，顺应世界课程改革的潮流，我国政府又开始了一场广泛、全面、深入、持久的课程系统改革。2001 年 2 月，国务院批准《基础教育课程改革纲要（试行）》，标志着我国基础教育课程改革全面启动。遵循"先实践、后推广"的原则，新课程于 2001 年 9 月在全国 38 个国家级实验区进行实验；2002 年秋季，实验进一步扩大到 330 个市、县，参与实验的学生占学生总数的 10％～15％；2003 年秋季，全国在起始年级启用新课程的学生数占同年级学生数的 35％；2004 年秋季，在对实验区工作进行全面评估和广泛交流的基础上，课程改革进入全面推广阶段；2005 年，中小学各阶段起始年级原则上都已采用新课程。2002 年，教育部又全面启动了普通高中新课程的研制工作，从 2003 年颁布《普通高中课程方案（实验）》和高中各科课程标准（除政治课程标准外），从 2004 年秋季开始在部分省市开始实验。这次改革不是对课程内容的简单调整，不是新旧教材的替换，而是一次以课程为核心、波及整个教育领域乃至全社会的系统改革，是一次课程文化的革新，是教育观念与价值的转变，涉及课程的理念、目标、方法、管理评价等多个方面。这场改革仍在继续，成败与否有待实践的检验。

四、我国当前的基础教育课程改革

（一）当前课程改革的基本理念

当前的课程改革是第八次课程改革，本次课程改革倡导三大基本理念。

1. 关注学生发展

新课程改革要体现促进学生发展这一基本理念。这一理念首先体现在教学目标上，按照课程标准、教学内容的科学体系进行有序教学，完成知识、技能等基础性目标，注意学生复杂性目标的达成。其次，在教学过程中，教师要认真研究课堂教学策略，激发学生的学习热情，体现学生主体，鼓励学生探究，高效实现目标。

2. 强调教师成长

依据新课程评价目标的要求，课堂教学评价要沿着促进教师成长的方向发展。其重点不在于鉴定教师的课堂教学结果，而是诊断教师课堂教学的问题，制定教师个人发展目标，满足教师的个人发展需要。

3. 重视以学定教

新课程课堂教学体现以学生的"学"来评价教师的"教"的"以学论教"的评价思想，强调以学生在课堂教学中呈现的状态为参照来评价课堂教学的质量，主要从学生的情绪状态、注意状态、参与状态、交往状态、思维状态、生成状态六个方面进行评价。

（二）本次课程改革的总目标

《基础教育课程改革纲要（试行）》规定，我国新课程的培养目标是：要使学生具有爱国主义、集体主义精神，热爱社会主义，继承和发扬中华民族的优秀传统和革命传统；具有社会主义民主法制意识，遵守国家法律和社会公德；逐步形成正确的世界观、人生观、价值观；具有社会责任感，努力为人民服务；具有初步的创新精神、实践能力、科学和人文素养以及环境意识；具有适应终身学习的基础知识、基本技能和方法；具有健壮的体魄和良好的心理素质，养成健康的审美情趣和生活方式，成为有理想、有道德、有文化、有纪律的一代新人。

（三）本次课程改革的任务和具体目标

本次课程改革的根本任务是：全面贯彻国家的教育方针，调整和改革基础教育课程体系、结构、内容，构建符合素质教育要求的新的基础教育课程体系。

为了实现新课程的培养目标，《基础教育课程改革纲要（试行）》提出了本次课程改革的六项具体目标。

1. 改变课程过于注重知识传授的倾向，强调让学生形成积极主动的学习态度，使其获得基础知识和基本技能的同时学会学习、形成正确价值观。

2. 改变课程结构过于强调学科本位、科目过多和缺乏整合的现状，整体设置九年一贯的课程门类和课时比例，以适应不同地区和学生发展的需求，体现课程结构的均衡性、综合性和选择性。

3. 改变课程内容"难、繁、偏、旧"和偏重书本知识的现状，加强课程内容与学生生活以及现代社会科技发展的联系，关注学生的学习兴趣和经验，精选适合学生终身学习必备的基础知识和技能。

4. 改变课程过于强调接受学习、死记硬背、机械训练的现状，倡导学生主动参与、乐于探究、勤于动手，培养学生搜集和处理信息的能力、获取新知识的能力、分析和解决问题的能力以及交流与合作的能力。

5. 改变课程评价过分强调甄别和选拔的功能，发挥评价促进学生发展、教师提高和改进教学实践的功能。

6. 改变课程管理过于集中的状况，实行国家、地方、学校三级课程管理，增强课程对地方、学校及学生的适应能力。

(四)本次课程改革的内容

为适应我国经济社会发展的需要，在借鉴世界其他国家课程改革经验的基础上，针对我国基础教育课程存在的问题，我国本次基础教育课程改革主要有以下几方面。

1. 建立合理的课程结构，更新课程内容

本次课程改革区分了义务教育课程和非义务教育课程。对义务教育课程采取九年一贯的设置方式，在小学阶段以综合课程为主。小学低年级开设品德与生活、语文、数学、体育、艺术（或音乐、美术）等课程；小学高年级开设品德与社会、语文（含写字）、数学、科学、外语、综合实践活动、体育、艺术（或音乐、美术）等课程。

初中阶段设置分科与综合相结合的课程，主要包括思想品德、语文、数学、外语、科学（或物理、化学、生物）、历史与社会（或历史、地理）、体育与健康、艺术（或音乐、美术）以及综合实践活动。

高中以分科课程为主，科目设置多样化，内容要求有层次性，使学生在普遍达到基本要求的前提下实现有个性的发展。开设必修课的同时设置丰富多样的选修课，开设技术类课程，试行学分制管理。

与此同时，课程改革更新课程内容，加强课程内容的综合性，淡化学科界限，加强课程内容与现实生活和学生经验的联系，增进各学科之间知识和方法上的联系。从小学三年级到高中，将综合实践活动作为必修课，其内容包括信息技术教育、研究性学习、社区服务和社会实践、劳动与技术教育。强调学生通过实践增强探究和

创新意识，学习科学研究的方法，发展综合运用知识的能力。增进学校与社会的密切联系，培养学生的社会责任感。农村中学课程要为当地社会经济发展服务，在达到国家课程基本要求的同时，因地制宜地设置符合当地需要的农业技术教育课程，试行通过"绿色证书"教育及其他技术培训获得"双证"的做法。城市普通中学逐步开设职业技术课程。

2. 科学制定课程标准，突出学生发展

现行的教学大纲存在许多弊端，如目标上只规定了知识方面的要求，内容上偏难、偏深、偏窄，只强调教学过程而忽视其他环节，刚性太强，缺乏灵活性和选择性等。因此，在本次课程改革中，教育部组织专家通过反复研讨、修改、完善，形成了各科课程标准，取代了我国沿用已久的教学大纲。

新课程标准强调：在课程目标上，要求从知识与技能、过程与方法、情感态度与价值观等方面设置具体的课程；在课程内容上，注重联系学生的生活和经验以及社会、科技发展的现实，强调学生经验、学科知识和社会发展三方面内容的整合；在课程要求上，课程标准不仅结合知识点明确具体的结果性目标，而且每个学科都结合本学科的特点，明确提出一系列过程性目标、体验性目标，以期学生在获得知识的同时学会学习，并形成正确的价值观。课程标准还对教学过程、教材编写、学习质量评估等提出了具体要求。如果说以往的教学大纲着眼于教师的教，那么课程标准更突出学生的发展，着眼于学生的学。

3. 加强思想品德教育，增强针对性和实效性

加强思想品德教育，强调在向社会主义市场经济转变的过程中，对学生道德、行为、人生观、世界观、价值观及思想政治素质进行培养；强调德育在各学科教育环节中的渗透，改进教育教学方法，注重实践环节，增强思想品德教育的针对性和实效性。这些主要通过以下几方面来实现。

（1）加强德育课程建设。根据中小学生的年龄特点，遵循由浅入深、循序渐进的原则，确定不同教育阶段的德育内容和要求，研制《品德与生活（1—2年级）课程标准》《品德与社会（3—6年级）课程标准》《思想品德（7—9年级）课程标准》。

（2）各门课程纳入德育。各门课程要结合自身特点，对学生进行爱国主义、集体主义、世界观、人生观、价值观、科学精神和科学态度等方面的教育。

（3）将综合实践活动设置为必修课。其宗旨是改变学生的学习方式，培养学生的创新精神和实践能力，培养学生关心国家命运的意识，培养爱国主义精神，形成社会责任感，加强学校教育与社会、科技、学生发展的联系，加强德育的针对性和实效性。

4. 形成新的教学方式，促进学习方式的变革

新课程强调教学过程是师生交往、共同发展的互动过程。在教学过程中要处理好传授知识和培养能力的关系，注重培养学生的独立性和自主性，引导学生质疑、

调查、探究，在实践中学习，使学习成为在教师指导下主动的、富有个性的过程。教师应尊重学生的人格，关注个体差异，满足不同需要，创设能引导学生主动参与的教育环境，激发学生的学习积极性，培养学生掌握和运用知识的态度和能力，使每个学生能得到充分发展。

5. 建立促进学生发展、教师提高的评价体系

《基础教育课程改革纲要(试行)》指出要建立促进学生全面发展的评价体系。评价不仅要关注学生的学业成绩，而且要发现和发展学生多方面的潜能，了解学生发展中的需求，帮助学生认识自我，建立自信；发挥评价的教育功能，促进学生在原有水平上的发展；建立促进教师不断提高的评价体系，强调教师对自己教学行为的分析和反思，建立以教师自评为主，校长、教师、学生、家长共同参与的评价制度，使教师从多种渠道获得信息，不断提高教学水平。

新课程的评价强调：评价功能从注重甄别和选拔转向激励、反馈和调整；评价内容从过分注重学业成绩转向注重多方面潜能的发展；评价技术从过分强调量化转向更加注重质的分析；评价主体从单一转向多元；评价角度从终结性转向过程性、发展性，关注学生的个别差异；评价方式更多地采用观察、面谈、调查、作品展示、项目活动报告等开放的多样化的方式，而不仅仅依靠笔试的结果；更多地关注学生的现状、潜力和发展趋势；新的评价方式强调可操作性，力求评价指标简明、方法易行，使一线教师容易使用。

6. 实行三级课程管理政策，提高课程适应性

建立国家、地方、学校三级课程管理模式，以进一步简政放权，加大省级人民政府发展和管理本地区教育的权力以及统筹力度，促进教育与当地经济社会发展紧密结合，继续完善基础教育由地方负责、分级管理的体制。在课程开发和管理上，改革过去国家管理课程过于集中的做法，逐步放权，以有效提高课程为当地经济服务的适应性。[①]

思 考 题

一、选择题

1. 课程论侧重研究(   )。

A. 教什么

B. 为谁教

C. 如何教

D. 教得如何

2. 制约课程的三大因素是(   )。

A. 教育目的、培养目标、教学规律

①朱慕菊：《走进新课程》，北京，北京师范大学出版社，2002。

B. 社会、知识和儿童

C. 政治、经济和文化

D. 教师、学生和环境

3.（　　）是出现最早、影响最广的课程理论。

A. 学科中心课程论

B. 活动中心课程论

C. 社会中心课程论

D. 人本主义课程论

二、辨析题

1. 教学大纲是教材编写、教学、评估和考试命题的依据，是国家管理和评价课程的基础。

2. 活动课程的教学强调以学生的兴趣发展为中心。

三、简答题

1. 怎么理解课程计划、课程标准和教材？它们之间是什么关系？

2. 影响课程改革的因素主要有哪些？

四、材料分析题

对课程资源的不理解①

王老师：课程资源不就是教材吗？就是教科书、教辅读物、教参、练习册等。

李老师：课程资源就是图书馆、实验室、计算机房、教室等支撑课程教学的硬件设施、设备。

田老师：我觉得课程资源不仅包括学校硬件设施，还包括一些软件资源，比如教师、学生、校风校纪等。

马老师：我认为课程资源是个很广泛的概念，一切能用于丰富课程教学的资源都是课程资源，所谓"满眼皆资源，处处是资源"。

朱老师：我比较同意马老师的看法，我认为课程资源就是可以利用的一切人力、物力以及自然资源的总和，包括教材、教师、学生、家长等学校、家庭、社区中的资源。

杨老师：我觉得朱老师的看法有点将课程资源泛化，我认为并不是所有的资源都是课程资源，只有那些进入课程，与教学活动联系起来的资源，才是现实的课程资源。

上述观点中，你认可哪些观点？谈谈你对课程资源的理解。

---

① 余文森：《新课程背景下的公共教育学教程》，北京，高等教育出版社，2004。

第八章 教学(上)

学习目标 ▶ --

　　1. 识记教学的概念，理解教学的意义及教学的一般任务。

　　2. 掌握教学过程的含义、结构及特点。

　　3. 了解国外流行的教学模式，掌握我国常见的课堂教学模式，并能进行初步的分析。

　　教学在学校工作中处于中心地位。对于有志从事教学工作的学习者而言，必须了解什么是教学，教学有什么作用，教师在教学中需要完成哪些任务，并对教学过程有感性的认识，同时了解国内外的课堂教学模式。通过本章节的学习，可以从理论层面把握教学的相关知识，为将来的教学工作奠定基础。

第一节　教学概述

一、教学的概念

（一）教学的基本概念

"教""学"两字连用最早见于《尚书·兑命》。孔颖达的解释是："上学为教（音 xiào）；下学者，学习也。言教人乃是益己学之半也。"《学记》引用它作为教学相长的经典依据，指出："学然后知不足，教然后知困，知不足然后能自反，知困然后能自强也。故曰教学相长。"宋人蔡沈对此做批注："教，教也……始之自学，学也；终之，教人，亦学也。"这里所说的教学并不是现代意义上的教学。确切地说，在古代个别教学的组织形式下，教与学不分开，以学代教。教学即学习，是指通过教人而学，以提高自己。这是我国"教学"一词最早的语义。

"教学"一词的含义在英文中有很多词可以表达。在英语世界，与"教学"相对应的词有 teach、learn、instruct，以及词组 teach and learn。Teach 和 instruct 二词也有区别，teach 常与教师的行为有联系，作为一种活动；而 instruct 常常与教学情境有关系，强调教学过程。因此经常有人认为，不能仅用 teach 一个词来对应教学，而应该用 teach and learn，以同时强调教师的教和学生的学。然而值得指出的是，与汉语中的"教"源自"学"不同，英文中 teach 和 learn 是由同一词源派生出来的。

虽然国内外教学一词的起源及所指略有不同，但人们普遍都认可这种界定：教学是在教育目的的规范下，由教师的教与学生的学共同组成的一种教育活动。在我国，教学是以知识的授受为基础的，通过教学，学生在教师有计划、有步骤的积极引导下，主动地掌握系统的科学文化知识和技能，发展智力、体力，陶冶品德、美感，形成全面发展的个性。所以，教学是学校实现教育目的、促进学生全面发展的基本途径。

（二）教学与相关概念的关系

1. 教学与教育

教学与教育这两个概念的关系是一种部分与整体的关系。教育包括教学，教学只是学校进行教育的一个基本途径。除教学外，学校还通过课外活动、生产劳动、社会活动等途径对学生进行教育。尽管教学工作是学校教育工作的一个组成部分，但它是学校教育的中心工作，其地位不可取代，十分重要。从图 8-1 中可以看出教育与教学的相互关系。

2. 教学与智育

教学与智育两者既有联系又有区别。作为教育的一个组成部分的智育，即向学

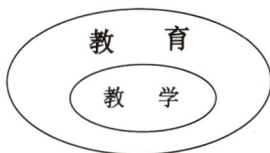

图 8-1　教学与教育的关系

生传授系统的科学文化知识和发展学生的智力，主要是通过教学进行的，但教学不是智育的唯一的途径，我们不能简单地把两者等同。一方面，教学也是德育、美育、体育、劳动技术教育的途径；另一方面，智育也需要通过课外活动等才能全面实现。把教学等同于智育将导致对智育的途径和教学的功能产生狭隘化甚至唯一化的认识，阻碍教学作用的全面发挥，并对实际工作产生严重而深远的影响。图 8-2 展示了教学与智育的相互关系。

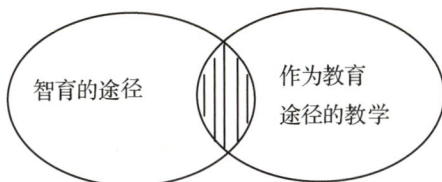

图 8-2　智育的途径与教学的关系

二、教学的作用

教学在学校工作中处在十分重要的地位。学校要卓有成效地实现培养目标、造就合格人才，就必须以教学为主，并围绕教学这个中心安排其他工作，建立学校的正常秩序，因为教学是实现教育目的的基本途径。

教学对社会和个人的发展起着重要的作用，具体表现在以下几个方面。

(一)教学对社会发展的作用

人类社会之所以能够从生产力水平极其低下的原始社会发展到具有高度文明的今日社会，与人类知识的世代累积、传递和不断发展密不可分。后人正是在继承前人的基础上，不断地创新、发展所掌握的知识，才推动社会不断向前发展。而教学在这一延续和发展的过程中起着至关重要的作用。正是通过教学活动，前人所掌握的知识技能才能有效地、系统地传递给下一代。

(二)教学对个体发展的作用

教学最具体、最直接的作用是促进个体的全面发展，教学对社会发展的作用是通过其对个人发展的影响来实现的。教学能较简捷有效地将人类积累的科学文化知识转化为学生个体的精神财富，有力地促进他们的身心发展，使青少年的发展能在较短的时间内达到人类发展的一般水平。由此可见，教学在整个教育体系中处于中心地位，起到核心作用。它是教育的主体部分，比其他教育形式对个人的影响更全面、更集中、更高效。

（三）教学是实现全面发展教育的基本途径

学校教育的实施虽然有多种形式、方法和过程，但是其中最经常、最普通、最集中的还是教学。教学能够有目的、有计划地将"五育"的基础知识传授给学生，促进他们在德、智、体、美、劳等方面按预期的要求发展。可以说教学是学校教育的主要形式，但是它必须与其他教育形式相联系、相配合，才能发挥作用。

三、教学的一般任务

教学任务是由教学价值取向决定的，它指明各教育阶段、各科教学应实现的目标要求。教学任务要受教育目的、学生年龄特征、学科的科学特性以及教学的时空条件等因素制约。教学以促进学生德、智、体、美全面发展为根本目的，使学生在获得知识的同时学会学习，并形成正确的价值观。教学的一般任务如下所述。

（一）传授系统的科学文化知识和基本技能

教学的重要任务是以储存在书本或其他信息载体中的物化知识作为学生认识的客体，经过有指导的学习活动，将人类总体的知识转化为学生个体的内在知识结构。在现代世界各国都十分重视基础知识的教学，注意引导学生掌握学科知识的基本结构，以确保教学任务的完成及培养人才的质量规格。

（二）发展学生的智力、体力和创造才能

教学不仅要使学生掌握知识，而且要发展以思维能力为核心的认识能力；不仅发展学生的智力，而且要发展学生的体力，注意教学卫生，保护学生视力，增强学生体质，使学生养成自觉锻炼的习惯，有规律、有节奏地学习与生活。特别是要通过发展性教学，启发诱导学生进行推理、证明、探索和发现，培养学生独立学习的能力、分析和解决问题的能力，以适应科学技术发展的时代要求。

（三）培养社会主义品德和审美情趣，奠定学生科学世界观的基础

世界观是对世界的总的看法和态度，科学的世界观的形成必须建立在科学知识的基础之上。青少年的品德、审美情趣和世界观正处在急速发展和逐步形成的重要时期，教学在使学生形成科学的世界观、培养优秀的道德品质方面起着重要作用，其原因在于教学始终具有教育性。学生在教学中进行的学习和交往是他们在生活中认识世界和进行社会交往的组成部分。他们在掌握自然科学、社会科学知识和联系实际的过程中，将提高自己的道德修养和审美情趣；他们在班级的集体教学活动中，将依据一定的规范和要求来调节自己的思想和行为，这都为学生形成科学的世界观提供了坚实的基础。

上述三项任务有内在的一致性，知识与技能、智力与能力、价值观与态度都是交织在一个人的学习活动之中的。而各门学科由于在教学实践中所承担任务的不同，又各有自己的重点。

(四)现代教学论关注学生个性的发展

以马克思主义关于人的全面发展学说为指导，现代教学论致力于协调学生知识、智力、兴趣、情感、意志、性格等各方面的因素，追求教学与教育的统一，促进学生个性的发展；希望通过教学，激发每个学生的主观能动性，使他们不仅有现代科技文化知识，而且有自觉能动性、独立自主性和开拓创新性，有强烈的竞争意识、平等观念和合作精神。

拓展阅读

苏珊的帽子

有一个俊俏、可爱的小女孩名叫苏珊，她在读一年级的时候，小小的身体里竟长了肿瘤，经过3个月的化疗，她的头发全掉光了。一个亮亮的脑袋对于一个7岁的女孩是残酷的，她发愁以后的学习生活。在苏珊返校上课前，苏珊的班主任——一位年轻的女教师热情而郑重地在班上宣布："从下周一开始，我们要学习认识各种各样的帽子，所有的同学都要戴着自己的帽子到学校上课，越新奇越好。"孩子们不知教师的良苦用心，只是听教师的话而已。星期一到了，离开学校3个月的苏珊第一次回到了她所熟悉的教室。但是，她站在教室门口迟迟没有进去，她担心，她犹豫，因为她戴了一顶帽子。可是，使她感到意外的是，她的每一个同学都戴着帽子，和他们的五花八门的帽子比起来，她的那顶帽子显得那样普普通通，几乎没有引起任何人的注意。她忐忑不安的心安静下来了，低沉的情绪一下子飘散了。她轻松地笑了，笑得那样甜，笑得那样美。日子就这样一天天过去了。现在，苏珊常常忘了自己还戴着一顶帽子。而同学们呢，似乎也忘了……

第二节　教学过程

一、教学过程的含义

(一)教学过程的含义

早在公元前6世纪，我国教育家孔子在丰富的教学实践的基础上，把学习过程概括为"学—思—行"的统一过程。后来的儒家思孟学派进一步提出"博学之，审问之，慎思之，明辨之，笃行之"(《礼记·中庸》)，其重点在于说明学习过程。

17世纪捷克教育家夸美纽斯认为一切知识都从感官的知觉开始的，主张把教学建立在感觉活动的基础之上，这是以个体认识论为基础提出的教学论。

19世纪德国教育家赫尔巴特试图以心理学的统觉理论来说明教学过程，认为教学过程是新旧观念的联系和系统化的过程。

19 世纪末，美国实用主义教育家杜威则认为，教学过程是学生直接经验的不断改造和增大意义的过程，是从做中学的过程。它以新的知识观和知识形成观作为教学理论的基础。

20 世纪 40 年代，苏联教育家凯洛夫认为，教学过程是一种认识过程。20 世纪 50 年代以来，学者们以强调师生交往、认知结构的构建、信息加工以及系统状态变换等不同观点来对这一过程进行解释。这些不同观点，各有其哲学、心理学的理论依据，并在一定程度上反映着对教学实践认识的不断发展。

结合我国的教育理论和实践，我们认为，教学过程就是教学活动的展开形式，即学生在教师有目的、有计划的指导下，积极主动地掌握基础知识、基本技能，发展智能，增强体质，并形成一定的思想品德、世界观以及审美情趣，从而实现教育目的的过程。

(二)教学过程的本质

对于如何认识教学过程的本质，理论界有不同的看法。在我国，长期通行的看法是把教学过程看作一种特殊的认识活动，是实现学生身心发展的过程。其主要观点如下所述。

1. 教学过程主要是一种认识过程

这里的认识不等于认知，是一个层次高于心理学中的认识的哲学概念，即人脑对于客观世界积极的反映，概括着心理学上认识、情感、意志以及个性心理品质形成等全部活动和过程。教学过程主要是一种认识过程，是学生在教师指导下，借助教材或精神客体的中介，掌握科学的认识方法，以最经济的途径认识现实世界并改造主观世界、发展自身活动的过程。教学认识的主体是学生，是在教师指导下进行学习活动的主体，具有发展性和可塑性。教学认识的客体以课程教材为基本形式，是人类社会历史经验凝聚的精神客体，既是学生认识的对象，又是他们认识和发展自身的工具，具有中介性。

教学过程是教师教学生认识世界的过程，教学过程包括教师教与学生学这两个既有区别又相互依存的有机统一的活动。其内部发展动力是教师提出的教学任务与学生实际水平之间的矛盾。教学过程同样受一般认识过程普遍规律的制约，也就是说，认识的普遍规律为揭示教学过程的规律指明了总的方向和根本线索。

2. 教学过程是一种特殊的认识过程

教学过程是认识的一种特殊形式，其特殊性在于它是学生个体的认识，是由教师领导未成熟的主体通过学习知识去间接认识世界。它包含两方面的意义：其一，教学过程本质上是一种认识过程；其二，这种认识又不同于一般认识或其他形式的认识，有其特殊性。其目的在于学生在教师的指导下，把社会历史经验变为学生个体的精神财富，不仅使学生获得关于客观的印象——即知识，也使学生个体获得发展。学生个体的认识的特殊性表现在以下几方面。

1. 认识的间接性。

学生学习的内容是已知的间接经验，并在教学中间接地去认识世界。教学的基本方式是掌握，是一种简约的经过提炼的认识过程，同样以教学实践活动为基础。

2. 认识的交往性。

教学活动是教师的教和学生的学组成的双边活动，教学活动是发生在师生之间（或学生之间）的一种特殊的交往活动。学生的认识如果离开了师生在特定情境中为特殊目的而进行的交往，教学活动的概念就可以扩大到生活教育的领域。

3. 认识的教育性。

德国教育家赫尔巴特率先明确提出，教学永远具有教育性。教学中学生的认识既是目的也是手段，认识是发展，认识追求并实现着学生的知、情、行、意的协调发展与完全人格的养成。

4. 有指导的认识。

学生的个体认识始终是在教师的指导下进行的。学生认识过程最重要的特点在于有教师的指导、教导和某种意义下的领导（受学校的委托）。有教师指导是这种认识过程的基本特点。事实上，教学就是教师与学生的共同活动，离开了教师，其他一些特性就无从谈起，教学过程实际上就中止了。

区别于一般的认识过程，教学认识是在主客体之间"嵌入"一个起引导作用的中介因素——教师，形成"学生（主体）—课程与教材（客体）—教师（指导）"相互作用的特殊的"三体结构"。学生的认识实际上走的是人类认识的捷径。

二、教学过程的特点

教学过程内部的各种因素相互依存、相互作用，形成了一些稳定的、必然的联系。按照上述对教学过程的理解，教学过程主要具有以下几个基本特点。

(一)间接经验与直接经验相结合

直接经验就是学生通过亲自活动探索获得的经验；间接经验就是指他人的认识成果，主要指人类在长期认识过程中积累并整理而成的书本知识，此外还包括以各种现代技术形式表现的知识与信息，如磁带、录像带、电视和电影片等。间接经验与直接经验相结合，反映了教学中传授系统的科学文化知识与丰富学生感性知识的关系、理论与实践的关系、知与行的关系。

1. 学生认识的主要任务是学习间接经验

教学中学生主要是学习间接经验，并且是间接地去体验。教学是以间接经验为主来组织学生进行学习，学生主要是通过读书接受现成的知识，然后再去应用和证明。这是学校教育为学生精心设计的一条认识世界的捷径。它的主要特点是把人类世世代代积累起来的科学文化知识加以选择，使之简约化、洁净化、系统化、心理化，组成课程，引导学生循序渐进地学习，这样可以避免人类在认识发展中所经历的错误与曲折，使学生能用最短的时间、最高效地掌握大量的系统的科学文化基础知识；同时，还可以使学生在新的起点上继续认识客观世界，继续开拓新的认识领域。

肯定教学的主要任务是引导学生学习间接经验、书本知识，并不是否定学生获取与积累直接经验的重要性。也就是说，我们应当关心学生全面的学习与成长，除了学习基本知识之外，还要注意引导学生在玩（游戏）中学，在做中学，在研究（探究）中学，在劳动和生活中学，在各种亲自操作与实践活动中学。这不仅是学生认识世界、学会交往、参与生活、获得自身发展与成长的基础，而且对他们学习、运用间接经验，掌握系统的科学知识亦有重要意义。

2. 学生学习间接经验要以直接经验为基础

现成的书本知识一般表现为概念、原理、定律与公式所组成的系统，是一种偏于理性的知识。这种知识对学生来说是他人的认识成果、间接的经验，是抽象的、不容易理解的。要使人类的知识经验转化为学生真正理解掌握的知识，必须依靠个人以往积累的或现时获得的感性经验为基础。

所以，教学中要充分利用学生的已有经验，增加学生学习新知识所必须有的感性认识，以便把偏于理性的书本知识和偏于感性的个人直接经验结合起来，使学生获得比较全面的知识，保证教学的顺利进行。

(二)掌握知识与发展智力相统一

掌握知识与发展智力相互依存、相互促进，二者统一在同一教学活动中。现代教学论认为，教学不仅要使学生掌握知识技能，而且要发展学生的智力和能力，包括一般认识能力和特殊能力。重视教学的发展性是新时代的要求。

1. 掌握知识是发展智力的基础

学生认识能力的发展有赖于知识的掌握。知识为智力提供了广阔的领域，只有具备了某方面的知识，才有可能从事某方面的思维活动，同时知识中也包含有认识方法的启示。向学生介绍关于归纳、演绎等思维方法的知识，就是把心智操作的方式教给学生。掌握知识的过程必然要求学生积极进行认识、思考和判断等心智活动，只有在心智操作的活动中才能发展认识能力。

2. 智力发展是掌握知识的重要条件

通过传授知识发展学生的智力是教学的一个重要任务。学生具有一定的认识能力，是他们进一步掌握文化科学知识的必要条件。学生掌握知识的速度与质量依赖于学生原有智力水平的高低。教学中教师应启发学生运用自己的潜在能力，引导学生通过生动活泼主动的教学活动透彻地理解知识原理，特别是要启发学生了解获取知识的过程与方法，学会独立思考，使学生在掌握知识的过程中发展认识能力。认识能力具有普遍的迁移价值，它不但能有效地提高学生的学习效率和学习知识的质量,推动学生进一步掌握知识,而且有利于促使学生将知识应用于社会实践活动,从而获得完全的知识。

学生对知识的掌握依赖于他们的智力发展。发展学生的智力是顺利进行教学的重要条件,是提高教学质量的有力措施。特别是在科学技术迅猛发展的现代,教学内容迅速增多,程度不断加深,难度不断加大,尤其需要在教学中培养和提高学生的智力,发展他们的创新能力,这样才能迎接新的挑战。

3. 掌握知识与发展智力相互转化的内在机制

知识不等于智力,传授了知识不等于训练了智力。学生掌握知识的多少并不完全表明其智力的高低,而发展学生的智力也不是一个自发的过程。必须探索二者之间的差异以及相互转化的过程和条件,以引导学生在掌握知识的同时,有效地发展他们的智力和认识能力。知识与智力的相互转化,一般来说应具备以下条件:第一,传授给学生的知识应该是科学的规律性的知识,只有掌握了规律性的知识才能举一反三、触类旁通,才能实现知识的迁移,也只有规律性的知识才需要理论思维的形式;第二,必须科学地组织教学过程,启发学生独立思考、探索和发现,鼓励学生选择不同的学习方法和认知策略去解决问题,学会学习,学会创造;第三,重视教学中学生的操作与活动,培养学生的参与意识与能力,提供学生积极参与实践的时间和空间;第四,培养学生良好的个性品质,重视学生的个别差异。

4. 防止单纯抓知识教学或只重能力发展的片面性

在近代教育史上,对于教学中应如何处理掌握知识与发展智力的关系,形式教育论者与实质教育论者曾经有过长期的争论。前者认为,教学的主要任务在于训练学生的思维形式,知识的传授则是无关紧要的;后者认为,教学的主要任务在于传授给学生对生活有用的知识,至于学生的智力则无须进行特别的培养和训练。两者都有片面性,都把掌握知识与发展智力人为地割裂开。我们要防止这两种倾向。

(三)教学过程中科学性与人文性的统一

科学性一般表现为认知的、分析的、逻辑的、思辨的理性方面,学生不仅获得有关科学概念,掌握基本原理、基本技能,而且具有良好的科学态度以及进行科学研究的基本能力。认识的人文性则表现为情感的、艺术的、综合的、直观形象的非理性方面,注重群体间的社会交往和环境的潜在影响,要求学生形成对周围世界和对自己的一种积极而理智的意识和行为方式。教学活动既是科学活动,同时也是人文艺术活动。学生对教材的掌握不仅通过系统严谨的逻辑思维方式,也通过形象感受、情感体验的方式,即不仅"知道了"并能"言传"算作认识,而且"体验到了"、可以"意会"也是认识。教学过程既是遵循科学规律进行的活动,又是富于情感和技术创造的活动。正是科学与人文、理性与非理性的协调使真、善、美统一。

(四)教师的教与学生的学的统一

教学活动是教师的教和学生的学组成的双边活动,如何处理好教与学的关系一直是教育史上的一个重要的理论和实践问题。传统教育倾向于把师生关系看作单向的传与受关系，以教师为中心，不适当地强调教师的权威和意志，把学生看作被动的知识接受者。儿童中心主义则走向另一极端，在教学中把教师降到从属地位。现代教学论强调教与学两者的辩证关系，教学是教师教学生去学，学生是教师组织的教学活动中的学习主体，教师对学生的学习起主导、指导作用。

1. 承认学生在教学过程中的学习主体地位，充分发挥学生参与教学的能动性

在教学中，学生是学习的主体，其能动性表现在：受学生本人兴趣、需要以及所接受的外部要求，学生对外部信息选择的能动性、自觉性；受学生原有知识经验、思维方式、情感意志、价值观等制约，学生对外部信息进行内部加工的独立性、创造性。

这里需要说明的是，学生的主体地位是在教师主导下逐步确立的。学生这个主体从依赖性向独立性发展正是教师主导的结果。

2. 承认教师在教学过程中处于组织者的地位，充分发挥教师的主导作用

教师是对教学工作全面负责的人，他们代表社会并依据教育规律与人的发展规律来设计具体教学的目标、内容、形式和方法，组织开展教学过程，评估学生学习的结果。教师的主导作用表现在：教师的指导决定着学生学习的方向、内容、进程、结果和质量，起引导、规范、评价和纠正等作用。教师的教还影响着学生的学习方式以及学生学习主动积极性的发挥，影响着学生的个性以及人生观、世界观的形成。

3. 建立合作、友爱、民主平等的师生交往关系

教学过程是师生共享教学经验的过程，在此过程中师生共同明确教学目标，交流思想、情感，实现培养目标。在师生交往活动中，教师要尊重学生的人格，关注学生个体差异，满足学生发展的不同需要；教师要善于创设能引导学生主动参与的和谐情境，鼓励学生主动参与，合作学习；要善于激发学生的学习兴趣，满足学生产生积极体验的需要，鼓励学生积极学习；要善于从学生的年龄特征和个别差异出发，尊重学生的个性和才能；善于洞察学生的内心世界，培养学生的自我调控能力，鼓励学生大胆创新，同时创设自我表现的机会，使学生不断获得成功的体验，等等。

三、教学过程的结构

教学过程的结构指教学过程的基本阶段。学科性质不同、教学目的任务不同以及学生的年龄阶段不同，教学过程的展开、行进和发展的程序不是完全一样的。教学过程没有一成不变的程序，且呈现多样综合的特点。

(一)两种基本的学习方式

从学生认识活动的方式来看，存在接受式学习和探究式学习两种基本形式。接受式学习是借助语言获得知识的方式，其基本特点是：以掌握科学知识为基本任务；认识的科学性与人文性统一；学生认识活动有指导性、可控性；对学生自主学习能

力十分关注。

接受式学习强调学生学习的知识不仅要反映概念、原理的内在联系,而且要反映知识的生产者在探索、创造知识的过程中理论思维的过程及研究方法;不仅要反映发展到一定成熟阶段的知识,而且要反映客观事物的多样性、丰富性和不确定性,追求开放的多种结论;学生不仅要将科学知识作为认识的条件,而且也要将自己作为认识的客体,不断对自己进行反思评价,不断进行自我认识、自我调节。

探究式学习是提供结构化材料,指导学生进行操作与思考而获得知识的方式,其基本特点是:以增进学习者的创造才能为主要任务;以解决问题为主题;学生自主选择,教学有非主导性;对探究性认识过程十分关注。

探究式学习正是将认知与情感、指导与非指导、抽象思维与形象思维、能动与受动、外部物质活动与内部意识活动、个体与群体等诸因素加以协调、平衡,从而使教学过程成为一个完整的认识与发展过程。

(二)学生认识的基本阶段

按照教师组织教学活动中所要求实现的不同认识任务,可以划分出教学过程中学生认识的不同阶段。

1. 引起学习动机

学习动机是推动学生学习的一种内部动力。学习动机往往与兴趣、求知欲和责任感联系在一起。教师要使学生明确学习目的,培养学生的责任感,激发学生学习的积极性。

2. 领会知识

这是教学的中心环节。领会知识包括使学生感知和理解教材。

第一,教师要引导学生通过感知形成清晰的表象和鲜明的观点。教师为理解抽象概念提供演示、参观或实验,依靠教师形象而生动的语言描述和学生的再造想象以及社会生活实践。第二,理解教材,形成科学概念。教师引导学生在感知基础上通过分析、比较、抽象概括以及归纳演绎等思维方法进行加工,形成概念、原理,真正认识事物的本质和规律。理解教材可以有两种思维途径:一是从具体形象思维向抽象逻辑思维过渡;二是从已知到未知。不必都从感知具体事物开始。

3. 巩固知识

通过各种各样的复习,学生对学习过的教材进行再记忆,并在头脑中形成巩固的联系。巩固知识往往渗透教学全过程,不一定是一个独立的环节。

4. 运用知识

学生掌握知识的目的在于运用,教师要组织一系列的教学实践活动引导学生动脑、动口和动手,以形成技能技巧,并把知识转化为能力。

5. 检查知识

检查学习效果的目的在于使教师及时获得关于教学效果的反馈信息,以调整教学进程与要求，帮助学生了解自己掌握知识技能的情况，使学生发现学习上的问题，及时调节自己的学习方式，改进学习方法，提高学习效率。

以上几个阶段既有各自独特的功能，又紧密联系、互相渗透。

拓展阅读

加涅的"九大教学事件"

当代著名教学设计大师加涅根据几十年研究与实践的经验提出的"九大教学事件"，是将学生学习的内部过程同教师教学的外部活动相适配的成功尝试。

加涅指出，学习的条件有内外之分。内部条件是学生具有必要的前提性智慧技能和学习动机与预期。学习的外部条件是教学事件。与学习的内部过程相对应，在教学，要依次完成九大教学事件（如下表）。

加涅的九大教学事件

教学事件	教学举例
1. 引起学生注意	通过（新颖的、能引发认知冲突的）提问引起注意。 • 谁能想到哪款流行汽车取的是希腊神的名字？ • 为什么一些科学家认为，到别的星球上旅行使人变得年轻？ • 将一张24开的白纸对折64次，纸将会有多厚呢？ 还可以通过图片、图表、模型、电影、动画、实验设备等引起学生的注意。
2. 提示教学目标	告诉学生在课时结束时，他们被期待获得哪些行为结果。如：能够向全班用一句话表达所有格（英语）。告诉学生学习任务，并提供任务范例。
3. 唤起先前经验	帮助学生检索先前经验。 • 你们还记得×××为什么用显微镜看不到草履虫吗？（用的是低倍放大，而不是高倍放大） • 还记得×××上次画的草履虫内部结构图吗？（每个人都曾评论过这个图片如何栩栩如生）
4. 呈现教学内容	应考虑教学内容的真实性，选择重点进行强调，教学活动丰富多样。（如大组讲演、问答、小组讨论、角色扮演、游戏等）
5. 提供学习指导	提供练习机会，对学生的提问予以回答，进行个别辅导。
6. 展现学习行为	通过提问方式展现所期待的学生学习行为；让学生总结原理；在黑板上写出要点，并以小组形式讨论，概括出要点。
7. 适时给予反馈	对个别学生： • 走过旁边时点头 • 告诉学生答案要点 • 让学生以课文或作业参考为指导，给彼此的试卷打分 对小组： • 与小组坐在一起并讨论答案 • 让一个小组评析另一个小组的答案 • 让一个小组检查其组员的答案

续表

教学事件	教学举例
7. 适时给予反馈	对全班： • 在幻灯片上放出答案 • 挑选学生朗读答案 • 由教师给出答案，让学生彼此打分
8. 评定学习结果	评定方法包括测验、研究论文、分级作业、课堂行为、学生档案袋等。
9. 加强记忆与学习迁移	家庭作业，社会活动等。

第三节　教学模式

教学模式涉及理论基础、教学目标、教学过程、教学评价等一系列教学要素和环节，为教育实践工作者提供可供参考的教学模板。教师要了解并掌握国内外几种主要的教学模式，并在已有教学经验和教学实际情况的基础上，探索出属于自己的教学模式。

一、教学模式的概念

"教学模式"一词最初是由美国学者乔伊斯和韦尔等人于 1972 年在其出版的专著《教学模式》(*Teaching Mode*)一书中提出的。自 20 世纪 80 年代以来，我国教育界对教学模式的研究逐渐重视起来，并产生一些重要的研究成果。对教学模式概念的界定也有多种，我国学术界一般认为教学模式是依据教学思想和教学规律而形成的，在教学过程中必须遵循的比较稳固的教学程序及其方法的策略体系，是在一定教育思想或教育理论指导下建立起来的各种类型的教学活动的基本结构或框架，是表现教学过程程序性的策略体系。

教学模式通常包括五个因素，这五个因素之间的有规律的联系就是教学模式的结构。

(1)理论基础：教学模式是一定的教学思想或教育理论的反映，是一定理论指导下的行为范式，不同的教育观往往提出不同的教学模式，如概念获得教学模式的理论依据是认知心理学派的学习理论，而程序教学模式的理论基础则是行为主义学习理论。

(2)教学目的：每一种教学模式都是针对特定的目的设计的；教学目的有别于针对具体教学任务和具体教学对象提出的教学目标；教学目的反映的是教学模式设计

者的教学思想，如是以发展学生的能力为目的或是以掌握概念为目的。

（3）操作程序：指教学活动的环节步骤以及每个步骤的具体操作方法，它规定了在教学活动中师生先做什么，后做什么，各步骤应该完成的任务，当然这种程序并不是一成不变的。

（4）实现条件（手段和策略）：是使教学模式产生效力的各种条件和因素，如教师、学生、教学内容、教学手段、教学环境、教学时间等；为了发挥教学模式的效力，教师在运用教学模式时必须对各种教学条件进行优化组合，要遵循一定的原则，采用一定的方法和技巧。

（5）评价：是指某种教学模式所特有的对完成教学任务、达到教学目标的情况进行评价的方法和标准等。由于每种模式有自己适用的条件和教学目标，因此，其评价的标准和方法也会有所不同。除了个别成熟的教学模式有相应的评价方法和标准外，有不少教学模式还没有形成自己独特的评价体系。

也有学者认为教学模式还可包括师生角色和教学策略。这些要素相互联系，任何一种要素发生变化就会生成一种不同的教学模式。研究教学模式的意义在于，教学模式作为教学理论具体化和教学经验概括化的中介，可提供一种相对稳定的和具有范式意义的教学结构，有利于人们去把握和运用，并帮助我们从整体上去综合地探讨教学过程中各种因素之间的相互作用及其多样化的表现，有利于我们从动态上去把握教学过程的本质和规律。

二、国外流行的教学模式

国外教学模式的研究受到社会学和心理学发展的影响，比较注重教学的技术性研究。教学模式种类多样，为了便于学习者理解和掌握，这里着重介绍几种比较流行的教学模式：程序教学模式、发现学习教学模式、掌握学习教学模式、暗示教学模式以及非指导性教学模式。

（一）程序教学模式

程序教学是一种自动教学的方式，也称机器教学，其首倡者是美国的普莱西，斯金纳在行为主义心理学的理论基础上对其进行了发展和完善。程序教学模式是一种以教学机器或程序化的教材为基础进行的教学模式。今天的计算机辅助教学（CAI）是其现代化的表现形式。

程序教学的特点是使用程序教材，鼓励学生个人自学。学生独立学习经过特别编制的程序化了的教材，积极主动地获取知识、掌握技能，并使自己的自学能力得到发展。程序教学的关键是程序教材，程序教材的质量关系到学生学习的质量。程序教材编制的主要方法是把学习内容分解成许多易于被学习者掌握的小步子，并排列成为便于循序渐进学习的程序。程序教学一般有直线式程序、分支式程序和板块式程序三种形式。

程序教学的实施遵循小步子、及时强化、自定步调、积极反馈等几大原则。

程序教学模式为教学形式的多样化开辟了一条新道路，有利于培养学生的自学能力，有利于因材施教。它强调及时强化，有利于知识的巩固，调动学生的学习积极性。但是程序教学中的程序教材已完全取代了教师在课堂教学中的主导作用，只教书不教人，无法解决师生的情感交流与互动，不利于学生良好个性心理特征的形成，也不利于学生主动性和创造性的培养。

(二)发现学习教学模式(也叫引导—发现式、发现—探究式)

发现学习教学模式是由美国教育家布鲁纳创立的，是一种以解决问题为中心，注重学生独立活动，着眼于创造性思维能力和意志力培养的教学模式。其理论基础是结构主义，强调认识事物的内部结构，反对单纯地研究外部现象；强调从系统功能中把握事物，反对单纯的经验描述。

这种模式的基本结构是：创设问题情境，提出假设，验证假设，总结提高。

1. 创设问题情境

创设问题情境的目的是激发学生学习的兴趣和动机，形成学生探索解决问题的愿望，进而提出问题，引导学生进行积极思考。

2. 提出假设

教师应尽量在诱发性的问题情境中引导学生通过分析、综合、比较、类推等方法不断产生假设，并围绕假设进行推理，引导他们将已有的各种片断知识从各个不同的角度加以改组，从中发现必然联系，逐步形成比较确切的概念。

3. 验证假设

教师引导学生进一步收集资料，用其他类似的事例来对照检验已获得的概念的正误及其正误的程度，对提出的假设进行论证。教师要纠正学生假设中那些不完整的和相互矛盾的内容，帮助学生去粗取精、去伪存真，得出最佳的结论。

4. 总结提高

引导学生就认识的性质及其发展过程做出总结，从中找出规律性的东西，能应用结论解决各类问题。在不断解决具体问题的过程中，培养学生自己解决问题的能力和创造性思维能力。

发现教学的优点在于保持记忆，使外在动机向内在动机转化，提高智慧潜力，学会发现的试探法，使得学生能够积极主动地参与到学习中来。它强调学科基本结构的掌握、智力的培养和内在动机的激发，对当代的教学改革产生了积极的推动作用。但是它过分强调学科基本结构和教材的理论性，使教材过于抽象、困难，把发现学习和科学上的发明创造等同起来，抹杀了不同性质和水平学习的区别，难以被大规模应用。

(三)掌握学习教学模式

掌握学习教学模式由美国著名心理学家、教育家布鲁姆提出，他认为教师要为掌握而教，学生要为掌握而学，以集体教学为基础，以经常、及时的反馈为辅助，为学生提供所需的个别化帮助以及所需的额外学习时间，从而使大多数学生达到教学目标。布鲁姆认为，学习成绩的好坏与两个因素有关，一是学习时间，二是教师对教学方法和教学内容的设计。布鲁姆将教育目标分为认知领域、情感领域、动作技能领域，并进而将认知领域的目标细化为知识、领会、运用、分析、综合、评价6个大类、17个小类，教学目标的明确分类为掌握学习内容的编排奠定基础。

掌握学习教学模式包括六个步骤。

1. 教学准备

开始教学前，教师要了解学生的实际情况，包括学生的知识水平、认识能力和心理状态；对学生进行鼓励，教给学生进行掌握学习的方法；使学生形成一种良好的内部心理状态。

2. 确定课时教学目标

教师根据学生的实际情况确定每节课的教学目标、内容和要求，把单元目标分解成为课时目标。课时目标应具体、明确。

3. 进行课堂教学

首先，教师要告诉学生每一节课的学习目标，介绍学习的方法；其次，课堂教学中教师要随时对学习情况进行评价，及时调整教学进程；最后，教学结束，教师要进行课堂总结，告诉学生课下努力的方向。

4. 测验

一个单元的教学完成以后，教师要立刻对全体学生进行一次测验。教师在测验时要注意：要用原先准备好的形成性测验试卷，不能随意命题；测验的目的是了解学生对教学目标的掌握程度，哪些掌握了，哪些没有掌握；不能对测验结果进行排队，不能排名次，只要说明学生是否达到标准就可以了。

5. 矫正

根据测验中暴露出来的问题，教师对没有通过测验的学生进行第二次教学，给他们第二次学习的机会。第二次教学的方式与第一次不同，主要是有针对性地对学生的错误进行矫正。矫正应在2~3天内完成。

6. 再测验

矫正完成以后，对接受矫正和帮助的学生再进行一次测验。

所有步骤中，测验和矫正这两个步骤是最重要的，这两个步骤的效率和质量的高低是决定掌握学习成败的关键。

掌握学习教学模式是一个成功的教学模式，它以明确具体的教学目标作为教学的导向，使整个教学活动始终处于教学目标的控制之下，在教学实践中取得了显著的教学效果。它还是一套有效的因材施教的教学实践尝试，把集体教学、小组教学与个别教学融为一体，寻求集体教学与个别教学的最佳的有机结合，有效地解决了集体教学与因材施教相统一的问题。

(四)暗示教学模式(也叫启发式外语教学法)

暗示教学模式是由保加利亚的心理学家洛扎诺夫创立的一种学习语言的方法。此方法从 1966 年开始为人们采用,现在已经推广到十几个国家,而且在非语言学科中使用时所取得的效果也很好。

模式的基本结构包括创设情境、参与各类活动、总结转化。

1. 创设情境

根据教学目标,教师可以通过语言描绘、实物演示、音乐渲染和场景表演等手段构成教学情景,使得学生有意识与无意识的心理活动、理智活动与情感活动有效统一。

2. 参与各类活动

学生参与各种游戏、唱歌、听音乐、表演、谈话和实践操作等活动,在特定的气氛中积极、全身心地投入活动之中。

3. 总结转化

通过教师的启发与总结,使学生实现学科知识和道德情感的内化。

暗示教学模式实施的主要原则是:愉快而不紧张;有意识与无意识统一,既要发挥意识的作用,又要发挥无意识调节的作用;暗示手段相互作用,如利用权威、正确设置外部环境以及利用音乐效应、语调色彩等,使学习者综合地接受有意识和无意识的影响。上述原则统一而不可分割,旨在建立无意识的内在倾向以转变学习者的内在态度。

暗示教学模式的特点是:让学生处在轻松愉快的学习环境中,运用暗示、联想、练习和音乐等综合方式,诱发学生的学习需要和兴趣,使大脑两个半球协调活动,有意识和无意识的心理活动相结合,形成学习的最佳心理状态,从而充分发挥学习潜力,提高教学效果。但是,实施暗示教学要满足众多的条件,如教学设备方面要有宽敞的、布置雅致的教室,较好的音响设备,学生人数要少,一个班只能有十个人左右;教师不仅要有专业知识和教学能力,而且要能运用心理学知识,运用音乐、戏剧、舞蹈等综合艺术形式。

(五)非指导性教学模式

非指导性教学模式由美国人本主义心理学家罗杰斯创立。他把心理咨询的方法移植到教学中来,为形成促进学生学习的环境而构建了一种非指导性的教学模式。

这种教学模式以解决学生的情感问题为目标,过程包括五个阶段。

1. 确定帮助的情景

教师要鼓励学生自由地表达自己的情感。

2. 探索问题

教师鼓励学生自己来界定问题,教师要接受学生的感情,必要时加以澄清。

3. 形成见识

教师让学生讨论问题，自由地发表看法，教师给学生提供帮助。

4. 计划和抉择

学生计划初步的决定，教师帮助学生澄清这些决定。

5. 整合

学生获得较深刻的见识，并做出较为积极的行动，教师对此要予以支持。

罗杰斯的以学生为中心的教学理论大大突出了教学中的情感因素，形成了以知情协调活动为主线，将情感作为教学活动基本动力的新理论，使人们把教学活动的重心从教师转向学生，有利于充分发挥学生的主观能动性和创造性。但这种教学模式脱离了社会和社会关系来强调所谓人的本性，是非辩证的观点；它片面地强调以学习者为中心，否认教师的主导作用以及学校教学的系统性、逻辑性、严肃性等，这也是不全面的。

三、我国中小学常用的教学模式

我国对教学模式的探究起步较晚，自近代以来，我国中小学教学多采用"传递—接受"教学模式。从 20 世纪 80 年代起，随着国外教学模式理论被引入我国教育领域，众多教育者纷纷研究教学模式，并结合教学实践创立了独具特色的教学模式，逐步形成完整的教学模式理论体系。本书将重点介绍"传递—接受"教学模式、自学辅导教学模式、情境教学模式、尝试教学模式。

（一）"传递—接受"教学模式

"传递—接受"教学模式源于赫尔巴特的四段教学法，后来由凯洛夫等人进行改造后传入我国。该模式以传授系统知识、培养基本技能为目标，理论基础是行为主义心理学。该模式着眼于充分挖掘人的记忆力、推理能力与间接经验在掌握知识方面的作用，使学生比较快速有效地掌握更多的信息。这种教学模式在我国广为流行，很多教师在教学中用这种方法教学。该模式强调教师的指导作用，认为知识是在教师和学生之间进行单向传递，非常注重教师的权威性。

该模式的基本教学程序是：复习旧课—激发学习动机—讲授新课—巩固练习—检查评价—间隔性复习。复习旧课是为了强化记忆，加深理解，加强知识之间的相互联系，对知识进行系统整理。激发学习动机是根据新课的内容，设置一定情境和引入活动，激发学生的学习兴趣。讲授新课是教学的核心，在这个过程中主要以教师的讲授和指导为主，学生一般要遵守纪律，跟着教师的教学节奏，按部就班地完成教师布置给他们的任务。巩固练习是学生在课堂上对新学的知识进行运用，练习解决问题的过程。检查评价是通过学生的课堂和家庭作业来检查学生对新知识的掌握情况。间隔性复习是为了强化记忆和加深理解。

这种模式的优点是学生能在短时间内接受大量的信息，能够培养学生的纪律性，能够培养学生的抽象思维能力；缺点包括学生对接受的信息很难真正地理解，会培养出单一化、模式化的人格，不利于培养学生的创新思维和解决实际问题的能力。在介绍讲解性的内容上运用此模式比较有效，当期望学生在短时间内掌握一定的知识去应试时比较可行。但教师不可在任何教学内容上都运用这种模式，因为长此以往必然会形成一种满堂灌的教学模式，非常不利于学生的全面发展，导致培养出一大批缺少思想与主见的"高分低能"者。

(二)自学辅导教学模式

自学辅导教学模式是由中科院心理研究所卢仲衡提出的，他广泛借鉴国内外优秀教学成果，根据美国心理学家斯金纳的强化原理和小步子原理，结合心理学的相关理论，创立了这种在教师的辅导下以学生自学为主的教学模式。它能够培养学生的独立思考能力，也有很多教师在教学实践中运用它，实践证明此教学模式对学生学习成绩的提高有一定的正面作用。

这一模式从人本主义出发，注意发挥学生的主体性，以培养学生的学习能力为目标。它承认学生在学习过程中试错的价值，培养学生独立思考和学会学习的能力。

自学辅导式的教学模式的程序是：自学—讨论—启发—总结—练习巩固。

教师在教学中根据学生的最近发展区，布置一些有关新教学内容的学习任务，组织学生自学，在自学之后让学生交流讨论，发现学生所遇到的困难，然后教师根据这些情况对学生进行点拨和启发，总结出规律，再组织学生进行练习巩固。实施这种模式时需注意，提供给学生自学的内容应难度适宜，教师在教学过程中要适时点拨，学生先进行自主学习，教师后进行指导、概括和总结。教师要给学生自学提供有力的支持。

该模式的优点是：能够培养学生分析问题、解决问题的能力；有利于教师因材施教；能发挥学生的自主性和创造性；有利于培养学生相互合作的精神。不足之处在于：学生如果对自学内容不感兴趣，就可能在课堂上一无所获；需要较长的时间；需要教师非常敏锐地观察学生的学习情况，必要时进行启发和调动学生的学习热情，针对不同学生进行讲解和教学，所以很难在大班教学中开展。教师要有很强的组织能力和很高的业务水平，避免讲解，多启发学生。

(三)情境教学模式

情境教学模式由全国特级教师李吉林首创，主要用于语文教学中。这种教学模式在教学中应用得比较普遍，指教师有目的地利用直观的形象或创设接近实际的情境，激发学生联想，唤醒知识、经验或表象，引起学生一定的态度体验，使学生身临其境，理解教学内容。教师应该针对学生特点，注重创设贴近学生生活的鲜活情境，激发学生学习的兴趣，培养学生的分析能力、创新能力。

情境教学一般通过"感知—理解—深化"三个教学阶段来进行。

1. 感知——创设画面，引入情境，形成表象。

2. 理解——深入情境，理解课文，领会感情。

3. 深化——再现情境，丰富想象，深化感情。

情境教学的"四特点"是指：形真、情切、意远、理寓其中。

情境教学模式的优点是：充分发挥学生的主体性，激发他们的学习积极性、主观能动性和创造性，使书本中静止的知识通过和生活中常见的现象有机地结合起来而变得生动活现，把抽象的理论变得易于理解，提升学习兴趣；通过模拟实践，培养学生策划、分析和解决问题的能力，锻炼学生的组织能力、表达能力和实际操作能力；提高学生的相互学习、与人合作的意识。

情境教学模式的缺点是：教学情境的创设过分突出兴趣化，或创设场景太大，导致学习主题不明确；如果课堂上教师创设的情境中出现太多与学习主题的基本内容无关的干扰信息，学生很难对情境中人物的主次轻重做出明确的区分，致使他们的观察常游离于学习主题之外，而白白浪费了宝贵的学习时间；有时教学情境的创设脱离生活实际，问题缺乏现实意义。

因此，教学情境的创设要符合不同年龄段学生的心理特点和认知规律，应根据不同的教学内容和班级的实际情况有所变化，不能机械地重复或照搬。教学情境的表现形式也应该多种多样，情境创设的主体可以是老师也可以是学生，只有在真实的背景下学生才有可能进一步探索知识的应用价值，体会知识的应用价值。

(四)尝试教学模式

尝试教学理论的基本观点是"学生能尝试，尝试能成功，成功能创新"，特征是"先试后导，先练后讲"。尝试教学理论的学科理论依据主要包括哲学基础、教学论基础和心理学基础三个方面。从哲学角度看，辩证唯物主义认识论要求重视学生在教学中的实践活动，使学生获得知识，发展思维，培养能力。尝试教学在长期的教学实践中已经建立了适应各种不同教学需要的教学模式体系，包括基本模式、灵活模式与整合模式三类。根据尝试教学理论的实质和"先试后导，先练后讲"的基本特征，一套基本操作模式在教学实践中逐步形成，其教学程序分七步。

1. 准备练习

这一步是学生尝试活动的准备阶段。先对解决尝试问题所需的基础知识进行准备练习，然后采用以旧引新的办法，从准备题引导出尝试题，发挥旧知识的迁移作用，为学生解决尝试题铺路架桥。

2. 出示尝试题

这一步是提出问题，为学生的尝试活动提出任务，让学生进入问题情境。教师出示尝试题后，必须激发学生尝试的兴趣，激活学生的思维，可以先让学生思考并相互讨论解决方案。

3. 自学课本

这一步是为学生在尝试活动中自己解决问题提供信息。出示尝试题后，学生产生了好奇心，同时产生解决问题的愿望。这时引导学生自学课本就成为学生切身的需要。自学课本之前，教师有时可提一些思考问题作为指导。自学课本时，学生遇到困难可以提问，同桌之间也可互相商量。通过自学课本，大部分学生有了解答尝试题的办法，时机成熟时就转入下一步。

4. 尝试练习

教师要巡视，以便及时掌握学生尝试练习的反馈信息，对学习困难的学生进行个别辅导。学生在尝试中遇到困难，可以继续阅读课本，同学之间也可互相帮助。

5. 学生讨论

尝试练习中会出现不同答案，学生会产生疑问，这时教师要引导学生讨论，学生有不同看法时可以争论。学生在此过程中开始尝试讲道理，之后学生需要知道自己的尝试结果是否正确，教师讲解也已成为学生的迫切需要。

6. 教师讲解

这一步是为了确保学生系统地掌握知识。有些学生会做尝试题，但可能是按照例题依样画葫芦，并没有真正懂得道理，因此需要教师的讲解。讲解不是从头讲起，教师针对学生感到困难的地方和教材的关键之处重点讲解即可。

7. 再次尝试

这一步是给学生"再射一箭"的机会。在第一次练习中，有的学生可能会做错，有的学生虽然做对了但没有弄懂道理。经过学生讨论和教师讲解之后，学生得到了反馈矫正，之后进行第二次尝试练习，学生可以再一次得到信息反馈。这一步对学习困难的学生特别有利。第二次尝试题应与第一次不同，或稍有变化，或采用题组的形式，之后教师可以进行补充讲解。

以上七步是一个有机整体，反映了学生完整的尝试过程，也是一个有序可控的教学系统。

尝试教学理论在具体的教学操作上有一定的局限性。如运用尝试教学操作模式时，学生要有一定的自学能力，因而它在小学低年级的应用范围较小；对于初步概念的引入课，一般也不适合应用该操作模式；对于实践性较强的教材也不完全适合。此外，尝试教学还存在理论基础有待加强、在小学数学以外的学科运用时还存在各种困难、理论实验不够科学、一些具体做法需要进一步思考等问题。

拓展阅读

山东的杜郎口教学模式

杜郎口教学模式，是杜郎口中学课堂教学模式的简称，具体是指山东省聊城市茌平县杜郎口镇初中自 1998 年以来不断尝试推行新课改、践行学生主体地位而摸索创新的"三三六"自主学习的高效课堂模式，也被称为"10＋35"模式。

杜郎口"10＋35"模式，即一堂课的45分钟，10分钟属于教师，35分钟属于学生。教室里没有讲台，没有讲桌。教室里的三面墙壁上装有黑板，外面的走廊里也装有黑板。教室里课桌的布局不是"秧田式"，而是方块状。每间教室有6个方块，每个班级有6个小组，每个小组10人左右，面对面分为两排。首先每个小组都按照老师分配的任务预习学习内容，然后进行展示，在展示过程中所有学生都参与到讨论中，学生争先恐后发言，当一个同学回答有误或回答不完整时，其他同学争着纠正，课堂气氛非常活跃，老师只是补充或总结。学生的学习可分为自主学习（在教师的引导下学生自己确定学习目标，选择学习方法，监控学习过程，评价学习结果）、小组合作学习以及探究学习（是一种发现学习，具有深刻的问题性、广泛的参与性、丰富的实践性和开放性）。

近年来，杜郎口的教学改革引起国内教育界的广泛关注和热议，产生了较为广泛的影响。

思考题

一、单项选择题

1. 教学的首要任务是（　　）。

A. 关注学生个性发展

B. 发展智力、体力和创造才能

C. 培养品德和审美情趣

D. 传授基础知识和基本技能

2. 现代教育史上，提出"结构主义"学说并倡导"发现学习"方法的教育家是（　　）。

A. 华生

B. 苏霍姆林斯基

C. 皮亚杰

D. 布鲁纳

3. 教学过程的中心环节是（　　）。

A. 引起学习动力

B. 领会知识

C. 巩固知识

D. 运用知识

二、辨析题

1. 教学可以离开教师的指导，由学生独立完成。

2. 只要掌握了足够的知识，就能够发展智力。

三、简答题

1. 简述为什么教学过程是一种特殊的认识活动。

2. 简述发现学习教学模式的结构。

四、材料分析题

一位教师在教《小镇的早晨》一文时，在帮助学生概括了小镇早晨恬静、热闹、紧张的三个特点后，布置了一次小练笔：仿照《小镇的早晨》的写法，以《校园的早晨》为题进行写作，写出校园早晨的特点。教师要求每个学生写其中某一方面的特点，写好后，小组成员把各自写的合成一篇文章，结尾共同完成。动手之前，教师要求小组成员先讨论一下校园早晨的特点，明确各自的任务。

请结合教学过程的特点，对上述材料进行分析。

第九章　教学(下)

学习目标 ▶

1. 能够理解教学原则的含义，并将其运用在实践中来分析教学现象；能够根据教学内容选择适宜的教学方法。

2. 识记班级授课制的基本概念，并能分析其优缺点；了解其他教学组织形式。

3. 了解教学的完整环节，初步根据所学内容设计并模拟课堂，初步具备上课、说课、评课等技能。

本章节是本门课程的重点学习内容，富于理论性和实践性。它不仅涵盖了与教学相关的诸多内容，如教学原则、教学方法、教学组织形式等，同时介绍了备课、上课、批改作业等教学环节的基本要求。学习者应努力将理论与教学实践结合，力求吃透、弄懂，能够将所学知识初步运用到教学中，为将来从事教育教学工作奠定扎实基础。

第一节　教学原则

一、教学原则概述

教学原则是根据一定的教学目的、反映教学过程规律而制定的教学工作的基本准则和要求。教学原则贯穿于各项教学活动之中，正确和灵活运用教学原则是提高教学质量的重要保证。

由于人们对教学过程规律的认识不同，在教学实践中所面临的课题不同，所制定的教学原则也就有所不同。古今中外的教育家对教学原则都有不同的论述。我国古代《学记》中便总结了教学相长、启发诱导、藏息相辅、豫时孙摩、长善救失等教学的宝贵经验，这些都属于教学原则范畴，只不过未加科学论证。随着科学与教学实践的发展，教育界对教学原则的探讨日益深入。夸美纽斯在《大教学论》中提出了37 条教学原则，并试图给予论证。此后，各国的教育家如裴斯泰洛齐、赫尔巴特、第斯多惠、乌申斯基等都对教学原则做了研究。近代以后，在教学理论中逐步形成了系列教学原则。

二、我国中小学常用的教学原则

（一）直观性原则

直观性原则是指在教学中要通过学生观察所学事物，或教师用语言形象地描述，引导学生关于形成所学事物、过程的清晰表象，丰富他们的感性知识，从而使他们能够正确理解书本知识并发展认识能力。

直观性原则的提出在教育史上有进步意义，它给中世纪脱离儿童实际生活的经院式教学以沉重打击，使书本知识与其反映的事物联系起来。夸美纽斯曾指出，凡是需要知道的事物，都要通过事物本身来进行教学，也就是说，应该尽可能地把事物本身或代替它的图像放在学生面前，让学生去看看、摸摸、听听、闻闻等。乌申斯基也指出，一般来说学生是依靠形状、颜色、声音和感觉来进行思维的。

直观性在教学中非常重要，尤其是小学生，他们缺少直接经验，对教材的理解总是建立在对事物感知的基础上的，并且他们的心理特点决定了他们的思维是从具体形象思维向抽象逻辑思维发展，因此，在教学过程中，要适应学生的认识特点，促进学生的认识过程。

贯彻直观性原则的基本要求有以下几点。

1. 正确选择直观教具和现代化教学手段

在教学中要根据教学的任务、内容和学生的年龄特征正确选用直观教具。直观教具可分两类：一是实物直观，包括各种实物、标本、实验、参观；二是模像直观，包括各种图片、图表、模型、幻灯片、录像带、电视片和电影片等。

2. 直观要与讲解相结合

教学中的直观不是让学生自发地看，而是要使学生在教师的指导下有目的地观察，教师通过提出问题引导学生去把握事物的特征，发现事物之间的联系，并通过讲解以解答学生在观察中的疑难，获得较全面的感性知识，从而更深刻地掌握理解知识。

3. 重视运用语言直观

教师用语言做生动的讲解、形象的描述，能够给学生以感性知识，形成生动的表象或想象，也可以起直观的作用。

(二)启发性原则

启发性原则是指在教学中教师要承认学生是学习的主体，注意调动他们的学习主动性，引导他们独立思考、积极探索、生动活泼地学习，自觉地掌握科学知识，并提高分析问题和解决问题的能力。

中外教育家都很重视启发式教学。第斯多惠认为一个坏的教师奉行真理，一个好的教师则教人发现真理，表明了启发性原则在教学中的作用。

贯彻启发性原则的基本要求如下所述。

1. 调动学生学习的主动性

调动学生学习的主动性是启发的首要问题。学生学习的主动性受许多因素影响，如学生的好奇心、兴趣、爱好、求知欲，学生对获得优良成绩或得到表扬和奖励的愿望，学生想实现的理想等，教师要善于机智地运用各种方法，使学生一时的欲望和兴趣汇集并发展为推动学习的持久动力。

2. 启发学生独立思考

教师要注意提问，启发他们的思维。提问要切中要害、发人深思，学生脑子一开窍，思想便一下子活跃起来，课堂上便会出现令人兴奋、紧张、有趣的生动局面。

教师在启发学生思考的过程中要有耐心，给学生思考时间，要有重点，问题不能多，不能蜻蜓点水，启而不发。

教师要提出补充问题引导学生去获取新知，不仅要启发学生理解知识，而且要启发学生理解学习的过程，掌握获取知识的方法。

教师要鼓励学生多问。问必有疑，疑的过程是学生动脑思考的过程，也是求解的过程，这是学生求知欲的表现。教师要鼓励学生多问，并使学生在回答问题中提高思维能力。

3. 启发学生将知识创造性地用于实际

启发不仅要引导学生动脑，而且要引导他们动手。学生掌握知识有一个逐步深化的过程，懂了不一定会做，会做不一定有创造性。所以教师要善于向他们布置由易到难的各种作业，或提供素材、情境、条件并提出要求，让他们去独立探索，克服困难，解决问题，别出心裁地完成作业，以便发展创造才能。

4. 发扬教学民主

它包括建立民主平等的师生关系和学生之间的关系，营造民主和谐的教学气氛，鼓励学生发表不同见解，允许学生向老师质疑，等等。没有民主平等的氛围，学生对教师唯唯诺诺、言听计从，或者紧张不安、不敢言语，是很难有好的学习效果的。

(三)巩固性原则

巩固性原则是指教学要引导学生在理解的基础上牢固地掌握知识和技能，并将它们长久地保持在记忆中，能根据需要将它们迅速提取出来，以利知识技能的运用。

历代许多教育家都很重视掌握知识的巩固问题。孔子要求"学而时习之""温故而知新"。夸美纽斯提出了教与学的彻底性原则，他形容只顾传授知识不注重巩固，就等于把流水泼到一个筛子上。俄国乌申斯基认为复习是学习之母。

巩固性原则是中小学教学必不可少的指导性原则。在教学过程中，学生在短时期内集中地学习大量未经自己亲身感受的间接知识与经验，不能立刻地、全部地运用于实践，遗忘的可能性是很大的，因此，加强对学生所学知识的巩固工作就显得特别重要。

贯彻巩固性原则的基本要求有以下几点。

1. 在理解的基础上巩固

理解知识是巩固知识的基础。要使学生对知识掌握得牢固，首先教师在传授知识时要使学生深刻理解，使他们形成极深的印象。教师在教学中，要引导学生把理解知识和巩固、记忆知识联系起来，当然，强调理解记忆并不是在教学中要求学生只做机械记忆。

2. 重视组织各种复习

为了组织好复习，教师要向学生提出复习与记忆的任务，要安排好复习的时间，要注意复习方法的多样化；要指导学生掌握技艺方法，学习通过整理编排知识、写成提纲、运用口诀等帮助记忆。

3. 在扩充改组和运用知识中积极巩固

教师要引导学生通过努力学习新知识，扩大、加深、改组原有知识并积极运用所学知识于实际来巩固知识。它不是要求学生原地踏步、反复温习，而是在前进中巩固，在学习新知识的过程中不断练习，复习已有知识，在运用知识中不断巩固和深化已有的知识与技能。

(四)循序渐进原则

循序渐进原则是指教学要按照学科的逻辑系统和学生认识发展的顺序进行，使学生系统地掌握基础知识、基本技能，形成严密的逻辑思维能力。

我国古代教学注重按一定顺序进行。《学记》要求学不躐等、不陵节而施，提出

"杂施而不孙,则坏乱而不修"。如果教学不按一定顺序,杂乱无章地进行,学生就会陷入混乱而没有收获。朱熹进一步提出"循序而渐进,熟读而精思",明确提出了循序渐进的教育要求。在国外,夸美纽斯主张"应当渐进地来学习一切,在一段时间内应当把注意力集中在一件事情上"。贯彻循序渐进原则的基本要求如下。

1. 按教材的系统性进行教学

按教学大纲、教科书的体系进行教学是为了保证科学知识的系统性和教学的循序渐进。但这不是要教师照本宣科,而是要求教师深入领会教材的系统性,结合学生的认识特点和本班学生的情况,编写一个讲授提纲,以指导教学的具体进程。

2. 注意主要矛盾,解决好重点与难点

循序渐进并不意味着教学要面面俱到、平均使用力量,而是要求区别主次、分清难易、有详有略地教学。注意重点,就是要把基本概念、基本技能作为课堂教学的重点,把较多时间和精力放在重点上,围绕重点对学生进行启发诱导,以保证学生正确掌握基本概念和基本技能。

3. 由浅入深,由易到难,由简到繁

这是循序渐进应遵循的一般要求,也是行之有效的宝贵经验,符合学生的认识规律,不可违反。学生的基础打好了,认识能力提高了,学习进度就会加快,效率就会提升。

(五)因材施教原则

因材施教原则是指教师要从学生的实际情况、个别差异出发,有的放矢地进行有差别的教学,使每个学生都能扬长避短,获得最佳的发展。我国古代孔子善于根据学生的不同特点有针对性地进行教育,以发挥学生的专长。有一天,子路对孔子说:"先生所教的仁义之道,真是令人向往!我听到这些道理,应该马上去实行吗?"孔子说:"你有父亲兄长在,你怎么能听到这些道理就去实行呢?"过了一会儿,冉有也来问同样的问题,孔子却说:"应该听到后就去实行。"这时,站在一边的公西华被弄糊涂了,问孔子缘故。孔子说:"冉有为人懦弱,所以要激励他的勇气;子路武勇过人,所以要中和他的暴性。"宋代朱熹把孔子这一经验概括为"孔子施教,各因其材"。这是"因材施教"的来源。

贯彻因材施教原则的基本要求如下。

1. 针对学生的特点进行有区别的教学

教师应当了解每个学生各方面发展的特点、各学科学习的情况与成绩、兴趣爱好、擅长与不足之处,然后有目的地因材施教。

2. 采取有效措施使有才能的学生得到充分发展

教师可以请有关学科的教师或校外专家对有特殊才能的学生进行特殊指导和培养,让他们参加一些有关的课外小组、校外活动和有关的竞赛;在有条件的学校试行按能力分班教学;开设一些选修课以照顾学生的兴趣与爱好,允许成绩优异的学

生超前学习，使他们的才能获得充分的发展。

(六)理论联系实际原则

理论联系实际原则是指教学要以学习基础知识为主导，从理论与实际的联系上去理解知识，注意运用知识去分析问题和解决问题，达到学以致用。我国古代教育家十分重视知与行关系的研究。

在西方，古希腊智者派认为，没有实践的理论和没有理论的实践都没有意义。裴斯泰洛齐很重视知识与知识的应用，他指出："你要满足你的要求和愿望，你就必须认识和思考，但是为了这个目的，你也必须行动，知和行是那么密切地联系着，假如一个停止了，另一个也随之而停止。"①乌申斯基也指出："空洞的毫无根据的理论是一点用处也没有的。理论不能脱离实际，事实不能离开思想。"②

贯彻理论联系实际原则的基本要求如下。

1. 书本知识的教学要注重联系实际

只有注意理论联系实际，教学才能生动活泼，使抽象的书本知识易于被学生理解、吸收，并转化为他们有用的精神财富，而不至于造成学生囫囵吞枣，掌握的是一大堆无用的空洞死板的概念。教学可以联系学生的生活，联系科学知识在生产建设和社会生活中的运用，联系当代最新科学成就等。

2. 重视培养学生运用知识的能力

首先要重视教学实践，如练习、实验、参观和实习等；其次还要重视引导学生参加实际操作和社会实践。教师应当根据教学的需要，组织学生进行一些参观、访问、社会调查，参加一些课外学科或科技小组的实际操作活动，或组织他们从事一些科学观察、实验、发明以及生产劳动等。

3. 正确处理知识教学与技能训练的关系

在教学中，只有将知识教学与技能训练结合起来，学生才能深刻理解知识，掌握技能，达到学以致用。如果只是教师讲、学生听，而无技能的训练，那么难以检验学生是否理解，即使他们理解了也缺乏动手能力。

4. 补充必要的乡土教材

由于我国幅员辽阔，各地各方面的差异很大，为了使教学不脱离实际，必须补充必要的乡土教材。

拓展阅读 ◎

如何在数学课堂中贯彻教学原则

一位老师在介绍 π 的值时，先在黑板的中部用红色粉笔写了 $\pi =$ 3.1415926535……直到小数点后的 15 位，学生对此惊叹不已。此时，他抓住学生

---

①叶存洪等：《教育学》，189 页，大连，大连理工出版社，2010。
②叶存洪等：《教育学》，189 页，大连，大连理工出版社，2010。

兴趣盎然之机，讲了这样一个数学故事：约1500年前，中国伟大的数学家、天文学家祖冲之计算出圆周率即 π 应在 3.1415926 和 3.1415927 之间，成为世界上第一个把圆周率的精确到 6 位小数的人。接着，他告诉学生现在速度最快的计算机已经能将 π 计算出亿位以上，且它是一个无限不循环的小数。π 的精确度越高，在军事、航天、勘探、商业等领域的应用价值就越大。这样，学生不仅能体验到数学符号的抽象美，而且从中感受到我们的祖先是多么伟大，科学技术的发展需要多么丰富的科学知识，数学在科学知识中占多么重要的地位，从而产生学好数学的情感。

在学习平均数这个知识点的时候，教师在导入环节中设计拍球游戏，甲组 4 人，乙组 5 人，教师组织两组进行比赛，哪一个组排球总数多，哪个组就是第一名。这样的比赛规则一宣布，很多学生就觉得不公平，这个时候教师询问大家："为什么不公平呢？哪里不公平呀？"有的学生就会说："两个小组的人数不同，人数多的当然排球数也会多。"有的同学要求两个小组的学生数量要一样，并且得到了其他同学的响应，在这个时候教师就引入"平均数"的概念，经过以上游戏的铺垫，学生学习起来也会更加有兴趣。

在教授"元、角、分"这部分知识后，教师提出了以下问题。1. 这学期的学费是多少钱？数学课本的单价是多少？语文课本的单价是多少？2. 说一说你买文具盒、铅笔、作业本用了多少钱？3. 问一问父母买你身上穿的衣服、鞋子花了多少钱？4. 到商店调查至少 5 种生活用品的单价，并记录下来。通过上述问题的设置，学生对元、角、分的认识加深。

第二节　教学方法

教学方法在教学活动中有着重要的作用，直接影响着一节课的质量和效率。了解中小学课堂中常用的教学方法、学会正确运用这些方法是教师必备的知识和技能。

一、教学方法概述

(一)对教学方法的不同理解

美国学者 L. H. 克拉克和 I. S. 斯塔尔认为："教学方法是教师为达到教学目的而组织和使用教学技术、教材、教具和教学辅助材料的方法。"日本学者藏原三雪认为："教学方法是教师为了完成教学目的，使学生得到良好的成长，指导他们工作和学习的方法和方式。今天的教学方法不只是传授知识，而且应该想到如何指导课外活动，包括指导、劝告在内，还有实验观察及其他学习活动，教师有计划地指导进行，都属于教学方法。"①

我国学者王策三认为："可以把教学方法定义为，为达到教学目的，实现教学内容，运用教学手段而进行的，由教学原则指导的，由一整套方式组成的，师生相互作用的活动。"②吴杰认为："教学方法是教师与学生为实现教学目的，完成教学任务所采用的途径和程序。"③唐文中认为："教学方法是师生为达到一定教学目标而采取的相互关联的动作体系(包括内隐的和外显的动作)。"④李秉德认为："教学方法，是在教学过程中，教师和学生为实现教学目的、完成教学任务而采取的教与学相互作用的活动方式的总称。"⑤刘继武则认为："教学方法是师生为了完成教学任务所采用的一系列教学活动方式的组合，它包括教师所采用的教的方法和在教师指导下学生所采用的相应的学的方法。"⑥

由上述可知，尽管中外学者对教学方法的界定不尽相同，但在以下几点上却是取得了共识的：1.教学方法与教学目的相联系，是实现教学目的不可或缺的工具；2.教学方法是师生共同完成教学活动所采用的手段，而并非单指教师的工作方法；3.教学方法的功能是多方面的，既可凭借教学方法使学生掌握知识、技能和技巧，也可凭借教学方法使学生形成思想品质和审美观点，发展他们的能力与素质。这些共识的取得，为我们进一步深入探讨教学方法奠定了基础。

(二)教学方法的定义

基于以上的认识，可以把教学方法定义为：指向特定课程与教学目标，受特定课程内容的制约，为师生所共同遵循的教与学的操作规范和步骤。

对于教学方法定义的理解可以从三方面把握。

1.教学方法体现了特定的教育价值观，指向特定的课程与教学目标。有什么样的教育价值观，就有什么样的课程与教学目标，也就有什么样的教学方法。

2.教学方法受特定的课程内容的制约。从特定的教育价值观和对人的心理过程的认识中，可以引申出教学方法的一般规范和要素。但是这些教学方法的一般规范和要素要真正对教学过程起作用，还必须与特定的课程内容结合起来。

3.教学方法还要受教学组织形式的影响。教学组织形式会直接影响教学方法的选择与使用。例如，在个别化教学组织形式中就难以实施有效的集体讨论式的教学方法，而在班级授课组织中也难以真正实施自主式的教学方法。当然，教学方法反过来也会影响教学组织。

---

①王策三：《教学论稿》，244—245，北京，人民教育出版社，1985。

②王策三：《教学论稿》，244—245页，北京，人民教育出版社，1985。

③王铁：《教育学基础知识问答》，359页，北京，中国青年出版社，1983。

④邵宗杰、裴衣敏、卢真金：《教育学》，260页，上海，华东师范大学出版社，2006。

⑤李剑平、魏薇：《教育学导论》，226页，北京，人民出版社，2002。

⑥刘继武、王坦：《论教学结构》，载《山东师大学报(社会科学版)》，1987(3)。

(三)选择与运用教学方法的依据

1. 根据教学的目的和任务

教学方法是实现教学目的和完成教学任务的手段，不同的教学目的和任务要求运用不同的教学方法。任何教学方法都是为一定的教学目的和任务服务的。教师必须注意选用与教学目的和任务相适应并能实现教学目的和任务的教学方法。

2. 根据教学内容的性质和特点

教学目的和任务是通过教学内容来实现的，教学内容的性质和特点不同，应选用不同的教学方法。只有选用的教学方法与教学内容的性质和特点相符合，才能使教学内容发挥出更大的效益，否则只会适得其反。

3. 根据教学对象的实际情况

教学对象的年龄、性别、经历、气质、性格、思维类型、审美情趣等的不同，也对教学方法提出不同的要求。只有选用与教学对象相适应的教学方法，才能真正有效地提高教学对象的知识能力和思想水平，促进其健康向上地发展。

4. 根据教师自身素养及所具备的条件

教师自身的素养条件和驾驭能力，直接关系到选用的教学方法能否发挥其应有的作用。教师应对自身素养及所具备的条件实事求是地进行分析，根据其特点和条件选用恰当的教学方法，扬长避短。即使是别人行之有效的方法，也不可盲目照搬，这样才能确保对教学方法运用自如。

5. 根据教学方法的类型与功能

每种教学方法都具有不同的特点与功能，教师应认清各种教学方法的优缺点，把握其适应性和局限性，或有所侧重地使用，或进行优化组合，不可盲目地选用教学方法。教学方法的选择与使用，体现着教师的智慧，标志着其教学艺术水平的高低。

二、我国中小学常用的教学方法

我国中小学常用的教学方法丰富多样，具体来说包括讲授法、谈话法、讨论法、读书指导法、演示法、参观法、练习法、实验法。

(一)讲授法

1. 讲授法的含义

讲授法是教师运用口头语言系统地向学生传授知识的方法。讲授法是一种最古老的教学方法，也是迄今为止在世界范围内应用最广泛、最普遍的一种教学方法。讲授法的基本形式是教师讲、学生听，具体地说，又可以分为讲述、讲读、讲解三种方式，这些方法虽然都是讲授法，但各有侧重。

2. 讲授法的要求

(1)教师应认真备课，熟练掌握教材内容，对讲授的知识要点、系统、结构、联系等做到胸有成竹,要出口成章,这样讲起来才精神饱满、充满信心。同时要注意学生反馈,调节教学活动。

(2)教学语言要准确,有严密的科学性、逻辑性,精炼且没有非教学语言;用词简要、清晰,吐字清楚,音调适中,速度及轻重音适宜;表述生动、形象、有感染力,注意感情投入。这些将直接影响着讲授法的效果,教师应在平时加强基本功训练,使讲授规范化。

(3)讲授应充分贯彻启发式教学原则。讲授的内容必须是教材中的重点、难点和关键,使学生随着教师的讲解或讲述开动脑筋思考问题,讲中有导,讲中有练。学生主体作用表现突出,表现为愿学、愿想,这样才能使讲授法进行得生动活泼,而不是注入式讲授。

(4)讲授的内容宜具体形象,联系旧知识,对抽象的概念原理要的讲授教师尽量结合其他方法,使之形象化,易于学生理解;对内容要进行精心组织,使之条理清楚,主次分明,重点突出。

(5)讲授过程中要结合板书与直观教具。板书可提示教学要点,显示教学进程,使讲授内容形象化具体化。对于直观教具,如地图、图片、图表、模型等,教师可边讲边演示,以加深学生对讲授内容的理解。

3. 讲授法的优缺点

讲授法的优点在于:有利于大幅度提高课堂教学的效果和效率;有利于帮助学生全面、深刻、准确地掌握教材,促进学生学科能力的全面发展;有利于充分发挥教师自身的主导作用,使学生得到比教材内容多得多的东西;同时,讲授法是其他教学方法的基础。但其缺点也客观存在,如:容易使学生产生"假知"从而导致知识与能力的脱节;容易使学生产生依赖和期待心理,从而抑制了学生学习的独立性、主动性和创造性。

(二)谈话法

1. 谈话法的含义

谈话法亦称问答法,是教师根据学生已有的知识和经验,通过师生间的问答使学生获取新知识、巩固旧知识。

谈话法特别有助于激发学生的思维,调动学习的积极性,培养他们独立思考和语言表述的能力。小学低年级常用谈话法。谈话法可分复习谈话和启发谈话两种。复习谈话是根据学生已学教材向学生提出一系列问题,通过师生问答的形式以帮助学生对已学的知识进行复习、深化、系统化。启发谈话则是通过向学生提出来思考过的问题,一步一步引导他们去深入思考和探取新知识。

2. 谈话法的要求

第一,教师要准备好问题和谈话计划。教师应根据教学内容和学生已有的知识、经验,准备好谈话的问题和顺序,想好如何从一个问题引出或过渡到另一个问题。

第二，教师提出的问题要明确、具体。好的问题应使学生听得明白，并愿意思考，富有挑战性和启发性，且要因人而异。

第三，教师要善于启发诱导。当问题提出后，教师要善于启发学生利用他们已有的知识经验或观察直观教具所获得的感性认识进行分析、思考，研究问题或矛盾所在。教师要因势利导，让学生一步步地去获取新知识。

第四，教师要做好归纳、小结。这样才能使学生的知识系统化、科学化，并注意纠正一些不正确的认识，帮助他们准确地掌握知识。

3. 谈话法的优缺点

谈话法可使教师直接了解学生的学习状况，有利于学生独立思考，并培养学生的表达能力。但一般来说谈话法花费的教学时间较长，对学生知识准备状况要求较高，所以，在一堂课中，谈话法一般与其他的教学方法配合使用。

(三)讨论法

1. 讨论法的含义

讨论法是学生在教师指导下为解决某个问题而进行探讨，辨明是非真伪，以获取知识的方法。其优点在于能更好地发挥学生的主动性、积极性，有利于培养学生的独立思考能力和口头表达能力，促进学生灵活地运用知识。

讨论法的一般步骤可以分为：提出合适的问题，列出讨论提纲，分组和准备，展开讨论，小组报告，最后总结。在各环节中要充分发挥教师和学生双方的作用，使得师生能紧紧围绕着共同的主题开展活动，避免浪费时间。

2. 讨论法的要求

教师运用讨论法，应当注意以下几点。

(1)选好讨论内容。首先，教师要选择那些有讨论价值的内容，一般来说，讨论内容应当是教学内容中比较重要的事实、概念、原理等。其次，要选择难度恰当的内容，一般来说，过于简单或过于复杂的内容都不适当，前者难以激起学生的学习热情，后者则容易挫伤学生的积极性。

(2)肯定学生各种意见的价值。对于未知的东西，任何意见都是有价值的。学生总是从自己的逻辑出发去理解和思考，因此尽管各种不同意见可能离正确答案相去甚远，但它们最真实地反映了学生的想法。教师不应做"裁判"，急于指出各种意见是正确或错误的，而要让学生畅所欲言，通过充分的讨论理解什么是对、什么是错，以及为什么对、为什么错。

(3)善于引导。教师应当在学生讨论时全面巡视、注意倾听，善于捕捉讨论中反映出来的问题。教师在讨论遇到障碍、深入不下去时适当点拨，在讨论脱离主题时加以提醒，在讨论结束时帮助学生整理结论和答案，等等。这些对于讨论法的运用都是必不可少的。

3. 讨论法的优缺点

讨论法的优点是：通过讨论可以使学生们集思广益，取长补短，加深对所学知识的理解并增长新知识，有利于活跃课堂气氛，发挥学生的主动性、积极性，发展学生的思维能力和口头表达能力，同时也有利于培养学生民主协商的人际关系技能及合作解决问题的能力。其不足在于：若把握不好则易浪费课堂时间、没有效率；没有重点，容易偏题；在学生参与积极性非常高的时候教师难以维持课堂秩序；对小学低年级学生不适用，高年级可以尝试使用。

(四)读书指导法

1. 读书指导法的含义

读书指导法是教师指导学生通过阅读教科书和参考书而获取知识、发展智力的方法。

2. 读书指导法的要求

(1)教师应指导学生掌握阅读教科书的科学方法。根据不同的学科性质和教学过程的不同阶段，教师要指导学生采用不同的阅读方式。

(2)在传授新知识的过程中，教师应指导学生独立阅读，阅读时能提出问题，找出重点难点；在应用知识的过程中，教师应指导学生依据教材消除疑点，突破难点，积极思考，深入探讨；在布置作业的过程中，教师应指导学生做好预习、复习、背诵等。

3. 读书指导法的优缺点

作为一种教学方法，读书指导法主要适用于学生已能相对独立地学习的阶段，其特点和标志就是学生基本能够自己阅读教材，大致明白所要学习的内容，但不一定能够理解得确切、全面、透彻，也不一定能够抓住要领，并且常常会感到学习上有许多困难。同时，他们还没有掌握一套自学的方法、养成自学的习惯。因此，他们还不能独立地进行阅读和学习，需要教师逐课、逐章或逐节地指导和帮助。教学生学会阅读是读书指导法的关键和核心。

(五)演示法

1. 演示法的含义

演示法是教师通过展示实物、直观教具，通过示范性实验或现代化视听手段，指导学生获得知识或巩固知识的方法。演示的特点在于加强教学的直观性，演示不仅是帮助学生感知、理解基本知识的手段，也是学生获得知识、信息的重要来源。

演示所使用的工具可分为以下四大类：实物、标本、模型、图片的演示；图表、示意图、地图的演示；实验演示；幻灯、电影、录像的演示。随着教育信息化的发展，师生能够利用更多的更具真实性的演示方式获得知识和体验。

2. 演示法的要求

演示的基本要求有以下几点。

(1)教师要使学生明确演示的目的、要求与过程，主动、积极、自觉地投入观察与思考。让他们知道要看什么、怎么看、需要考虑什么问题。

（2）教师要注意持续性和引导性。演示前，教师要明确演示的目的和关键，选择好演示的教具；演示时，教师要结合讲授，引导学生注意观察，演示必须精确可靠、操作规范；演示结束后，教师要引导学生分析观察到的结果以及各种变化之间的关系，通过分析、对比、归纳、综合得出正确结论。

（3）教师通过演示，使所有的学生都能清楚、准确地感知演示对象，并引导他们在感知过程中进行综合分析。

（4）教师要尽量排除或减小次要因素的影响，以使目的明确，现象明显。

3. 演示法的优缺点

演示法能为学生提供观察学习的机会，缩短理论与实践的距离，可同时进行教师和学生的言语交流和视觉呈现。缺点在于：费时费力，学生的注意力容易分散，难以达到预期目标；教师难以胜任；教室环境影响教学效果。因此演示法并不适用于某些教学内容。同时演示失败会影响学生的学习状态和情绪，教师较难控制教室气氛。

（六）参观法

1. 参观法的含义

参观法是教师紧密配合教学，组织学生到校外一定场所进行直接观察、访问、调查而获得知识或验证知识的方法。

参观的类型主要有四种。

感知性参观：使学生获取必要的感性材料，为学习新课奠定基础而组织的参观。

并行性参观：在学习某一课题的过程中，为便于理解、丰富和记忆知识而组织的参观。

验证性参观：在某一课题结束后，为了用事实来检验和论证学生已学的知识而组织的参观。

总结性参观：在讲完某一课题后，组织学生结合所学的内容，到现场得出结论或验证结论而进行的参观。

2. 参观法的要求

（1）参观的准备：主要包括确定参观场所、了解参观单位有关情况、制订参观计划。

（2）参观过程：学生在熟悉参观对象的基础上，有组织、有步骤地参观；教师可边提出问题边引导学生仔细观察思考；对学生提出的问题教师要认真回答，必要时可请参观单位有专长的人进行讲解指导；教师要指导学生做参观材料的整理、做参观笔记。

（3）参观结束：要做好参观总结，检查计划执行完成情况，指导学生做好参观材料的整理和研究，制成图表、标本、模型或卡片，放到陈列室里，以供日后观察、教学或课外活动使用。

3. 参观法的优缺点

参观法有助于学生把书本知识与实际紧密结合起来，帮助学生深入地理解和领会所学习的理论知识，扩大学生的眼界，使学生从中受到多方面的教育。缺点在于参观法需要耗费的时间、费用和精力较多，获得的成效可能不显著，实际操作效率不高。

(七)练习法

1. 练习法的含义

练习法是指在老师的指导下，学生运用知识去反复完成一定的操作以形成技能技巧的方法。学生通过不断地独立训练，运用已具备的知识解决有关问题，掌握技能并养成良好习惯。

练习的种类很多，按培养学生不同方面的能力可分为口头练习、书面练习、实际操作练习。按学生掌握技能技巧的进程可分为模仿性练习、独立性练习、创造性练习。

练习法的基本步骤是：教师提出练习的任务，说明练习的意义、要求和注意事项并做出示范；学生在练习时，教师要巡回辅导；练习之后教师要进行系统的分析和总结。

2. 练习法的要求

(1)明确练习的目的和要求。要让学生知道为什么进行练习，怎样才是达到了练习的要求，使学生的练习具有目的性和自觉性，避免练习的盲目性和机械性。

(2)指导正确的练习方法。教师要在练习之前讲解和示范正确的练习方法，并且保证学生基本掌握，以便增强练习的效果。

(3)合理安排练习步骤。教师应当使练习有计划地进行，循序渐进。

(4)掌握科学的练习量。技能技巧的练习需要一定的练习量，但并不是越多越好，超过学生承受能力的练习会导致适得其反。教师要根据学生的身心发展特点来确定练习量。此外，一般来说，分散练习比过于集中的练习效果更好，将某种练习分成时间较短的几次完成要比一次性安排更为科学。

(5)及时给予学生反馈。要使学生及时知道练习的结果，以便纠正错误和巩固成绩。

(6)练习方式要多样化。要防止单一、重复的练习方式，根据教学任务和学生实际，将口头的与书面的、记忆的与操作的、课内的与课外的等不同方式的练习结合。采取多样化的练习方式，可以保持学生的兴趣和注意，提高练习的效果。

3. 练习法的优缺点

练习法可以有效地发展学生的各种技能技巧。任何技能技巧都是通过练习形成、巩固和提高的，在教师指导下进行各种及时、集中的练习，能够在这方面取得比较良好的效果。但练习法的缺点在于需要根据材料、学科性质、学生年龄特征来确定练习，教师若把握不当易造成题海战术，给学生带来较大学业负担，并且部分学科（如语文）练习题答案的单一或唯一不利于学生创造性的发展。

(八)实验法

1. 实验法的含义

实验法是学生在教师的指导下，按照预定的要求，利用指定的设备，采用特定方法而进行独立操作，并在观察研究中获取直接经验、技能技巧的方法。

实验的类型主要有三种：(1)学习理论之前进行的感知性实验；(2)学习理论之后进行的验证性实验；(3)巩固已学知识时进行的复习性实验。

2. 实验法的要求

(1)教师要明确目的，精选内容，制订详细的实验计划，提出具体的操作步骤和实验要求。

(2)教师要重视语言指导，重视教师示范的作用。

(3)教师要要求学生独立操作，及时检查结果。

3. 实验法的优缺点

实验法对学生的实践操作能力的提升有显著作用，但不是对所有学科都适用，且实验法对仪器、设备要求较高，需要学生具备一定的知识和能力基础。

第三节　教学组织形式

教学组织形式是指为完成特定的教学任务，教师和学生按一定要求组合起来进行活动的结构。教学组织形式不是固定不变的，而是随着社会政治经济和科学文化的发展及其对培养人才要求的不断提高而不断地发展和改进的。

一、教学组织形式的发展

在教学史上，先后出现的影响较大的教学组织形式有个别教学制、班级授课制、分组教学制、设计教学法和道尔顿制。

(一)个别教学制

在古代，中国、埃及和希腊的学校大都采用个别教学形式。那时，学校的学生集于一室，教师轮流传唤每位学生，分别地向每位学生传授知识，布置和批改作业都是个别进行的，即教师对学生一个个地轮流地教；教师在教某个学生时，其余学生均按教师要求进行复习或作业。在个别教学中，每位学生所学的内容和进度可以不同，教师教每位学生的方法和要求也有差别，而每位学生学习的成效亦各不一样，甚至差距极大。

因此，个别教学制最显著的优点在于：教师能根据每位学生的特点，包括天赋、接受能力和努力程度而因材施教，加强教学的针对性，充分地发展每个学生的潜能、特长和个性，使教学内容、进度适合于每一个学生的接受能力。所以，在个别教学中，由于每个学生的接受能力和努力的程度不同，即使是同时开蒙的学生，他们各自的学习进度也会有很大差别。但是，采用个别教学时，一个教师所能教的学生数量是很有限的，不利于学生之间的交流、合作和个人的社会化，不利于教师对学生身心发展规律的深入认识，不利于教学经验的总结以及教师自身专业化的发展。这种个别教学形式在古代学校中的普遍推行是与古代社会生产力发展水平比较低的状况相适应的。在古代的学校中，也有采用初级的集体教学形式的，但尚未形成一种制度，不占主要地位。

(二)班级授课制

班级授课制是一种集体教学形式，它把一定数量的学生按年龄与知识程度编成固定的班级，根据周课表和作息时间表，教师有计划地给全班学生集体授课。它的优点在于效率高，一个教师能同时教几十个学生，比较适合学生身心发展的年龄特点，发挥学生之间的相互影响作用，有助于提高教学质量。在班级授课制中，同一个班的每个学生的学习内容与进度必须一致，但各门课程的教学，特别是在高年级，通常由具有不同专业知识的教师分别进行。

(三)分组教学制

分组教学制就是按学生的能力或学习成绩把他们分为水平不同的组进行教学。分组教学也是集体教学的一种形式，它的主要类型有能力分组、作业分组、学科分组等。分组教学的优点在于它比班级授课更切合学生个人的水平和特点，便于因材施教，有利于人才的培养，但同时也存在一定的副作用。

(四)设计教学法和道尔顿制

1. 设计教学法

设计教学法主张废除班级授课制和教科书，打破传统的学科界限，在教师指导下，由学生自己决定学习目的和内容，在自己设计、自己负责任的单元活动中获得有关的知识和能力。这种方法是由杜威的学生克伯屈于1918年提出来的，是一种基于学生自主学习的方法。为了解决自然、生活和学习中的具体问题，学生要估计情况，制出行动计划，确定掌握资料的措施，然后着手去实现计划，并对结果做出检验。对于设计教学，"与其当作教学方法，不如说这是一种教材的组织；要进行设计教学，先要有设计课程——就是以自发活动为中心而混合组织各科教材的课程"。[1]这种教学虽然注重认识的整体性、综合性、实用性，但忽视了认识的分析性、条理性和科学的逻辑体系。

2. 道尔顿制

道尔顿制是指教师不在课上向学生系统讲授教材，而只是为学生分别指定自学

---

[1]孟宪承：《教育概论》，116页，北京，商务印书馆，1947。

参考书、布置作业，学生自学并独立作业，有疑难时才请教师辅导，学生完成一定阶段的学习任务后，向教师汇报学习情况并接受考查。由于每个学生的能力和志趣不同，他们各自的学习任务和内容就不同，甚至彼此不相干。学习任务按月布置，完成后再接受新的学习任务。

道尔顿制最显著的特点在于重视学生自学和独立作业，在良好的条件下，道尔顿制有利于调动学生学习的主动性，培养他们的学习能力和创造才能。但是，大多数青少年学生尚不具备独立学习与作业的能力，如果没有教师的系统讲解，他们往往在摸索中白白花费了时间而无多大收获，学不到系统的知识，不利于系统知识的掌握。况且，道尔顿制要求有较好的教学设施与条件，如要有较多的作业室、实验室、图书和仪器，这些条件都不是一般学校具备的。虽然道尔顿制存在的时间不长，但它注重学生自学与独立作业的特点对后来的一些教学形式和教学改革有很大影响。

二、我国现行的教学组织形式

(一)班级授课制

班级授课制是我国现行的教学组织形式，也是国际上最通用的教学组织形式。因为它具有其他教学形式无法取代的优点，在提高教学质量与效率上能起主要的作用。

1. 班级授课制的产生与发展

班级授课制是人类社会发展到一定历史阶段的产物。16 世纪以后，随着资本主义的发展，生产力水平得到空前的提高，社会对劳动者的素质提出了新的要求，从而导致教育范围扩大，学生人数增多，教学内容更新，传统的以个别教学为主的教育活动已不能适应社会对人才培养的需求。另外，由于生产工具的革命，占统治地位的生产方式由个体的、分散的手工方式转变为集体的大机器生产。生产模式的变革给教育家以启迪：既然生产可以同时进行，为什么教学不能集体进行？于是，西欧的一些国家开始尝试班级授课制。17 世纪初，在乌克兰兄弟会学校中兴起了班级授课制的组织形式。

1632 年，捷克著名教育家夸美纽斯在总结前人和自己实践经验的基础上出版了《大教学论》。该书最早地从理论上对班级授课制做了阐述，为班级授课制奠定了理论基础。此后，班级授课制迅速推广，到 19 世纪中叶已成为西方学校教学的主要形式。我国最早采用班级授课制的是 1862 年清政府在北京设立的京师同文馆。1902年，清政府颁布《钦定学堂章程》后，班级授课制在全国广泛推行。直至现在，班级授课制仍是我国各级各类学校教学的基本组织形式。

2. 班级授课制的基本特征

班级授课制属于集体教学，与个别教学相比，它有以下基本特征。

(1)以班为单位集体授课，学生人数固定。班级是进行教学的基本单位，同一个教学班中学生的年龄和知识程度大致相同，每班的人数比较固定，通常是 30~60 人。

（2）课程设置和教学内容统一。将教学内容按照学科和学年进行划分，以确定各年级要掌握的内容。然后在此基础上，将具体的教学内容以及实现这种教学内容的教学手段、教学方法分成更小的部分。各部分内容分量不大，彼此间相互衔接，具有一定的完整性。

（3）教学进度与学习年限统一。每门学科的总课时数、学年课时数、周课时数一般根据固定的课程计划来确定。各班的课时表规定每日的课时安排，每节课的时间一般是统一固定的。

（4）分科教学。根据学校的任务、学生年龄特征和发展水平，选择必须掌握的某门科学的基础知识组成教学科目，分别对学生进行教学，确保学生获得连贯的、系统的知识。

3. 班级授课制的优缺点

总体来说，班级授课制适应了现代社会大规模培养人才的需要，体现了教学活动的基本规律，是一种富有生命力的经济实用的教学组织形式。

班级授课制的主要优点有以下几点。

（1）有严格的制度，保证教学的正常开展和获得一定质量。班级授课制在自身发展过程中形成了一整套严格的制度，如按年龄、知识编班的分级制度，学年、学期和学周制度，招生、考试和毕业制度，作息制度，课堂纪律与常规，等等，使教学制度化、规范化和科学化，保证教学活动正常运转并获得一定质量。

（2）有利于大面积培养人才。以班级作为单位来培养人才，一个教师能同时教几十个学生，扩大了单位教师的教学数量，扩大了教育对象，加快了教学进度，是使学生在较短的时间内系统地、有重点地学习人类知识体系的一种经济、有效的形式，大大提高了教学效率，有利于大面积地培养人才。

（3）有利于系统知识的传授。班级授课制能以周课表的方式科学地安排各科教学，使之有条不紊地交错进行，确保学生循序渐进地学习和掌握各学科的系统科学知识，完成预定的教学计划。

（4）能够充分发挥教师的主导作用。各国的教学实践反复证明，迄今为止最能充分发挥教师在教学中的主导作用的教学组织形式仍然是班级授课制。它保证了每个学生的活动都自始至终地在教师的指导下进行，学生的学习活动得到了很好的组织。而且，班级授课制主要也是在对充分发挥教师的主导作用、最大限度地提高教师工作效率和使各科教师协调一致对学生进行教育教学等问题的探索中形成起来的，并不断得到改进、完善和发展。

不过，班级授课制也有它的缺点，如下所述。

（1）教学活动多由教师做主，学生学习的主动性和独立性受到一定程度的限制。学生动手机会较少，教学的实践性不强，不利于培养学生的实际操作能力。

(2)强调系统的书本知识的学习，容易使理论与实际脱节，而且学生主要接受现成的知识成果，其探索性、创造性不易发挥。

(3)班级授课制的时间、内容和进程都固定化、形式化，不能够容纳和适应更多的教学内容和方法。

(4)强调教学过程的标准、同步、统一，难以照顾学生的个别差异和对学生进行个别指导，不利于充分发展学生的潜能、培养学生的特长，也不利于因材施教。

(5)班级授课制以"课"为活动单元，而"课"又有时间限制，因而教师往往将某些完整的教学内容和教学活动人为地分割，以适应"课"的要求。

(6)班级授课制缺乏真正的集体性。教师虽然向学生同样地施教，而每个学生以自己独特的方式去掌握，每个学生分别对教师负责，独自完成自己的学习任务，学生与学生之间没有分工合作，无必然的依存关系。

(二)复式教学

复式教学是把两个及以上年级的儿童编在一个教室里，由一位教师在同一堂课内分别对不同年级的学生进行教学的组织形式。这是一种特殊的教学组织形式。它的主要特点是直接教学和学生自学或做作业交替进行。在我国农村，特别是在人口稀少的偏僻山区，在人口少、师资匮乏、交通又不方便的地区，复式教学曾被长期而广泛地使用。复式教学对于学生的自学能力要求相对较高。随着学校网点布局的调整、寄宿制学校的增加，复式教学的学校已经越来越少。

(三)个别教学和现场教学

在现代教学中，还有两种教学形式可作为教学的辅助形式，分别是个别教学和现场教学。

1. 个别教学

个别教学又称个别辅导，是在课堂教学的基础上教师针对不同学生的情况进行个别辅导的教学组织形式。个别辅导一般是在学生已有学习的基础上，通过学生的复习、预习和对自己感兴趣的问题的深入学习，发现自己还不明白的问题，然后向老师请教，教师针对学生的具体情况进行个别辅导。个别教学主要是通过个别答疑、对个别学生的课外作业和课外阅读进行指导等方式来进行的。它既可以在课内实施，也可以在课外进行。

个别辅导根据其内容的不同大体可以被分为两大类：一是针对在教材的复习和预习中发现的问题的辅导，目的是让学生打下坚实的基础；二是针对在学习相关学科内容中产生的疑难问题的辅导，目的是拓宽学生的视野，发展学生的思维。

在进行个别辅导时，应注意以下几个问题。

(1)个别辅导一般是个别进行的，教师要了解每个学生的学习情况，以便有效地进行指导。

(2)个别辅导是以学生自己的独立学习为基础的，学生自己发现问题，在自己独立完成有困难的情况下才求助于教师。

(3)在个别教学的过程中，教师不仅要对学生的知识、技能问题给予帮助，而且要指导他们学会正确的学习和思考方法。

(4)教师要平等地对待学生，个别辅导可以有针对性，但对学生提出的问题应尽量都予以回答，不要有所偏向。

个别辅导教学的作用日益加强，首先可以弥补班级授课制的缺陷，促进个体的充分发展。班级授课制的内容、时间、进程较为统一，每个学生的学习是有其特殊性的，个别指导可以针对个别学生，使个体得到充分发展；其次个别辅导可以提高学生学习的积极性、主动性，教师对学生进行的个别指导时将注意力集中于个别学生，学生在得到教师重视、关心的情况下，学习的积极性和主动性会大为增加。

2. 现场教学

学校除了课堂教学之外，还要让学生通过自然或社会实践获得必要的直接经验，验证或运用知识，以开阔眼界，扩大知识，激发学习热情，培养独立工作的能力，陶冶品德。这种在自然和社会实践活动中进行教学的组织形式便是现场教学。

现场教学不仅是课堂教学的必要的补充，而且是课堂教学的继续和发展，是与课堂教学相联系一种教学形式。

根据现场教学的目的和任务，可以将现场教学分为两大类：一种是根据学习某学科知识的需要，组织学生到有关现场进行教学；另一种是学生为了从事某种实践活动，需要到现场学习有关的知识和技能。

现场教学有利于学生获得直接经验，深刻理解理论知识，在某种程度上弥补课堂教学的不足。现场教学可以增强教学的趣味性，使教学、生活更为丰富。现场教学可以让学生在轻松、愉快的环境中掌握知识、技能，感受了自然、社会，丰富学生的情感空间。现场教学还可以提高学生解决实际问题的能力。

组织现场教学应注意的问题有以下几个。

(1)教学目的要明确。现场教学要解决什么问题、完成什么任务必须是明确的。不仅教师要清楚，学生和参与教学的现场有关人员也要清楚。

(2)准备要充分。进行现场教学前，教师要认真考虑现场教学所要解决的矛盾，引导学生做好必要的知识储备；同时还要动员、组织学生，使他们了解现场教学的目的、要求、注意事项，做好心理、物质上的准备。

(3)重视现场指导。在现场教学中，教师要引导学生多角度地充分感知感性材料，并有针对性地结合理论知识，深化学生的理性认识，还要鼓励学生动手操作，发现问题，解决问题。

(4)及时总结。现场教学要在必要和适当的时候及时进行总结，这不仅为教师组织现场教学积累经验，而且可以使学生在现场感受到的知识进一步系统化，并且学生可以在交流经验的过程中共享他们的体验和收获，使他们学会现场学习。

三、当前教学组织形式改革的重点

当前，在国内外的教学改革中，人们对教学组织形式的改革有以下几个重点。

(一)适当缩小班级规模，使教学单位合理化

过大的班级规模限制了师生交往和学生参与课堂活动的机会，阻碍了课堂教学的个别化。小班可以为提高教学质量创造良好的教学环境和学习气氛。

(二)改进班级授课制，实现多种教学组织形式的综合运用

班级授课制与个别教学、分组教学相结合，课堂教学与课外教学相结合，传统的传习形式与现代教育技术相结合，这些已经成为目前发达国家教学组织形式改革的新特点。

(三)多样化的座位排列，加强课堂教学的交往互动

传统的座位排列形式是秧田式的，目前，这种封闭的排列方式得到了改进。不超过 25 个学生的班级，可以采用马蹄形、圆形；25 名以上学生的班级可采取矩形、同心圆形和马蹄形；小组活动或个别学习的座位安排可采取模块式。

(四)探索个别化教学

个别化教学虽然使教师和学生结成一对一的教学关系，但并不是纯粹的个别教学，学生的学习仍然有集体活动的成分，并间接地接受教师的指导和帮助。

第四节　教学环节

学校教学工作一般是由备课、上课、课外作业布置与批改、课外辅导、学业成绩的检查与评定五个基本环节组成。教师只有掌握教学工作的全过程，环环紧扣，做好每个环节的工作，才能有效提高教学质量。上课是整个教学过程的中心环节。

一、备课与说课

(一)备课

备课就是教师根据学科课程标准的要求和本门课程的特点，结合学生的具体情况，选择课程最合适的表达方法和顺序，以保证学生有效地学习。备课分个人备课和集体备课两种。个人备课是教师自己钻研学科课程标准和教材的活动。集体备课是由相同学科和相同年级的教师共同钻研教材，解决教材的重点、难点和教学方法等问题的活动。

备好课是教好课的前提。对教师而言，备好课可以加强教学的计划性，有利于教师充分发挥主导作用。教师要在平时的学习、生活中有意识地收集教学资料，为上课做准备。备课的要求主要包括做好三项工作(钻研教材、了解学生、设计教法)和写好三个计划(学年或学期教学计划、课题或单元计划、课时计划)。

1. 做好三项工作

(1)钻研教材

钻研教材包括学习学科课程标准、钻研教科书和阅读有关参考资料。首先，钻研学科课程标准就是指教师要弄清楚本学科的教学目的以及教材的体系、结构、基本内容和教学法上的基本要求。其次，教师必须钻研教材，掌握学科的主要内容、重点、难点，同时也要考虑如何利用教材来促进学生态度、情感、价值观的发展，促进知识的拓展及各种能力的提高。此外，各种参考资料是教科书的重要补充，教师应广泛阅读有关参考书来获得有价值的信息，以满足教学需求。

特级教师张子锷说："我教中学物理 50 年了，同时教 3 个班，课已讲了 150 遍了，但即使是到最后一遍，不备课我还是不敢上课。"同样重视备课的还有北京市特级教师陈毓秀。她讲的《战国七雄》一课极为精彩。课后有人采访陈老师，问她这节课用了多少时间备课，她回答说："要说时间长，我准备了一辈子；要说时间短，我准备了 15 分钟。"[1]"准备一辈子"其实是个大实话，教师的备课功夫全在平时一点一滴的积累上，而不能"临阵磨枪"。平时要做"有心人"，注意观察生活中的素材，积累各种教学资料，讲课时就会信手拈来、收放自如。

(2)了解学生

了解学生应当是全面的。首先要考虑学生总体的年龄特征，熟悉他们身心发展的特点；其次要了解学生个体的能力水平、学习态度和兴趣特点；此外还要了解班级的一般状况，如班纪班风等。

以一位教师"精心准备"的一节不成功的数学课为例。教师在教学一开始介绍道："这节课我们学习 5 的乘法口诀。"学生们纷纷举手回答："老师我知道，一五得五……"老师："你们真不错，但还有其他同学不知道呢。"接着大部分同学都举手说："我知道我知道。"老师仍然按部就班，台下的学生已经开始注意力分散、窃窃私语了。可见，忽视学生的已有经验，起点定得太低，同时教学铺垫不够丰富、不够贴近学生生活，会导致学生兴致索然。

(3)设计教法

教师要在钻研教材、了解学生的基础上，考虑用什么方法来使学生有效地掌握知识并促进他们能力、品德等方面的发展。教师应根据教学目的、内容、学生的特点等来选择最佳的教学方法。

2. 写好三个计划

(1)学年(或学期)教学计划

学年(或学期)教学进度计划包括学生情况的简要分析、本学期或学年的教学总要求、教科书的章节或课题、各课题的教学时数和时间的具体安排、各课题需要运用的教学手段等。以下为学年(或学期)教学计划的示例。

---

[1]叶传民：《"5 的乘法口诀"教学思考》，载《新课程(下)》，2014(2)。

20　—20　学年第　　学期教学进度计划

科目	语文	教学班级	一年级	教科书名称及册数	新版人教版一年级上册
时间	单元		教学内容		开始节数
第一周	我上学了		我上学了		4
第二至三周	第一单元识字		天地人		2
			金木水火土		2
			口耳目		2
			日月水火		2
			对韵歌		2
			口语交际		2
			语文园地一		3
第四至五周	第二单元汉语拼音		a o e		2
			i u ü		2
			b p m f		2
			d t n l		2
			g k h		2
			j q x		2
			z c s		2
			zh ch sh r		2
			语文园地二		3
第六至七周	第三单元汉语拼音		ai ei ui		2
			ao ou iu		2
			ie üe er		2
			an en in un ün		2
			ang eng ing ong		2
			语文园地三		3

（2）课题（或单元）计划

在制订好学年教学进度计划的基础上，教师还要制订出课题计划。课题计划一般包括：课题名称、课题教学目的、课时划分、备课时的类型、主要教学方法、必要的教具。此外，教师还要考虑课题之间的联系，做好协调工作。以下为课题（或单元）计划示例。

20　—20　学年第　　学期第　　单元教学计划

教学内容	跪膝跳 跪跳起	授课年级	三年级
单元教学目标	1. 培养学生对跪膝跳、跪跳起游戏的兴趣，使学生积极、主动地投入跪跳起活动中。 2. 使学生掌握跪跳起的正确动作，知道摆臂、提腰、快收腿的时机和方法，提高学生动作的协调和身体平衡能力，增强上下肢及腰腹力量，提高跪跳起的能力。 3. 通过同伴和小组的共同讨论、练习、相互保护与帮助，体验集体学习的乐趣，树立自信心，克服对学习跪跳起动作的心理障碍，树立安全意识。		

续表

课次	教学目标	教学内容	重难点	教法学法指导
1	学习在垫子上进行跪膝的多种活动方法,在活动中体会做各种动作时的身体动作感受。掌握摆臂制动及脚面、小腿压垫的动作。提高学生学习跪跳起动作的学习兴趣,培养积极主动参与活动的习惯。	1. 跪膝走。 2. 跪膝跳。 3. 跪膝游戏。 4. 跪膝弹性起落。 5. 游戏:垫子过河。	重点: 摆臂制动、脚面和小腿压垫。 难点: 摆臂与脚面、小腿压垫协调配合。	教法: 1. 教师示范讲解动作,并分小组练习。 2. 教师鼓励学生大胆创新动作。 3. 学习摆臂与脚面、小腿压垫。 4. 组织学生游戏。 学法: 1. 学生认真观察,学习动作。 2. 大胆创新,相互交流学习
2	学会保护帮助,在同伴保护帮助下初步掌握跪跳起动作,体会摆臂制动与髋关节弹性屈伸协调配合,在练习中体会相互交流、合作学习,感受合作学习的乐趣。	1. 复习跪膝弹性起落。 2. 学习跪跳起保护帮助。 3. 在同伴帮助下跪跳起。 4. 游戏:搬运工。	重点: 伸膝展髋、提腰用力、摆动手臂制动。 难点: 两臂的摆动与髋关节弹性屈伸协调配合。	教法: 1. 教师出示跪跳起图示,激发学生学习兴趣。 2. 指导学生学习保护帮助。 3. 教师巡视指导并解疑。 4. 组织学生游戏。 学法: 1. 学生认真观察,学习保护帮助。 2. 学生相互帮助,合作学习。
3	学习从高处落下时屈腿平稳落地动作的方法。学会自我保护动作,树立安全意识,防止发生意外。增强自信心,克服跳箱高度的心理障碍。	1. 从跳箱盖上蹲跳下并迅速下蹲。 2. 从跳箱盖上跪跳下并迅速下蹲。 3. 从跳箱盖上跪跳下(注意保护)。 4. 游戏:越过障碍。	重点: 提膝迅速、收腿要快。 难点: 双脚落地平稳。	教法: 1. 教师示范展示动作,讲解要点。 2. 教师鼓励学生大胆尝试。 3. 教师强调下落时自我保护动作。 4. 组织学生游戏。 学法: 1. 学生大胆尝试,感受从高处落地的方法。 2. 学生相互保护,防止落地受伤。

(3)课时计划(教案)

课时计划即教案,它通常是指教师为某一节课而拟定的上课计划,一般包括班级、学科名称、授课时间、课题、教学目的、课的类型、教学进程等。其中教学进程是教案的主要部分,教师要详细设计和安排教学内容的展开,教学方法的运用和时间的分配等。具体来说应该包括以下内容。

①课题：说明本课名称。

②教学目的：或称教学要求、教学目标，说明本课所要完成的教学任务。

③课型：说明是新授课，还是复习课。

④课时：说明是第几课时。

⑤教学重点：说明本课必须解决的关键性问题。

⑥教学难点：说明本课易产生困难和障碍的知识传授与能力培养点。

⑦教学方法：要根据学生实际，注重引导自学，注重启发思维。

⑧教学过程：或称课堂结构，说明教学进行的内容、方法、步骤。

⑨作业处理：说明如何布置书面或口头作业。

⑩板书设计：说明上课时准备写在黑板上的内容。

⑪教具：或称教具准备，说明辅助教学手段使用的工具。

⑫教学反思：对该堂课教后的感受及学生的收获、改进的方法。

教学是一种创造性劳动，不是教材的搬运，而是教材的再创作。教学工作中的教案是每次教学的基本计划，是明确本次教学的目标及教育资源使用的计划；是教师进行教学活动的依据，关系到一节课的具体安排和教学质量；是教学研究的成果，是对使教材、学生、教学方法相结合的研究成果；是教学实施的工具，是参照系，可以提示教学内容、重点、难点、目标、思路，帮助教师有效完成每一次教学。因此，一份优秀的教案是设计者教育思想、智慧、动机、经验、个性和教学艺术性的综合体现，如何写好教案是每一位教师永恒的研究课题。

教案可以被分为多种不同的类型，包括自主式教案、因地制宜式教案、开放式教案。

①自主式教案

情境式：写教学情境的设计方案(有时有好几种，以应变)。

提纲式：写教学过程的几个关键点。

问题式：写能统领教学过程的几个关键问题。

讲稿式：详细写出在课上要说的关键语言。

预测式：写教学中可能发生的问题及处理方案。

作业式：写有特色的作业，其他都略去。

②因地制宜式教案

以课时为单位写的教案，目前，教材的内容体系基本上是按照课时编排的，写教案可以根据教材的内容结构，一份教案是一个课时的教学计划，这也是最普遍的教案模式，可分为以下两种。

以知识点为单位写的微型教案：每一节课教材的内容可以被分为若干个既独立又联系着的知识点，不能对教材中所有的知识点眉毛胡子一把抓，书写教案时应抓住那些关键性的知识点，进行仔细分析，逐个击破；这种以知识点为单位的微型教案，先优化教材，再优化教案，进而优化课堂教学。

以知识体系为单位写的综合性教案：教材的编写一般是以一个知识体系为一个单元，在同一个单元内，教材内容的同质性决定了写教案时可以把一个单元作为一个整体，一份教案就是一个阶段的教学计划，这样，教师可以把单元内的知识点进行横向比较，举一反三，触类旁通，还可以进行综合与分析，由浅及深，层层深入地把握单元内的知识；根据教材的知识体系写阶段性教案，从更高的角度来调控教学，突出单元学习的重点，提高学生学习的效率。

③开放式教案

开放式教案打破传统教案的固定、僵化模式，允许教案因人、因课程、因教学内容而异，倡导书写个性化、创新性教案，倡导教案"留白"。所谓的教案"留白"，就是指教案的开放性和灵活性。具体来说就是教案的书写在内容上不要过于详尽，形式上不要过于琐碎，结构上不要过于封闭和程式化，而是要体现出内容上的概要性、形式上的模糊性和结构上的不确定性，以便能够适应新情境、容纳新内容、确立新策略，为教学中师生间的互动共振、互生新知、互建新情留有余地，有利于教师在教学中保持一种宽阔的思路和开放的观念，更容易纳入新的内容，适应新的情境，随时改变原有的设计，实现课堂教学的生态化。

拓展阅读

编写教案的具体步骤

一、前期准备工作

（一）钻研大纲、教材，确定教学目的

教师在钻研大纲、教材的基础上，掌握教材中的概念或原理在深度、广度方面的要求，掌握教材的基本思想，确定本节课的教学目的。

课时教学目的要定得具体、明确、便于执行和检查。教学过程是一个完整的系统，制定教学目的要以教学大纲的要求、教材内容、学生素质、教学手段等实际情况为出发点，考虑其可能性。

（二）明确本节课的内容在整个教材中的地位，确定教学重点、难点

教师在钻研整个教材的基础上，明确本节课的内容在整个教材中的地位及重点和难点。所谓重点，是指关键性的知识，学生理解了它，其他问题就可迎刃而解，但不是说只有教材重点重要而其他知识就不重要。所谓难点是相对的，是指学生常常容易误解和不容易理解的部分。不同水平的学生有不同的难点。写教案时，教师主要考虑这样几类知识，它们常常是学习的难点：①概念抽象、学生缺乏感性认识的知识；②思维定式带来的负迁移；③现象复杂、文字概括性强的定律或定理；④根据教学大纲要求，不能或不必做深入阐述的知识；⑤概念相通、

方法相似的知识；⑥给知识运用造成困难的知识。

（三）组织教材，选择教法

教师根据教学原则和教材特点，结合学生的具体情况和学校设备条件来组织教材、考虑教法，初步构思整个教学过程。教材的组织是多种多样的，同一教材可以有不同的组织结构。但不论是哪一种结构都必须围绕中心内容，根据教材的内在联系强调重点，确定讲解的层次和步骤。同时，在教法选择上，还必须充分考虑如何集中学生的注意力，启发学生的积极思维。

（四）设计教学程序及时间安排

对于上课时如何复习旧知识、引入新课题，新授课的内容如何展开，强调哪些重点内容，如何讲解难点，最后的巩固小结应如何进行等程序及其各部分所用的时间问题，都应在编写教案前给予充分的考虑。

（五）设计好板书、板画

板书、板画是课堂教学的重要组成部分，因此在编写教案时应给予足够的重视。板书的设计可以从钻研分析教材的知识结构入手，也可以从分析学生的认知规律入手。

二、教案的一般要求

教案的编写要从教育教学目的、任务着眼，具体有以下四点。

（一）编写教案时要以教学大纲和教材为依据，做到目的明确、要求适当。在组织教材、选用教学方法、设计教学方案时，要从学生实际出发，循序渐进，不能任意提高教学要求，要避免由于过分追求叙述的严谨而影响学生对基本内容的理解，形成教学难点。

（二）编写教案时要处理好教与学的关系。教学过程是在教师指导下，学生将所学内容纳入自己的认知结构的过程。因而编写教案并不是知识的罗列，而是设计好教法与学法，处理好教与学的关系。

（三）教书育人要相结合。教案不能仅重视传授教学大纲规定的基础知识和技能技巧。对于开发学生智力、培养学生灵活运用所学知识去解决实际问题的能力及思想教育的重视不够，没有计划性，这些是不恰当的。在教案编写过程中，要有计划地寓思想教育、能力培养于知识传授之中。

（四）要环节完整、结构合理、思路清晰、繁简得当、时间分配科学，使教案能对课堂教学活动真正起到指导作用。

三、常见课型教案编写的要点

不同的课型，其教案的编写虽有上述的共性，但也有各自的特点。下面就几种常见课型教案的特点加以说明。

（一）新授课

1. 抓好教学各环节的过渡、衔接。设计好复习引课的内容；写明新授内容的逻辑层次;在巩固小结过程中设计好适当的方法和问题,带领学生做最后的"冲刺",冲上知识的"顶点"。

2. 写明有效措施,便于突破难点。如针对概念抽象、学生又缺乏感性认识的知识,需列举哪些实例、何时需要借用哪些问题的具体分析,引导学生从不同侧面认识等,都应有书面提纲。

(二)习题课

1. 设计好问题和时机。

2. 写好方法性总结。

3. 明确启发引导思维的方向。

(三)复习课

1. 明确目标,提出问题。复习课应使学生在知识上、方法上、能力上形成完整的结构,实现理性的飞跃。因此教案上除了应写清楚所复习内容的知识层次,还应写明在全面概括教材基础上提出的新问题,写清在这段学习中学生常出现的错误和技能技巧等方面的不足,以便上课时能准确地针对学生学习中的缺欠进行复习提高。

2. 对症下药,实施补救。教师应针对学生学习中存在的问题,采取相应的补救措施。如教师对理论性较强、新概念新名词较多的内容,应写明复习提纲,以帮助学生整理知识系统;对相似的概念、易混淆的规律,应在教案上设计好具体的对照比较表格,以利于学生对比记忆。

(二)说课

1. 说课的含义

说课是指教师在规定的时间内(通常为 15～20 分钟),针对某一特定教学内容,向同行、专家系统阐述自己对教材的理解、教法和学法的分析、教学过程的设计以及相关理论依据等内容的一种教研活动形式。由于它具有不受场地限制、避免干扰学生、操作简单快捷以及有利于提高教师的理论素养、驾驭教材的能力和语言表达能力等优势,受到广大教师的重视,近年来被广泛应用于中小学的教学研讨、教学竞赛、教师技能考核等活动中。说课对于提高教师理论素养、推进教育改革具有很好的促进作用。师范生说课也有同样的作用。

2. 说课与讲课(上课)的区别

第一,目的不同。讲课的目的是将书本知识转化为学生知识,进而培养能力,进行思想教育,也就是使学生会学;说课的目的则是向听者介绍一节课的教学设想,使听者听懂。

第二,内容不同。讲课的主要内容在于教哪些知识,怎么教;说课则不仅要讲清上述内容,而且要讲清为什么这样教。

第三，对象不同。讲课的对象是学生；说课的对象一般是领导、同行或专家。

第四，方法不同。讲课是教师与学生的双边活动，在教师的引导下，学生通过读、讲、议、练等形式完成学习任务；说课则是以教师自己的解说为主，一般没有教学对象在场。

3. 说课的具体内容

(1)说理念。基础教育中的课程标准是指导学科教学的纲领性文件，脱离课程标准的教学是无目标的教学，脱离课程标准的说课也就是无目标的说课。这一点说课教师往往忽略。说理念就是要准确精要地阐述课程标准对本课教学内容、教学原则、教学方法和学生能力培养等的指导意义，从而明确各项教学内容应达到的深度和广度。

(2)说教材。说教材就是分析本课内容在教材中的地位、作用及其与前后教学内容的联系，阐明本课的教学目标、教学重点、教学难点等，体现说课者分析、处理教材的能力。注意教学目标的确定要以知识与能力、过程与方法、情感态度与价值观这三个维度为指针，教学难点的确定要符合学生的实际。

(3)说学情。学生是教学活动的主体，高效率的课堂教学取决于对学生情况的准确把握。说学情就是分析学生的知识层次、能力水平、学习方法、学习习惯、生理与心理特征等方面的现状，学生在教学中可能出现的问题及其解决方式等。

(4)说教法。说课时要说明在本课中将采用的教学方法和运用的教学手段，以及这样做的原因，要着重说明其中有独创性的做法，特别是培养创新精神和实践能力的具体做法。

(5)说学法(指导)。说学法就是说时在本课中将教给学生哪些学习方法，以及调动不同类型的学生学习兴趣的方法，还要说明进行探究性学习的具体措施。

(6)说教学程序。按照教学的先后顺序，重点说明主要环节的教学双边活动，要致力于教学重点的突出和教学难点的突破，当然也要包括导入新课的方法、板书的设计、教具的使用情况、课堂练习及课后习题的安排等内容，并简要说明设计的理由。

说教学程序是说课的重点部分，因为通过对这一过程的分析才能看到说课者独具匠心的教学安排，它反映着教师的教学思想、教学个性与风格，也只有通过对教学过程设计的阐述，才能看到教师教学安排是否合理、科学，是否具有艺术性。这一部分应符合以下要求。

①说出教学全程的总体结构设计，即起始、过程、收束的内容安排。

②重点说明教材展开的逻辑顺序、主要环节、过渡衔接及时间安排。

③说明如何针对课型特点及教学法要求，在不同教学阶段实现师与生、教与学、讲与练的协调统一。

④要对教学过程做出动态性预测，考虑到可能发生的变化及其调整对策。

以上只是为说课内容提供了一个大致的范围，并不意味着具体说课时都要面面俱到，逐项说来，而是应该突出重点，抓住关键，以便在有限时间内进行有效的陈述，该展开的内容充分地展开，该说透的道理尽量去说透，这样才能取得良好的效果。以上六个部分既各有侧重，又互相联系、互相渗透。

说课时应注意以下一些方面。第一，说课不是备课，不能按教案来说课；也不是讲课，教师不能把听说课的领导和老师视为学生，如正常上课那样讲；说课同样不是"背课"，也不是"读课"，要突出"说"字；既不能按教案一字不差地背下来，也不能按说课稿一字不差地读下来。第二，说课一定是按自己的教学设计思路，有重点、有层次、有理有据地说。第三，说课的时间不宜太长，也不宜太短，通常可以安排一节课的 1/4～1/3 的时间。第四，注意发挥教师自身的教学个性和创新精神，防止生搬硬套；注意运用教育理论来分析研究问题，防止就事论事，使说课还处于初级阶段的水平；但又要注意避免过分表现理论依据，脱离教材、学生、教师实际，空谈理论。

二、上课

上课是教学工作的中心环节，是教师教和学生学的最直接的体现，是提高教学质量的关键。

(一)课的类型和课的结构

1. 课的类型

课的类型是指根据教学的主要任务而划分的课的种类。在教学过程中，由于教学任务不同，课的类型也不同。研究和正确划分课的种类，根据教学目的、教材内容和学生年龄特征恰当地选择和运用不同类型的课进行教学，使每一堂课都成为整个课堂教学体系中的一个必要环节，这对于保证全部教学工作的完整性和系统性、提高教学质量有着重要意义。

根据教学方法，课可被分为讲授课、演示课、练习课、试验课、复习课。

根据一节课完成任务的类型可以把课划分为单一课和综合课。

(1)单一课，一般是指主要完成一项教学任务的课。根据任务划分，单一课又可被细分为传授新知识课(新授课)、巩固知识课(巩固课)、培养技能技巧课(技能课)、检查知识课(检查课)。随着近年来越来越强调培养学生的自学能力，自学课逐渐流行起来。

单一课由于内容集中，几乎运用课的全部时间来完成某项单一任务，结构上变化不多，因此多被中学高年级采用。

(2)综合课，又称混合课，一般是指要完成几项教学任务的课。综合课的内容包括复习旧的知识，学习新的教材内容，对新学内容予以巩固，并适当进行练习，培养基本技能、技巧，甚至还要检查知识的掌握程度。

综合课所要完成的几项任务并不是处于同等重要的地位，一般是侧重于新知识的传授，结合巩固复习和技能、技巧的培养。由于综合课方式灵活，结构富于变化，多项活动交叉进行，更能激发学生的学习兴趣，取得好的效果，适应儿童难以在较长时间内从事单项活动的心理特点，故中学低年级和小学普遍采用。

2. 课的结构

课的结构是指一堂课的基本组成部分及各部分的顺序、时间分配、相互关系等。课的类型不同，其结构就不同。同一类型的课，由于学生年龄特点与运用的教学方法不同，其结构也有所差异。

回顾教育发展史，各历史时期在一定的教学思想的指导下，都有相应的教学结构模式。中国最早的教学结构模式是"讲—听—讲—记—练"。近代捷克教育家夸美纽斯以认识论原理为指导提出了"观察—记忆—理解—练习"结构模式。18 世纪末，德国教育家赫尔巴特运用心理学原理提出了"明了—联想—系统—方法"四段式结构模式。进入 20 世纪，美国教育家提出了五步教学法模式，即"发生困难—确定问题—提出假设—推理—验证"。20 世纪 50 年代后期，美国教育心理学家布鲁纳提出的发现学习的教学模式为"明确结构、掌握课题、提供材料—建立假说、推测答案—验证—做出结论"。60 年代，美国著名教育家布卢姆根据目标分类理论提出的掌握学习的教学模式为"确定教学目标—根据目标进行集体、单元教学—根据目标进行形成性评价—根据目标进行矫正学习——根据目标进行总结性评价"。

从历史发展上看，教学结构模式总是在不断创新之中，也体现了人们对达到教学高境界的不懈努力和追求。教学实践证明，不存在一种万能的教学结构模式。教学改革的真谛就在于对旧教学结构模式的改造和对新教学结构模式的探索。

虽然人们对课的结构认识有差异，但基本的操作程序可以归纳为五个主要方面，它们通常被称为课的五个步骤，其安排的次序和时间的分配大体如下。

（1）组织教学

组织教学是上课开始时教师所采取的必要手段。目的在于安定课堂秩序，集中学生注意，唤起学习情绪，使学生在精神上、物质上做好听课的一切准备，以保证课堂教学有个良好的开端，并有秩序地、顺利地进行下去。组织教学是任何类型的课都不可缺少的教学步骤，一般占用一两分钟。认真组织教学并贯彻课堂始终，不仅能够很快地集中学生的注意，而且久而久之可以培养学生自觉遵守纪律并养成良好的学习习惯。组织教学不只是上课开始时的必要步骤，而且要贯彻于课的始终。

（2）复习过渡

复习过渡又叫导入新课。组织教学后，教师不是立即讲授新课，而是进行检查提问，复习已学过的知识。教师通过检查提问，了解学生对所学知识的掌握程度、课外作业完成的情况等。复习提问的目的，一方面在于督促学生及时复习和完成作业，巩固已学的知识，培养按时完成学习任务的责任感和良好的习惯，并借此了解教学效果，发现问题，及时补救；另一方面在于加强新旧知识的联系，为顺利导入新课、学习新知识打下基础。复习提问的内容可以是上节课学习过的，也可以是较久以前学习过的。通常的做法是，尽量复习提问与本节课讲授内容有内在联系的内容，以便在复习后顺利地导入新课，也为学生接受新课内容提供认识基础。

复习检查占时不宜过长，一般在5～10分钟内完成。提问方式可以灵活多样，或口头回答，或黑板演算，或书面回答，或几种方式并行。检查作业可以全面查阅，也可部分抽查。值得注意的是，检查提问后，一定要给学生公正的评定，肯定优点，指出不足。

(3)讲授新教材

这是综合课结构中的中心部分，目的在于向学生传授新的知识，并在传授知识过程中发展学生的认识能力。讲授新课是教师进行逻辑推理，进行比较、分析、综合、概括的过程。教师要抓住重点、巧破难点、揭示本质，要精练地将知识的基本要素展现出来。讲授中教师要全面贯彻教学原则，体现启发式教学思想，善于根据教材和学生的特点选择最灵便、最有效的讲授方法，既发挥教师的主导作用，又积极地引导学生主动地探求知识。为此，在讲授开始时，教师要向学生简要说明学习新课的目的、意义和要求，以便学生从总体上有所把握，引起学生学习的愿望与动机。讲授结束时教师要进行小结，归纳、概括讲授要点，使学生获得系统、完整的印象。

讲授新课是综合课要完成的主要课题，对一堂课的成败起决定性的影响。经验证明，导入新课固然要好，讲授内容更要明晰，生动有趣，一钉一铆都在实处。这样才能把课讲得生动活泼，学生学得积极主动。

(4)巩固新教材

综合课中教师在传授新知识后，一般都要随堂进行复习巩固。目的在于使学生对一节课所教的知识能当堂消化理解，加深巩固。没有巩固，就不能发展记忆，不能形成技能、技巧。随堂复习巩固不仅可以判断学生理解掌握新知识的程度，有针对性地纠正错误，弥补遗漏(如属普遍未理解的主要问题，还需安排在下节课中重新讲解)；而且可以通过初步运用新知识的练习形成一定技能，为顺利完成课外作业打下基础。

随堂巩固新知识的方法多种多样，教师可以依据教材特点灵活运用，如由教师复述讲授的要点，并进行归纳总结；或由学生复述讲解重点内容；或组织学生反复诵读课文，划出重点；更多的是设计适量课堂作业，让学生独立完成，教师随堂检查指导，并列举典型问题，集体进行分析；等等。

(5)布置课外作业

课堂结束前，教师一般都要留下两三分钟的时间来布置课外作业，目的是使学生独立运用知识于实际，形成技能、技巧；通过练习加深对知识的理解，培养独立分析和解决问题的能力。课外作业的内容要体现讲授重点，分量适当，难易相间，富于启发性，避免让学生完全机械地重抄课文，尤其应避免搞题海战术。教师布置课外作业时应向学生提出要求，指出需注意的问题和完成的时限；对于难度较大的习题，必要时还可以给一些启发性的提示，指明思考范围，排除学生练习时的障碍。学生完成作业后，教师应及时收集检查，认真批改、评阅。

(二)教师上好课的基本要求

1. 目的明确

教学目标的制定要符合课程标准的要求以及学生的特点，否则容易脱离实际。制定教学目标后，教师在课堂上的一切教学活动都应该围绕教学目标进行。

2. 内容正确

进行教学时，教师要保证课程教学内容的科学性，包括对概念、定理的表达准确无误，对原理、定律的论证准确无误。另外，在讲授的过程中，教师既要突出教材的重点、难点和关键点，又要考虑教材的整体性和连贯性；既要注重新旧知识之间的联系，又要注意理论和实践的联系。

3. 方法得当

教师应该根据教学任务、内容和学生的特点选择最佳的方法进行教学。教学有法，但无定法，教师要善于选择方法，进行创造性的应用，力求取得最佳的效果。

4. 表达清晰

教师上课要坚持用普通话，声音要洪亮，语言表达的速度要适合学生的可接受程度，语言要流畅、生动、易懂，板书要规范、准确、清楚。

5. 教态自如

教态是指教师在教学过程中的衣着打扮、仪表风度、行为举止和情感态度等方面。自然、优雅的教态能引起学生学习的愉悦和积极的情感体验，使各种思维进入学习的最佳状态，从而推进教学的进程。

6. 组织严密

整个课的进行要基本符合课时计划的设计，课的进程要分明，要有条不紊，课的节奏要紧凑，变换不同的任务时要过渡自然。

7. 气氛热烈

教师和学生在课堂上要始终处于积极主动的状态之中，教师能引导学生的思路，启发学生的思维，激发学生的智力活动，机智地处理各种偶发事件，保持良好的课堂气氛。

三、作业的布置与批改

作业的布置与批改是教学工作的有机组成部分，是上课的延续。学生作业分为课内作业和课外作业两种，学生作业的直接目的在于巩固所学内容，培养学生独立思考的能力，使学生学会将所学的各种知识技能加以运用。

学生作业的种类大致为：阅读作业，如复习、预习教科书，阅读文艺和科技读物；口头作业，如口头问答、朗读、复述、背诵；书面作业，如演算习题、作文、绘制图表；实践作业，如观察、实验、测量、调查；等等。

布置作业应当遵循以下要求。

首先，作业的内容应当符合教学大纲（课程标准）和教科书的要求，作业的目的要明确，每项作业都有着明确的意图，为学生知识的巩固、技能的训练服务。

其次，作业的分量要适当，严格遵守国家规定。教师布置作业时要有着明确的要求，规定完成时间。教师也应当根据具体情况对学生完成作业给予指导。

另外，教师对学生的作业要认真及时地批改。教师通过批改作业，全面地了解学生情况，有效调整教学；将批改结果信息反馈给学生，使其清楚地知道自己的进步和错误。批改作业的方式包括全面批改、重点批改、轮流批改、当面批改、指导学生互相批改等。

四、课外辅导

课外辅导是课堂教学的一种补充形式，是指在课堂教学以外的时间帮助和指导学生的学习活动，它可以弥补课堂教学的不足，但不是上课的继续和简单重复，而是因材施教、提高教学质量的重要措施。

课外辅导的主要内容包括：做好学生的思想教育工作，帮助学生明确学习目的，使他们能够独自计划学习和自我监督学习，并养成良好的习惯；做好对学习困难学生的帮助工作，如解答疑难问题，给学习有困难的学生或缺课学生补习，指导学习方法；还可为有学科兴趣的学生提供课外研究机会和帮助，指导学生的实践性和社会服务性活动；等等。

教师在开展课外辅导时应注意以下四点。

第一，要严格控制每天课外辅导的时间，不得占用学生节假日时间，不得乱收费，不得乱订乱购教辅材料。

第二，辅导学生要热情耐心，不得体罚或变相体罚学生。要做到学生在教师在，杜绝教师下班离岗后仍把学生留在学校的现象。学生的接送时间要和家长沟通好。

第三，要适当控制辅导学生的作业量，老师要安排时间批改，辅导效果和需加强的辅导内容要及时反馈给家长（或其他监护人），督促学生承担和完成辅导任务。

第四，课外辅导工作主要是培优帮困，辅导学生要因材施教，要结合本学科教材进行知识的巩固与延伸辅导，做到"盯得紧、盘得活、补得齐"。

五、学生学业评价

学业成绩的检查与评定是教学工作的一个重要环节，它对教学工作的顺利进行和教学质量的提高具有十分重要的意义；有利于促进学生的学习和教师的教学，有利于学校领导了解学校的教学情况，帮助家长了解自己子女的学习情况，并为上级教育主管部门制定教育方针政策和选拔人才提供依据。

(一)学业成绩检查的方式

检查学生学业成绩的方法是多种多样的。常用的检查方式有两大类：平时考查和考试。

1. 平时考查

平时考查的方式主要有口头提问、检查书面作业和单元测验等。

口头提问是学生根据教师所提出的问题进行面对面地口头回答。检查书面作业包括检查平时的课堂作业、家庭作业等。单元测验一般在学完一章或一个课题之后进行，它能使教师在较短的时间内了解学生掌握知识的情况，为改进教学服务。

2.考试

考试是对学生知识、技能等进行总结性检查时所采用的一种方式。它通常在学习告一段落后，为了系统地检查和衡量所学知识、技能等方面的情况，在期中、期末和毕业时进行。

3. 考查和考试的结果

评定学生成绩的方法主要有百分制计分法和等级制计分法。其中等级制计分法包括文字登记计分法，如甲、乙、丙、丁，优秀、良好、中等、及格、不及格；数字计分法，如 5、4、3、2、1。

(二)学业成绩检查的基本要求

1. 学业成绩检查要坚持科学性、有效性和可靠性。

2. 学业成绩检查应力求内容全面，使其既能反映出学生对课程知识的掌握程度，又能反映出学生认知结构的情况。

3. 学业成绩检查的方法要灵活多样。

(三)学业成绩评定的基本要求

教师进行学业成绩评定时应做到以下三点。

1. 客观公正，必须严格遵循评定标准。

2. 方向明确，要向学生指出学习上的优缺点和努力的方向，这是评定学生学业成绩的主要目的。

3. 鼓励学生创新，在评定中不仅要看答案，而且要看思路，要重视学生思维的创造性。

第五节　教学评价

教育评价是根据一定的教育价值观或教育目标，运用可行的科学手段，通过系统地收集、分析、解释信息，对教育现象进行价值判断，从而不断优化教育过程，为教育决策提供依据。教育评价的价值观不同，对教育评价的基本内涵的理解也就不同，并直接影响到对评价目的、评价主体以及评价内容和方法的看法。

教学评价包括学习效果评价、智力和能力倾向评价、性格和品德评价、身体评价、教师评价以及课程教材评价等内容，概括来说是对教师、学生和课程的评价。

一、教学评价的功能

(一)诊断功能

评价是对教学结果及其成因的分析过程，借此可以了解教学各方面的情况，从而判断它的成效、缺陷、矛盾和问题。全面的评价工作不仅能估计学生的成绩在多大程度上实现了教学目标，而且能解释成绩不良的原因，如学校、家庭、社会和个人中哪方面的因素是主要的；就学生个人来说，主要是受智力因素还是学习动机等其他非智力因素的影响，抑或是两者兼而有之。教学评价如同体格检查，是对教学现状进行的严谨科学诊断，以便为教学的决策或改进指明方向。

(二)激励功能

评价对教学过程有监督和控制作用，对教师和学生则是一种促进和强化，通过评价反映出教师的教学效果和学生的学习效果。经验和研究都表明，在一定限度内，经常进行记录成绩的测验对学生的学习动机具有很大的激发作用，这是因为较高的评价能给教师、学生心理上的满足和精神上的鼓舞，可激发他们向更高目标努力的积极性；而较低的评价也能催人深思，激起师生奋进的情绪，起到推动和督促作用。

(三)调控功能

评价的结果必然是一种反馈信息，这种信息可以使教师及时知道自己的教学情况，也可以使学生得到学习成功或失败的体验，从而为师生调整教与学的行为提供客观依据。教师据此修订教学计划，改进教学方法，完善教学指导；学生据此变更学习策略，改进学习方法，增强学习的自觉性。教学评价有利于使教学过程成为一个随时得到反馈调节的可控系统，使教学效果越来越接近预期的目标。

(四)育人功能

评价本身也是一种教学活动，在这种活动中，学生的知识、技能获得长进，甚至完成飞跃。例如测验就是一种重要的学习经验，它要求学生事先对教材进行复习，巩固和整合已学到的知识技能，事后对试题进行分析，又可以确认、澄清和纠正一些观念。另外，教师可以在估计学生水平的前提下，将有关学习内容用测试题的形式呈现，使题目包含某些有意义的启示，让学生自己探索、领悟，获得学习经验或达成更高的教学目标。

(五)导向功能

教学是有目的、有计划的活动，而教学评价是检测教学目标的实现成效并做出相应价值判断以求改进的一种工具。从某种意义上说，教学评价也体现着指挥棒的作用。持续的教学评价可使教学活动的过程朝着特定的教学目标迈进。

二、教学评价的类型

(一)根据评价作用的不同，可分为诊断性评价、形成性评价、总结性评价

诊断性评价是指学期开始前或者教学活动开始前，为了解学生已有的学习情况而进行的评价，以根据学生的准备程度对学生做一个适当的安排。比如说高二文理分科前的评价，再比如老师进行的摸底考试。

形成性评价是指在教学过程中为了改进教学活动而进行的教学评价，目的就是给老师反馈，改进学生的学习和教师的教学活动。比如课堂提问、单元测验等。

总结性评价又被称为终结性评价，就是指在一个大的学习阶段、一个学期或一门课结束后对学生的学习进行评价，是为了评定学生的成绩，预言学生以后在教学活动中成功的可能性，比如期末考试等。

(二)根据运用的标准不同，可分为相对性评价、绝对性评价、个体内差异评价

这个划分方法简单地说就是按照跟谁比来划分的，是跟其他人，跟一个分数，还是跟自己比。

相对性评价又叫常模参照性评价，就是以常模作为评价的参照，把学生成绩跟常模里的其他学生比较，以确定他的学习成绩的相对位置，所有排名次的考试和所有选拔性的考试都属于相对性评价，比如高考、教师招聘考试。

绝对性评价又称为目标参照评价，这个评价是设置好一个具体的目标分数，然后把学生的成绩与之进行比较，所有过关类的考试、资格类的考试都属于绝对性评价，比如教师资格证、驾照、四六级考试等。

个体内差异评价是自己跟自己比较，将自己的现在跟过去比较，或者是将自己的某一方面跟另一方面比较。

(三)根据评价主体的不同，可分为外部评价和内部评价

外部评价是指由被评价者以外的专业人员进行的评价，可以是统计分析，也可以是文字描述，我们经历的大部分评价都属这一类。

内部评价就是指自我评价，是课程设计者或者使用者自己进行的评价。

(四)根据评价的方法不同，可以分为定性评价和定量评价

定性评价是用分析综合、比较分类等方法对评价资料进行质的分析，一般不会用到数据分析。

定量评价就是对评价资料用数理统计、多元分析等数学上的统计方法来进行评价，和质性分析的最大区别就是运用到了数据分析。

三、教学评价的原则

教学评价是指按照一定的教育目标和教学原则，运用科学可行的评价方法，对

教学过程和教学成果给予价值上的判断,以提供信息来改进教学,或对被评价对象做出某种资格证明。要发挥教学评价的积极功能,就需要遵循以下教学评价原则。

(一)客观性原则

客观性是指在进行教学评价时,必须以客观事实为基础,严格执行评价标准,坚持客观的、实事求是的态度,不能主观臆断,或掺杂个人情绪。

(二)科学性与可行性统一的原则

科学性是指教学评价应按照教学评价活动本身的客观规律办事,以科学的教学评价指标体系为尺度,以评价信息为依据,采用科学的评价方法技术,对评价对象进行实事求是的价值判断。可行性是指评价的指标体系以及方法技术要尽可能简便易行,教学评价程序要便于实施和操作。

(三)主体性原则

进行教学评价时,要承认评价对象在评价中的主体地位,充分发挥他们的主观能动性,使他们自觉积极地参与评价活动。在教学评价过程中,评价对象既是评价的客体,又是评价的主体,他们既要被他人评价,同时又要对自己的工作进行价值判断。

(四)一致性与灵活性相结合的原则

评价指标与评价标准的制定,以及评价方法与评价程序的选取,都应考虑各种差异,要灵活对待。在教学评价中,既要贯彻一致性原则,又要贯彻灵活性原则,将两者统一起来。

(五)定期性评价与经常性评价相结合的原则

定期性评价是指定期进行的教学评价,如期末评价、年终评价。经常性评价是指不间断地进行的教学评价,如每天进行的教学检查和评定。为了确保教学评价的功能得以实现,切忌突击性检查。

(六)定量评价与定性评价相结合的原则

没有充分的定量工作做基础,定性评价会给人模糊的感觉。所以,定性评价需要有定量评价作为补充,即应该有尽可能详尽的原始数据以及对数据的统计处理。同时,因为教学活动中有许多因素是无法用数字表达的,所以也要注意用定性评价弥补定量评价的不足。

📋 思 考 题

一、单项选择题

1.“学而时习之”“温故而知新”体现教学的( )。

A. 直观性原则　　B. 自发性原则　　C. 循序渐进原则　　D. 巩固性原则

2. 在教师的指导下,学生利用一定的仪器、设备,在一定的条件控制下,通过实际操作和观察获得知识,这种教学方法是( )。

A. 演示法　　　　B. 参观法　　　　C. 实验法　　　　D. 实践活动法

3. 班主任在与小明谈话时说："根据前段时间你的表现，虽然你的学习效果不是很理想，但你非常努力，如果注意改进学习方法，相信成绩会不断提高。"其中的评价属于(   )。

A. 诊断性评价   B. 形成性评价   C. 终结性评价   D. 整体印象评价

二、辨析题

1. 教学与教育是部分与整体的关系。

2. 教学方法就是教师教的方法。

三、简答题

1. 请简述贯彻启发性原则的基本要求。

2. 简述班级授课制的优缺点。

四、材料分析题

李南是一位刚走上教育岗位的年轻教师。上岗之前，他踌躇满志，想象着老师的那些工作——备课、上课、批改作业等是那样简单。而且他认为作为物理教师，自己就只是教学生应该学到的物理知识，不用操心思想工作之类，可省去许多麻烦。总之，他认为对于自己这个大学的高材生来说，要驾驭教师工作是轻而易举的事。

然而，上岗两个月后，李南没有了往日的潇洒，他沮丧到了极点。走进教室，他发现学生比想象中的差多了，有的简直不像学生，对老师没有礼貌，时不时抓住机会向他挑衅。且不说他们不想听教学内容，即使是讲逸闻趣事，有些学生也在另搞一套。课堂上还经常出现互相谩骂、打架的事情，真是烦不胜烦。

李南并不认为这是他自己的无能造成的，而是学生太差。他觉得，与其把时间花在这难见成效的工作上，还不如早点改行。他想辞职去做生意，但是仔细想想，就此离开教育工作，他又心有不甘。但如果继续干下去，出路又何在？

请从教学的角度谈一谈李南的问题出在哪里，如何解决。

第十章　德　育

学习目标 ▶ ┈┈┈

　　1. 识记德育的概念、目标和内容。

　　2. 理解德育过程的规律和德育原则。

　　3. 运用德育方法和原则开展德育实践活动。

　　德育是教育的重要组成部分。只有通过德育才能把社会主义现代化建设的要求转化为受教育者的要求，转化为受教育者的学习和行为的动机，使他们更好地按照社会的要求去发展自己。因此，教师必须了解德育的含义与内容，理解德育过程的本质，掌握德育原则、途径与方法。

第一节 德育概述

《中小学德育工作指南》强调："落实立德树人根本任务，不断增强中小学德育工作的时代性、科学性和实效性。"《中共中央关于进一步加强和改进学校德育工作的若干意见》指出："必须站在历史的高度，以战略的眼光来认识新时期学校德育的重要性。"德育的重要性是由它的含义和作用决定的。

一、德育的概念和含义

(一)德育

德育是教育者根据一定社会或阶级的要求和受教育者品德形成发展的规律及需要，通过向受教育者传递一定社会的思想政治准则和法纪道德规范，形成受教育者一定的思想、政治、法纪、道德品质的教育活动。简言之，德育是培养人的品德的活动。

培养人的品德，是德育的质的规定性，是德育与其他事物、其他社会现象，包括智育、体育、美育等教育现象相互区别的本质特征；它表明德育是教育者施教传道和受教育者受教修德的统一活动，是在教育者和受教育者相互作用过程中将一定社会的思想政治准则和法纪道德规范转化为受教育者个体品德的活动。

(二)学校德育

学校德育是教育者按照一定社会或阶级的要求，有目的、有计划、系统地对受教育者施加思想、政治和道德等方面的影响，并通过受教育者积极地认识、体验与践行，使其形成一定社会与阶级所需要的品德的教育活动。学校德育就是教师有目的地培养学生品德的活动。理解这一概念可从下面两点来看。

1. 德育的实质是育德

德育的目的在于育德，这是德育区别于智育、体育、美育的主要标志。推动个体品德社会化活动的主要矛盾是教育者提出的德育要求同受教育者已有品德水平之间的矛盾。正是这一矛盾的不断产生和解决，推动教育者不断将一定社会的思想道德规范转化为受教育者个体的品德。因此教育者将社会思想道德规范转化为受教育个体品德的活动，即培养人的品德的活动，就是德育的本质特征。德育的实质就是育德、培养人的品德；如果失去培养人的品德这一本质属性，就不能被称为德育了。

把德育与智育比较一下就可以更好理解德育的本质特征。智育主要是引导学生认识世界、掌握知识、发展认识能力，致力于分清真假，解决科学真理观的问题。德育主要是引导学生掌握社会思想观点和道德规范，发展他们分辨善恶的能力，以解决道德价值观的问题。可见，德育就是育德，是培养人的品德的活动。

2.德育是教育者施教传道和受教育者受教修德的统一活动

教育者、受教育者、德育影响或手段（主要是指德育内容）三者是德育的基本构成要素。德育是教育者和受教育者双方通过德育方法传递或掌握德育内容的活动，即凭借德育方法进行施教传道和受教修德的活动。教育者的施教传道活动是指教育者实施教育、传授社会思想道德规范的活动。受教育者的受教修德活动是指受教育者接受教育者的思想道德教育，提高自我品德修养，发展自己的品德的活动。

在德育中教育者和受教育者的地位、作用和活动是有本质区别的，不能相互代替。教育者的施教传道活动制约、主导着教育者的受教修德活动，受教育者的受教修德活动是德育活动的主体活动。但二者又是相互联系的，教育者施教传道和受教育者受教修德二者是辩证统一的，离开其中任何一方，德育就不存在了。即使二者都有，如果互不联系，未形成施教传道和受教修德的统一活动，也不能实现德育。因为若教师的施教传道活动未作用于学生的品德，那就不可能产生任何德育效果；如果学生未同教师的施教传道活动产生联系，未接受品德教育，那也不是德育过程中的受教修德活动，而是没有教师指导的学生自发活动。可见，我们指的德育一定是教育者施教传道和受教育者受教修德的统一活动。

教育者与受教育者的关系，主要是师生之间的关系，这种关系对德育的成效具有决定性意义。在师生关系中，教师要充分尊重学生的个性，以平等的态度对待学生。教师对学生的关怀和热爱，能激发学生自我教育的积极性，有利于德育任务的完成。如果师生关系不是平等合作关系，学生对教师感到反感，即便教师讲的东西是真理，学生也不会接受。可见对于德育的成效，教师很关键。

德育影响或手段也是德育活动的一个重要因素。这里的德育影响（或手段）主要指德育内容，即社会的思想道德规范。在我国，受教育者要掌握的思想道德规范必须反映社会主义经济和政治的要求，反映受教育者发展的内在需要，使各种德育内容相互联系，并形成序列化。也就是说，德育中的三因素即教育者、受教育者、德育影响或手段都要充分发挥作用，即教育者充分掌握思想道德规范，既能身体力行，也能遵循受教育者的品德形成规律来组织德育活动；同时，受教育者能主动接受教育者的教育并充分发挥主动作用，这时德育的内部特殊矛盾才能不断产生和解决，才能产生良好的德育效果，受教育者的品德才能形成和发展。

二、道德发展理论

（一）皮亚杰的道德发展理论

皮亚杰是瑞士著名心理学家，他通过观察儿童的活动，用编造的对偶故事同儿童交谈，考察儿童的道德发展。他提出儿童的道德判断是一个从他律到自律的过程，具体可分为以下四个阶段。

第一阶段：自我中心阶段或前道德阶段(2—5岁)。

在该阶段儿童缺乏按规则来规范行为的自觉性，在亲子关系、同伴关系、价值判断等方面均表现出自我中心倾向。

第二阶段：权威阶段或他律道德阶段(6—7岁或6—8岁)。

在该阶段儿童表现出对外在权威的绝对尊重和顺从，把权威确定的规则看作绝对的、不可更改的，在评价自己和他人的行为时完全以权威的态度为依据。

第三阶段：可逆性阶段或初步自律道德阶段(8—10岁)。

在该阶段儿童的思维具有了守恒性和可逆性，他们已经不把规则看作一成不变的东西，逐渐从他律转入自律。

第四阶段：公正阶段或自律道德阶段(10—12岁)。

在该阶段的儿童继可逆性之后，其公正观念或正义感得到发展，儿童的道德观念倾向于主持公正、平等。

(二)柯尔伯格的道德发展理论

柯尔伯格是美国心理学家，他在皮亚杰之后对儿童道德发展问题进行了卓有成效的研究，他对皮亚杰的研究方法进行了改进，应用道德两难论的方法研究道德的发展问题，提出了系统的道德发展阶段理论。

柯尔伯格的道德认知发展理论包括三个水平、六个阶段，三个水平是指前习俗水平、习俗水平和后习俗水平；六个阶段是每个水平又各划分出的两个不同的阶段。

1. 前习俗水平(0—9岁)

前习俗水平包括道德发展的第一阶段和第二阶段。

第一阶段：服从和惩罚取向阶段。

儿童评定行为时着重于行为的结果，认为受赞扬的行为就是好的，受惩罚的行为就是坏的。

第二阶段：利己主义取向阶段。

儿童评定行为的好坏主要看是否符合自己的要求和利益，所以第二阶段的观点经常被视为道德相对主义(moral relativism)。

2. 习俗水平(9—15岁)

习俗水平包括道德发展的第三阶段和第四阶段。

第三阶段：寻求认可取向阶段。

儿童认为凡取悦于别人、帮助别人以满足他人愿望的行为是好的，否则就是坏的。他们的推理由众人的共同愿望和一致意见决定。

第四阶段：遵守法规和社会秩序取向阶段。

儿童认为正确的行为就是尽到个人责任，尊重法律权威，服从社会规范，维护社会秩序，否则就是错误的(他们已经意识到良心与社会体系的重要性)。

3. 后习俗水平(15岁以后)

后习俗水平包括道德发展的第五阶段和第六阶段。

第五阶段：社会契约取向阶段。

儿童认为，道德法则只是一种社会契约，可以改变，不能以不变的规则去衡量人。

第六阶段：普遍的伦理取向阶段。

儿童已具有抽象的以尊重个人和个人良心为基础的道德概念，认为个人一贯地依据自己选定的道德原则去做就是正确的。

三、德育的功能

(一)德育的社会功能

德育的社会功能指的是德育能够在何种程度上对社会发挥何种性质的作用；具体来说，主要指学校德育对社会政治、经济、文化等发生影响的政治功能、经济功能、文化功能等。

1. 政治功能

古代中国十分重视道德教化。德育一直是统治者"齐家治国平天下"的工具。因此，人们较早也较多地关注德育的社会功能，尤其是政治功能。德育的政治功能不仅指在阶级社会中为阶级斗争服务，而且也有为国家的政治、法律制度的民主化、完善与改革服务的一面。学校德育所要造就的对象既应具有对现存政治体制的理解、协同的能力，也应具备理性思考与判断的能力，以及具有对政治体制进行改进的智慧。

2. 经济功能

学校德育通过培养具有一定品德的劳动者而对社会经济发展产生重要影响。当代中国经济的发展要求学校培养适应社会主义市场经济的各类人才。这些人才的首要素养正是正确的价值观念和良好的道德品质。

3. 文化功能

文化功能指的是学校德育在一定社会文化发展历程中的作用和学校德育在不同文化形态中所起的作用。世界各民族文化的不同，很重要的方面是各民族的民族精神的差异。而民族精神的差异显然与学校德育密切联系。学校德育既受特定文化的影响，同时又传播价值、伦理和政治等方面的民族文化，使受教育者完成社会化，同时使之具有伦理与政治文化的创新能力。

(二)德育的个体功能

德育的个体功能是指德育对受教育者个体发展能够产生的实际影响。德育的个体功能可以被描述为德育对个体生存、发展、享用三方面发生的影响。其中享用功能是德育个体功能的最高境界。

1. 德育的个体生存的功能

德育的核心任务是要赋予个体科学的价值观、道德原则和行为规范等。这些观念、原则、规范看起来似乎是约束个体的异己的东西，然而正是这些异己的东西使个体在社会生活中生存下去。同时也由于具有充分的社会性，个体才能获取社会所能给予他的力量，才能最大限度地实现特定任务。伦理规范等其实是一代代人在人际关系调整方面智慧的积淀，是人类文明的宝贵遗产的一部分，拒绝它就是拒绝生存的基本原则。

2. 德育的个体发展功能

德育的个体发展功能主要指的是德育对个体品德心理结构的发展所起的作用。德育的任务就是要依据个体发展的潜能，创设道德学习的情境，从而使个体不仅获得自然生命的成长，而且在品德心理结构上不断改进，形成更高质量、更具丰富性的个体道德人格。

3. 德育的个体享用功能

个体享用功能是让个体在道德学习与生活中领会、体验道德人生的幸福、崇高、人格尊严与优越，因而具有审美的性质。同时，践行道德的过程也可被称为创造美的过程，个体享用功能的发挥要求德育建立一种审美和创造美的模式。当个体享用功能实现时，德育过程中教学双方的乐教与乐学就实质性地实现了。因此，德育的个体享用功能的实现是与最高的德育境界联系在一起的。

(三)德育的教育功能

1. 德育的教育功能是指德育具有"教育性"

知识、技能固然重要，但是与做人的方向、价值观相比，则显得具有工具的性质。德育的教育功能的实现实质上是整个教育活动精神本质的实现。直接德育还是间接德育一直是世界各国不断探索的问题，包括中国在内的许多国家最终仍然选择了直接德育(即专设德育课)，其道理就在于专门的德育课程能够在一定意义上保证德育所应具有的教育性。

2. 德育对智育、体育和美育等方面有促进作用

在动机方面，无论智育、体育还是美育，都需要道德情感以激发和放大学习动机，同时，学习动机也需要借助德育改进其方向性、强度和持久性等质量特征。德育还可以为在每一学科学习过程中的个体提供价值的方向。因此良好的道德教育不仅可以对智育、体育、美育贡献动机、方向，而且可以提供良好行为习惯和学习方式方法上的直接支持。

总之，德育的教育功能，实际上是指德育在完成教人做人的总目标和支持智、体、美诸育具体任务的完成这两个方面的实际作用。

三、德育的意义

(一)加强德育是实现我国教育目的的条件和保障

社会主义的教育目的是培养德智体美全面发展的社会主义建设者和接班人。我

国《宪法》规定我国的教育目的是培养青年、少年、儿童在品德、智力、体质等方面全面发展。人的德、智、体等方面是相互联系、影响、制约、促进的辩证统一体，通过德育促进青少年儿童的品德发展，可以为他们智、体等方面的发展提供保证和动力。

(二)加强德育是贯彻党的基本路线的需要

学校教育贯彻党的基本路线，要把德育工作放在重要地位。全面改革和对外开放对人们的思想道德素质提出更高的要求，要教育学生学习和借鉴世界各国包括资本主义发达国家的一切有用的东西，形成有利于社会主义现代化建设和改革开放的道德舆论力量；同时，还要教育学生警惕和抵制资本主义、封建主义的腐朽思想。实践证明，在当前改革开放加速的新形势下，德育不但不能放松，而且必须加强和完善。

(三)加强德育是促进两个文明建设的重要保证

《中共中央关于社会主义精神文明建设指导方针的决议》指出，要从总体布局的高度，正确认识社会主义精神文明建设的战略地位。同样，德育的重要性也要从总体布局的高度来认识。德育既是建设社会主义精神文明的一个重要方面，决定着精神文明的社会主义性质，又渗透在整个物质文明建设之中，体现在经济、政治、文化、社会生活的各个方面，为物质文明的发展提供精神动力及有力的思想保证。学校德育在建设社会主义精神文明中担负着特别重大的责任。全国在校学生占全国人口的近五分之一。对学生加强共产主义思想教育，提高他们的社会主义觉悟，培养他们优良的道德风尚和品质，不仅可以保证学校教育的社会主义方向，而且对改变社会风气也会产生积极的影响。尤其对21世纪提高中华民族的政治素质，树立良好的道德风尚产生深远影响。

(四)加强德育是青少年思想品德健康发展的条件和保证

青少年处于身心快速发展的时期，心理发展逐步成熟，表现出既独立又依赖、既成熟又幼稚的矛盾，这时学生的可塑性很大，是思想品德形成的关键时期。此时青少年最容易接受各种思想的影响，若及时给予正确引导，他们则容易接受无产阶级思想，形成良好的道德品质。反之，若放松教育，他们就容易受到各种非无产阶级意识形态的影响和腐蚀，甚至走上违法犯罪的道路。因此，这个时期对学生的思想品德教育工作，关系到青少年一代思想品德的健康成长。

第二节 德育的目标和内容

德育目标是指通过德育活动在受教育者品德形成发展上所要达到的总体规格要求，即德育活动所要达到的预期目的或结果的质量标准。它是德育工作的出发点和落脚点，制约着整个德育活动，一切德育措施都是为实现预定的德育目标服务的。德育内容则是指德育活动所要传授的价值与规范。德育目标是教育目的在德育方面的直接体现，德育内容则是完成德育目标所要从事的具体工作。

一、确定德育目标和德育内容的依据

(一)国家的教育方针和教育目的是确立德育目标和内容的根本依据

国家要培养什么样的人，这是确定中小学德育目标和德育内容的根本依据。党的基本路线以及实现社会主义现代化和中华民族伟大复兴的总任务指明了人才培养的方向并提出了新的要求。为适应这一要求，德育应该使学生在政治素质、理论素质、思想素质、品德素质、心理素质等方面达到一定的标准，即人才应具备的德育规格。

(二)青少年身心发展的规律及心理特征是确定德育目标和内容的关键依据

学生的身心发展是学生全面发展的重要方面，因此，确立德育目标和内容时，要了解和掌握青少年身心发展和思想活动的规律，全面关心青少年的成长并给予积极的指导，促进青少年的全面发展。同时，应根据不同阶段学生的思想特点和要求，注重德育发展各阶段的有机联系与衔接，避免不必要的简单重复与脱离学生实际的过高要求，满足各个不同发展阶段学生个性心理特征发展的要求。

(三)青少年思想政治品德形成发展规律是制定学校德育目标和内容的重要依据

学生思想政治品德形成过程是一个把社会思想政治道德要求逐渐内化为个体思想政治品德，进而外化为行为习惯的过程。这一过程本质上是一种有目的、有选择的社会思想政治道德教育信息的传递和教育对象个体思想政治品德内心体验相统一的过程。这一过程既是认识过程又是实践过程，学生的知、情、意、行的统一要求，思想政治品德结构的完整性与合理性，以及主体的能动性，都是确立德育目标和内容的重要依据。

另外，时代与社会的发展、民族文化及道德传统在一定的程度上也影响着德育目标和德育内容的确定。

二、我国中小学德育目标

中华人民共和国教育部于 2017 年颁布的《中小学德育工作指南》明确提出了我国中小学的德育目标。

(一)小学低年级

教育和引导学生热爱中国共产党、热爱祖国、热爱人民，爱亲敬长、爱集体、爱家乡，初步了解生活中的自然社会常识和有关祖国的知识，保护环境，爱惜资源，养成基本的文明行为习惯，形成自信向上、诚实勇敢、有责任心等良好品质。

(二)小学中高年级

教育和引导学生热爱中国共产党、热爱祖国、热爱人民，了解家乡发展变化和国家历史常识，了解中华优秀传统文化和党的光荣革命传统，理解日常生活的道德规范和文明礼貌，初步形成规则意识和民主法治观念，养成良好生活和行为习惯，具备保护生态环境的意识，形成诚实守信、友爱宽容、自尊自律、乐观向上等良好品质。

(三)初中学段

教育和引导学生热爱中国共产党、热爱祖国、热爱人民，认同中华文化，继承革命传统，弘扬民族精神，理解基本的社会规范和道德规范，树立规则意识、法治观念，培养公民意识，掌握促进身心健康发展的途径和方法，养成热爱劳动、自主自立、意志坚强的生活态度，形成尊重他人、乐于助人、善于合作、勇于创新等良好品质。

(四)高中学段

教育和引导学生热爱中国共产党、热爱祖国、热爱人民，拥护中国特色社会主义道路，弘扬民族精神，增强民族自尊心、自信心和自豪感，增强公民意识、社会责任感和民主法治观念，学习运用马克思主义基本观点和方法观察问题、分析问题和解决问题，学会正确选择人生发展道路的相关知识，具备自主、自立、自强的态度和能力，初步形成正确的世界观、人生观和价值观。

三、德育内容

根据《中小学德育工作指南》有关精神，德育内容应包括以下五个方面。

(一)理想信念教育

开展马列主义、毛泽东思想学习教育，加强中国特色社会主义理论体系学习教育，引导学生深入学习习近平总书记系列重要讲话精神，领会党中央治国理政新理念新思想新战略。加强中国历史特别是近现代史教育、革命文化教育、中国特色社会主义宣传教育、中国梦主题宣传教育、时事政策教育，引导学生深入了解中国革命史、中国共产党史、改革开放史和社会主义发展史，继承革命传统，传承红色基因，深刻领会实现中华民族伟大复兴是中华民族近代以来最伟大的梦想，培养学生对党的政治认同、情感认同、价值认同，不断树立为共产主义远大理想和中国特色社会主义共同理想而奋斗的信念和信心。

(二)社会主义核心价值观教育

把社会主义核心价值观融入国民教育全过程，落实到中小学教育教学和管理服务各环节，深入开展爱国主义教育、国情教育、国家安全教育、民族团结教育、法治教育、诚信教育、文明礼仪教育等，引导学生牢牢把握富强、民主、文明、和谐的国家层面价值目标，深刻理解自由、平等、公正、法治的社会层面价值取向，自觉遵守爱国、敬业、诚信、友善的公民层面价值准则，将社会主义核心价值观内化于心、外化于行。

(三)中华优秀传统文化教育

开展家国情怀教育、社会关爱教育和人格修养教育，传承发展中华优秀传统文化，大力弘扬核心思想理念、中华传统美德、中华人文精神，引导学生了解中华优秀传统文化的历史渊源、发展脉络、精神内涵，增强文化自觉和文化自信。

拓展阅读

孔融让梨

孔融小时候聪明好学，才思敏捷，常巧言妙答，大家都夸他是奇童。4岁时，他已能背诵许多诗赋，并且懂得礼节，父母亲非常喜爱他。

一日，父亲买了一些梨子，特地拣了一个最大的梨子给孔融，孔融摇摇头，另拣了一个最小的梨子说："我年纪最小，应该吃小的梨，你那个梨就给哥哥吧。"父亲听后十分惊喜，又问："那弟弟也比你小啊？"孔融说："弟弟比我小，我也应该让给他。"孔融让梨的故事，很快传遍了曲阜，并且一直流传下来，成了许多父母教育子女的好例子。

孔融让梨

孔融小时候，不仅学习勤奋，而且善于思考。父亲外出拜客总是带着他去。10岁那年，他随父亲来到洛阳。正逢洛阳太守李膺名声极大，但不随意接见宾客。守门人把孔融拉到一边，问道："你是哪家小孩？到一边玩去！"孔融严肃地回答说："请你们进去通报，山东孔融来访。"守门人见他一本正经，也不知是什么来头，笑着问："小公子，可有红帖？"孔融说："我家和你家主人世代交往，又有师生之谊，无须红帖，只管通报。"守门人怕慢待贵客，只好进去通报。这时李膺正和许多文人雅士交谈，听了通报，一时想不起这位孔融和自己的家庭是什么关系，只好笑道："请进！"小孔融兴冲冲走进大厅，一边向主人问候，一边拱手招呼各位来宾，态度不亢不卑。李膺一边让座，一边打量着这位少年俊才，心里好生奇怪：这小孩从未见过面，而他为何自称通家呢？于是，李膺问道："小公子，你说我们两家世代交情，我怎么想不起来啊！"孔融微笑着说："500年前孔子曾经问礼于老子，孔子姓孔，老子姓李，说明孔、李两家500年就有师生之谊。今你姓李，我姓孔，也是师生关系，我们两家不是累世通家吗！"

孔融语出惊人，在座客人无不暗暗称奇。太守李膺不禁哈哈大笑起来："小公子真神童也。"唯有太中大夫陈韪不以为然，冷冷地说："小时候聪明的人，长大后未必有作为。"面对挑战，孔融笑着说："这样说来，先生小时候一定很聪明。"这一巧妙对答，弄得陈韪面红耳赤，无言回对，暗暗坐在一旁生气。孔融则目不斜视，装着大人模样，一本正经地喝着茶，引得众人哈哈大笑。

（四）生态文明教育

加强节约教育和环境保护教育，开展大气、土地、水、粮食等资源的基本国情教育，帮助学生了解祖国的大好河山和地理地貌，开展节粮节水节电教育活动，推行垃圾分类，倡导绿色消费，引导学生树立尊重自然、顺应自然、保护自然的发展理念，养成勤俭节约、低碳环保、自觉劳动的生活习惯，形成健康文明的生活方式。

（五）心理健康教育

开展认识自我、尊重生命、学会学习、人际交往、情绪调适、升学择业、人生规划以及适应社会生活等方面的教育，引导学生增强调控心理、自主自助、应对挫折、适应环境的能力，培养学生健全的人格、积极的心态和良好的个性心理品质。

第三节　德育过程

对青少年进行德育的过程是以青少年思想品德形成、发展的规律为基础，遵循教育的规律，对青少年施加影响并促使其形成培养目标所要求的思想品德的过程。

一、德育过程的概念

德育过程的理论是制定德育原则的理论基础，也是进行德育工作的科学依据。因此，深入了解德育过程的规律和特点有利于增强德育的实际效果。

（一）德育过程的概念

德育过程是教育者和受教育者双方借助于德育内容和方法，进行施教传道和受教修德的统一过程，是促使受教育者道德认识、道德情感、道德意志和道德行为发展的过程，是个体社会化与社会规范个体化的统一过程。

（二）德育过程的要素

德育过程由教育者、受教育者、德育内容和德育方法四个相互制约的要素构成。

教育者是德育过程的组织者、领导者，是一定社会德育要求和思想道德的体现者，在德育过程中起主导作用。教育者包括直接的和间接的个体教育者和群体教育者。

受教育者包括个体教育对象和各种正式的与非正式的团体教育对象。教育者与受教育者是教育主体与教育客体的关系，但受教育者作为教育客体不应被看作消极被动的单纯的承受者，而是具有主观能动性的个体，外在影响必须通过受教育者的心理矛盾运动起作用。

德育内容是用以形成受教育者品德的社会思想政治准则和法纪道德规范，是受教育者学习和内在化的客体。学校德育的基本内容是根据学校德育目标和学生品德形成发展规律确定的，它具有一定的范围和深浅层次。

德育方法是根据德育目标和德育内容，对受教育者进行思想品德教育而采取的各种方式的总和，它凭借一定的手段进行。教育者借助一定的德育方法使德育内容作用于受教育者，受教育者借助一定的德育方法来学习、领悟、内化德育内容从而将其转化为自己的品德。

德育过程中的各要素，通过教育者施教传道和受教育者受教修德的活动而发生一定的联系和相互作用，促使受教育者的品德发生预期的矛盾运动过程。其中的主要矛盾是教育者提出的德育要求与受教育者已有品德水平之间的矛盾。这一矛盾的不断产生和解决，不断将社会思想政治准则和法纪道德规范转化为受教育者个体的品德，从而实现德育内容，达到德育目标。这是一定社会思想道德个体化的过程和受教育者在思想道德方面社会化或再社会化的过程，是社会思想道德遗传和继承相统一的过程。

(三)德育过程的矛盾

德育过程是在一系列矛盾中展开的，是一系列矛盾运动和变化的过程。矛盾主要包括：社会提出的道德要求和青少年已有道德水平之间的矛盾；社会提出的道德要求和青少年自身的道德需要之间的矛盾；青少年自身的道德水平与学校的道德教育目标之间的矛盾；青少年自身的道德要求与其道德实践能力之间的矛盾；道德知识、道德情感、道德信念和道德行为之间的矛盾；青少年在道德判断、评价和选择过程中产生的矛盾，等等。在这些矛盾之中，基本的矛盾是学校的德育目标和学生的道德水平之间的矛盾，其他的矛盾都是围绕着这对基本的矛盾的展开而变化的，而且也都通过这对基本矛盾表现出来。

二、德育过程的规律

德育工作水平的提高，在很大程度上取决于教育工作者对德育过程规律的认识和把握。教育工作者要按德育过程的规律开展工作，否则德育就不能取得成效，甚至还要受到客观规律的惩罚。德育过程的规律主要表现在以下几个方面。

(一)德育过程主要是培养学生知、情、意、行的过程

德育过程是培养学生品德的过程，而学生的品德又由道德的知、情、意、行四个因素构成，所以德育过程也就是培养知、情、意、行的过程。

1. 知、情、意、行是构成思想品德的四个基本要素

知即道德认识，是指人们对一定社会道德关系及其理论、规范的理解和看法，

包括人们通过认识形成的各种道德观。这是人们形成和发展自身品德的认识基础。

情即道德情感，是指人们对事物的爱憎、好恶态度。它一般在认识基础上形成，是运用一定的道德观评价自己与他人的品行或某种事物而产生的一种内心体验和主观态度。

意即道德意志，是指人们为了达到某种道德目的而产生的自觉能动性。它常表现为意志活动，即为实现个人确定的道德目的而严格约束自己、压抑不随意冲动和克服种种困难。

行即道德行为，是指人们在一定道德认识或道德情感支配下采取的行动。道德行为是人的品德的一个重要的外部表现。这是人们形成和发展自身品德的关键。

2. 德育要综合发挥知、情、意、行的整体功能

首先，德育要注意全面性。要全面关心和培养学生品德中的知、情、意、行，对他们晓之以理、动之以情、导之以行、持之以恒，使四者相辅相成，全面而和谐地深刻发展。其次，德育要有针对性。要针对品德结构中诸因素发展不平衡的具体情况，有的放矢，因材施教，改变不平衡的状况。

3. 道德过程的知、情、意、行具有多开端性

一般来说，德育过程是沿着知、情、意、行的内在顺序，以知为开端，以行为中介向前发展的。而且知、情、意、行之间既相互独立，又相互作用。但由于社会生活的复杂性、德育影响的多样性等因素，知、情、意、行在发展方向和水平上常处于不平衡状态，表现为行知脱节或情通理不通的现象。这就要求我们不必恪守教育程序，可以根据学生的年龄特征、个体差异以及品德发展的具体情况等条件选择多种开端，最终促使学生的品德全面、和谐地发展。

(二)学生在活动和交往中形成思想品德

1. 活动和交往是品德形成的基础

学生的思想品德是在活动和交往的过程中接受外界教育影响而逐渐形成和发展的，并通过活动和交往表现出来。教育性活动和交往是德育过程的基础。并不是任何活动和交往都能形成我们所需要的品德，只有根据德育目标和思想品德形成规律设计、实施的活动，才能加速个体品德的发展，对学生品德发展方向起规范和保证作用。这就要求教育者精心设计和组织教育活动和交往。

2. 学生在活动和交往中必定受到多方面的影响

品德形成是学生接受多方面教育影响的过程。多方面教育影响广泛多样，既有校内的正式影响，又有校外的非正式影响；既有积极正面的影响，也有消极负面的影响。所以在德育过程中，只有组织好学生的各种外部行为的实际的教育活动，才能启迪、激发和引导学生积极开展内部心理活动，以促进学生思想认识的提高和品德的发展。当然，人们内部思想情感上的心理活动一经发动和开展，便会表现出巨大的能动力量，以指导和促进学生的社会实践活动。

3. 充分发挥教学中师生活动与交往的德育功能

教学活动是学校教育中的最主要的、最经常的活动，而师生交往是主要的、基础的，而且通过师生交往可更好地发挥德育功能。教学中的学生活动是严密、有计划性的；参与教学活动及交往的教师人数多，而且教学具有教育性；教育活动中的学生学习作为一种艰苦、细致的脑力劳动和体力脑动，对各种优良品性的形成具有锻炼作用。

(三)学生思想内部矛盾转化是思想品德发展的动力

德育过程并不是把社会道德简单地转化为个体思想品德。完成这种转化，必须通过受教育者心理内部矛盾运动，通过受教育者自我教育的作用。

1. 促进学生品德发展内部矛盾的积极转化

(1)认识性质的矛盾：这是由于青少年学生缺乏道德知识、经验而呈现出的不当或错误的思想、行为与道德要求的矛盾；在这种矛盾中，学生常常是有错不知错；要解决这一矛盾，就必须提高学生的理论修养水平。

(2)能力性质的矛盾：这是由于青少年学生因道德能力不强而未能履行道德要求而产生的矛盾；学生常常是犯错不自觉；对于这种矛盾，必须引导学生注意总结生活经验并加强道德的实际锻炼，通过提高他们的自我控制和道德修养能力来解决。

(3)思想性质的矛盾：这是由于学生沾染上或已形成某些不良的思想和习气，因不能遵循或根本不愿意遵守规范而犯了错误而产生的矛盾；在这种矛盾中，学生往往是知错也犯；对这种矛盾，须做深入细致的思想工作，让他们认识错误的性质和危害，帮助他们自我反省，改正错误。

2. 调节学生品德发展的外部矛盾

学生品德发展的外部矛盾，主要是指学校德育的要求同社会、家庭等方面对学生影响的不一致而产生的矛盾。它分为三种：一是因家庭教育或有关社会教育同学校教育对学生的要求不一致而产生的矛盾；二是学校教育与环境对学生产生的各种自发影响的矛盾；三是因学校的行政领导人、教师、班主任、团队干部以及其他职工之间对学生的教育要求不一致或不连贯、不衔接而产生的矛盾。要解决上述矛盾，必须充分发挥学校教育的主导作用，有目的、有计划地控制、调节环境对学生的影响，限制和消除那些环境对学生的不良影响，实现各方面教育影响的一致性，以利于学生品德的培养。

总之，德育过程的各种内部和外部矛盾的相互作用构成了极为复杂的情况，所以教师在德育中要全面、深入地研究问题、分析矛盾，谨防片面简单化，真正弄清矛盾的情况、性质和根源，采取正确的方法，促进矛盾向积极方面转化，确保学生品德按教育要求的方向发展。

(四)学生思想品德形成的长期性和反复性

1. 德育过程是一个长期的过程。首先，这是由人类认识规律所决定的，人类社会不断发展进步，要使德育适应社会不断变化的要求，就需要在德育内容、手段、方法等方面不断地加以整理、补充。其次，在德育过程中，知、情、意、行的培养提高绝非一朝一夕之功，需要通过长期的训练、积累。最后，在意识形态领域里，无产阶级与非无产阶级的思想、正确与错误的思想的斗争是长期存在的，这必然会反映到学生的思想中来，这就决定了德育过程必然是一个长期的过程。

2. 德育过程是一个反复的过程。这是由人的思想政治品德形成的长期性和变化性决定的。学生品德形成过程中的反复绝不是简单、机械的重复，而是螺旋式的不断深化，有新的内容注入，带有逐步提高的性质。

德育过程的长期、反复、渐进性特点，要求教育者必须长期一贯、耐心、细致地教育学生，不能毕其功于一役，要正确认识和对待学生思想行为的反复，善于反复抓、抓反复，引导学生在反复中逐步前进。

正确认识德育过程，可以为制定德育原则、方法和途径提供科学的依据。

第四节 德育的原则、方法和途径

德育过程的组织实施应当遵循一定的基本原则，采用一定的方法和途径。

一、德育原则

德育原则是指教育者在德育过程中必须遵守的基本要求。它是德育经验的概括，反映了德育过程的规律性。根据德育目标要求和德育过程原理，德育的实施应遵循以下基本原则。

(一)方向性与现实性相结合的原则

在德育过程中，既要坚持用共产主义思想体系教育学生，又要从社会主义初级阶段的现实出发，按现行的方针政策要求学生，把德育的方向性和现实性结合起来。这一原则是根据德育要受社会政治经济制约的规律提出来的，是由我国社会主义教育的性质和任务决定的。

贯彻这一原则的要求有以下三点。

1. 学校德育必须坚持党的四项基本原则，以马克思列宁主义、毛泽东思想、邓小平理论、"三个代表"重要思想、科学发展观、习近平新时代中国特色社会主义思想为指导。这是德育坚持共产主义方向性的根本保证。

2. 在德育工作中，要把对学生的共产主义思想体系的教育同我国社会主义初级阶段的实际和现行的路线、方针、政策的教育结合起来，使学校德育符合社会主义初级阶段基本路线的要求。

3. 引导学生把实现共产主义的远大理想，实现社会主义初级阶段的共同理想同自己日常的学习、生活、劳动联系起来，使德育落到实处。

(二)理论与实际相结合的原则

这个原则是指在德育过程中，既要对学生进行马克思主义基本理论的教育，又要引导他们进行实际锻炼，把理论教育与组织实际活动、提高思想认识与培养道德行为习惯结合起来，使学生成为知行统一、言行一致的一代新人。

这一原则是根据社会主义学校德育的根本任务，根据德育过程中知、情、意、行转化的规律，根据人们的道德认识、行为习惯的形成必须遵循"实践—认识—再实践—再认识"的规律而提出来的。

贯彻这一原则的要求如下。

1. 教师应对学生进行系统的马列主义、毛泽东思想和社会主义道德规范教育，同时，帮助他们掌握理论武器，树立正确的道德观点，划分是非、善恶、荣辱、美丑的界限，并让学生运用已掌握的政治理论、道德认识、行为标准去分析、评价他人和自己的言行。

2. 教师应有计划地组织学生参加各种社会实践活动。让他们在活动中受到锻炼，增长才干，培养良好的思想品德，养成言行一致、表里如一的作风。

3. 教师应把言传与身教结合起来，言行一致地给学生做出示范。

(三)尊重理解与严格要求相结合的原则

这一原则是指在德育过程中把对学生的严格要求与爱护、尊重、理解、信任结合起来。这一原则是教育者正确对待受教育者的基本情感和态度。社会主义学校的师生关系应该是民主平等的，在德育过程中尊重信任与严格要求是辩证统一的。尊重信任是严格要求的前提，正如苏联教育家马卡连柯所说："要尽量多地要求一个人，也要尽可能地尊重一个人。"①爱是严的基础，严是爱的体现。失去严格要求的爱，只能是放任自流的溺爱；缺乏尊重信任的严格要求，也可能变成刁难、苛求，只有把两者紧密结合在一起，才能取得最佳教育效果。

尊重理解与严格要求相结合的原则是根据我国社会主义教育的性质、目的和学生思想矛盾积极转化的规律而制定的，它体现了教师对党、对国家、对人民、对学生高度负责的精神，也是教师热爱教育事业的具体表现。

贯彻这一原则的要求如下。

1. 教师要爱护、尊重、信任学生，激发和维护学生的自尊心和上进心，教师只有热爱学生，才能理解学生的内心世界，师生间才能沟通思想，从而使教育工作更具针对性。

2. 教师对学生存在的缺点错误，既要严肃批评，又要热忱帮助，不能采取一味指责甚至讽刺挖苦、嘲弄谩骂和变相体罚等损害自尊心、侮辱人格的方法。

---

①[苏联]马卡连柯：《论共产主义教育》，270页，北京，人民教育出版社，1962。

3. 教师对学生的要求要明确、具体、可行，一经提出，便要坚决执行。总之，要严而有理，严而有度。同时，对学生的要求还应有连贯性、层次性。在学生达到某阶段的要求后，要善于及时向他们提出新的、更高的要求，把他们的思想品德引导到一个新的高度。

(四)疏导为主与纪律约束相结合的原则

疏导为主与纪律约束相结合的原则是指在德育过程中既要用事实和道理对学生进行正面疏导和说服教育，调动学生接受教育的内在动力，又要有带强制性的纪律进行约束，督促其严格执行。

疏导为主与纪律约束相结合的原则是我国社会主义教育的性质、目的和德育过程中内因和外因的辩证关系所决定的。

贯彻这一原则的要求如下。

1. 教师应首先树立正确的学生观，要全面地了解学生，看到学生的优点和缺点，特别要善于发现学习暂时有困难的学生的优点，对于学生的缺点，要用摆事实、讲道理、循循善诱的办法去提高学生的认识，解决学生思想问题，并教给学生正确的思想观点和方法。

2. 要坚持以表扬、鼓励为主，批评、处分为辅，而且批评应选择适当的时机，以达到教育的目的。

(五)集体教育与个别教育相结合的原则

集体教育和个别教育相结合的原则是指在德育过程中教师要教育集体、培养集体，并在集体中或通过集体教育个人。同时又要注意个别教育，通过教育个人影响集体的发展，把教育集体和教育个人辩证地结合起来。

集体教育和个别教育相结合的原则是社会主义教育思想的特征之一。它是社会主义社会人与人、个人与集体之间的关系在教育领域中的反映。

贯彻这一原则的要求是如下。

1. 教师必须首先教育、培养好学生集体。实践证明，一个良好的集体可以培养学生各种优良个性品质，改变不良行为习惯，甚至可以教育好品质恶劣的学生；一个不好的集体则会使学生沾染各种恶习，甚至使其变坏。因此要发挥学生集体的教育作用，就要耐心组织、精心培养一个具有共同奋斗目标、正确的舆论、良好的风气和传统、严格的组织纪律的，朝气蓬勃、团结友爱、坚强的学生集体。

2. 教师要善于发挥学生集体的教育作用。培养集体的过程也是教育学生的过程。集体一旦形成，就会成为一种巨大的教育力量。要发挥学生集体的教育作用，教师既要指导和支持学生干部做好工作，又要充分发挥班干部的智慧和组织才能，培养自治、自理能力。同时，还要激发每个学生对集体的责任感，培养主人翁精神。

3. 教师要加强个别教育。苏霍姆林斯基说："在教育集体的同时，必须看到集体中每一个儿童及其独特的精神世界，关怀备至地教育每一个儿童。个性的教育是一个与集体的教育紧密相关的过程。"①

总之，个别教育与集体教育是相辅相成的。只抓集体教育而不抓个别教育，就会使教育工作流于一般化，影响集体的巩固和发展。反之，只抓个别教育而不抓集体教育，就不可能形成健康向上的集体，发挥学生集体的教育作用，这样个别教育就失去了基础和依托。

(六)教育与自我教育相结合的原则

教育与自我教育相结合的原则是指在德育过程中要把教育者对学生的教育与学生的自我教育很好地结合起来，以收到良好的德育效果。

这一原则是根据思想品德形成过程中主体与客体、内因与外因之间相互联系、相互制约和相互作用的规律提出来的。德育过程是教育者的教育与受教育者的自我教育的双边活动过程。所以，既要发挥教育者的主导作用，又要发挥受教育者自我教育的主体作用，这样才能获得良好的德育效果。

贯彻这一原则的要求如下。

1. 教师要加强对学生的教育。学生的思想品德不是自发形成的，要促进学生的思想品德的变化，必须不断加强对他们的教育，优化外在的教育环境，特别是让他们接受经过专业训练的教师的教育。否则，学生也无法进行自我教育。

2. 要引导和帮助学生进行自我教育。所谓自我教育就是学生能向自己提出一定的任务和要求，并采取相应的措施进行自觉的思想转化和行为控制，从而使自己的思想品德符合社会的要求。自我教育包括自我认识、自我修养、自我控制和自我评价等部分。自我教育是学生在接受教育时变被动为主动的内部动力，是学生成长的内在积极因素，是学生主体作用和主观能动性的表现。

3. 要正确处理教育和自我教育的关系。在德育过程中教育者与受教育者是相互作用、相互支持的。只有教育者的主导作用，而没有受教育者的主动性和积极性，德育工作是做不好的。反之，只有受教育者的自我教育而没有教育者的教育和引导，德育工作也是做不好的。总之，教育与自我教育对于个体思想品德的形成和发展都有重要的作用，二者不可偏废。

(七)教育的统一性与灵活性相结合的原则

教育的统一性和灵活性相结合的原则是指在德育过程中教育者既要坚持统一的德育目标，又要根据教育对象的不同情况采用灵活的方法，即把目标的统一性与方法的灵活性结合起来，做到因人施教，提高德育的有效性。

这个原则是根据国家的教育方针、德育的任务内容和学生生理、心理、思想品德发展水平的差异性提出来的。

---

① [苏联]苏霍姆林斯基：《要相信人》，载《外国教育资料》，1980(1)。

贯彻这一原则的要求如下。

1. 教师应根据国家的教育方针、各级各类学校培养目标和德育的目的、任务、阶段目标，提出对学生的统一要求。

2. 教师要深入调查，了解学生情况。了解和掌握学生情况是进行德育的前提条件，是因人施教的基础。教师既要了解学生的一般思想品德状况，又要了解个别学生的思想品德情况；既要了解学生的年龄特征，又要了解学生的个性差异。尤其对具有心理闭锁性特点的学生，要通过教育艺术了解其真实的思想情况。

3. 根据学生的年龄特征和思想实际实施德育。教师要了解学生的身心发展特点，对不同年龄阶段的学生采用不同的内容和方法进行教育。

4. 根据学生的个性差异，因人施教。由于学生所处的家庭、社会环境和个人生活经历不同，他们的思想品德、个性特点都会存在一定差异。教育者在施教时应根据学生的个性差异，因人施教，区别对待，一把钥匙开一把锁，而不能用千篇一律的方法进行教育。

(八)教育影响的一致性与连贯性相结合的原则

教育影响的一致性和连贯性相结合的原则是指在德育过程中，教育者应主动协调学校与家庭、社会及其他各方面的教育影响，使各方面按照德育任务、内容和目标，步调一致、前后一贯地教育影响学生，使学生的思想品德按照教育者所要求的方向发展。

影响学生思想品德形成的因素具有广泛性、社会性、长期性和复杂性，这是提出这一原则的主要依据。学生思想品德是在学校、家庭、社会多方面综合影响下逐步形成和发展的，这就要求校内外各方面对学生的教育影响的认识要统一，步调要一致，形成教育的合力。否则，积极的影响和消极的影响就会互相抵消。同时由于学生思想品德的形成具有阶段性、反复性的特点，这就要求各个阶段对学生的教育影响要前后一贯、连续不断、互相衔接，只有这样才能形成学生比较稳固的思想品德。

贯彻这一原则的要求如下。

1. 学校内部的各种教育力量对学生的要求要一致。如学校领导、班主任、各科教师和其他教职工对学生的教育要互相配合、团结合作，经常交换意见。

2. 学校要加强与家庭、社会的联系，在学校的主导作用下形成学校、家庭、社会三方面的教育网络，共同加强对学生的思想品德教育。

3. 要密切注意社会潮流的新动向，及时加以引导和调节，使各方面对学生的教育影响能始终保持一致。

教师学习、理解和运用德育原则，要把每一条原则的含义、理论依据和贯彻的要求弄清楚，不能孤立地理解和运用各条原则。上述各条原则虽然是从不同的角度对德育工作提出要求的，但是总体上都是根据德育目标和德育过程的规律与特点提出来的。各条原则之间相互联系、相互制约、相互渗透、相互作用、相互补充，教育者必须从整体上去把握它们，以便综合地加以运用。而且，对任何一条德育原则，都要从具体的对象、时间、地点、条件出发，灵活地运用，不能生搬硬套。否则，活的原则就变成了死的教条，就失去了作为原则的意义与活力。

二、德育方法

德育方法是为达到德育目的，在德育过程中采用的教育者和受教育者相互作用的活动方式的总和。它包括教育者的施教传道方式和受教育者的受教修德方式。

影响德育方法的因素是多方面的，不仅有社会生产、科学技术及文化发展水平，还有学生品德形成发展的规律和一定年龄阶段学生品德发展水平及其个性差异。在德育实践中，教育者主要是根据德育的目标和内容、德育对象的实际和一定的德育原理原则来选择德育方法的。学校德育的方法多种多样，常用的德育方法主要有以下几种。

(一)说服教育法

说服教育法是利用令人信服的道理和生动具体的事例，通过正面引导、说服教育提高学生思想政治觉悟和认识能力的一种方法。说服的形式多种多样，可以是具体形象、具有启发性和说服性的讲解和报告，可以是主题鲜明、民主平等、诚恳热烈的谈话与讨论，还可以是通过指导学生认真读书培养其独立思考的能力。

运用说服教育法要注意以下几点要求。

1. 目的要明确。

2. 内容富有知识性、趣味性。

3. 注意时机。

4. 以诚待人。

> **拓展阅读**
>
> ### 苏霍姆林斯基致女儿的一封信[①]
>
> 亲爱的女儿：
>
> 青少年时代是生命中的曙光，在这一时期需要积蓄力量，去创造美好的东西，其中包括人类明智且勇敢的爱所创造的精神力量。是的，孩子，你要深思，需要有自己的力量，包括心灵上的爱情的力量，这种力量需要坚持终生；珍惜它、爱护和发扬它，直到进入棺木之前，使之成为专一不二、忠贞不渝的思想力量，避免犯错误和失望。我把爱情称为明智的、勇敢的力量，只有这样，才能算是人类真正的爱。但是，如果一个年轻人缺乏意志，随波逐流，如果在他的感情中没有人类的智慧和勇敢，那么什么幸福他也得不到，而且，他会遇到巨大的灾难。

---

① [苏联]苏霍姆林斯基：《爱情的教育》，北京，教育科学出版社，2001。

如果一个人易性冲动、缺乏思考能力，又热切地追求一时的快乐，追求强烈的快感——这就意味着，他正处在可怕的危险之中。一朵鲜花，一眼看上去好像是美丽迷人的，但是它蕴藏着一种毒素。缺乏理智的性欲是巨大的邪恶。它潜藏在生活之中，有时你也会碰上——我们可以直言不讳地承认这一点。年轻小伙子要求姑娘满足他的欲望，好像他不是有意干坏事，像是他真的爱这个姑娘，这样他的罪过就更加严重了。糟糕的是，在思想道德上，他对待爱情的理解还不成熟。按他的体质发育来讲，他已经可以做一个父亲了，但是其道德思想上的发展程度还仅是一个小孩子。这个小孩子并不是怀有恶意的，然而是可怕的。事情之所以可怕就在于：他的身体虽已发育成熟，但还缺乏社会阅历，可是他就做"父亲"了。我用把"父亲"二字打上引号并不是偶然的，我是想强调我使用这个词是附有条件的，因为通常这个词是含有另一种更崇高的思想的。

产生祸害的原因是他在社会和文化方面不成熟，没有培养出一种情操，他易动感情且无知，由于这一切而产生了下流行为，没有向着人类真正的爱情迈开一步。我的女儿，你要想一想我的意见：那些追求性爱，而且在思想上也不想成为真正男子汉的小伙子是无知的；随意在不负责任的感情的海浪中嬉戏的姑娘，也是无知的。她无数次地用众所周知的那句话为自己的无知做辩解："我自己也不知道为什么，但是，我就是爱他，就是这样。"如果小伙子由于自己的无知而给别人带来了灾难，归根结底是给社会造成了灾难。如果他不明白，不懂得给他本人也带来了损害，那么你们——姑娘们的无知则给自己带来了灾难。你的本性可以使你成为聪明的、勇敢的、深思的、谨慎的、严格要求自己的、有判断能力的人。只有当你的本性在你身上表现出来的时候，你才能成为真正的妇女。我常劝告姑娘们，要慎重、再慎重地选择配偶——不要害怕，可怕的是在对待这一问题上所表现出的轻率思想。

我相信，如果女人在爱情上是主宰者的话，那么姑娘的心灵上就会产生智慧和勇敢，在精神心理和道德审美关系上将会出现全面的协调一致。

(二)榜样示范法

榜样示范法是指用他人的良好行为作为榜样来影响、启发学生的思想、情感和行为的方法。它通过将一定的社会行为规范和准则的具体化和人格化来发挥作用，用具体的人或事来感染学生。这是把抽象的说理变成生动形象的教育，把德育由虚变为实的一种方法。如何发现典型、培植典型、宣传典型是搞好典型示范、榜样示范的关键。

一般常选用的榜样有以下几种：革命导师、英雄模范人物，历史上的伟大人物、科学家、艺术家以及文艺作品中的典型形象，同学中的好人好事，教师和家长。

运用榜样教育学生，教师要事先有周密的计划，使学生明确向榜样人物学习什么，怎样联系自己的实际，应从什么地方学起，怎样逐步深入等。引导学生向榜样人物学习，决不能仅仅停留在故事情节的介绍或学生一时的情感冲动激发上，要具体体现在学生的日常生活中。

(三)陶冶教育法

陶冶教育法是教师利用环境和自身的教育因素，对学生进行熏陶和感染，使其在耳濡目染中受到感化的方法。

陶冶教育法的具体实施途径一般有三个方面：教师的师爱、环境的陶冶、艺术的陶冶。陶冶法的关键是要设置具有隐性教育意义的教育情境。

陶冶教育法被广泛应用于德育过程之中。它的长处是将教育意向和教育内容寓于生动形象、趣味盎然的环境与活动之中，教育过程具有情感与认知高度统一的特点，易于发动和培养学生的学习动机、想象和理解能力；短处是它不能在短时间内传授、明确大量的知识信息。所以，陶冶教育法须与其他方法结合起来才能发挥最大的教育功效。

(四)实际锻炼法

实际锻炼法是组织引导学生积极参加有益的社会实践活动，使他们在实践中锻炼思想，增长才干，获得优良思想和行为习惯的方法。这种方法具体形象、生动活泼，容易为教育对象所接受，也容易形成正确的思想政治品德。为了充分发挥各种实际锻炼方式的作用，教师应注意以下几点：明确锻炼的目的和要求，有严密的组织工作；充分尊重和发挥学生的主动性和积极性，使学生成为各种实际锻炼的主人；实际锻炼要反复进行，做到持之以恒；建立合理的规章制度。

(五)品德修养指导法

品德修养指导法是教师指导学生自觉主动地进行学习，自觉主动地进行反省，以实现思想转化及行为控制的方法。品德修养指导法是建立在自我意识、自我评价能力发展基础上的，是人的自觉能动性的表现。这种方法可以增强学生的主体意识，促进其自我意识及其自我修养的提高，促使他们自觉主动地接受教育，增强他们对不良思想道德影响的免疫能力，推动学校德育工作的开展及学校德育目标和内容的实现。教师在运用此方法时要注意以下几点：培养学生自我反省的兴趣与自觉性；指导学生掌握提高修养的方法与标准；引导学生积极参加社会实践。

(六)品德评价法

品德评价法是指通过对学生的思想品德做出肯定或否定的评价，促使其发扬优点，克服缺点，激励其不断上进的一种德育方法。品德评价法的主要形式有奖励、处罚、评比、操行评定。教师运用品德评价法时应注意以下几个问题：要明确评价的要求和目的；要实事求是，客观公正；要贯彻以表扬、奖励为主，批评、惩罚为辅，进行正面教育的方针。

教师运用表扬与批评、奖励与惩罚时应注意以下几点：公正合理，切合实际；要得到学生集体的支持；要恰如其分并有教育意义。

在实际的德育工作中，教育者经常综合地使用上述方法来增强德育的效果。

三、德育途径

德育途径是指教育者对学生实施德育时利用和选择的渠道或路径，是实现学校德育目标、落实德育内容的组织形式、做好德育工作不可缺少的重要条件。在受教育者周围，有利于实现德育任务的渠道和路径是多种多样的，为探寻多种德育途径开辟了广阔的天地，特别是现代科学技术的发展，更为德育的实施拓展了新的途径。德育的途径主要有政治课和其他学科的教学，班主任工作，校会、班会和少先队、共青团活动，各种课外校外活动，等等。

(一)政治课

政治课是学校有目的、有计划、系统地对学生进行德育的基本途径，是对学生进行思想品德教育的重要形式，而且有着其他途径所不能代替的独特作用。

思想品德课要结合学生的年龄特点，用学生容易懂的语言，结合具体实例讲清道理；也可以让学生讨论分析某些现象和行为，明辨是非，掌握正确的价值观念。教师要上好学校的思想品德课，应注意以下几点：目的要求要切合学生的实际；每堂课的课题要小一些、灵活一些；教学要点要简单明了，要有针对性，讲究实效；材料要生动形象，做到思想性、知识性、趣味性和实践性相结合；坚持启发式教学。

(二)其他学科教学

学校以教学为主，学生在学校的大部分时间用于上文化课。因此通过政治课之外的其他学科教学向学生进行思想品德教育是一种非常重要的途径。

教学本身具有教育性。各科教材都是根据教育方针和培养目标编写的，它具有丰富的思想教育内容。各科教学是为学生学习系统的文化科学知识打基础的，同时也只有掌握了基础知识才能逐步形成科学的世界观和良好的道德品质。所以，学科教学和思想品德教育是紧密相关的。但是由于各科教学内容不同，它们在思想品德教育中的意义和作用也就不同。

语文课的许多内容思想性很强，通过分析课文中事物和人物的是非、善恶、美丑，可以使学生在学习语文知识的同时受到思想品德的感染和教育。音乐、美术课通过艺术形象使学生受到美好道德情操的熏陶。历史、地理课是教育学生热爱祖国、热爱人民的好途径。在数学、自然等课中可以进行辩证唯物主义的基础教育。

课堂教学的组织形式本身也具有教育意义。民主和有效的教学形式既鼓励学生追求真理、积极参与，又要求学生遵守课堂纪律、端正学习态度、认真完成作业。在课堂上教师还要对学生做出评价，进行表扬和批评。这些做法对学生都会有很大的教育作用。

(三)校会、班会和少先队、共青团、学生会的活动

校会是指全校性的大会，是对全体学生进行教育的一种途径，有定期的和不定

期的两种。如开学典礼在学期初举行，一般是向全校师生报告本学期的工作计划，对学生提出要求，使学生明确本学期的任务，激励他们在思想和学业上努力上进。

班会则是比校会更频繁和更有针对性的集体教育形式。德育活动应当成为班会计划的核心组成部分。

学校共青团、少先队和学生会是学校里的学生集体组织，他们组织开展的活动不仅有利于发挥学生的主体作用，调动他们的积极性和主动性，培养他们自我教育和自我管理的能力，而且是实施道德教育、达到德育目标的有效形式。学校德育应当重视发挥少先队、共青团和学生会的德育作用，使学生在自己组织的实际活动中受到各方面的教育。

(四)课外活动和校外活动

课外、校外活动是由学校和学校以外的教育机关组织和领导的学生课余教育活动。课外和校外活动是学校教育体系中的一个组成部分，是进行全面发展教育的一个重要途径，也是学校实施德育的要求。组织学生参加各种形式的社会实践活动是学校德育的重要途径。

这些途径主要包括组织学生参加劳动(工农业生产劳动、社会公益劳动、自我服务性劳动、勤工俭学活动)，组织学生参加社会政治活动(宣传党的方针政策活动、拥军优属活动)，等等。

(五)劳动

劳动是学校进行德育尤其是劳动教育的重要途径。通过劳动，学生容易产生对劳动、科学与技术的兴趣与爱好，被激发出巨大的热情与力量，经受思想与行为上的严峻磨炼，发现自己的才能，珍惜劳动的成果，从而培养学生爱劳动和勤俭、朴实、艰苦、顽强等品德。

(六)班主任工作

班主任是全面负责一个班学生工作的教师。班主任的基本任务是带好班级，教好学生。对学生进行品德教育是班主任的一项重要职责和任务。班主任工作是学校实施德育的重要途径。班主任要做好学生德育工作，必须全面深入地了解、研究学生，尊重信任学生，并争取其他任课教师、团队组织、社会有关方面和学生家长的配合，共同对学生进行教育。班主任要特别精心组织、培养健全的班集体，并通过集体对学生进行教育。班主任要把集体教育和个别教育结合起来。

思考题

一、单项选择题

1. 德育过程的基本矛盾是(　　　)。

A. 教育者与德育内容

B. 教育者与德育方法

C. 德育要求与受教育者已有品德水平

D. 受教育者与教育者

2. 通过创设良好的情境，潜移默化地培养学生的品德的方法是（　　）。

A. 说服教育法

B. 陶冶教育法

C. 实际锻炼法

D. 榜样示范法

3. 马卡连柯提出"要尽量多地要求一个人，也要尽可能地尊重一个人"，反映了德育的（　　）。

A. 疏导原则

B. 疏导为主与纪律约束相结合的原则

C. 集体教育原则

D. 尊重学生与严格要求相结合的原则

二、辨析题

1. 德育过程的主要矛盾是教育者和受教育者的矛盾。

2. 道德行为是人的内在的道德认识和情感的外部行为表现，是衡量人们品德的重要标志。

三、简答题

1. 道德教育有哪些内容？

2. 德育过程具有什么规律？

四、材料分析题

"三八"妇女节时，学校希望孩子们为自己的妈妈做一件事。

一位教师为此开了个班会，让孩子们说说这一周里关于爸爸妈妈的印象最深的一件事。孩子们纷纷举起了手。

贺雨婷说："星期五，我不小心把姜丽娜绊倒了，妈妈赔了100块钱医药费。妈妈起早贪黑，一天才赚30块钱，有时候找不到活，一天一分钱也赚不到。这次家里没钱，还是妈妈借来100块钱。"说着说着，这个孩子哭了……

孩子们的谈话一直持续到下课铃响起。教师在最后说了这样一段话："孩子们，老师相信你们已经学会了感受爱，爱不仅仅来自父母，只要你会感受，还有来自老师、同学、朋友的爱，来自熟悉的人或陌生人的爱……爱其实很简单，一个眼神，一次抚摸，一个微笑……如果在以后的生活中你感受到了爱，你可以记在你的日记本上。同时，老师也希望你们学会回报爱！"

请结合材料分析，进行道德教育时，应采用哪些德育方法？

第十一章 班主任与班级管理

学习目标 ▶

1. 了解班主任在班级管理中的地位和作用，理解班主任工作的重要意义。

2. 掌握班主任开展班级管理工作的主要内容和方法。

3. 识记班级、班级管理的基本含义，了解班级管理的功能，分析当前班级管理中存在的主要问题和解决问题的策略。

4. 了解班集体的特征，理解良好班集体的教育意义，掌握培养良好班集体的方法。

5. 理解课堂管理的意义，了解产生课堂问题行为的原因，掌握课堂管理的技巧和方法。

班级是学校的基层组织，班集体是班级群体发展的高级阶段。班主任是学校特殊类型的教师，其工作职责、工作内容与一般的科任教师不同，他(她)是班级的组织者、教育者和指导者，是学校领导进行教导工作的得力助手，对一个班的学生工作全面负责，对一个班集体的发展起着主导作用。

第一节　班主任

一、班主任在班级管理中的地位与作用

班主任是班级的组织者、教育者和指导者，是学校领导进行教导工作的得力助手。班主任对一个班的学生工作全面负责，组织学生的活动，协调各方面对学生的要求，对一个班集体的发展起着主导作用。

班主任工作的基本任务是：按照党的教育方针和素质教育的要求，结合学校的教育任务，协调来自各方面的教育影响，有计划地组织全班学生的教育活动，对学生的学习、活动等全面负责，把班级培养成为积极向上的班集体，促进每个学生德智体美等方面的全面发展。

实践证明，班主任工作对班集体建设起着决定性的作用。有些所谓的"差班""乱班"，经过优秀班主任的辛勤培育、深入细致的思想工作，可以转变成为"好班""优秀班集体"。相反，有的班本来基础不错，但由于班主任工作不负责，放任自流，便逐渐松弛、散漫，沦为落后。班主任的工作平凡、琐碎，但责任重大。

班主任工作的意义主要表现在以下几点。

1. 班主任是班集体的组织者、管理者、领导者和教育者

学校的教育教学工作主要是以班级为单位进行的，班级对学生的成长和发展来说意义重大，这就决定了班主任工作的重要意义。班主任管理好班级、组织好班集体是学校教育工作得以开展的基础。作为班级的领导者，班主任对学生的德智体美全面发展和健康成长负有主要责任。班主任对班集体的形成、班级各项活动的开展起着决定性作用，班集体建设的成败是由班主任工作的好坏决定的。从这方面来说，班主任对学生的成长和发展起着直接的促进作用。

2. 班主任是学校、社会、家庭教育力量的协调者

青少年成长过程中同时受到三方面的教育：家庭教育、社会教育和学校教育。虽然说学校教育起着主导作用，但是家庭教育和社会教育也不容忽视。而且只有三种教育协调一致，形成合力，学校教育才能真正有效。班主任的重要工作就是保持与社会和家庭的密切联系，尤其是要做好与家长的沟通和协调工作，充分发挥家庭和社会的积极因素，消除消极因素，增强学校教育的效果。

3. 班主任是校内教育力量的协调者

在学校，就一个班级而言，并非所有能对班级学生产生影响的教育力量都与学校的教育目标一致，也并非所有与教育目标一致的教育力量都能够同步、协调一致，

产生综合的教育效果。这就需要班主任做好协调工作，即协调科任教师，协调班级中正式群体与非正式群体之间的关系，这对于中小学教育目标的实现和优秀学生的培养至关重要。

4. 班主任是班级人际关系的艺术家

班级是学校中的一个特殊的社会组织，教育要建立个人、集体和社会的实际联系，以保证个人的社会化。因此，研究班级中的交往行为，指导学生形成良好的人际关系，是班主任的重要使命。

班级交往的类型有很多，有学生间的交往、师生间的交往、教师间的交往，有个体与个体的交往、个体与群体的交往、群体与群体的交往等。班主任应悉心研究班级的人际关系，努力创建积极的交往环境，指导学生如何避免和解决冲突，如何在交往中建立充满信任的人际关系。

相关链接

金 缕 曲

1979年，著名诗人赵朴初赠给北戴河全国优秀班主任工作者经验交流会一首《金缕曲》，生动地描绘了班主任工作的平凡和伟大。

不用天边觅，论英雄，教师队里眼前便是。历尽艰难曾不悔，只是许身孺子。堪回首十年往事，无怨无尤吞折齿，捧丹心，默向红旗祭。忠与爱，无伦比。幼苗茁壮园丁喜，几人知，平时辛苦，晚眠早起，燥湿寒温荣与悴，都在心头眼底，费尽了千方百计。他日良材承大厦，赖今朝血汗番番滴。光和热，无穷际。

二、班主任班级管理工作的内容与方法

(一) 了解和研究学生

要教育好学生，首先要了解学生，并不断地研究学生。这是教育学生、做班主任工作的前提。因为只有了解和研究学生，班主任的工作才能有的放矢，因材施教。正如苏霍姆林斯基所说："教育者应当深刻了解正在成长的人的心灵……只有在自己的整个教育生涯中不断地研究学生的心理，加深自己的心理学知识，才能够成为教育工作的真正的能手。"[①]

有经验的班主任，往往在在开学之前，拿到一个新班级的学生名单后，就着手了解学生，如熟悉学生的学籍卡，找原班主任了解情况，有重点地走访学生，等等，以便在开学之后顺利地开展工作。

1. 了解和研究学生的内容

(1)学生个人情况：学生德智体美各方面的发展情况，兴趣，爱好，特长，品

---

① [苏联]苏霍姆林斯基：《给教师的建议》，99页，北京，教育科学出版社，1984。

质，性格，习惯，在家庭生活中的地位，社会交往情况，等等。

(2)学生集体情况：全班学生的年龄、性别、家庭等一般情况，学生德智体美发展的全貌，班风与传统，不同层次学生的结构，同学关系，等等。

(3)学生的学习和生活环境：学生的家庭类型，家庭物质生活和精神生活条件，家长的职业和思想品德文化修养，家长对学生的态度，等等。

2. 了解和研究学生的方法

(1)通过阅读有关材料，包括学生的档案材料、班级记录材料、学生个人材料(如学生的作文、日记)等了解学生。

(2)通过对学生个人或知情者的调查访谈，从各个侧面了解学生。

(3)通过观察学生在自然状态下的行为表现了解学生，如观察学生在学习、劳动、课外活动、课余生活中的各种表现来了解、研究学生的真实情况。

(二)对学生进行思想政治教育和道德教育，保护学生身心健康

中小学是学生思想政治观念和道德品质形成的重要阶段。班主任要培养学生热爱祖国的感情，逐步树立学生为人民服务的思想和为实现现代化而奋斗的志向，为形成正确的人生观、科学的世界观奠定基础。班主任还要指导学生遵守学生守则和学生日常行为规范，培养高尚的道德品质和良好的心理品质。

(三)教育学生学好功课

学习是学生的主要任务，教育学生学好功课是班主任的一项重要的经常性工作。搞好教学、提高学生的学业成绩主要靠科任教师，但班主任对学生的教育、督促、检查也是提高学生学业成绩的重要条件。一个班学生平均成绩的高低与班主任是否重视学生的学习密切相关，年级越低相关程度越大。班主任要经常了解、掌握学生的学习情况，会同各科教师指导、帮助学生明确学习目的，端正学习态度，摸索学习规律，改进学习方法，养成良好的学习习惯，使学生不断提高学习成绩，完成学习任务。班主任抓学生的学习，主要应做好以下几方面的工作。

1. 培养、激发学生正确的学习动机

学习动机是直接推动学生学习的内部动力，是一种学习的需要。学习动机中最主要、最现实、最活跃的成分是学习的自觉性和学习兴趣。

学习动机的培养就是促使学生把社会和教育对他们提出的要求内化为自身的学习需要。学习动机的激发就是利用一定的诱因，使已经形成的学习动机由潜伏状态转化为活跃状态，成为实际上推动学习活动的内部动力。班主任可以通过学习目的的教育，培养学生学习的自觉性；创设问题情境，激发学生的学习兴趣和求知欲；利用学习结果的反馈，对学生正确评价，以及适时表扬和批评来强化学习动机；也可以通过各种学习竞赛来激发学生的求知欲。

2. 学习目的和学习态度教育

正确的学习目的和学习态度对提高学生的学业成绩有不可忽视的作用。学习目

的教育是学校教育的一项经常性工作，它与思想品德教育是紧密相连的。学习目的教育可以帮助学生正确认识学习的意义，从而端正学习态度，形成正确、长远的学习动机，提高学习热情和自觉性。班主任在对学生的学习目的教育和学习态度教育方面有着比任课教师更大的优势。班主任要利用多种形式教育和激励学生，培养学生的兴趣爱好，纠正学生因对某些学科缺乏兴趣而放松学习甚至偏科的现象。

3. 学习纪律教育

班主任要教育学生遵守学校制度，不迟到、不早退、不旷课；上课认真听讲，遵守课堂纪律；按教师的要求进行学习，按时完成学习任务，按时交作业，抓紧学习时间。

4. 学习习惯培养和学习方法指导

良好的学习习惯、科学的学习方法，不但可以使学生的学习取得事半功倍的效果，而且能使学生终身受益。所谓"授人以鱼，仅供一饭之需；授人以渔，则终身受用无穷"。学生不仅要学会，更要会学。教育要基于学生的一生，教给他们获得终生发展的知识和能力。学会学习已经成为学习化社会普遍认同的理念，也成为教育工作者的共识。对学生进行学习习惯的培养和学习方法的指导是班主任的一项重要职责。

班主任要注意了解学生的学习习惯，培养他们良好的学习习惯。同时，要让学生系统地了解一些常用的学习方法，并通过适当的途径，向学生深入浅出地介绍一些学习心理学的理论，帮助学生结合自己的学习特点来分析自己学习成败的原因，从理论的高度来指导具体的学习方法。必要的时候，班主任还可以指导学生根据自身的特点，就某些实用的学习方法进行训练，帮助学生提高学习效率。

(四)组织班会活动

班会是班主任向学生进行思想品德教育的一种有效形式。有计划地组织和开展班会活动是班主任的一项重要任务。

班主任要组织好班会活动，首先要有好的计划，包括一学期班会活动的总计划和每次班会活动的设计。班会活动设计包括：班会的目的、主题与内容、形式与方法、准备工作、活动分工等。在班会的组织过程中要注意调动所有学生的积极性，让每位学生都参与到活动中来，受到教育和锻炼。

(五)组织课外、校外活动

课外活动和校外活动对培养学生的志趣才能、促进学生德智体美全面发展有重要意义。学生的课外活动一般以班为单位组织和安排，所以，组织和指导学生的课外、校外活动就成为班主任的一项经常性工作。

在开展课外和校外活动方面，班主任主要负责动员和组织工作：为校内和校外组织的各个学科小组、技术小组、体育小组、艺术小组等推荐学生；成立本班的课外活动组织，制订课外活动计划，开展各种课外活动；自愿与动员相结合，使全班学生在规定的课外活动时间内能积极参与自己选定的活动。此外，班主任还要为本班开展课外活动创造条件，如邀请有关教师、家长、社会人士担任指导，解决场地、设施、活动工具等物质问题，做好思想动员工作等。班主任不仅要对开展课外、校外活动提要求，还要经常关心、过问，并经常深入活动中，了解情况，发现问题，采取措施，推动活动开展。

(六)组织学生的劳动

学生的劳动时间在教学计划中有明确的规定。班主任应按学校的安排和要求，有目的有计划地组织好本班学生的劳动，使学生在劳动中增长才干，提高思想品德修养。

(七)协调各方面对学生的要求

调节和统一校内外各方面对学生的要求，这是卓有成效地教育好学生的重要条件，也是班主任工作的重要内容。这项工作包括以下几点。

1. 组织教师集体

学生的成长过程是多位教师通力协作、共同教育的过程，教育不仅仅是班主任的事。最大限度地利用、挖掘、调动身边的教育资源，形成教育的合力，是班主任的一条重要的工作策略。班主任有权力、有责任组织全班任课教师团结协作，步调一致地开展工作，保证全体教师对班上学生的要求和教育影响的一致性。班主任使班上形成尊师爱生的风气，要主动与任课教师联系，经常互通情况，交换意见，定期研究学生的情况，以便在教育学生时统一要求，减少因教师要求不一而造成的内耗。在作业布置、辅导和课外活动等各方面教主任要做到统筹兼顾，推动各项活动的开展，促进学生的全面发展。

2. 协调团队组织与班委会的工作

共青团、少先队和班委会是班主任的"左右手"，是班集体的核心力量。班主任要经常与团队干部交换意见，定期研究学生工作，在活动安排、团员发展、少先队建设、学生干部分工等各项工作中统一看法、协调一致，使团队工作和班主任工作能相互促进。班主任要帮助学生干部制订并实施工作计划，指导他们学会做同学的工作，不断提高学生干部的思想水平和工作能力，协助班委组织和开展各项活动。

3. 争取和运用家庭与社会教育力量

家庭和社会是学生成长的重要环境，班主任要积极争取家庭和社会对学校教育的支持，形成学校、家庭、社会一体化的教育力量。

学生家长来自社会各方面，学生的家庭情况各不相同，家长对孩子的要求也参差不齐。班主任要通过家访、书信、电话、家长会等形式，保持与家长的联系，做好家长的工作，让家长明确学校教育的要求，使学校教育与家庭教育统一要求，相互协调，相互促进。班主任还可以通过各种形式向家长介绍教育方法，请家长"现身说法"，使家长了解成功的教育经验和失败的教训，促进家长教育水平的提高，促进家庭教育和学校教育的同步协调。同时，班主任要积极争取校外各种积极的教育因素，弥补学校教育的不足。

(八)评定学生操行

操行是指学生的思想品德表现。操行评定是对学生一学期(或一学年)德智体美等方面进行全面总结和评价的一种形式。

操行评定一般采用评语的方式，有的还结合等级评定。在对学生操行进行评定时，为了表彰先进，树立榜样，更有效地对学生进行正面教育，学校往往还要评定"三好"学生。

对学生进行操行评定是教育学生的重要方法，它有助于学生了解自己的优缺点，明确努力方向；有助于家长了解自己的子女，更好地配合学校，加强子女的教育；有助于班主任和学校更好地了解学生和教育学生。

为了做好学生的操行评定，班主任平时要注意观察和了解学生，积累有关学生情况的各种材料；必要时可以征求有关教师和团队干部的意见，还可以让学生自己做一个自我鉴定供班主任参考。

新课程改革倡导实行学生学业成绩与成长记录相结合的综合评价方式，成长记录将成为班主任对学生进行操行评定的重要依据材料。成长记录就是根据教育教学目标，有意识地将学生的相关作品及其他有关证据收集起来，通过合理的分析和解释，反映学生在学习和发展过程中的优势和不足，反映学生在达到目标过程中付出的努力和进步，并通过学生的自我反思激励学生取得更高的成就。它最大的特点是通过收集学生作品，关注学生学习与发展的过程，帮助教师更深入地了解学生，也让学生本人更好地认识自我。班主任要关注成长记录的创建，并能在教育科学理论的指导下对学生的作品和材料进行科学分析，从而使操行评定更全面、真实地反映学生发展的实际状况，并给学生提供更有针对性的指导。

操行评定的内容应该包括政治思想、道德品质、个性心理、学科成绩、学习能力、身体素质等各方面。在实际评定时，应坚持肯定评价与否定评价相结合，以肯定评价为主；动态评价与静态评价相结合，以动态评价为主；基本评价与特长评价相结合，以特长评价为主；主观评价与客观评价相结合，以客观评价为主；总结性评价与形成性评价相结合，以形成性评价为主。

"三好"学生的评选要坚持标准，不能以"一好"代替"三好"。班主任在评选时要客观公正，不可徇私偏爱。

(九)学生升学和就业准备指导

升学指导包括升学考试之前的升学理想教育、复习指导、升学志愿的填报指导、考试指导以及考试后的个别指导等内容。

就升学来说，初中升高中、高中升大学是人生的转折点。中考、高考是全社会都重视的事情，学生本人承受着各方面的压力，需要班主任的专门指导。

在升学考试之前，对毕业班学生，特别是高三学生，班主任要进行升学理想教育，指导学生正确对待升学，让学生明白，人生的道路有千万条，升学只是其中一条；成才的途径有千万条，没有进入高等学府照样可以成才。班主任还要指导学生对所有的学科全面系统地复习，向学生介绍一些复习方法，介绍和推广本班学生的先进方法，最大限度地提高学生的学业成绩。

升学志愿的选择与填写是升学的第二关。如何全面衡量自己的实力，选择一个既符合自己的兴趣爱好，又切合自己实际水平的志愿很不容易，需要班主任进行科学指导。为此，班主任要做好以下几方面的工作。

第一，向学生和家长详细介绍招生考试形势，明确学生可以选择的范围，进行学生实际情况的分析，"热门""冷门"专业的分析，等等。

第二，对学生和家长的征询要客观对待，详细解释，班主任不要将主观愿望强加给学生和家长。

第三，使学生和家长知道填报志愿的重要性和严肃性，知道每一栏目的含义和填写方法。

第四，认真分析每个学生的升学志愿，对填报有明显问题的学生要善意提醒。

第五，认真审阅填好的表格，发现问题及时纠正，将表格上交之前让学生仔细检查。[①]

考试指导主要是对考试心理和考试方法的指导。每个学生在面临考试时，特别是高考这样重大的考试，都会不同程度地出现考试焦虑状态。心理学研究表明，适度的考试焦虑能够促进和提高学业成绩，但严重的考试焦虑就会影响考生水平的发挥，甚至影响学生正常的学习生活，这时学生就迫切需要班主任的帮助和指导。班主任要掌握一些心理卫生知识，从引起学生考试焦虑的原因入手，有针对性地对学生进行考试心理疏导。同时班主任还必须向学生介绍一些考试方法，养成良好的考试习惯，如认真审题、细心答题、考完检查等。

考试结束以后，对于升学和落榜的学生，班主任要针对个别情况做些个别指导，引导落榜生落榜不落志，做好疏导工作。

就业准备指导就是要帮助学生了解社会的需要和职业情况，各职业对就业者的素质要求，就业后的责任、权利、义务，引导学生根据自身情况实事求是地选择职业，实现就业。

（十）做好班主任工作计划和总结

为了做好班主任工作，班主任一方面要加强计划，使工作有条不紊地进行；另一方面要注意积累经验，不断改进和提高。

班主任工作计划包括学期工作计划和具体执行计划。学期工作计划的内容是：

---

① 班华、王正勇：《高中班主任》，144 页，南京，南京师范大学出版社，2003。

简明分析形势要求和本班学生德智体美发展的情况，提出本班的学期教育任务，列出每周工作要点。具体执行计划可以按周制订或按活动制订，内容包括：目的要求、活动内容、活动形式和方法、时间安排、分工、程序步骤、完成时限等。

班主任工作总结可分为专题总结和全面总结。专题总结是对班主任工作中的一个问题或一个方面进行分析，总结出经验和教训。全面总结是对班主任一个学期的工作进行全面的分析和评价，是做好下一学期工作的重要基础。

班主任做工作总结时不要单纯记述工作的事实和过程，要从理论的高度加以分析，注意总结班主任工作的规律，提出行之有效的工作原则和方法，确定进一步奋斗的目标，以便改进工作，不断提高班主任工作水平。

三、班主任的素质与修养

班主任的工作态度、教育艺术水平、教育方法、组织管理能力，以及以身作则的表率作用，直接影响着班级的建设、巩固和发展，影响着学生成长的速度和趋向。这一切决定了对班主任素质的高要求。

(一)崇高的思想品德

班主任是学生的教育者、引路人，是他们学习的榜样。教育者必先受教育，受教育者才能度德而师之。班主任应该有崇高的思想品德、饱满的工作热情、永不止息的进取精神，言行一致，表里如一，为人师表。这样才能在学生中树立威信，给学生强有力的教育影响。正如苏霍姆林斯基所说："我们应当以丰富的精神生活给孩子们做出榜样，只有在这种条件下，我们在道德上才有权教育学生……智慧要靠智慧来培植，良心要靠良心来熏陶，对祖国的忠诚要靠忠诚地为祖国服务来培养。"[①]

(二)坚定的教育信念

班主任应确信教育的力量，确信每个学生都有优点和才干，都可以教育好。对于有某些缺点或犯某些错误的学生，班主任对他们做深入细致的教育工作，也能把他们转变好。班主任只有树立了坚定的教育信念，才能在工作中不畏艰难曲折，顽强且耐心地工作，收获辛劳的硕果。

拓展阅读

教师要具备的态度和品质[②]

美国人本主义教育家罗杰斯坚信，人的本性是善的，人性的发展具有建设性倾向。恶并非人的本性，而是由文化或社会因素造成的。他认为，不论是一朵花、一棵树、一条毛虫、一只鸟、一只猿猴或一个人，他们的生命都是一个主动的过程。这是生命的本性，是任何时候都起作用的倾向。他要求教师要具备四方面的

---

①［苏联］苏霍姆林斯基：《给教师的建议》，433～434 页，北京，教育科学出版社，1984。
②赖华强：《班主任工作案例教程》，89 页，广州，暨南大学出版社，2004。

态度和品质：(1)充分相信学生能够发展自己的潜能；(2)以真诚的态度对待学生，表里如一；(3)尊重学生的个人经验，重视他们的感情和意见；(4)能够洞察学生的内心世界，设身处地为学生着想，给学生无条件的积极关怀。他认为只要教师具备这样的品质，就有可能使学生产生一种学习的安全感和自信心，就有可能免除学生种种精神上遭受的威胁和挫折，他们自我实现的倾向和动机就会自然显露。

(三)强烈的爱生情感

爱是教育的基础，没有爱就没有真正的教育，对班主任工作来说尤其如此。热爱学生是教师职业道德的核心。苏霍姆林斯基说："我生活中最主要的东西是什么？我毫不犹豫地回答——对孩子的爱。"[1]

班主任要树立正确的学生观，尊重、信任学生，以平等的态度对待学生，深入了解学生，像家长对待孩子一样，集严父与慈母于一身，既无微不至地关怀学生、真诚地爱护学生，又严格要求学生，对他们的缺点和错误毫不放过，做到爱中有严，严慈相济。

班主任要面向全体学生，一视同仁，既要防止歧视，又要防止偏爱。要关心爱护每个学生，公平对待每个学生，严格要求每个学生。特别是对那些学习困难的学生，班主任更应该给予关心、帮助和爱护。如果学生感受到了班主任对他们的深情和期望，他们将更亲近班主任，并乐于接受教育，从而使班主任的工作获得更大的成效。

(四)较强的组织能力

善于组织学生开展活动是教育学生的重要条件。较强的组织能力对班主任来说是必不可少的。一个合格的班主任必须善于计划和组织学生的各种活动，善于根据情况的变化迅速做出决定，采取措施进行调整，在工作中表现出魄力，能令行禁止，坚定地引导学生开展积极活动。

(五)多方面的兴趣和才能

青少年学生活泼好动，更何况每个学生都有自己的兴趣爱好，因而需要开展各种各样、丰富多彩的活动，这就要求班主任具有多方面的兴趣和才能。一般来说，性格活泼开朗、兴趣广泛、多才多艺的班主任与学生有较多的共同语言，容易与学生打成一片，易于开展工作。反之，沉默寡言、不爱活动的班主任则容易脱离学生，难以深入了解和教育学生。

(六)善于待人接物

班主任为了教育好学生，要与家长、任课教师、校外辅导员和有关的社区人士联系和合作，因而要善于待人接物。事实证明，那些善于交往、能团结人的教师，可以很好地协调各方面的教育力量，把班主任工作做好。班主任应该按这样的要求

---

[1]〔苏联〕苏霍姆林斯基：《苏霍姆林斯基选集》第3卷，4页，北京，教育科学出版社，2001。

不断提高自己的素质。

(七)掌握有关班主任工作的系统知识和技能

班主任工作是一种专业性很强的工作。班主任的工作对象是人，而人的发展作为一个知识领域，已经形成了系统的科学知识，作为班主任不能没有关于人的系统知识。就像医生要研究病例一样，班主任要做好工作必须研究学生。医生研究的更多的是人的生理方面，班主任要研究的是学生的心灵世界，十分重要也十分复杂。

另外，班主任工作作为一个教育实践的重要领域，其自身越来越成为一个重要的教育理论研究的对象。班主任工作作为一种专业性工作，正在形成自己的学科体系。新时期的班主任必须经过专门的训练，掌握班主任工作的专业性知识和技能，在理论指导下去实践，如此才能取得良好的教育效果。

第二节　班级管理概述

一、班级与班级管理的含义

(一)班级

班级是学校为了实现教育目标，按照一定的规章制度，将不同年龄阶段的学生组合、编排而成的有一定规模的学生集体，是学校有目的、有计划地执行管理、教育职能的学校基层群体。它通常由教师、学生及其环境组成。

班级是学校教育活动的基本单位，是学生生活及开展活动的集体单位，是学校组织系统中最基层的正式组织。

(二)班级管理

班级管理是教师根据一定的目的要求，采用一定的措施和方法，带领班级同学，对班级中的各种资源进行计划、组织、协调、控制，以实现教育目标的组织活动过程。班级管理的根本目的是实现教育目标，促进学生德、智、体、美全面和谐发展。班级管理的对象是班级中的各种管理资源，包括人、财、物、时间、空间、信息等，其中主要是学生。

二、班级管理的功能

班级管理的功能(作用)主要有以下几个方面。

(一)有助于实现教学目标，提高学习效率

班级组织产生的根本目的是更有效地实施教学活动。因此，运用各种教学技术手段来精心设计各种不同的教学活动，组织、安排、协调各种不同类型学生的学习活动，是班级管理的主要功能。有效的班级管理不但能帮助教师实现教学目标，而

且能提高学生的学习效率。

(二)有助于维持班级秩序，形成良好班风

班级是学生群体活动的基础，是学生交往活动的主要场所。因此，调动班级成员参与班级管理的积极性，共同建立良好的班级秩序和健康的班级风气，是班级管理的基本功能。这不仅可以规范学生的行为，调节学生的心境，而且可以使学生有强烈的归属感，激发学生关心集体、为集体负责的意识，从而使学生愿意并努力使自己成为对集体有所贡献的一员，在集体中追求个人的发展。

(三)有助于锻炼学生能力，学会自治自理

班级组织是社会组织的雏形，它同样存在着最基本的人际交往和社会联系，存在着一定的组织层次和工作分工。因此，班级管理的重要任务就是不但要帮助学生成为学习自主、生活自理、工作自治的人，而且要帮助学生进行社会角色的学习，获得认识社会、适应社会的能力，这对于促进学生的人格成长是极其重要的。

三、当前班级管理存在的主要问题

(一)受分数压力和教师权威的制约，班级管理的方式偏重于专断型

长期以来，班主任一直在从事着程式化的教育教学工作，工作是高强度的。他们最关心两件事。一是如何使学生在考试中取得好成绩，确保班级的成绩在学校中的排名靠前，至少是不落后。在应试教育模式下，分数是至高无上的，教师的奖惩、教师在学校中的地位与其所带班级学生所取得的分数直接相关。学校把分数作为衡量教师工作业绩的主要尺度，教师则把分数作为衡量学生成就的主要指标。二是如何让学生听从教师，以维护教师的权威不受损害。伴随着教师高强度的知识传递，教师必须实施班级控制，以确保班级的教与学不受干扰。教师权威无疑是使学生服从教师指挥从而控制学生干扰行为的最便捷、最有效的手段。

在这样的背景之下，班级管理受到分数与教师权威的双重制约，由此形成班级管理的极为简单的因果关系：学得好的，受到鼓励，并越来越好；学得差的，受到批评，并越来越差；受到鼓励的，不断进步为好学生；受到批评的，逐渐退步为"双差生"。班级管理成为教师实施个人专断管理活动的过程。

(二)班级管理制度缺乏活力，学生参与班级管理的程度较低

在班级中设置班干部，旨在培养学生的民主意识与民主作风，学会自治自理。然而，当今中小学却普遍有着这样一些问题：班干部相对固定，一些学生养成了"干部作风"，不能平等地对待同学；多数学生希望能为班级做点事，却缺少机会；学生在社会环境及部分家长的影响下，往往把担任班干部看成荣誉的象征，学生关于班干部的观念是荣誉重于责任的；学生只把班干部看成老师的助手，忽视班干部是群众的代表；学生都想当干部、当个好干部，但缺乏每个人都是班级小主人及争取做合格的班级小主人的意识。这说明在班级管理中，班干部特殊化以及多数学生在班

级管理中缺乏自主性是比较普遍的问题。

四、建立以学生为本的班级管理机制

(一)以满足学生的发展需要为目的

传统的班级管理就是教师在班级中实施对人、事、物等因素的控制，它体现了教师对班级的预先期望及学生对教师的服从，纪律、秩序、控制、服从是传统班级管理所追求的目标。在现代学校教育中，班级管理完全是一种培养人的实践活动，在这一实践活动中，学生既是对象，又是目的。因此，满足学生发展的需要既是班级管理的出发点，又是班级管理的最终归宿。班级管理的实质就是要让学生的潜能得到尽可能充分的开发。

(二)确立学生在班级中的主体地位

在传统的班级管理模式下，学生在某种程度上成为教师的"附属物"，教师和学生的"人—人"关系被降低为"人—物"关系，根本无法保障学生的主体地位。现代教育的发展，从根本上促进了新型班级的建立，从而为以学生为本的班级管理提供了保证。现代教育的内在机制就在于从人的主体性源泉出发去发掘学生的主体性，促进人的主动和谐发展。因此，现代班级管理强调以学生为核心，建立一套能够持久地激发学生主动性、积极性的管理机制，确保学生的持久发展。

(三)训练学生自我管理班级的能力

由于传统的班级管理模式是以教师为中心构建的，学生参与班级管理的机会有限，即使有，也只是教师意志的再现。大多数学生从内心渴望参与班级管理，但苦于不被教师赏识，以致不少学生毕业以后学习不能自主，生活不能自理，工作不能自治，缺乏独立、主动、创新的精神。以训练学生自我管理能力为主的班级管理制度改革的重点是：适当增加班干部岗位，适当进行班干部轮换；按照民主程序选举班干部；使班干部从教师的助手变成学生的代表；把学生的注意力从当班干部引向当合格的班级小主人；把以教师为中心的班级教育活动转变为学生的自我教育，即把班集体作为学生自我教育的主体。

五、班级管理的几种模式

(一)常规管理

班级常规管理是指通过制定和执行规章制度去管理班级的经常性活动。

制定、执行规章制度是重要的管理手段。好的规章制度能体现道德观念和是非标准，是全班学生在学习、工作和生活中必须遵守的行为准则。通过规章制度的制定，班级各项工作可以有章可循，有条不紊，避免班级工作的随意性和盲目性。深入贯彻和执行规章制度，可以培养学生正确的思想观点，进行自觉的纪律教育，培养良好的行为习惯，形成良好的思想道德风尚，树立良好的班风。规章制度的建立和执行本身就是教育管理的成果。

一般来讲，班级的规章制度由三部分组成：一是由教育行政部门统一规定的有关班集体和学生管理的制度，如学生守则、学生日常行为规范、体育锻炼标准等；二是由学校根据教育目标、上级有关指示制定的学校常规制度，如考勤制度、奖惩制度、课堂常规、作业要求等；三是由班集体根据学校要求和班级实际情况讨论制定的班级规范，如班规、值日生制度等。

制定班级规章制度要本着"从学生中来，到学生中去"的原则，让全班同学参与讨论，以主人翁的姿态了解、关心班集体。规章制度的文字表达要简明扼要，便于学生记忆掌握。要让全班学生理解、熟悉、掌握规章制度，并把它变成自觉的行为。

班级常规管理是在平常的学习生活中通过一步步、扎扎实实的教育和训练逐步形成的，全班师生要落实"长期形成，反复练习；狠抓苗头，及时纠正；因人制宜，逐步提高；要求全班，个别督促"的管理方针，班主任要在培养学生的良好习惯上下功夫。

(二)平行管理

班级平行管理是指班主任既通过集体的管理去间接影响个人，又通过对个人的直接管理去影响集体，从而把对个人和集体的管理结合起来的管理方式。它是一种对班集体和个别学生双管齐下、互相渗透的管理模式。

班级平行管理的理论源于著名教育家马卡连柯的平行影响的教育思想。马卡连柯认为，教师要影响个别学生，首先要影响这个学生所在的班级，然后由这个学生集体和教师一起影响这个学生，这样就会产生巨大的教育力量。

班主任实施平行管理，首先要发挥班集体的教育功能，使班集体真正成为教育的力量；其次要通过转化个别学生，促进班集体的管理和发展。

(三)目标管理

班级目标管理是指班主任和学生共同确定班级总体目标，然后将总体目标化作小组目标和个人目标，形成目标体系，以此推动班级管理活动，实现班级目标的管理方法。

班级目标管理过程可分为三个步骤：一是班级目标的制定，二是班级目标的实施，三是班级目标的检查与评定。

制定目标是班级目标管理的前提和先导。在制定目标时，班主任要熟悉国家的教育方针政策，充分了解本班学生各方面的情况，引导和鼓励学生积极主动参与班级目标的制定。

实施目标是班级目标管理的关键。只制定目标而没有很好落实就是纸上谈兵。所以，在制定班级目标以后，班主任要采取各种有效的措施，使目标具体化为各种活动和每位学生的自觉行动。

目标的检查与评定是总结经验、找出问题、进入新的目标管理循环的重要措施。

经常和定期的检查可以及时发现问题并加以调整，以推动目标管理工作顺利进行；目标的评定可以使学生看到自己努力的成果，从中受到激励，增强向更高目标前进的信心和动力。

(四)民主管理

班级民主管理是指班主任发扬民主精神，创造条件，让全班学生在服从班集体的正确决定和承担责任的前提下，积极参与班级管理的一种管理方式。

班级民主管理的实质是，在班级管理的全过程中，调动学生的自我教育力量，发挥每个学生的主人翁精神，使人人都积极参与到班级管理中来。

实施班级民主管理，一要班主任增强民主意识，树立正确的教师观、学生观和师生关系观，尊重学生，依靠学生，时时处处想到学生的主体地位和民主权利；二要组织全体学生参与班级的全程管理，在计划、实行、检查、总结的各个阶段都让学生参与进来；三要建立和健全班级的组织机构和规章制度，并使班级的各个组织机构和学生干部分工明确，协调一致；四要建立班级民主管理制度，如干部轮换制度、定期评议制度、值周生制度等，以保证民主管理落到实处。

要特别强调的是，班级民主管理绝不意味着削弱或取消班主任的主导作用，而是对班主任的组织能力和教育艺术提出更高的要求，把班主任的主导作用和学生的主体作用有机地统一起来，把教师的自觉性和主动性与学生积极性和创造性有机地结合起来。

第三节　班集体建设

一、班集体的内涵

班级和班集体是两个经常使用但又容易混淆的概念。

班级是学校开展教育教学活动的基层组织，是以青少年学生为主体，以社会化的学习和交往活动为特征的教育社会。学生在班级里上课、交往、参加各种课外活动，度过在学校的大部分时间。每个学生都与一个班级紧密联系在一起，班级是影响学生成长的重要因素。

集体是一个正式群体，是为了实现一定的社会目标而严密组织起来的有纪律、有向心力和凝聚力的群体。和群体相比，集体的目标更明确，组织更严密，纪律性更强。并非任何群体都是集体，只有具有高度团结、高水平的整合能力和高度的组织能力的群体才能被称为集体。苏联著名社会心理学家彼得罗夫斯基认为："集体是群体的高级形式，并非任何群体都能被称为集体，也不能把任何共同行动或工作的社会成员共同体称为集体，有共同价值、共同活动目的与任务且具有凝聚力的高度组织起来的群体才是集体。"①

由此可见，班级并不都是班集体。班级只是一个有组织的学生正式群体，班集体是班级群体的高级形式。

所谓班集体是由于目标一致、行动一致而结合起来的有一定组织纪律，有坚强核心和健康舆论，全面完成教育教学任务的群体。也就是说，只有那些具备共同的奋斗目标、良好的人际关系、健全的组织机构、正确的舆论、自觉的纪律、较好活动效果的班级，才能被称为班集体。而那些组织纪律涣散、松弛的班级是不能被称作班集体的。

二、班集体的特征

班集体状况直接影响着学生的学习和素质，努力建设一个优秀的班集体应成为班主任的首要工作任务。

良好的班集体具有以下特征。

(一)共同的奋斗目标

目标具有指引和激励的作用。一个优秀的班集体能够依据党和国家的教育方针，结合学校的工作要求，联系班级的实际情况，确定本班在不同时期的奋斗目标。每个学生都把班级目标内化为自己的目标，实现个人目标和班级目标的统一，并以此来推动大家参加共同活动，使班集体有共同而明确的发展方向。共同的目标是班集体结构中的第一要素。

(二)良好的人际关系

学生之间的人际关系是集体形成的基石。一个优秀的班集体总是会通过班级的共同活动来建立、巩固和发展师生之间、生生之间良好的人际关系。这种关系表现为师生民主平等、关系融洽、学生之间真诚相处、团结友爱、互帮互助。在这样的集体里，成员之间人格上平等，信念上一致，具有集体荣誉感和自豪感，不同个性的学生能相容相悦，能获得愉悦的情感体验。

(三)健全的组织机构

每个班级都有组织机构，如班委会、团支部等，它是班集体的核心，通过这个核心把班级的每个成员组织起来。班委会由全班同学民主选举产生，班内重大事情由学生全体会议集体讨论决定。要建设良好的班集体，需要班主任发现、培养一批品学兼优的积极分子，培养一批具有领导才能的学生担任班干部。班干部是班集体建设的支柱，是班级工作和班级目标的实践者，是班主任的工作助手。班干部应该由作风正派、愿为同学服务、群众基础好、有一定组织和活动能力的同学来担任。

(四)自觉遵守纪律

没有纪律约束的集体是松散的、涣散的。优秀的班集体能够自觉地遵守中小学

---

①鲁杰：《教育社会学》，387页，北京，人民教育出版社，1990。

生守则、学生日常行为规范等各项规章制度，有良好的课堂秩序。学生在校外能遵守社会公德，维护公共秩序。班级的每个成员都能关心集体、爱护集体、遵守集体的规范、通力合作，为集体争荣誉，为了集体的利益能做到令行禁止。

(五)正确的舆论导向

班集体舆论是在班级中形成的、为大多数学生赞同的意见和思维取向。健康正确的舆论具有强大的感召力和影响力，会成为学生发展的精神力量，使学生在潜移默化中受到感染和熏陶。优秀的班集体能形成健康正确的班级舆论，大部分同学能明辨是非、善恶、美丑，正确的言行在班内得到支持和发扬，错误的东西受到抵制，正气在班级中占主导地位，即所谓"风气很正"。

(六)效果良好的班集体活动

适当的班级活动既能锻炼学生的活动能力，增长学生的知识，也能增强班级同学之间的团结和友谊，有利于建设蓬勃向上的班集体氛围。积极健康的班集体活动也是加强学生思想品德教育、培养学生集体主义精神的重要途径。优秀的班集体除了正常的教学活动以外，还能积极组织各种有意义的课外活动和社会实践活动。

以上六个方面在构成班集体中各自发挥着独特的作用。集体目标是导向，人际关系是基础，组织结构是骨架，舆论和纪律是保证，活动是目标实现的途径和手段，它们相互制约、相互促进，形成结构完整的统一体。

三、班集体的教育价值

良好的班集体对学生的成长起到很好的教育功能。

(一)形成良好的学习氛围，增强课堂教学效果

班集体明确的目标能给学生带来学习动力，增强学生认真学习的责任感，形成良好的群体心理气氛，调动学生学习的积极性。良好的班集体有良好的纪律、健康的舆论，可以保证教师顺利地进行课堂教学，师生密切配合，增强课堂教学效果。

(二)帮助学生树立正确的人生观和价值观

中小学阶段是学生人生观和价值观形成的重要阶段。班集体通过班级的正确舆论和丰富多彩的活动，使学生对人生的价值和意义有正确的认识。

(三)促进学生的社会化

学校教育是个体从自然人成长为社会人的重要手段。中小学是学生社会化的重要阶段。学生从小学到高中，随着生理、心理的变化，伴随班集体的舆论和各种活动，逐渐形成一定的思想、观点和分析解决问题的能力。例如，学生通过集体活动产生集体荣誉感；学生通过班集体活动和严明的纪律，形成遵守纪律的习惯；随着个性的发展，学生在班集体中会充当多种多样的社会角色，从而培养"角色变迁"的适应能力，获得适应社会生活的基本技能；学生通过各种社会实践活动，增强社会意识和社会责任感；等等。总之，良好的班集体会对学生的社会化起到积极的促进

作用。

（四）为学生个性发展提供机会和条件

青少年时期是个性发展的关键时期。班集体可以为每个学生发现自我，尝试自己的力量，找到自己的兴趣、爱好、才能的生长点创造机遇和条件。在班集体中，多样化的学习科目可以造就各类学科的爱好者；课外科技活动可以激发学生创造发明的兴趣；体育活动和体育竞赛可以增强学生的体质，也使体育尖子大显身手；多姿多彩的文学艺术活动可以使文艺人才脱颖而出；等等。每个学生都能在班集体这个大家庭中找到自己的位置，展示自己的个性才能。

四、班集体的形成与培养

（一）班集体的发展阶段

来自不同家庭的几十个学生组合到一起，成为一个班级。刚开始，班级还只是一个松散的学生群体，他们没有组织结构，没有约束机制，也没有共同的奋斗目标，他们之间也还没有建立稳固的情感纽带。把这样一个松散的群体建设成一个优秀班集体是班主任的首要任务。班集体的形成和发展不是自发的过程，是在教师的指导下根据一定的教育目的和管理目标建立起来的。良好班集体的形成要经历五个发展阶段。

1. 班级松散群体阶段

这是班级组成的初级阶段。班级成员初进学校班级，彼此之间不了解，缺少联系，学生的交往活动带有探索的性质。彼此之间不太会暴露真实的思想，各个学生是孤立的个体，班级成员之间处于新奇和互相观察的状态。成员对班级的目标和活动还没有一致的认识和主动的行为，班级群体还没有奋斗方向。班集体的骨干核心还没有形式，大多数活动由班主任直接指挥，有纪律规范要求，基本处于他律阶段。这个阶段的班级活动与工作均来自教师和学生的外部要求。班级的组织工作基本上依靠行政手段，班主任指定临时班干部来开展各种活动。班级群体对成员还没有吸引力，表面上既无争论，也无共同的意见和一致的态度。整个班级群体是松散的。

2. 组织班集体阶段

在这个阶段，在班主任的领导下，班级建立了正式的班级委员会，原来的临时班干部中，有的被认可而进入正式的组织机构，有的则因为不能发挥作用而被其他同学取代。班级里的各种组织机构已经建立并完善起来。班干部在班主任指导下，开始发挥组织管理作用。学生在班级中的地位和作用开始分化，出现了各种活动的积极分子，能帮助班主任积极地开展工作。班级制订了计划，有了比较明确的奋斗目标，各项工作和活动逐步开展起来。班级成员之间经过一段时间的接触和了解，学生在自然和个性因素的基础上有了比较密切的交往圈，形成了分散的伙伴群。班级中开始出现不同的意见和争论。这个阶段，整个班级已走上正轨。

3. 初级班集体阶段

在这个阶段，班级成员之间的交往进一步发展，越来越多的班级同学之间有了共同的语言和思想，班级的伙伴群开始出现扩大和联合的趋势。班级中的学生干部和班级先进分子的核心人物开始显现，班级的"核心层"开始形成，他们开始带领班级同学提出符合社会和学校要求的班级建设目标，并开展各种活动。班级大多数学生对班级发展的基本问题形成了比较一致的意见和态度，在健全班级组织机构的基础上，班级在各种活动中产生了班规和舆论以及相应的特色。这时候班主任需要注意对班级中表现暂时落后学生的教育工作。这个阶段班集体的形象初具轮廓。

4. 成熟班集体阶段

在这个阶段，班集体的核心和骨干力量比较充分地发挥作用，能主动地、有计划地开展工作，在许多日常的班集体工作和活动中，班主任可以退到工作的第二线。良好的纪律、舆论、班风已经形成。团结气氛浓厚，班集体的成员有了较强的归属感。班集体的奋斗目标一步步得到实现。班集体已经形成为一个整体。

5. 优秀班集体阶段

在这个阶段，班集体的目标是高级阶段的集体目标，它与社会需要相一致，以集体主义为导向，为集体的成员设计个性发展的蓝图，使每一个人都能在共同目标中找到自己独特的坐标。班集体的组织机构健全而有威望，真正成为集体的核心和凝聚力量，对内对外都有较强的协调作用。班集体的核心、骨干力量进一步扩大，集体的大多数成员都成了创建班集体的积极分子，具有主人翁意识，充满了自豪感。班集体的共同活动获得自觉的性质，自主性和创造性的活动强烈吸引班集体的成员，每个学生在活动中都有自己满意的角色位置，为每个学生的个性发展创造良好的条件，活动作为载体在推动优秀班集体形成发展中发挥着重要作用。对于班集体的纪律规范成员们不仅遵守，而且主动维护。集体的规范和价值标准成为个体的参照标准和行为指南，每个成员都能够在集体期望的背景下，对自己提出自我教育的要求，并扮演成功的角色。班集体人际关系稳定和谐，积极奋发向上，具有竞争合作的良好人际氛围。班集体舆论健康积极，与社会主义价值观协调一致，集体具有很强的凝聚力。班集体各方面的业绩突出，优良班风巩固，并形成了传统，在年级和学校中产生积极作用和影响，成为学校各班学习的榜样。此时，班集体达到了优秀的高层次阶段。

班集体形成发展的五个阶段揭示了班集体形成发展过程中班集体的目标认同、班集体的成员关系、班集体组织结构状况、班集体的活动和影响力等方面在不同阶段的发展程度和水平，为我们展现了班集体的形成、发展、成熟的规律。

(二)培养班集体的方法

1. 确定班集体的发展目标

目标是一种黏合剂，它对正确的行为具有引发、整合激励作用，是个体活动的最高调节器。目标也是集体发展的方向和动力。一个班集体只有具有了共同的目标，才能使班级成员在认识上和行动上保持统一，才能推动班集体的发展。因此，教师要精心设计班级发展的目标。有研究表明，只有当班级目标具体、有一定的难度而且学生参与制定目标并为班级所接受时，班级才会有较高的发展水平。

班集体的发展目标一般可分为近期的、中期的、远期的三种。目标的提出要由易到难，由近到远，逐步提高。目标的确定要由班主任和班干部或全体学生一起讨论完成。而且提出的目标应该是具体的、可操作的，是通过全体学生的努力可以达到的。目标在被提出之后，要化作对集体和个人的要求，让集体和个人都明确应该做什么，不应该做什么，应该达到什么标准，使全体成员以一种积极进取的心态不断向目标方向努力。

2. 建立班集体的核心队伍

每一个良好的班集体都会有一批团结在教师周围的积极分子，他们是带动全班同学实现集体发展目标的核心力量。因此，建立一支核心队伍是培养班集体的一项重要工作。

班集体中的积极分子有多种类型，可以是全面发展的，也可以是单项突出的，并且积极分子队伍的成员不是一成不变的。

为建立班集体的核心队伍，首先，教师要善于发现和培养积极分子。这就需要教师在了解学生的基础上，及时发现在班级活动中涌现出来的积极分子，并从中选拔出能热心为集体服务、能团结同学且具有一定管理能力的班干部。其次，教师应把积极分子的作用与成长结合起来，既要鼓励他们独立开展工作，又要耐心帮助他们提高工作能力；既要维护他们的威信，又要对他们严格要求；既要肯定他们的工作成绩，又要指出他们工作中的不足。

3. 建立班集体的正常秩序

班集体的正常秩序是维持和规范学生在校生活的基本条件，是教师开展工作的重要保证。班集体的正常秩序包括必要的规章制度、共同的生活准则以及一定的活动节律。

教师在班集体的组建阶段就应着手正常秩序的建立工作，特别是当接到一个教育基础较差的班级时，首先就要做好这项工作。在建立正常秩序的过程中，教师要依靠班干部的力量，由他们来带动全班同学；一旦初步形成了班级秩序，就不要轻易去改变它；不断让学生体验到正常的秩序对他们的学习、生活所带来的便利与成效。

4. 组织形式多样的教育活动

生命在于运动，班级在于活动。学生身体的成长需要五谷杂粮，需要足够的营养。同样，学生心灵的成长也需要均衡的营养。丰富多彩的班集体活动就是学生心灵成长的重要的营养。班集体也是在全班同学参加各种教育活动中逐步成长起来的，而各种教育活动又可使每个人都有机会为集体出力，并显示自己的才能。设计并开展班级教育活动是教师的经常性工作之一。

根据时间分布，班级教育活动主要由日常性的教育活动与阶段性的教育活动两大部分组成，所涉及的内容有主题教育活动、文艺体育活动、社会公益活动等。

教师在组织各种教育活动时，要有明确的目的和要求，要精心设计活动内容，注意形式的适龄化，争取把活动的开展过程变成教育学生的过程。在组织活动时，在活动主题的选择、活动内容的安排、活动的组织实施过程等各个环节，教师都要注意发挥学生的主体作用，给予有效的指导。

5. 培养正确的舆论和良好的班风，营造积极向上的班级文化

班集体舆论是班集体生活与成员意愿的反映。正确的班集体舆论是一种巨大的教育力量，对班集体每个成员都有约束、感染、同化、激励的作用，是形成、巩固班集体和教育集体成员的重要手段。教师要注意培养正确的集体舆论，善于引导学生对班集体的一些现象与行为进行评议，要努力把舆论中心引导至正确的方向。

良好的班风是一个由班集体舆论持久作用而形成的风气，是班集体大多数成员的精神状态的共同倾向与表现。良好的班风一旦形成，就会无形地支配着集体成员的行为，它是一种潜移默化的教育力量。

正确的舆论和良好的班风是构成班级文化的重要内容。班级文化可以成为一种特殊的教育力量，渗透于一切活动之中，它对学生素质的发展具有引导、平衡、充实和提高的作用。班级文化对学生的影响是潜移默化的，它无时不在，无处不有，就像"润物细无声"的春雨，滋润着学生的心田，陶冶着学生的情操，塑造着学生的品格。

班级文化包括班级物质文化、制度文化和精神文化三个层面。班级物质文化主要表现为班级的物质环境，即教室的布置等，如张贴名人名言、悬挂国旗和班训、出黑板报等。班级制度文化主要是班级的规章制度，如班级一日常规、班级公约、奖惩制度等。班级精神文化主要指精神层面，如班级人际关系、班级舆论和班风、班旗、班歌、班徽等，它是学生成长的无形的土壤，直接影响着学生的学习和生活质量。

班主任可以充分利用班级的物质条件，不断开发新的资源，美化物质环境，使教室成为具有文化特性、体现班级个性的育人场所，实现苏霍姆林斯基所说的使教室的每一面墙壁都具有教育的作用。

没有规矩，不成方圆。要建设一个优秀的班集体，还需要有班级制度的保障。没有规章制度，班级中的学生就没有约束，就会变成一盘散沙。因此，健全制度规章是班级文化建设的重要内容。实践证明，一个高度民主的班级也是一个制度高度完善的班级。班主任可以参照学校的规章制度，结合本班的实际情况，在有了自己的初步设想以后，充分发挥学生的主体作用，引导学生共同讨论，制定班级规章，

并以书面文字的形式张贴在教室显眼的地方。

正确的班级舆论、积极良好的班风是班级的精神文化。班主任可以通过正面教育、讨论与评议、表扬与批评等手段，树立班级正气，形成班级正确的舆论。同时，班主任要指导学生充分利用班级的墙报、黑板报、小报、小型展览、班会、晨会等舆论阵地，宣传学校和班级的好人好事，针砭学生中的不良现象，以发扬正气，抵制歪风，强化班级的正确舆论，为集体正确舆论的形成创造良好的氛围和条件。正确的集体舆论持续发挥作用，就会形成一个班级优良的班风。

另外，班主任还要注意培养学生对班级的认同感和归属感，在班级里营造团结友爱的氛围；要精心设计班级名称、班训、班徽等，这些都是班级文化建设的重要内容。

第四节　课堂管理

教学和管理密不可分，课堂管理是教学的有机组成部分，有效教学常常发生在管理好的课堂中。没有管理几乎不可能有教学。正如赫尔巴特所说："如果不坚决而温和地抓住管理的缰绳，任何功课的教学都是不可能的。"[1]马格里特等人通过专项研究后指出："在影响学生学习的 28 种变量中，课堂管理是作用最大的直接变量之一。"[2]教师要想上好课必须掌握课堂管理技术。

一、课堂管理概述

(一)课堂管理的含义

课堂管理是指教师为了保证课堂教学的秩序和效益，协调课堂中人与事、时间与空间等各种因素及其关系，营造良好的课堂氛围，引导学生有效学习，从而实现预定教学目标的一系列行为方式。

在课堂教学中教师除了要完成"教"的任务外，还要承担"管"的任务，即协调师生、生生关系，维护好课堂纪律，营造积极和谐的学习氛围和环境，使课堂中各种因素成为一个和谐、有序的整体，从而保证教学活动顺利进行。有效、科学、合理的课堂管理不仅有助于维持良好的课堂教学秩序，约束和控制有碍学习的问题行为，而且有利于激发学生潜能的发挥，引导学生从事积极的学习活动，提高学习效率，增强教学效果，促进教学质量的提高。

---

[1]张焕庭：《西方资产阶级教育论著选》，267 页，北京，人民教育出版社，1979。
[2]李维主编：《国际教育百科全书》第 6 卷，22 页，贵阳，贵州教育出版社，1990。

(二)课堂管理的影响因素

1. 学校管理水平

班级是学校的一个组成部分，课堂管理是学校管理的一个方面，学校管理水平直接决定着课堂管理的质量。教师是课堂管理的主体，同时又是学校管理的对象，领导的管理方式影响着教师。专制型管理可能导致教师对领导产生依赖性，缺少主见，对课堂的管理也比较专制，多采用权威命令，缺乏人情味，气氛压抑。民主型的管理则有助于教师积极、自觉、主动地与学生建立良好的关系，能创造性地开展教学和管理。放任型管理必然导致教师对学校事务不闻不问，工作态度消极应付，课堂常处于失控状态，秩序混乱，管理效果较差，工作绩效不显著。

2. 班集体的特点

课堂管理就是在上课时间内对班集体的管理，因此班集体自身的特点也是影响课堂管理方式的重要因素之一。

首先，班集体的规模不同，课堂管理的方式也就不同。对于规模较大的集体，学生内部之间交往频率较低，师生之间关系相对冷淡，不容易形成统一的课堂规范，已有的课堂规范也不容易被真正地遵守。同时，大班集体中的学生由于交往时空的限制，往往容易形成固定的小集团，这些小集团如没有得到正确的引导和教育，通常会产生一种离心作用，甚至形成破坏力量，影响整个班集体教学目标的实现。因此，规模较大的班集体更需要班主任高超的管理技巧。

其次，班级性质也会影响课堂管理。不同性质的班级有不同的群体规范和不同的凝聚方式，教师应根据不同的班级性质决定管理方式。有的班级本来就比较优秀，对于这样的班级，教师可以利用其固有的凝聚力，充分发挥学生的自觉性和主动性，侧重于让学生自控自理。而对于那些纪律相对松弛的班级，教师则要更多地使用权威，给予学生足够的监督和指导。

3. 教师的素质

课堂管理的主体是教师，管理的效果很大程度上依赖于教师的自身素质。教师的工作态度、业务水平、教学能力、管理经验等直接影响着课堂管理的效果。教师如果有讲课艺术，能通过教学内容深深地吸引学生，课堂管理就容易得多。实践中，一些优秀教师的课堂甚至不存在管理问题。此外，教师的个性特点也会影响着课堂管理。教师性格外向、应变能力强会有助于课堂管理；相反，性格内向、不苟言笑的教师在课堂管理上可能觉得相对困难些。

4. 学生的学习行为习惯

学生既是课堂管理的对象，也是课堂管理的主体。学生如果学习态度端正、学习积极性高、学习能力强、行为习惯良好、学习自律性强，就有利于形成良好的课堂规范，顺利开展教学活动。反之，课堂就容易混乱，难以管理。

5. 学校文化

学校文化直接反映一所学校的个性特质。学校的教育理念、办学思想，学校的人际关系，学校的一切规章制度、教风、学风、领导风格乃至学校传统，等等，都会直接影响教师的思想意识、观念和教育行为方式，从而影响课堂管理的效果。

二、课堂管理的基本原则

(一)学生为本原则

在课堂管理中，教师要把学生看作课堂的主人、学习的主体，充分尊重学生，充分考虑学生的需要和潜能，按照学生的年龄特点和身心发展规律来进行教育教学和管理，创设适合学生的课堂环境和活动，充分调动学生的主观能动性。同时，教师应充分了解并尊重学生的个性差异，针对个别学生的特点予以个别化的指导。

(二)规范性原则

课堂是进行教学的场所，为了保证教学活动有条不紊地进行，必须有一个统一而稳定的课堂规范，如学生上课应不迟到不早退，若迟到了要征得老师同意后才可进入教室；上课时不得无故大声喧哗，发言要举手，等等。

课堂规范应是课堂管理的依据，教师制定规范时应考虑到学生的实际及对教学活动正常进行的必要性。课堂规范一旦形成，就对集体成员产生普遍的约束力。从学生入学起，教师就应让学生了解规范及其必要性，使学生在正确认识的基础上逐渐形成符合规范的行为习惯，使学生不仅用规范来约束自己的行为，而且用规范来评价别人的言行，通过班级舆论纠正偏离规范的其他人的行为。

(三)科学高效原则

教师在解决课堂问题时要有方法，讲策略，追求高效率，尽可能用最短时间和最少精力去解决课堂问题，以保证课堂教学活动的正常进行。因为学生在课堂中的时间是有限的，不能因为处理课堂问题而影响教学目标的实现。好的课堂管理应该关注班级的大多数，关注课堂的整体情况，不要因为个别学生的问题而影响全班学生的学习。

(四)教育性原则

好的课堂管理具有教育功能。有效的课堂管理要与课堂的教育教学过程紧密结合，课堂管理行为的每一个方面和每一个步骤，课堂中人、事、物等各种因素的组织与安排等，都要有助于实现教育教学目标。另外，课堂管理行为本身应发挥教育作用，课堂中教师的所有行为都应该具有表率作用，并将教师的课堂管理行为限定在教育目标所规定的范围之内。

(五)安全性原则

这里的安全包括学生人身安全和心理安全。

教室的布置上要考虑学生的人身安全，教室尽量不要放置容易破碎、有毒、尖锐等有危险性、可能伤到学生的物品；悬挂物品要确保牢固，避免掉落伤人。

教师的课堂管理行为、教师对课堂问题的处理要有助于营造安全、积极、健康的课堂氛围，建立和谐、融洽的师生、生生关系，避免让学生产生焦虑、恐惧和孤独感，使学生能精神饱满、专心致志地参与到课堂学习活动中，实现高效课堂。

三、课堂常规管理

课堂需要规则，有秩序的课堂环境是实施有效管理的前提。校有校纪，班有班规，没有规矩，不成方圆。教师要管理好课堂，就必须首先建立好课堂常规。

(一)课堂常规的含义

课堂常规是指教师和学生应该遵守的基本行为规范和要求，是以实现教学目标、促进学生发展为宗旨，以适当、积极地处理影响课堂教学的诸因素为前提，由教师和学生共同参与制定的学生在教室里必须遵守的行为规范。它规范学生在课堂中的行为，使学生明白在课堂学习活动中应该做什么、不应该做什么。

课堂常规不同于班主任为进行班级管理时所制定的班级公约，它强调的是课堂上对学生学习行为及相关行为的规定。通过培养，课堂常规被学生接受、内化，变成学生自觉的行为，学生养成了良好的习惯，就可能形成愉快和谐的课堂气氛，从而促进学生发展良好的课堂行为，激发学生的成就动机和进取心。

(二)良好的课堂常规的特征

良好的课堂管理首先要让学生的不良行为降到最低程度，促进学生之间的合作。其次，良好的课堂应该让学生持续有意义的学习活动。

一个班级有几十个学生，一个学校有成百上千的学生，没有秩序、没有纪律是不行的。但秩序和纪律都是手段，不是目的。目的应该是创造良好的学习环境。

我国台湾学者方炳林认为，影响课堂教学的因素主要有以下几个：人的因素——教师、学生以及师生、生生关系；物的因素——教室里一切的物质环境与设备；事的因素——人与人、人与物之间所发生的一切活动。[①] 课堂常规的制定就是为了有效地处理好这些因素，使课堂教学平稳、有序、高效运行。

美国著名教育学家梅里尔·哈明博士认为，一个好的课堂应该是鼓舞人心的，在这样的课堂中可以观察到五种品质，具体如下。

(1)清晰的尊严感：不管有没有天赋，学生们都昂首挺胸，大胆地发表意见，显得自信、无忧无虑；他们相信自己，也把自己视为有价值的、值得尊重的人。

(2)轻松的活力：学生们显得生机勃勃、有活力、健康；所有学生都忙碌着、参与着。

(3)自主性：学生们做出恰当的选择，主导并约束自己，持之以恒地自愿学习，没有被迫学习的现象。

(4)集体感：共享合作，相互依赖，亲密无间；学生们彼此支持，也支持老师，

---

①方炳林：《普通教学法》，306 页，台北，教育文物出版社，1976。

没有对抗和拒绝。

(5)觉察：学生是机灵又富于创见的，他们知道自身和周遭正发生的一切，能驾驭自己的思想和情感，也能适应周围人群的思想与情感。

毫无疑问，这样的课堂会产生很好的教学效果。制定课堂常规的目的不是一味地约束学生的行为，把学生"管住"，甚至"管死"。在课堂上一味地对学生约法三章，把学生管得没有生气、没有灵性，这本身与教育的目的是背道而驰的。真正良好的课堂常规管理应该能促进学生专心于课堂活动，在师生之间、生生之间表现出良好的人际关系，并逐步培养学生的自我管理能力。

(三)课堂常规的内容

课堂常规的内容是多种多样的，几乎涵盖课堂的所有方面。

依照课堂常规的活动性质，课堂常规可被分为：出入课堂、点名、上下课、值日生等内容。

依照适用常规的项目性质，课堂常规可被分为：礼貌、秩序、整洁、勤学等几方面。

依照常规所适用的场合，课堂常规可被分为：教室规约、上下学规约、集会规约、运动场所规约等。

中小学设置的课堂常规通常有以下诸条。

1. 按时上课，不迟到、不早退，不随意缺课。

2. 因特殊原因迟到者要向教师报告，因事因病无法上课者应请假。

3. 听到上课铃响立即进教室，准备好书籍用具，静待上课。

4. 按排定的座位入座，不可私自随意调换座位。

5. 上课和下课时随班长或值日生的口令起立、问候，向教师表示敬意。

6. 提问和回答问题的要先举手，经允许后起立发言，语言要清楚、简洁。

7. 课前要预习，课后要复习。

8. 上课专心听讲，勤于思考，仔细观察，课堂上不看无关的书籍，不做无关的事情。

9. 按时完成作业，做到独立思考，书写整洁，字迹清楚，格式规范。

10. 离开座位、走动的要轻声，不妨碍他人。

11. 保持正确的看书写字姿势，注意用眼卫生。

12. 保持课堂内外整洁，不乱丢纸屑杂物，不随地吐痰。

13. 课前课后，值日生做好教室清洁卫生，要擦净黑板，整理好讲台。

14. 尊敬教师，注意礼貌，关心同学，相互帮助。

15. 进出课堂要依照次序，保持安静，不影响他人学习。

16. 在教室和走廊只能走，不能跑、跳、追逐、游戏或大声喧哗。

17. 不能打人、推人、撞人或伤害别人。

(四)课堂常规的制定

课堂常规应该由教师(尤其是班主任)和学生一起共同协商制定。具体的途径和方法主要有以下四种。

1. 自然形成法。将原来已经存在并被广泛认可的常规加以具体化,形成课堂规则,一些自然形成的良好行为经过师生共同讨论加以强化,形成课堂常规。

2. 引导制定法。可以先由教师设计某些常规,交由学生讨论后形成课堂常规;也可以先由部分学生发起并建议,经学生讨论和教师许可后形成课堂常规;还可以在课堂活动中,师生共同针对某些具体的情形、问题进行讨论,形成课堂常规。

3. 参照指定法。教师或者学生发现其他班级的某些良好行为规范,而这一规范正好是自己班级所缺乏的,于是师生共同讨论,参照制定为课堂常规。

4. 移植替代法。将其他课堂中好的常规直接移植过来,作为要求本班学生遵从的课堂常规,或者用来替代原来不合理的常规。

(五)课堂常规的执行

课堂常规一经制定,师生就要持之以恒地对其加以执行,并定期对执行的情况进行检查。在执行常规的过程中,师生要保持公平性和一致性,确保在规则面前人人平等。好的课堂常规可以发挥隐性课程的作用,对学生起到良好的教育效果。教师要引导学生充分认识常规的内涵,并以积极的态度接纳、遵守常规,逐步养成良好的课堂行为习惯。

1. 运用恰当的方法给学生讲解课堂常规的内涵及行为要求

研究者发现,有效的课堂管理者在开学初花大量的时间教学生如何做,最初的指导过后,他们会继续花大约 3 星期的时间复习和强化这些规则。教师在上第一节课的时候就应该告诉学生课堂的规则,要求以及如何做,如怎么递交作业,如何参与小组讨论,如何倾听他人的意见,等等,并对他们在执行过程中的表现给予及时的反馈和指导。

2. 确保课堂常规执行的持续性、一致性和公平性

教师对学生执行课堂规则的要求要持之以恒、前后一致,对所有学生要一视同仁,不能朝令夕改,更不能厚此薄彼,确保规则面前人人平等。教师第一次发现学生违规时就要及时制止,并提醒学生注意规则。对那些有意考验教师的学生,教师要通过处理违规行为来展现执行规则的坚定性。

3. 争取班主任和家长的支持

执行课堂常规除了教师和学生的努力外,还应该取得班主任和家长的支持。班主任老师要与任课教师多沟通,了解各自的课堂规定,避免规则相冲突而导致学生无所适从。教师可以通过书信的方式与家长联系,告诉家长课堂规则要求,取得家长的理解和支持;对学生在课堂上的行为表现和要处理的问题及时向家长反应,争取家长的配合,共同帮助学生内化规则。

四、课堂时间管理

有效的课堂时间管理是有效教学的基础。

(一)课堂时间浪费现象分析

从目前，课堂教学状况看，有些教师时间观念不强，存在课堂时间显性和隐性浪费的现象，主要表现有以下几方面。

1. 显性时间浪费

现象一：上课铃声响过之后，不见教师身影，教室里乱哄哄的，空耗时间；有的教师未听到打铃，有的忘课、误课，由科代表到办公室提醒，耽误时间。

现象二：距下课还有几分钟，教师提前回办公室休息，让学生自习，浪费时间。

现象三：教室后站(蹲)一排违纪的学生，有的站在教室门外；教师点名批评学生，维持课堂纪律，耽误时间。

现象四：教师忘带教具、挂图、小图板，上课之中临时派人去取，耽误时间。

现象五：教师往黑板上抄写例题、习题，全班学生观看等待，浪费时间。

现象六：第一次实验没做成功，又进行第二次、第三次实验，耽误时间。

现象七：投影仪等电教仪器未事先摆好、调好，课堂上临时调试，耽误时间。

现象八：学生做完分组实验，从实验室回教室上自习，路上的这段时间失控，学生到处乱跑，并影响别班的教学秩序，浪费时间。

现象九：教师讲完新课，习惯留3～4分钟让学生看书，消化理解所学知识，本来是件好事，但由于教师监控不力，学生实际并没有看书，时间白白流失。

现象十：多数学生已做完课堂练习，教师等待个别未做完的学生，耽误大多数人的时间。

现象十一：教师，主要是老教师，讲课途中忘记了某些教学内容，或者对有关解题步骤、答案、数据记不准，临时翻看课本或教案，浪费时间。

2. 隐性时间浪费

现象一：教师组织教学能力差，课堂秩序混乱，讲课无人听，或少数学生听而多数学生不听，造成实际上的时间浪费。

现象二：教师上课用一盒粉笔、一本书、一本教案一讲到底，不与学生交流，不做信息反馈，发现不了问题，课内损失课外补，造成较大的隐性时间浪费。

现象三：教师不会使用现代化教学手段，本可以节省的时间却没有得到节省，相对浪费了时间。

现象四：一两个学生板演，其余学生观看，这时多数学生不动脑、不动手，实际是在耗费多数学生的时间。

现象五：教师课堂提问，点名请个别学生作答，其他人被动听答，实际上占用了绝大多数学生的思维时间。

现象六：教师在全体学生面前解答个别学生的个别问题，如讲评课讲少数学生出现的错误，占用了大部分学生的时间。

现象七：教师用于启发的问题过于简单，学生回答踊跃，课堂气氛看似热闹，实则教学目标并未达到，也属于隐性的时间浪费。

现象八：教师提出的问题过难，启而不发，或者出示的例题、习题梯度过大，学生反应不过来，造成教学时间的白白流失。

现象九：某些教师生怕学生不懂，习惯在复习巩固、强调重点时，将新课内容重述一遍，造成不必要的时间浪费。

现象十：在习题课、复习课，教师简单重复已学过的概念、公式、定理、定律及原例题和习题，因讲课缺乏新意，学生不积极，在一定程度上等于浪费时间。

现象十一：课内练习的题目过于简单，有的练习题目一字不变，重复出现多次，有的老师让学生将字词、拼音当堂抄写几遍、十几遍，还美其名曰加深记忆；这种机械式的重复，既使学生产生了强烈的厌学情绪，又人为造成课堂时间的严重浪费。[①]

(二)课堂时间浪费的原因

不论是显性的时间浪费，还是隐性的时间损耗，都可以归结到以下几种原因。

1. 教师责任心不强

一位称职的优秀教师，会爱岗敬业，克己奉献，责任心、事业心很强，即使教学条件不完备，也会克服困难，创造条件，上好每一节课。反之，有的教师责任心不强，不认真备课，不认真研究教材、教法、学情、学法，根本不考虑如何提高自身素质，提高教学水平，甚至不备课就上课，等等，最终导致课堂教学效率低下。

2. 教师备课不充分

备好课是提高课堂教学效率的前提。备课不充分，教师讲课就不流畅，吞吞吐吐，课堂节奏松散不连贯，客观上是浪费时间，实质是降低了工作效率。

3. 教师组织教学不力

教师课堂教学组织经验不足，对课堂监控不力，当出现一些突发事件和其他问题时，不得不占用教学时间处理课堂的突发事件，影响课堂教学效果。

4. 教师教学方法、手段落后

教学方法陈旧、教学手段落后也是影响教学效率的重要原因。

(三)增强课堂时间管理效果的措施

要科学管理好课堂教学时间，教师必须明确课堂教学时间和教学质量不成正比，一张一弛、疏密相间是课堂教学时间管理的基本原则。具体要做到以下几点。

---

①郑州市第二十九中学：《课堂教学时间的浪费现象及原因分析》，http://2229. com/show-40-30-1. html，2009-04-08。

1. 坚持时间效益观，最大限度地减少时间损耗

教师要认识到自身的职业品德修养对提高课堂教学效率起着决定性作用，要把珍惜课堂教学时间视作热爱学生、减轻学生负担，提高教学质量的重要措施，从而增强紧迫感和责任感。具体做到以下几点。

（1）课前充分准备，包括精心设计教案，备好所用教具、实验仪器等，以免因准备不当而造成时间的浪费。

（2）准时上课，不迟到，不早退，不中间离堂，不占用教学时间批评学生。

（3）适时安排自学讨论，要注意效果，做到实而不死、活而不乱，以免学生处于失控状态。

（4）精心提问，问题不过易过难，既具有思考价值，使学生的思维处在最近发展区，又要紧扣重点关键发问；纠正串问和以学生的齐答衡量教学效果的倾向，并注意培养学生的自疑、解疑能力。

（5）精心设计板书，板书要提纲挈领，克服冗长烦琐，对实在需要大量板书的内容教师要提前写在黑板上。

（6）讲究语言艺术，教师要提炼语言，不拖泥带水，速度适中，表达明白；要讲在"点"上，即重点难点和揭示规律处；重在引导，不要全盘授予。

2. 把握学生注意力变化的规律，让核心问题在关键时间段解决

据研究，学生在课堂 45 分钟里的注意力是会变化的。一般来说，课堂开始的 5 分钟，由于刚刚结束课间休息，学生的注意力还不能很快集中或转换到课堂上来，需要教师用精彩的开头（导入）让学生尽快进入角色；6—20 分钟是学生注意力集中的稳定期，教学内容的重点、难点应尽量在这段时间内完成；21—35 分钟是学生注意力容易分散的时期，教师可以安排一些小组讨论、互动、板演、小故事等来过渡；36—45 分钟是学生注意力反弹的时间，可以用来对学生进行学习的巩固、检测和反馈。这样的安排使课堂教学保持合理的节奏。

3. 一堂课信息量要适度，做到张弛有度

课堂上，信息量过少，环节松散，松松垮垮，会造成时间的浪费，会降低学习效率；但反过来，一节课节奏快、容量大，教师不停地翻 PPT（演示文稿），一道接一道地讲解例题，不给学生一点思考的时间，也会导致学生烦躁、疲劳，降低学习效率。正如苏霍姆林斯基所说："在课内不放过一分钟、一刹那，一直要学生积极进行脑力劳动——在教育人这样细致的工作中，还有什么能比这么干更为愚蠢呢？教师对工作抱有这样的目的，简直就是要榨干儿童全部的精力。"[1]

研究表明，人连续工作时间太长，会丧失头脑的清醒和独创性，而暂时的放松则利于消化、利用、沟通已有知识，有利于冷静回味以往的得失和忽略掉的线索，

---

[1]［苏联］苏霍姆林斯基：《苏霍姆林斯基选集》第3卷，161 页，北京，教育科学出版社，2001。

也有利于消除大脑的疲劳，使之再度兴奋，投入战斗。因此课堂45分钟一定要科学安排，合理设计，张弛有度，使学生始终保持活跃的情绪和积极进取的心理状态。

4. 创设条件，增加学生的有效学习时间

课堂的实际效果其实不在于教师的讲，而在于学生有效的学习。在课堂中，教师可以通过提高学生的课堂学习参与度，改变课堂教学节奏，加强学生心理教育来提高全体学生的有效学习时间。

(1)提高全体学生的课堂学习参与度。

教师可以充分利用学科与社会生活的联系以及学科特点，利用学生已有的生活经验来帮助学生理解、掌握和运用知识，并在此基础上提高学生课堂学习的参与度；在要求学生解决问题时尽可能选择符合学生最近发展区的问题，使学生在经过思考后获得一定的成就。

(2)教学节奏要有变化。

呆板的教学节奏会导致学生思维的停滞或精力的分散，从而造成学生学习效率的降低或课堂问题的发生。在课堂教学中，教师要通过细致的观察，和学生进行及时、充分的交流来了解学生学习的具体情况，并以此为依据来进行教学节奏的调整，使课堂教学朝着良性的方向发展。

(3)加强学生心理教育，提高学生专注于课堂的能力。

第一，用心思考。学习的过程应当是思考的过程，无论是用眼睛看，用口读，或者用手抄写，都是辅助用脑的手段，真正的关键还在于用脑子去想。

第二，保持良好的自我情绪。让学生在日常生活中保持较为开朗的心境，营造一个轻松的氛围，学生学习起来也就感到格外有精神。只有积极主动地学习，学生才能感受到其中的乐趣，才能对学习越发有兴趣。有了兴趣，效率就会在不知不觉中得到提高。

第三，排除干扰，通过对自身的优势、缺陷等的深刻认识，培养学生专心、用心、恒心等基本素质。只有做到全身心投入，手脑并用，才能让手和脑与课本交流，获得良好的学习效果。

5. 调动多种感官参与感知，提高课堂时间利用率

研究表明，仅通过听觉学习材料，学生学习的内容在3小时后的保持率为60%，3天后的为15%；仅通过视觉学习材料，3小时后的保持率为70%，3天后的为40%；视觉、听觉材料并有，3小时后的保持率为90%，3天后的为75%。不同声像媒体的有效组合使各种感官通道得到充分利用，有助于提高学习效率。

教师应充分且适宜地应用传统教学设备和现代教学手段，体现出教学技术服务于课堂教学实际需要的原则。教学目标的表达、重点难点的揭示以及思考题、例题和作业题词的出示或提供等，能用设备手段辅助的就通过设备手段来快速实现，以减少不必要的语言描述、板书和学生书写时间。总之，在课堂教学中，对于能够调

动学生多种感官协调活动的教学方法和手段，教师都可以使用，从而刺激学生的眼、耳、手、脑并用，真正做到眼到、手到、心到，让不同感官激发起来的兴奋点像接力棒一样彼此衔接，实现课堂教学时间最经济最有效的利用。

6. 注重处理课堂问题的时机和方式

课堂问题的出现会阻碍课堂教学的顺利进行，造成课堂教学时间的损耗。解决课堂问题的关键是要营造出适合学生学习的课堂气氛，调动全体学生主动学习、积极参与课堂学习活动，以此来防止课堂问题的发生或扩大。

五、课堂问题行为的处理

(一)课堂问题行为的含义

课堂问题行为即学生在课堂教学中的违反课堂教学规则、妨碍及干扰课堂教学活动正常进行或影响教学效率的行为。[①] 鉴别学生某个行为是不是课堂问题行为，主要看三个要素：是否在课堂上发生（课外发生的是班主任管理范畴的违纪问题）；是否是由学生发出；是否对教学具有破坏性或干扰正常教学。

教学对象千差万别，教学过程千变万化，课堂上各种预想不到的情况都有可能发生。所以课堂问题行为具有普遍性，哪里有课堂，哪里就有问题行为；无论哪种类型的学生都有可能发生问题行为。课堂问题行为具有消极性，会干扰教学秩序，分散学生的注意力，教师处理问题行为会耗费教学时间，也会影响学生本人的学习情绪，最终降低全班的学习效果。对课堂问题行为处理得不当或不及时，则有可能会导致更严重的后果。

(二)课堂问题行为的类型

我国学者把问题行为分为严重破坏行为、中等程度的问题行为和轻度问题行为三类。

严重破坏行为是指严重干扰课堂秩序，致使教学无法正常进行的攻击性行为，如对老师进行身体或语言上的攻击，打架，大吵大闹，以武力威胁同学，因身体不适突然昏厥，等等。

中等程度的问题行为是指影响周边同学正常学习的不当言行，如恶作剧，轻微的语言和身体侵犯，离开座位乱窜，乱扔东西，随意打断教师上课，等等。

轻度问题行为是指与集中注意力和完成学习任务有关的不影响他人的隐蔽性问题行为，或只影响同桌或前后桌的干扰性行为，如上课看其他书籍，吃零食，做其他学科的作业，打瞌睡，坐立不安，乱写乱画，讲悄悄话，敲桌子或发出声音，打断别人的发言，同桌间的小摩擦，等等。

课堂问题行为以轻度为主。那些较不严重的干扰课堂、游手好闲等问题行为在

---

①崔允漷：《有效教学》，216 页，上海，华东师范大学出版社，2009。

教室常发生的问题行为中占 99%。我国中小学生在课堂上出现的纪律问题中，轻度的占 84%，比较严重的占 14%，非常严重的仅占 2%。[①]

(三)课堂问题行为产生的原因

课堂问题行为的产生受到学生、教师和环境等多种因素的影响。

1. 学生方面的原因

大量的课堂问题行为是由学生自身的因素引起的。这些因素主要有以下几点。

(1)心理需求，包括想要逃避、寻求注意和报复等。想要逃避是指一些学生在日常学习生活中，因学业成绩不良、人际关系不协调、对教师教学要求不适应等而产生挫折感，并引发紧张、焦虑、惧怕甚至愤怒等情绪反应，在一定条件下这种情绪反应就可能演变为课堂问题行为。寻求注意是指一些自尊心较强但因为成绩较差或其他原因得不到集体和教师承认的学生，往往故意在课堂上制造一些麻烦以引起教师和同学的注意。报复是指一些学生在班上遭到了实际或假想的伤害后，故意制造事端以向同学或老师实施报复。

(2)性别差异。在小学阶段，男孩活动量大，精力旺盛，喜欢探究，但他们的心理成熟程度和自控能力比同年龄的女孩普遍要低，因而出现课堂问题行为的可能性要高于女孩。

(3)人格因素。学生的课堂行为问题在一定程度上与其个性心理特征，如能力、性格、气质、情绪等也有联系。例如，有内倾化人格的人常表现出抑制退缩行为，不愿与人交往，自我意识强，易受暗示；而有外倾化人格的人则喜欢交际，迎合热闹，胆子较大，善于获取新事物，自制能力较弱，违反纪律的情况相对较多。一些容易冲动的学生更容易引发课堂问题行为。

(4)生理因素。生理上的不健康(无论是短期的还是长期的)、发育期的紧张、疲劳和营养不良等都会影响学生的行为，这方面因素在日常学习生活中往往被忽略。另外，还有些学生的过度活动是由于轻微脑功能失调(简称 MBD)造成的，教师对这些学生要更热情地关心，帮助他们掌握控制冲动的方法。

2. 教师方面的原因

课堂里的有些问题行为是由教师方面的原因造成的，包括以下几点。

(1)教学不当。教师由于备课不充分，缺乏教学组织能力，或表达能力差，因而出现教学失误，进而引起课堂问题行为。常见的教学不当有：教学要求不当，例如对学生要求过高或过低；教学组织不当，例如教学从一个活动跳跃到下一个活动时缺乏过渡的环节，会使学生无法参与教学过程；讲解不当，如果教师在学生面前讲课时显得无能、迟钝、笨拙，而且在一段时间里只纠缠在一个问题上，那么学生就有可能置功课于脑后而捣乱。

---

①彭小明、郑东辉：《课堂教学技能训练》，203～204 页，北京，高等教育出版社，2012。

（2）管理不当。这是教师引起课堂问题行为的最主要因素。这方面最突出的问题是教师对学生的问题行为反应过激，滥用惩罚手段。例如，有些教师对学生的个别不良行为经常做出过激反应，动辄中断教学大加训斥，有的甚至不惜花费整堂课的时间进行冗长的训斥，这种失当的管理方法往往会激化矛盾，使个别学生的问题行为扩散开来；还有些教师过于相信惩罚在解决问题行为方面的效力，常常不分青红皂白地运用各种手段对学生进行惩罚，研究发现，滥用惩罚手段特别是体罚或变相体罚学生，不仅不能很好地维持课堂秩序，还会大大降低教师的威信，甚至引起学生对教师的怨恨情绪，诱发学生攻击性的课堂问题行为。

（3）丧失威信。在学生中失去威信的教师是很难管好课堂的，丧失威信也是多方面因素造成的，前面提到的教学不当、管理不当也会造成教师威信的下降。一般来说，有以下行为的教师容易在学生心目中丧失威信：业务水平低，教学方法不好；对教学不认真负责，上课懒散；对学生的要求不一致，说了要求后不检查落实；向学生承诺，但总是不兑现；不关心学生，待人冷漠；缺乏自我批评精神，明知错了也要强词夺理；带有偏见，处事不公；等等。

3. 环境方面的原因

校外环境和校内环境中的许多因素都会对学生的行为产生一定影响。例如，大众传播媒介、家庭环境、班级人数与课堂座位编排方式、教学环境的温度和色彩等环境因素对儿童的课堂行为会产生十分明显的影响。有的研究发现，在父母不和、经常打闹的家庭中生活的孩子，在课堂上经常表现得孤僻退缩，或烦躁不安，甚至挑衅生事。家庭教养方式有问题或家庭教育与学校教育有冲突也会对孩子的行为产生负面影响。

学校制度、人际关系、管理状况等精神环境层面的因素也会影响学生的行为。如果教师之间相互信任，师生关系和谐，教师敬业负责，学校上下关注关心学生的学习和情感体验，就会感化学生，课堂上的师生对抗也会减少许多。另外，教室墙壁和家具的色彩过于强烈和鲜艳，则容易使儿童在课堂上兴奋好动，注意力分散，不专心听讲。教室内温度过高，通风不好，光线灰暗，用具摆放杂乱，则容易使学生烦躁、倦怠，课堂上的不友善行为和冲突性行为会随之增加，课堂秩序不易维持。

此外，安排座位的方式也影响学生的行为，坐在中间或前排的学生与教师距离较近，交流更经常、更积极，而坐在后面或角落的学生，因离教师较远，更容易产生问题行为。所以教师上课不要一直站在讲台上，应尽量多走到学生座位中间，与更多的学生产生近距离的交流。

（四）课堂问题行为的处理策略

针对不同的问题行为要采取不同的处理方法，日常教学中大多数教师遇到的一般都是轻度的问题行为。

1. 正确对待课堂问题行为

要处理问题行为首先要对问题行为有正确的认识，即教师既要看到问题行为对教学的负面影响，又不能过分夸大问题行为的严重性，更不能把问题行为与学生品德败坏等同起来。教师应该明确，课堂问题行为是普遍存在的，即使一些优秀的学生也可能产生问题行为。不是说课堂越安静就越好，学习效率就越高。对待问题行为教师要沉着冷静、处变不惊、巧妙应对，切忌惊慌失措、冲动恼怒，最重要的是要体谅、宽容、尊重和帮助，不能盲目责难、歧视，更不能讽刺、挖苦、嘲笑和恐吓。毕竟学生是成长中的未成年人，自制力差，教师应该体谅、理解学生；做到不谩骂，不恶语伤人，不伤害学生的自尊心，不侮辱学生的人格，用温和的语气说话，以宽容的态度对待学生。正如苏霍姆林斯基所说："教师只有不是消极地承认所发生的一切，而是自己去积极地影响它们，创造它们，他才能成为对学生个性发生积极作用的力量，他的劳动才具有创造性。"①实践表明，宽容比训斥更能感化学生，更有利于学生心悦诚服地接受老师的批评和教育。

在处理问题行为时教师要注意的是：要处理的是学生的这个"行为"，而不是学生这个"人"；要处理的是发生问题行为的"这个"学生，而不要"株连"到全班同学；对不同学生发生的相同的问题行为或同一个学生在不同时间发生的相同的问题行为，处理的方式要一致和公平，避免给学生留下偏心或喜怒无常的印象。

2. 预先建立课堂常规，让学生明确课堂行为标准

教师对待课堂问题行为，与其处理在后，不如预防在前。教师应该在上第一堂课时就和学生制定课堂规则，使学生明白什么行为是好的，什么行为是不好的，什么应该做，什么不应该做。积极、正向、有序的课堂规则能规范课堂行为，维持课堂秩序，使问题行为没有出现的机会。

3. 善用一些基本的处理技巧

(1)忽略。对一些小小的、转瞬即逝的、对课堂教学不构成威胁的问题行为，教师可以忽略。

(2)非言语提示。当学生做出违规且无法忽略的行为时，教师可以运用简单的非言语提示来使其行为终止或转移，如用眼神注视、摇头、运用脸部表情、做手势、走近或接触等。接触的部位可以是背、肩、手臂等，不可以是脸、脖子、头、大腿等，接触的时间是短暂的，不能长时间接触。

(3)细小停顿。教师在讲话时运用细小的停顿可以隐秘地提醒学生调整自己的行为。

(4)言语提醒。当非言语提醒无效时，教师可以使用正面、积极或幽默的语言提醒学生。言语提示的内容不要围绕学生的不良行为，而应是正面提示学生应该怎样做，清晰地告诉学生要改进的地方，不可含糊其辞或者反面提醒。教师也可以用请学生回答问题的方式提醒学生注意。

---

① [苏联]苏霍姆林斯基：《和青年校长的谈话》，672页，北京，教育科学出版社，2009。

（5）口头警告。当言语提醒无效时，教师可以运用清晰、坚定和强硬的语言来警告学生。清晰即要清楚地指出学生哪儿做错了；坚定即教师要明确表达"我的意思是……"；强硬即在必要的时候教师要表达自己的愤怒。

（6）暂停。对一些侵犯、敌对、攻击性行为，当上述方法不能奏效时，教师可以将发生问题行为的学生请离学生集体，或不让他参加他感兴趣的活动。教师要注意的是：暂停只在教室里，不能把学生请出教室或隔离到其他教室里；暂停的时间要短，一般为5～10分钟，时间长了可能会导致学生对教师的怨恨，也会影响学生的学业；暂停的区域应该是安全且便于教师监督的地方，如教室的角落或讲台旁；要求学生为因暂停而缺失的功课负责，并利用其他时间补上。

（7）惩罚。当遇到严重的课堂问题行为而暂停又无效时，在迫不得已的情况下，教师就只能采取惩罚措施。惩罚的方法可以是剥夺学生的课间休息或某些权利，如停止学习一节课，让学生放学后留下，或者请家长来。教师要注意的是：惩罚不能滥用；惩罚要及时，在最短的时间内采取适合学生的惩罚办法，及时阻止问题行为；所用的惩罚方式要与惩罚的行为在逻辑上相关的，并与学生所理解的惩罚是一致的。例如，一个学生交上来的作业写得很差，合理的做法是让他重写，而不是让他放学后留下来或布置额外的家庭作业。又如，数学课上让一个经常搞破坏的学生站在走廊上，对于一个不喜欢数学的学生来说这是奖励而不是惩罚。[①]

4. 增强教学魅力以吸引学生

这是最根本、最持久也是最有效的方法。好的纪律来自好的教学。亲其师，信其道，如果学生喜欢一位老师，喜欢听这位老师的课，那么在听课时，他的精神状态是很好的，也就会减少问题行为的产生。教师最大的失败是学生不爱听自己的课。因此，教师要有效地设计和组织课堂教学活动，根据学生注意的变化规律及思维特点调整学生的注意，采用灵活多样的教学方法，激发学生的求知欲，增强讲授的吸引力；要精神饱满，以激情感染学生，增强教学的魅力。

六、课堂环境管理

课堂环境包括物理环境和心理环境，对学生的行为以及学习效率有很重要的影响。

研究表明，教室的设计会直接影响学生花费在学习上的实际时间、课堂中的学习氛围与信息传递、学习小组的构成以及学生中的相互联系。良好的空间安排有助于学生集中注意，有助于学生在学习过程中产生安全感。良好的课堂物理环境可以减小产生问题行为的可能性，甚至可以消解许多潜在的问题行为。比如教室的墙壁最好是白色、淡蓝色或淡绿色，使教室显得素净淡雅，令师生心境开阔。墙面装饰

---

①彭小明、郑东辉：《课堂教学技能训练》，210～213页，北京，高等教育出版社，2012。

要简洁、朴素，色彩搭配要和谐，给人以书斋学舍之感。除了正面黑板两侧分别贴课程表和值日表外，在不分散学生听课注意力的前提下，教室里最好能有一幅世界地图、一份放大的《学生守则》、几个哲理名言条幅。走廊的墙壁上可以挂古今中外著名学者、科学家的照片或画像，并在上面写上这些学者、科学家的国籍、生卒年份和主要成就等，这些布置可以对学生起到良好的影响，有助于减少问题行为的产生。

所谓课堂心理环境，通俗地说就是课堂气氛，它是指在课堂活动中师生、生生相互交往中的相对稳定的知觉、注意、情感、意志、定势和思维等心理状态。[1]

课堂气氛可以分为积极的、消极的和对抗的三种类型。[2] 积极的课堂气氛是恬静与活跃、热烈与深沉、宽松与严谨的统一。消极的课堂气氛通常表现为学生紧张拘谨、心不在焉、反应迟钝。对抗的课堂气氛则是失控的气氛，学生表现出过度兴奋、各行其是、随便插话、故意捣乱等行为状态。

研究表明，人的心理状态能提高或降低人的各种心理机能。活动效率对人的心理状态的依赖程度可达70%。积极愉快的课堂气氛能使学生的大脑皮层处于兴奋状态，有利于智力活动，让学生思路开阔、思维敏捷、想象丰富、记忆力强、精力旺盛、积极主动。反之，消极沉闷的课堂气氛则使学生大脑受到抑制，思路狭窄，呆板拘谨，学习效率降低。教师要采取积极的课堂管理行为，妥善处理课堂中的各种矛盾和冲突，努力营造安全、积极、健康、和谐的课堂氛围，消除课堂上的紧张、焦虑、害怕、恐惧等负面情绪，给学生以安全、安心、放松、信任的心理体验，促进学生高效率地学习。正如日本著名学者佐藤学所说，学生只有具有了安心感和稳定感，才能走向本质的学习；在这样的课堂里，学生处于自己原本的状态，不用紧张，无须伪装，以自己的步调自然地参与其中。

为了营造良好的课堂气氛，教师可以做好以下几方面。

1. 科学合理地安排座位

研究表明，学生对座位的选择反映出他们对学习的情感，坐在前排的学生一般对学习持积极态度，而坐在后排的学生则对学习持消极态度，对自己获得成功的能力也缺乏信心。当儿童被任意安排在新座位上时，坐在前排的学生往往是全班最专心的；在重新分配座位后，移向前面坐的学生觉得自己更受到教师的喜爱，而那些移向后排的学生则觉得自己不大受到教师的喜爱。因此，通过对学生课堂座位的分配和调整，能起到调节课堂气氛的效果。如当纪律不良的学生有所进步时，教师马上给他换个座位，调到前排或中间位置上，以示他受人欢迎，让他体验到教师对自己的期望。

---

[1] 崔允漷：《有效教学》，202页，上海，华东师范大学出版社，2009。
[2] 皮连生：《学与教的心理学》，398页，上海，华东师范大学出版社，2003。

2. 科学合理地安排时间

研究表明，人的很多心理能力在一天中不同的时间段里是有差异的。大脑最敏捷、学习能力最强的时间段是上午，运动能力最佳的时间段是下午，所以，主要学科的教学一般安排在上午，下午多安排各种课外活动。此外，不同年龄段的学生持续学习的时间也不一样，一般地，6～8 岁为 30～40 分钟，9～12 岁为 40～50 分钟，13～15 岁为 50～60 分钟。教师在课堂上要合理安排活动的内容和节奏，变换活动方式，以集中学生的注意力，减少学生的疲劳度。否则，学生对学习内容没有兴趣、产生疲劳，不利于形成良好的课堂气氛。

3. 建立良好的师生关系

良好的师生关系表现为教师既关心、爱护学生，又与学生保持一种礼节性的距离；既发挥积极的主导作用，又摒弃一言堂和居高临下，发扬民主风范，给学生提供更多表达意见的机会。通过多种努力建立良好的师生关系，有助于营造和谐、融洽的课堂气氛。例如，教师及时记住每位学生的姓名以拉近与学生的距离，了解学生的个性和心理需求，在课堂上多讲正面鼓励的话，用真诚的态度表扬好的学生，用正面积极的方式处理事务，诚恳积极地帮助学生，平等公正地对待学生，充分尊重学生的人格，对学生充满爱心，对"差生"或"后进生"给予积极的帮助和个别指导，多创造一些与学生平等交流的机会，以坦诚的、和蔼可亲的态度接纳学生，倾听学生的不同意见并给予积极的反馈，等等。

4. 以积极的情感感染学生

课堂教学中如果师生之间能实现情感的共鸣，就有助于营造良好的课堂气氛。教师要有意地增加情感投入，给知识附加情感色彩，使所传授的知识激发学生强烈的求知欲望、积极的思维活动和强烈的内心体验，唤起学生的情感共鸣，以教师的情感和爱心打动学生。

思考题

一、单项选择题

1. 班主任工作的中心环节是（ ）。

A. 组织和培养班集体   B. 建立学生档案

C. 了解学生   D. 操行评定

2. 班级目标管理的关键是（ ）。

A. 班级目标的制定   B. 班级目标的实施

C. 班级目标的检查与评定   D. 班级目标的反馈

3.（ ）对班集体建设具有激励作用。

A. 正确的班集体目标   B. 班主任

C. 班干部   D. 教室环境

二、辨析题

1. 满足学生发展的需要既是班级活动的出发点，又是班级活动的最终归宿。

2. 班级文化包括班级物质文化和精神文化两个层面。

三、简答题

1. 简述班主任开展班级管理工作的主要内容。

2. 班主任应该如何培养一个良好的班集体？

四、材料分析题

某班是全校有名的"乱班"，学生打架成风，上课怪叫起哄，爬桌子、翻窗户是家常便饭。班上有个著名的"调皮大王"叫张小斌，打架时只要他一挥手，就有人蜂拥而上。曾有一名青年女教师在上课时因张小斌带头起哄被气哭了，发誓再也不到这个班上课，而家长教育张小斌的唯一方法就是痛打。班长同学之间不团结，正气不能抬头，班干部软弱无力，班级学习成绩差，是同年级班级中学习成绩最差的。

针对以上现象，如果你接任班主任，你将从哪些方面做工作？

第十二章　教育法律法规

学习目标 ▶ ┈┈┈

1. 了解教育法律的相关知识。
2. 了解主要教育法律法规的内容。
3. 理解教师和学生的权利和义务。

教育法律法规指国家制定或认可，并以国家强制力保证实施的调整教育活动中各种社会关系的法律规范的总和；包括国家各级权力机关制定的法律法规，发布的命令、决定、条例、办法、指示和规章等规范性文件。它通过确定各种教育活动主体（国家、社会、家庭、学校等）之间的权利和义务，对教育关系进行规范和约束。了解教育法律法规的基础知识，解读我国主要教育法律法规的有关内容，如《中华人民共和国教育法》（以下简称《教育法》）、《中华人民共和国义务教育法》（简称《义务教育法》）、《中华人民共和国教师法》（简称《教师法》）、《中华人民共和国未成年人保护法》（简称《未成年人保护法》）、《中华人民共和国预防未成年人犯罪法》（简称《预防未成年人犯罪法》）等，有助于明确教育教学活动中各教育法律主体的法律关系，尤其是明确教育活动中最基本的关系——教师和学生关系中的权利与义务，从而更好地规范教育行为、促进教育事业平稳发展。

第一节　教育法律法规概述

一、教育法概述

(一)教育法律法规的相关定义

1. 教育法律

法学上的法律有广义与狭义之分。广义的法律等同于"法规"，指"国家制定或认可，并以国家强制力保证实施的行为规范的总和"。[1] 狭义的法律指"拥有立法权的国家机关依照立法程序制定的规范性文件"。[2]

相应地，教育法也有广义与狭义之分，广义的教育法律等同于"教育法规"，指国家制定或认可，并由国家强制力保证实施的调整教育活动中各种社会关系的法律规范的总和。包括国家各级权力机关制定的法律法规，发布的命令、决定、条例、办法、指示和规章等规范性文件。狭义的教育法律仅指由国家权力部门(或立法机关)依照立法程序制定的教育法律。

2. 教育法规

广义的教育法规指由国家机关制定并由其保证实施的有关教育的规范性文件的总和，如法律、法令、条例、规章等。狭义的教育法规指国家立法机构之外，由国家行政机关和地方权力机关制定、发布的对教育活动进行规范的文件。

3. 教育政策

教育政策是政策的一个分支，是党和国家为完成一定历史时期的任务所确定的关于教育工作的策略、方针和行动准则。例如《国家中长期教育改革和发展规划纲要(2010—2020年)》，《关于深化教育体制机制改革的意见》(2017年)。

(二)教育法的功能

教育法的功能指教育法的属性、内容及其结构决定的教育法的潜在效用，主要包括四个功能：一是规范功能，即通过规定教育主体在法律上的权利和义务及其所承担的责任来调整教育活动和教育关系，具有普遍性；二是标准功能，即教管部门的管理、学校及教师的教育活动、司法部门教育案件的办理均以教育法为最高标准；三是预示功能，即根据教育法律规范和教育法的实施，人们可以预计如何开展活动或在何种范围内开展活动；四是强制功能，即依靠国家强制机构(公安机关、法院、军队等)或强制措施，具有强制约束力。

---

①夏征农、陈至立：《辞海》，411页，上海，上海辞书出版社，2002。
②张文显：《法理学》，44页，北京，高等教育出版社，北京大学出版社，1999。

（三）教育法的基本原则

教育法的基本原则指所有教育法应遵循的基本要求和价值准则，是制定和执行教育法的出发点和基本依据。我国教育法的基本原则应集中体现我国宪法原则和法制建设原则，体现党的教育方针，体现我国社会主义教育的基本性质和教育制度的特点。

1. 教育必须坚持社会主义方向的原则

这一原则明确我国教育的指导思想和教育的社会主义的培养方向，明确教育权掌握在无产阶级手中，保证培养社会主义建设者和接班人。

如《中华人民共和国教育法》（后简称《教育法》）第三条规定：国家坚持以马克思列宁主义、毛泽东思想和建设有中国特色社会主义理论为指导，遵循宪法确定的基本原则，发展社会主义的教育事业。第五条规定：教育必须为社会主义现代化建设服务、为人民服务，必须与生产劳动和社会实践相结合，培养德、智、体、美等方面全面发展的社会主义建设者和接班人。

2. 教育的公共性原则

这一原则要求教育要对国家、人民和社会公共利益负责。如《教育法》第八条规定：教育活动必须符合国家和社会公共利益。

3. 教育的平等性原则

平等性指人们在教育方面有平等的权利和义务，平等地承担法律责任，任何人不得拥有超越法律的特权。平等性体现在受教育机会平等以及扶持特殊地区和特殊群体教育两个方面。

《教育法》第九条规定：中华人民共和国公民有受教育的权利和义务。公民不分民族、种族、性别、职业、财产状况、宗教信仰等，依法享有平等的受教育机会。第十条规定：国家根据各少数民族的特点和需要，帮助少数民族地区发展教育事业。国家扶持边远贫困地区发展教育事业。国家扶持和发展残疾人教育事业。

4. 终身教育原则

终身教育理念要求人们在任何阶段都有机会接受教育，教育应当面向所有人。我国教育法适应了现代社会的发展，确立了终身教育的原则。

《教育法》第十一条规定：国家适应社会主义市场经济发展和社会进步的需要，推进教育改革，推进各级各类教育协调发展、衔接融通，完善现代国民教育体系，建全终身教育体系。第二十条规定：国家鼓励发展多种形式的继续教育，使公民接受适当形式的政治、经济、文化、科学、技术、业务等方面的教育，促进不同类型学习成果的衔接，推动全民终身学习。

二、教育法律关系

（一）教育法律关系的概念

教育法律关系指由教育法律法规所确认和调整的，人们在从事有关教育活动的过程中形成的权利与义务的关系。它由主体、客体和内容三个要素组成。三个要素相互联系和制约，其中任何一个要素的改变都会导致原有法律关系的变更。

(二)教育法律关系的构成要素

教育法律关系的构成要素包括主体、客体和内容。这三个要素密切相关，缺一不可。

1. 教育法律关系的主体

教育法律关系的主体指教育法律关系的参加者，即在具体的教育法律关系中享有权利并承担义务的自然人和法人。自然人指具有生命且有法律人格的个人，包括本国公民、外国公民和无国籍人。法人包括具备法人条件、经由国家主管机关批准获得法人资格的各类企业以及国家机关、事业单位和社会团体等。这些法人组织参与到教育法律组织关系中，便成为我国教育法律关系的主体。

2. 教育法律关系的客体

教育法律关系的客体指法律关系主体的权利和义务所指向的共同对象，又称为权利客体或义务客体。它是将法律关系中的权利与义务联系在一起的中介。法律关系的客体必须符合几个条件：是能够满足人们某种需要的某种资源；该资源必须具有稀缺性；该资源具有可控性。法律关系的客体可归结为三大类。第一类是物，即在教育法律关系中，可作为财产权对象的物品或其他物质财富，如各类物资、财产、设施设备、场所、资金等。第二类是教育行为，即教育关系主体的作为与不作为。例如教师行使教育教学权是教师的作为，发现其他教师体罚学生时未及时加以劝止则为教师的不作为。第三类是智力成果，即对于教育法律关系主体拥有的知识产权（如著作权、专利、商标、发明权）任何人不得非法侵占。

3. 教育法律关系的内容

教育法律关系的内容指教育法律关系主体依法享有的权利与义务。教育权利指教育法律规范确认的、教育法律关系的主体依据教育法律规范享有某种权利或利益的资格和能力；表现为法律关系的主体可以做出一定的行为，可以要求他人做出或不做出一定的行为。教育法律义务指教育法律关系的主体依据教育法律规范的规定必须承担和履行的某种责任，表现为法律关系的主体必须做出或不做出一定的行为。教育权利和义务二者相互依存，互为存在的前提。权利伴随义务，可以是积极的义务，即促使相应权利实现的特定义务；或者是消极的义务，即不做出破坏或阻碍他人法定权利实现行为的义务。例如教师享有教育教学权，就不能放弃教育教学，否则为失职。

三、教育法的渊源

法的渊源(即"法源")指具有法律效力作用和意义的法的外在表现形式。教育法律的渊源指国家根据法定程序制定的有关教育的规范性文件，包括《宪法》、教育法律、教育行政法规、地方性教育法规、教育行政规章、教育条例和规定。这些不同形式的教育法律法规按照一定的原则有机结合，构成协调统一的教育法律体系。这也彰显出教育法律自上而下的层级，如图 12-1 所示。

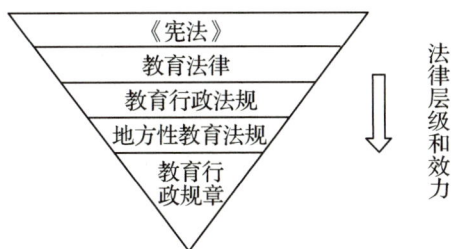

图 12-1　教育法律的层级

(一)《宪法》

《宪法》是我国的根本大法，是国家法律的总章程，是我国一切立法的依据，是我国教育法的基本法源。它由国家最高权力机关——全国人民代表大会制定，具有最高的法律地位和法律效力，是最高层次的法源。其他形式的法律法规必须依据《宪法》制定，不得违背《宪法》，否则无效。

(二)教育法律

教育法律指由国家最高权力机关及其常设机构指定的规范性文件。根据法律制定机关和调整对象的不同，教育法律分为教育基本法和教育单行法。

教育基本法即《中华人民共和国教育法》。它是由全国人民代表大会制定并颁布，与国家宪法配套，对教育全局起宏观调控作用的基本法，规定了我国教育的基本方针、任务、制度及教育主体的权利与义务等，是制定其他教育法规的基本依据。

教育单行法指根据《宪法》和教育基本法确立的原则制定的，用于调整某类教育或教育的某一具体部分的教育法规，由全国人民代表大会及其常务委员会制定和修订。其法律效力仅次于《宪法》和教育基本法。已颁行的教育单行法有六部：《中华人民共和国学位条例》《中华人民共和国义务教育法》《中华人民共和国教师法》《中华人民共和国职业教育法》《中华人民共和国高等教育法》和《中华人民共和国民办教育促进法》。

(三)教育行政法规

教育行政法规是与教育法律和其他法律配套的，由国家最高行政机关(即国务院)制定发布的教育行政法规。一般有条例、办法和规定三种形式，如《中华人民共和国学位条例暂行实施办法》。教育行政法规是国家通过教育行政机关行使教育职权、进行教育行政管理的一种重要形式，其法律效力仅次于《宪法》和教育法律。

(四)地方性教育法规

地方性教育法规是地方权力机关(地方人民代表大会或其常委会)为贯彻国家的教育法律和教育行政法规，根据其行政区域的实际制定的规范性文件。具体形式有条例、办法、规定、规则、实施细则等。其前提是不得与《宪法》、法律和行政法规相冲突，且只在其行政区域内有效，如江西省第十一届人民代表大会常务委员会第二十八次会议于 2011 年 12 月 1 日通过的《江西省义务教育条例》。

(五)教育行政规章

教育行政规章指国务院各部委以及各省、自治区、直辖市的人民政府和省、自治区的人民政府所在地的市以及设区市的人民政府根据《宪法》、法律和行政法规等制定和发布的规范性文件。包括部门教育规章(国务院各部委发布)和地方政府教育规章。具体表现形式有规程、规则、细则、办法、纲要、标准、准则等。教育行政规章的法律效力低于地方性教育法规。

四、教育法律责任

(一)教育法律责任的含义

教育法律责任有广义与狭义之分。广义的教育法律责任指在教育法律关系中人们依法履行的义务；狭义的教育法律责任是教育法律关系的主体由于实施了违法行为，必须依法承担的带有强制性和惩罚性的法律后果。本书中我们取狭义上的教育法律责任进行阐述。

(二)教育法律责任的构成要件

教育法律责任的构成要件，即构成教育法律责任的必备条件，是执法机关要求行为人承担法律责任的标准。一是有损害事实存在，即行为人有侵害教育管理、教学秩序以及公民、法人和其他组织的合法教育教学利益的客观事实存在，如体罚学生致使其身体受到伤害，有关部门发现学校有危房却拒绝拨款维修，等等。二是损害行为违反教育法律。这是构成法律责任的前提条件，若并未违法，行为人也就不必承担法律责任。三是行为人主观上有过错，即行为人在实施行为时具有主观上的故意或过失的心态。行为人明知行为将产生危害社会的后果，却希望或放任其发生；或者本应避免危害结果的发生，却由于疏忽等各种原因，致使危害结果发生。四是违法行为与损害事实之间有因果关系，即违法行为是导致损害事实发生的原因，损害事实是违法行为造成的必然结果。

(三)教育法律责任的类型

按照违法主体的法律地位、违法行为的性质和危害的不同程度，教育法律责任可分为行政法律责任、民事法律责任和刑事法律责任三种。第一种是行政法律责任，即行为人因实施了违反行政法规的行为而应承担的法律责任，主要包括行政处分和行政处罚。其中行政处分包括警告、记过、记大过、降级、撤职、开除；行政处罚包括人身罚、财产罚、申诫罚、行为罚。第二种是民事法律责任，指由行为人实施了违反民事法律的规定的行为而导致的赔偿或补偿的法律责任。第三种是刑事法律责任，指由实施违反刑事法律的规定的行为而导致的法律责任，这是一种处罚最为严厉的法律责任。按《中华人民共和国刑法》(称简《刑法》)规定,刑事法律责任分为主刑和附加刑。主刑包括管制、拘役、有期徒刑、无期徒刑、死刑;附加刑包括罚金、剥夺政治权利、没收财产。

五、教育法律救济

(一)教育法律救济的含义

教育法律救济指教育法律关系的主体的合法权益受到侵犯并遭到损害时,通过裁决纠纷使受害者的权利得以恢复、利益得以补救的法律制度。其根本目的是补救受害者的合法权益。行政相对人的合法权益若是受到教育行政主体或其他国家机关或社会组织的侵犯,可通过申诉、复议、行政诉讼或调解等方式获得法律补偿。

(二)教育法律救济的基本途径

教育法律救济的基本途径指当行为主体在教育法律关系中认为其合法权益受到侵害时请求法律救济的途径和方式。通常有调解、仲裁、行政救济、司法救济四种方式。其中行政救济是教育法律救济的主要方式。

1. 调解

调解指纠纷双方或多方的当事人,在人民法院、行政机关、群众调解组织的调解下,在民主协商的基础上解决纠纷的活动。调解有司法调解、行政调解和民间调解三种形式。

2. 仲裁

仲裁是根据纠纷双方的共同意愿,由共同选定的仲裁机构以第三者的身份对当事人双方的纠纷及争议根据事实做出判断,在权利和义务上做出裁决的活动。值得注意的是,仲裁没有国家机关的参与,是建立在纠纷双方平等自愿的基础上,由非国家机关的仲裁机构以平等的第三者身份进行的活动。

3. 行政救济

行政救济是教育法律救济的主要方式。它包括行政申诉和行政复议两种方式。第一种是教育行政申诉制度,即当公民在教育关系中的合法权益受到损害时,公民向教育行政机关诉明理由,请求救济的制度,包括教师申诉和学生申诉。教师申诉指教师的合法权益受到侵害时,依法向主管的行政机关申诉理由、请求处理。主管教育部门应当在收到申诉书的次日起 30 天内予以处理。学生申诉指学生合法权益受到侵害时,可依法向主管的行政机关申诉理由、请求处理。第二种是教育行政复议制度。即当教育管理相对人认为教育行政机关做出的具体行政行为侵犯其合法权益时,依法向做出该行为的上一级教育行政机关或其他机关提出申诉,请求对该具体行政行为进行复查并做出决定的活动与制度。

4. 司法救济

司法救济指相对人就特定的侵权行为向人民法院提起诉讼、请求救济。凡是符合行政诉讼法、民事诉讼法和刑事诉讼法规定的受案范围的案件，均可通过诉讼渠道获得司法救济。公民、法人或其他组织对教育行政复议不服时，可提起教育行政诉讼，来体现司法救济的最终救济作用。行政诉讼是一种"民告官"的诉讼。

第二节　我国主要教育法律法规解读

一、教育基本法——《中华人民共和国教育法》

《教育法》是我国教育的根本大法，是教育法律体系中的"母法"。《教育法》于1995年3月18日第八届全国人民代表大会第三次会议通过，根据2009年8月27日第十一届全国人民代表大会常务委员会第十次会议《关于修改部分法律的决定》第一次修正，根据2015年12月27日第十二届全国人民代表大会常务委员会第十八次会议《关于修改〈中华人民共和国教育法〉的决定》第二次修正，由2015年12月27日中华人民共和国主席令第三十九号发布，自2016年6月1日起施行。

(一)《教育法》的性质与地位

《教育法》是我国教育法律体系中的基本法，它是根据《宪法》制定的调整教育内外关系的基本法律准则，它规定了国家教育的基本方针、基本制度以及教育各主体的权利与义务。它是我国教育法律体系的"母法"，在教育法律体系纵向层次中处于顶层，在教育法律中具有最高法律效力。

(二)《教育法》的结构与内容概述

1. 基本结构

《教育法》全篇分为三个部分(总则、分则、附则)，共十章八十六条。其中，总则即对我国教育活动的总体规定，分则为对我国教育活动的各个领域、各个主体的具体规定，附则为其他补充规定和说明。

2. 主体内容

(1)总则

总则对涉及我国教育全局的问题进行了规定，包括立法目的、适用范围、指导思想、教育的地位、教育的任务等内容。

(2)分则

分则对我国教育基本制度、学校及其教育机构、教师和其他教育工作者、受教育者、教育与社会、教育投入与条件保障、教育对外交流与合作、法律责任八个领域做了分别规定。

教育基本制度：《教育法》明确了我国教育制度的基本框架，确定了十大教育基本制度，即学校教育制度、义务教育制度、职业教育制度、继续教育制度、教育考试制度、学业证书制度、学位制度、扫除文盲制度、教育督导制度和教育评估制度。

办学机构：《教育法》明确了我国教育的办学体制及学校等教育机构的内部管理体制，在办学机构的必备条件、办学程序、教育机构的权利和义务、学校及教育机构的管理体制、法人资格、财产归属及校办产业的关系等方面做出明确规定。

教育工作者的权利与义务：《教育法》明确规定了教师等教育工作者的权利与义务，教师待遇，教师队伍建设和教师职务聘任制度，考核、奖励、培养培训制度等内容。

受教育者的权利与义务：《教育法》明确规定了受教育者享有的平等权利和应当履行的基本义务，尤其强调保证受教者在入学、升学、就业等方面依法享有平等权利，依法保障特殊人群的受教育权利，国家鼓励公民进行继续教育和终身教育。

社会教育主体：学校教育与家庭教育、社会教育相结合是国家教育发展的必然要求，《教育法》在社会环境、社会参与、社会实践、社会公益、社会文化、家庭教育等方面做了明确规定。

教育投入与条件保障：《教育法》规定国家建立以财政拨款为主、其他多种渠道筹措教育经费为辅的体制，逐步增加对教育的投入，保证国家举办的学校教育经费的稳定来源；同时规定教育经费支出在财政预算中单独列项；保证教育投入的三个增长，即各级人民政府财政拨款的增长应当高于财政经常性收入的增长，按在校学生人数平均的教育费用逐步增长，保证教师工资和学生人均公用经费逐步增长。

教育对外交流与合作：《教育法》规定了教育主体在我国法律范围内开展教育对外交流和合作的权利。

教育法律责任：《教育法》明确了与主体义务相关的行政责任、民事责任和刑事责任。

拓展阅读 ⏰

《中华人民共和国教育法》部分条款

第五条　教育必须为社会主义现代化建设服务、为人民服务，必须与生产劳动和社会实践相结合，培养德、智、体等方面全面发展的社会主义建设者和接班人。

第六条　教育应当坚持立德树人，对受教育者加强社会主义核心价值观教育，增强受教育者的社会责任感、创新精神和实践能力。

国家在受教育者中进行爱国主义、集体主义、中国特色社会主义的教育，进行理想、道德、纪律、法治、国防和民族团结的教育。

第十四条　国务院和地方各级人民政府根据分级管理、分工负责的原则，领导和管理教育工作。

中等及中等以下教育在国务院领导下，由地方人民政府管理。

高等教育由国务院和省、自治区、直辖市人民政府管理。

第十七条　国家实行学前教育、初等教育、中等教育、高等教育的学校教育制度。

国家建立科学的学制系统。学制系统内的学校和其他教育机构的设置、教育形式、修业年限、招生对象、培养目标等，由国务院或者由国务院授权教育行政部门规定。

第三十七条　受教育者在入学、升学、就业等方面依法享有平等权利。

学校和有关行政部门应当按照国家有关规定，保障女子在入学、升学、就业、授予学位、派出留学等方面享有同男子平等的权利。

第五十一条　图书馆、博物馆、科技馆、文化馆、美术馆、体育馆（场）等社会公共文化体育设施，以及历史文化古迹和革命纪念馆（地），应当对教师、学生实行优待，为受教育者接受教育提供便利。

广播、电视台（站）应当开设教育节目，促进受教育者思想品德、文化和科学技术素质的提高。

第五十四条　国家建立以财政拨款为主、其他多种渠道筹措教育经费为辅的体制，逐步增加对教育的投入，保证国家举办的学校教育经费的稳定来源。

企业事业组织、社会团体及其他社会组织和个人依法举办的学校及其他教育机构，办学经费由举办者负责筹措，各级人民政府可以给予适当支持。

第七十一条　违反国家有关规定，不按照预算核拨教育经费的，由同级人民政府限期核拨；情节严重的，对直接负责的主管人员和其他直接责任人员，依法给予处分。

违反国家财政制度、财务制度，挪用、克扣教育经费的，由上级机关责令限期归还被挪用、克扣的经费，并对直接负责的主管人员和其他直接责任人员，依法给予处分；构成犯罪的，依法追究刑事责任。

第七十二条　结伙斗殴，寻衅滋事，扰乱学校及其他教育机构教育教学秩序或者破坏校舍、场地及其他财产的，由公安机关给予治安管理处罚；构成犯罪的，依法追究刑事责任。

侵占学校及其他教育机构的校舍、场地及其他财产的，依法承担民事责任。

第七十三条　明知校舍或者教育教学设施有危险，而不采取措施，造成人员伤亡或者重大财产损失的，对直接负责的主管人员和其他直接责任人员，依法追究刑事责任。

二、教育单行法

教育单行法指根据《宪法》和教育基本法制定的调整某类教育或教育关系的教育法律。教育单行法的代表有《中华人民共和国义务教育法》《中华人民共和国教师法》

《中华人民共和国未成年人保护法》《中华人民共和国预防未成年人犯罪法》等。

(一)《中华人民共和国义务教育法》

《中华人民共和国义务教育法》于1986年4月12日第六届全国人民代表大会第四次会议通过；2006年6月29日第十届全国人民代表大会常务委员会第二十二次会议修订，自2006年9月1日起施行。

1.《义务教育法》的性质和地位

《义务教育法》依据《宪法》和教育基本法制定，是我教育单行法，主要对《教育法》规定的九年义务教育制度进行具体的法律规范。

2.《义务教育法》的结构和内容

(1)基本结构

《义务教育法》共有三部分(总则、分则和附则)，共八章六十三条。总则即对我国义务教育活动的总体规定；分则为对我国义务教育活动各个领域、各个主体的具体规定；附则为其他补充规定和说明。

(2)主体内容

①总则。总则涉及《义务教育法》的贯彻实施和各种教育关系的调整，具有根本性的指导作用和规范作用。它规定了立法宗旨、立法依据、实施目标、适用对象、各教育主体的义务、保障措施和管理体制、督导制度和奖励制度等。

②分则。《义务教育法》明确规定了义务教育的学生、学校、教师、教育教学、经费保障和法律责任。

学生：此章对学生的入学年龄、入学资格进行了规定，明确规定各级人民政府在保障适龄儿童、少年接受义务教育的权利和义务方面的内容。

学校：此章对政府调整设置学校建设与规划、学校保障特殊儿童与未成年犯接受义务教育、保障校园安全等方面进行规定；强调要促进义务教育的均衡发展，不得分重点学校，学校不得设重点班，不得改变或变相改变公办学校性质；实行校长负责制，学校对违反学校管理制度的学生应当予以批评教育，但不得开除。

教师：此章规定了教师的权利与义务，依法保障教师职务任免，规定了教师培养培训制度；规定教师依法享有工资福利和社会保险待遇等权利，如明确规定教师的平均工资水平应当不低于当地公务员的平均工资水平。

教育教学：此章规定包括教育行政部门、学校、教师在内的所有施教主体必须实施素质教育，明确规定了教育行政部门及地方政府在课程教材编写、审查、出版、发行和使用等方面应当承担的义务。

经费保障：此章对义务教育的经费保障、经费的责任主体及使用等方面内容进行了规定。

法律责任：此章明确义务教育施教主体未履行本法所规定义务时应承担的行政责任、民事责任和刑事责任。

拓展阅读

《中华人民共和国义务教育法》部分条款

第二条 国家实行九年义务教育制度。

义务教育是国家统一实施的所有适龄儿童、少年必须接受的教育，是国家必须予以保障的公益性事业。

第四条 凡具有中华人民共和国国籍的适龄儿童、少年，不分性别、民族、种族、家庭财产状况、宗教信仰等，依法享有平等接受义务教育的权利，并履行接受义务教育的义务。

第十一条 凡年满六周岁的儿童，其父母或者其他法定监护人应当送其入学接受并完成义务教育；条件不具备的地区的儿童，可以推迟到七周岁。

适龄儿童、少年因身体状况需要延缓入学或者休学的，其父母或者其他法定监护人应当提出申请，由当地乡镇人民政府或者县级人民政府教育行政部门批准。

第十二条 适龄儿童、少年免试入学。地方各级人民政府应当保障适龄儿童、少年在户籍所在地学校就近入学。

父母或者其他法定监护人在非户籍所在地工作或者居住的适龄儿童、少年，在其父母或者其他法定监护人工作或者居住地接受义务教育的，当地人民政府应当为其提供平等接受义务教育的条件。具体办法由省、自治区、直辖市规定。

县级人民政府教育行政部门对本行政区域内的军人子女接受义务教育予以保障。

第十九条 县级以上地方人民政府根据需要设置相应的实施特殊教育的学校（班），对视力残疾、听力语言残疾和智力残疾的适龄儿童、少年实施义务教育。特殊教育学校（班）应当具备适应残疾儿童、少年学习、康复、生活特点的场所和设施。

普通学校应当接收具有接受普通教育能力的残疾适龄儿童、少年随班就读，并为其学习、康复提供帮助。

第二十二条 县级以上人民政府及其教育行政部门应当促进学校均衡发展，缩小学校之间办学条件的差距，不得将学校分为重点学校和非重点学校。学校不得分设重点班和非重点班。

县级以上人民政府及其教育行政部门不得以任何名义改变或者变相改变公办学校的性质。

第二十九条 教师在教育教学中应当平等对待学生，关注学生的个体差异，因材施教，促进学生的充分发展。

教师应当尊重学生的人格，不得歧视学生，不得对学生实施体罚、变相体罚或者其他侮辱人格尊严的行为，不得侵犯学生合法权益。

第三十一条 各级人民政府保障教师工资福利和社会保险待遇，改善教师工作和生活条件；完善农村教师工资经费保障机制。

教师的平均工资水平应当不低于当地公务员的平均工资水平。

特殊教育教师享有特殊岗位补助津贴。在民族地区和边远贫困地区工作的教师享有艰苦贫困地区补助津贴。

第四十二条 国家将义务教育全面纳入财政保障范围，义务教育经费由国务院和地方各级人民政府依照本法规定予以保障。

国务院和地方各级人民政府将义务教育经费纳入财政预算，按照教职工编制标准、工资标准和学校建设标准、学生人均公用经费标准等，及时足额拨付义务教育经费，确保学校的正常运转和校舍安全，确保教职工工资按照规定发放。

国务院和地方各级人民政府用于实施义务教育财政拨款的增长比例应当高于财政经常性收入的增长比例，保证按照在校学生人数平均的义务教育费用逐步增长，保证教职工工资和学生人均公用经费逐步增长。

第四十四条 义务教育经费投入实行国务院和地方各级人民政府根据职责共同负担，省、自治区、直辖市人民政府负责统筹落实的体制。农村义务教育所需经费，由各级人民政府根据国务院的规定分项目、按比例分担。

各级人民政府对家庭经济困难的适龄儿童、少年免费提供教科书并补助寄宿生生活费。

义务教育经费保障的具体办法由国务院规定。

第五十八条 适龄儿童、少年的父母或者其他法定监护人无正当理由未依照本法规定送适龄儿童、少年入学接受义务教育的，由当地乡镇人民政府或者县级人民政府教育行政部门给予批评教育，责令限期改正。

(二)《中华人民共和国教师法》

《中华人民共和国教师法》于1993年10月31日第八届全国人民代表大会常务委员会第四次会议通过，由1993年10月31日中华人民共和国主席令第十五号公布，自1994年1月1日起施行。

1. 性质和地位

《教师法》是教育单行法，对教师培养、教师职业活动和教师管理等方面的法律关系进行了规定，是集合教师的行业管理和教师的权益保护为一体的综合性的专门法律。

2. 基本结构和内容

(1)基本结构

《教师法》包括三部分(总则、分则、附则)，共九章四十三条。

(2)主体内容

①总则。第一章总则规定了《教师法》的立法宗旨和适用范围。明确了教师职责、

政府职责、管理体制。

②分则。第二章至第八章分别规定了教师的权利和义务、资格和任用、培养和培训、考核、待遇、奖励及法律责任方面的内容。

权利与义务：此章规定了教师的六大权利和六大义务，包括教师作为公民享有的一般权利和义务，也包括教师作为专业人员享有的权利和义务。

资格和任用：此章规定了教师的资格和任用，明确教师资格应当具备的学历条件、资格认定等内容；如学校和其他教育机构应当逐步实行教师聘任制，教师的聘任应当遵循双方地位平等的原则，由学位和教师签订聘任合同，明确规定双方的权利、义务和责任，实施教师聘任制的步骤、办法由国务院教育行政部门规定。

培养和培训：此章规定了教师培养和培训工作，学校或者其他教育机构应当对教师的政治思想、业务水平、工作态度和工作成绩进行考核，教育行政部门对教师的考核工作进行指导、监督。

考核：此章规定了教师工作质量考核，明确了考核主体、考核内容及考核结果。

待遇：此章规定教师权益和待遇，包括工资待遇、教龄津贴等各种津贴，教师的平均工资水平应当不低于或者高于国家公务员的平均工资水平并逐步提高，建立正常晋级增薪制度，具体办法由国务院规定。

奖励：此章规定了教师的表扬和奖励内容。

法律责任：此章规定了对侵犯教师权利的行为以及教师未履行的法律义务的行为应承担的行政责任、民事责任、刑事责任。

拓展阅读 ⏰

《中华人民共和国教师法》部分条款

第三条　教师是履行教育教学职责的专业人员，承担教书育人，培养社会主义事业建设者和接班人、提高民族素质的使命。教师应当忠诚于人民的教育事业。

第十三条　中小学教师资格由县级以上地方人民政府教育行政部门认定。中等专业学校、技工学校的教师资格由县级以上地方人民政府教育行政部门组织有关主管部门认定。普通高等学校的教师资格由国务院或者省、自治区、直辖市教育行政部门或者由其委托的学校认定。

具备本法规定的学历或者经国家教师资格考试合格的公民，要求有关部门认定其教师资格的，有关部门应当依照本法规定的条件予以认定。

取得教师资格的人员首次任教时，应当有试用期。

第十四条　受到剥夺政治权利或者故意犯罪受到有期徒刑以上刑事处罚的，不能取得教师资格；已经取得教师资格的，丧失教师资格。

第十七条　学校和其他教育机构应当逐步实行教师聘任制。教师的聘任应当遵循双方地位平等的原则，由学位和教师签订聘任合同，明确规定双方的权利、义务和责任。

实施教师聘任制的步骤、办法由国务院教育行政部门规定。

第二十五条　教师的平均工资水平应当不低于或者高于国家公务员的平均工资水平，并逐步提高。建立正常晋级增薪制度，具体办法由国务院规定。

第二十七条　地方各级人民政府对教师以及具有中专以上学历的毕业生到少数民族地区和边远贫困地区从事教育教学工作的，应当予以补贴。

第三十七条　教师有下列情形之一的，由所在学校、其他教育机构或者教育行政部门给予行政处分或者解聘。

（一）故意不完成教育教学任务给教育教学工作造成损失的；

（二）体罚学生，经教育不改的；

（三）品行不良、侮辱学生，影响恶劣的。

教师有前款第（二）项、第（三）项所列情形之一，情节严重，构成犯罪的，依法追究刑事责任。

第三十九条　教师对学校或者其他教育机构侵犯其合法权益的，或者对学校或者其他教育机构作出的处理不服的，可以向教育行政部门提出申诉，教育行政部门应当在接到申诉的三十日内，作出处理。

教师认为当地人民政府有关行政部门侵犯其根据本法规定享有的权利的，可以向同级人民政府或者上一级人民政府有关部门提出申诉，同级人民政府或者上一级人民政府有关部门应当作出处理。

（三）《中华人民共和国未成年人保护法》

1. 性质与地位

《中华人民共和国未成年人保护法》属于教育单行法，从未成年人的健康成长需要出发，制定了保护未成年人成长的法律规范，涉及学校、家庭、社会和司法部门。

2. 基本结构与内容

（1）基本结构

《未成年人保护法》共有七章，分别为总则、家庭保护、学校保护、社会保护、司法保护、法律责任、附则，共七十二条。

（2）主体内容

《未成年人保护法》主要从家庭、学校、社会和司法四个方面规定了相关主体保护未成年人的义务和相关法律责任。

家庭保护：此章明确了父母或其他监护人对未成年人的保护义务，包括监护和抚养的义务、保障其身心健康的责任、家庭指导、保证其接受义务教育的责任。

学校保护：此章规定学校应保障全面贯彻国家的教育方针、实施素质教育，并促进未成年学生的全面发展。

社会保护：此章规定对未成年人进行保护是全社会的责任。政府、企事业单位、个人、未成年人成长的社会环境均为社会保护的义务主体。

司法保护：此章规定，一方面当未成年人的合法权益受到侵害时，司法部门要提供法律保护；另一方面对违法犯罪的未成年人，采取以教育为主、惩罚为辅的司法保护措施。

《未成年人保护法》也明确规定若相关义务主体不能履行自己的义务，要根据违法情况承担相应的行政责任、民事责任和刑事责任。

拓展阅读

《中华人民共和国未成年人保护法》部分条款

第二条　本法所称未成年人是指未满十八周岁的公民。

第三条　未成年人享有生存权、发展权、受保护权、参与权等权利，国家根据未成年人身心发展特点给予特殊、优先保护，保障未成年人的合法权益不受侵犯。

未成年人享有受教育权，国家、社会、学校和家庭尊重和保障未成年人的受教育权。

未成年人不分性别、民族、种族、家庭财产状况、宗教信仰等，依法平等地享有权利。

第二十一条　学校、幼儿园、托儿所的教职员工应当尊重未成年人的人格尊严，不得对未成年人实施体罚、变相体罚或者其他侮辱人格尊严的行为。

第二十二条　学校、幼儿园、托儿所应当建立安全制度，加强对未成年人的安全教育，采取措施保障未成年人的人身安全。

第三十条　爱国主义教育基地、图书馆、青少年宫、儿童活动中心应当对未成年人免费开放；博物馆、纪念馆、科技馆、展览馆、美术馆、文化馆以及影剧院、体育场馆、动物园、公园等场所，应当按照有关规定对未成年人免费或者优惠开放。

第三十七条　禁止向未成年人出售烟酒，经营者应当在显著位置设置不向未成年人出售烟酒的标志；对难以判明是否已成年的，应当要求其出示身份证件。

任何人不得在中小学校、幼儿园、托儿所的教室、寝室、活动室和其他未成年人集中活动的场所吸烟、饮酒。

第三十九条　任何组织或者个人不得披露未成年人的个人隐私。

对未成年人的信件、日记、电子邮件，任何组织或个人不得隐匿毁弃；除因追查犯罪的需要，由公安机关或人民检察院依法进行检查，或者对无行为能力的未成年人的信件、日记、电子邮件由其父母或者其他监护人代为开拆、查阅外，任何组织或者个人不得开拆、查阅。

第四十三条　县级以上人民政府及其民政部门应当根据需要设立救助场所，

对流浪乞讨等生活无着未成年人实施救助，承担临时监护责任；公安部门或者其他有关部门应当护送流浪乞讨或者离家出走的未成年人到救助场所，由救助场所予以救助和妥善照顾，并及时通知其父母或者其他监护人领回。

对孤儿、无法查明父母或其他监护人的以及其他生活无着的未成年人，由民政部门设立的儿童福利机构收留抚养。

未成年人救助机构、儿童福利机构及其工作人员应当依法履行职责，不得虐待、歧视未成年人；不得在办理收留抚养工作中牟取利益。

第四十六条　国家依法保护未成年人的智力成果和荣誉权不受侵犯。

第五十四条　对违法犯罪的未成年人，实行教育、感化、挽救的方针，坚持教育为主、惩罚为辅的原则。

对违法犯罪的未成年人，应当依法从轻、减轻或者免除处罚。

第五十七条　对羁押、服刑的未成年人，应当与成年人分别关押。

羁押、服刑的未成年人没有完成义务教育的，应当对其进行义务教育。

解除羁押、服刑期满的未成年人的复学、升学、就业不受歧视。

(四)《中华人民共和国预防未成年人犯罪法》

1. 性质和地位

《中华人民共和国预防未成年人犯罪法》(简称《预防未成年人犯罪法》)和《未成年人保护法》都着眼于未成年人犯罪保护，两者相互联系、相互补充。《预防未成年人犯罪法》旨在预防未成年人犯罪，责任主体涉及学校、家庭、社会和司法部门。

2. 基本结构与内容

此法共八章五十七条，包括预防未成年人犯罪的教育、对未成年不良行为的预防、对未成年人严重不良行为的矫治、未成年人对犯罪的自我防范、对未成年人重新犯罪的预防、法律责任。

教育是预防未成年人犯罪的根本，预防未成年人犯罪的教育的目的是让未成年人知法、懂法，知道违法的危害。不良行为是导致未成年人违法犯罪的直接原因，预防和制止未成年人的不良行为，有助于预防其违法犯罪。承担对未成年人约束义务的主体包括未成年人的父母或其他监护人、学校、教育行政部门和其他社会力量。

严重不良行为指严重危害社会、尚不够刑事处罚的违法行为。对严重不良行为进行矫治，是预防青少年犯罪的有效举措。

未成年人的自我防范可从以下两方面着手：一是明辨是非，自觉抵制不良行为及违法犯罪行为；二是防范不良行为和违法犯罪行为对自己的侵害。

对犯罪的未成年人重新犯罪的预防，要坚持"教育、感化、挽救""坚持教育为主，惩罚为辅"的原则。依法保障犯罪未成年人法律规定给予的权利。义务主体的法律责任包括治安处理、行政处理和刑事处理的责任。

拓展阅读

《中华人民共和国预防未成年人犯罪法》部分条款

第十四条　未成年人的父母或者其他监护人和学校应当教育未成年人不得有下列不良行为：

（一）旷课、夜不归宿；

（二）携带管制刀具；

（三）打架斗殴、辱骂他人；

（四）强行向他人索要财物；

（五）偷窃、故意毁坏财物；

（六）参与赌博或者变相赌博；

（七）观看、收听色情、淫秽的音像制品、读物等；

（八）进入法律、法规规定未成年人不适宜进入的营业性歌舞厅等场所；

（九）其他严重违背社会公德的不良行为。

第三十四条　本法所称"严重不良行为"，是指下列严重危害社会，尚不够刑事处罚的违法行为：

（一）纠集他人结伙滋事，扰乱治安；

（二）携带管制刀具，屡教不改；

（三）多次拦截殴打他人或者强行索要他人财物；

（四）传播淫秽的读物或者音像制品等；

（五）进行淫乱或者色情、卖淫活动；

（六）多次偷窃；

（七）参与赌博，屡教不改；

（八）吸食、注射毒品；

（九）其他严重危害社会的行为。

三、教育法规与政策

在教育法律法规的纵向结构体系中，政府及行政部门制定的教育活动规范被纳入教育法规体系，为教育发展提供方向性的要求。如《学生伤害事故处理办法》《国家中长期教育改革和发展规划纲要（2010—2020 年）》。

（一）《学生伤害事故处理办法》

1. 性质与地位

《学生伤害事故处理办法》由教育部制定并颁发，属于教育规章，为实施未成年人安全保护提供了实际操作规则。

2. 基本结构与内容

本办法共有总则、分则、附则三部分，共六章四十条，分则包括四方面内容：事故与责任、事故处理程序、事故损害的赔偿、事故责任者的处理。

事故责任认定的基本原则为：应当根据相关当事人的行为与损害后果之间的因果关系依法确定。

事故处理程序部分规定，发生学生伤害事故时，学校有及时救助、告知和报告的责任；教育行政部门有指导责任；伤害事故处理有争议时，有协商、调解和诉讼的方式；规定教育行政部门的调解受理及完成时间、调解办法和调解不成的处理办法。

事故损害赔偿对赔偿责任、赔偿范围与标准、争议问题的鉴定、相关当事人责任划分、救助措施和办理责任保险等均有明确规定。

事故责任者的处理包括行政责任、刑事责任和民事责任。

(二)《国家中长期教育改革和发展规划纲要(2010—2020年)》

1. 性质和地位

《国家中长期教育改革和发展规划纲要(2010—2020年)》(以下简称《规划纲要》)是国家层面上的教育政策文件，是21世纪第二个指导全国教育改革和发展的纲领性文件。规定了新时期教育发展的总体方向、战略任务和各个教育领域改革的主要任务。指明了教育改革和发展的方向，为教育法律体系的改进和完善提供了依据。

2. 基本结构和主要内容

《规划纲要》共四大部分，二十二章七十条。分别从总体战略、发展任务、体制改革、保障措施四大方面进行阐述。

（1）总体战略

工作方针：教育优先发展的战略地位；把育人为本作为教育工作的根本要求；把改革创新作为教育发展的强大动力；把促进公平作为国家基本教育政策；把提高质量作为教育改革发展的核心任务。

战略目标：到2020年，基本实现教育现代化，基本形成学习型社会，进入人力资源强国行列；实现更高水平的普及教育；形成惠及全民的公平教育；坚持教育的公益性和普惠性，保障公民依法享有接受良好教育的机会。

战略主题：坚持以人为本、全面实施素质教育是教育改革发展的战略主题，坚持德育为先；坚持能力为重；坚持全面发展。

（2）发展任务

《规划纲要》对学前教育、义务教育、高中阶段教育、职业教育、高等教育、继续教育、民族教育和特殊教育的发展任务一一进行阐述。具体目标包括：基本普及学前教育；巩固提高九年义务教育水平；加快普及高中阶段教育；全面提高高等教育质量；大力发展职业教育、继续教育和民族教育。

（3）体制改革

《规划纲要》规定推进深化教育体制改革，包括人才培养体制、考试招生制度、建设现代学校制度、办学体制、管理体制、扩大教育开放等方面的改革。深化办学体制改革，形成以政府办学为主体，全社会积极参与，公办教育和民办教育共同发展的格局。

（4）保障措施

《规划纲要》明确提出要从以下方面为教育改革和发展提供支持和保障：加强教师队伍建设；加大保障经费投入；加快教育信息化进程；推进依法治教；实施重大教育项目和改革试点；加强对教育工作的组织领导。

第三节 教师的权利与义务

一、教师的权利

（一）教师权利的含义

权利指法律规定的作为或不作为的自由，旨在协调权利主体与客体之间的利益关系。教师权利也被称作教师的法律权利，指教师依法享有的某种权能和利益，表现为教师作为权利享有者能够做出或者不做出一定的行为，或者要求他人做出一定行为的资格。

（二）教师的基本权利

《教育法》《教师法》《义务教育法》是确定教师权利的主要法律依据，明确规定教师的基本权利。教师的基本权利包括教师作为公民依法享有的基本权利和教师作为专业人员依法享有的职业权利。

1. 教师作为公民的基本权利

教师的公民权利指教师作为公民依法享有的相关法律赋予公民的基本权利，包括政治权利、宗教信仰自由、平等权、人身权、文化教育权、经济权、监督权等。其中人身权利和人格权利是教师作为一般公民的权利中最重要的两个方面。人身权指生命权、健康权和人身自由权等权利；人格权包括名誉权、荣誉权、隐私权、肖像权和姓名权等一系列与人格尊严有关的权利。

2. 教师作为专业人员的职业权利

职业权利指教师作为教育工作者依法享有的相关法律赋予的与职业相关的权利。依据《教师法》等相关法律，我国教师享有教育教学权、学术研究权、管理学生权、报酬待遇权、参与管理权、进修培养权六大权利。

（1）教育教学权

教育教学权是教师为履行教育教学职责必须具备的基本权利。《教师法》规定教师有进行教育教学活动，开展教育教学改革实验的权利。这意味着教师教学活动不可被剥夺；在国家、社会和学校许可的范围内，教师可根据国家、学校制定的课程计划、课程标准和教材，自主组织教学活动；教师有权根据学生特点，依据课程标准，进行补贴形式的教学改革和教学实验。任何组织或个人不得非法剥夺教师的教育教学活动、教育改革和实验的权利。

（2）学术研究权

学术研究权是教师作为教育人员所享有的基本权利之一。《教师法》规定，教师有从事科学研究、学术交流，参加专业的学术团体，在学术活动中充分发表意见的权利。这意味着教师在完成本职工作的同时，有权进行专业科学研究，有权将研究成果撰写成文并公开发表；有权参加相关学术交流活动，参加学术团体并在其中兼职；有权在学术活动中发表个人观点和意见。教师的学术研究权必须在不影响正常的教育教学工作、不违反法律规律、不违反教育教学的基本规律的前提下行使。

（3）指导评价权

指导评价权是与教师在教育教学活动中的主导地位相对应的一项特定权利。《教师法》规定，教师有指导学生的学习和发展，评定学生的品行和学业成绩的权利。这意味着在不违反法律和学生身心发展规律的前提下，教师有权依据学生的特点和个体差异，采取各种教育教学方式指导学生的学习和发展；教师有权严格要求学生，对学生的思想品德、学习和生活表现做出公正客观的评价，不能带有教师个人偏见与私心。任何个人或组织不得非法干涉教师指导评价权利的行使。

（4）报酬待遇权

报酬待遇权是《宪法》赋予公民的社会经济权利在教师职业中的具体体现。《教师法》规定，教师有按时获取工资报酬，享受国家规定的福利待遇以及寒暑假期带薪休假的权利。这意味着教师的报酬必须按时发放，不得拖欠、克扣或变相克扣；教师有权要求支付足额工资报酬（含基础工资、职务工资、课时津贴、奖金在内的所有工资收入）；教师有权享受国家规定的医疗、住房、退休等方面的待遇和各项优惠政策以及寒暑假期间的带薪休假。

《义务教育法》进一步补充：各级人民政府保障教师工资福利和社会保险待遇，教师的平均工资水平应当不低于当地公务员的平均工资水平，特殊教育教师享有特殊岗位补助津贴。

（5）参与管理权

参与管理权是公民民主权利在教师职业中的具体体现。《教师法》规定，教师有对学校教学、管理和教育行政部门工作提意见和建议，通过教职工大会、工会或其他形式参与学校管理的权利。这意味着教师有权通过教职工代表大会、工会等方式参与学校管理，民主讨论决定学校重大事项，维护自己的合法权益；教师应当正确行使批评、建议权，不得歪曲事实、进行人身攻击。

（6）进修培训权

进修培训权是教师职业权利中的一项基本权利。《教师法》规定，教师有参加进修或其他方式的培训权利。这意味着教师有参加进修和培训的权利，任何人不得干涉；以完成本职工作为前提，根据学校及相关部门的安排进修培训；学校或有关部门应保证教师的进修培训权，促进教师专业发展。

拓展阅读

《教育法》有关教师权利的规定

第三十三条　教师享有法律规定的权利，履行法律规定的义务，忠诚于人民的教育事业。

第三十四条　国家保护教师的合法权益，改善教师的工作条件和生活条件，提高教师的社会地位。

教师的工资报酬、福利待遇，依照法律、法规的规定办理。

《义务教育法》有关教师权利的规定

第二十八条　教师享有法律规定的权利，履行法律规定的义务，应当为人师表，忠诚于人民的教育事业。

全社会应当尊重教师。

第三十一条　各级人民政府保障教师工资福利和社会保险待遇，改善教师工作和生活条件；完善农村教师工资经费保障机制。

教师的平均工资水平应当不低于当地公务员的平均工资水平。

特殊教育教师享有特殊岗位补助津贴。在民族地区和边远贫困地区工作的教师享有艰苦贫困地区补助津贴。

《教师法》有关教师权利的规定

第七条　教师享有下列权利：

（一）进行教育教学活动，开展教育教学改革和实验；

（二）从事科学研究、学术交流，参加专业的学术团体，在学术活动中充分发表意见；

（三）指导学生的学习和发展，评定学生的品行和学业成绩；

（四）按时获取工资报酬，享受国家规定的福利待遇以及寒暑假期的带薪休假；

（五）对学校教育教学、管理工作和教育行政部门的工作提出意见和建议，通过教职工代表大会或者其他形式，参与学校的民主管理；

（六）参加进修或者其他方式的培训。

二、教师的义务

(一)教师义务的含义

教师的义务指教师依照《教育法》《教师法》等相关法律，因从事教育教学工作而必须履行的责任，表现为教师在教育教学活动中必须做出一定行为或者不得做出一定行为。

(二)教师的基本义务

《教育法》《教师法》《义务教育法》是确定教师义务的主要法律依据，明确规定教师的基本义务。教师的基本义务包括教师作为公民必须依法履行的基本义务和教师作为专业人员必须依法履行的基本义务。

1. 教师作为公民的基本义务

教师作为普通公民，应当依法履行《宪法》和其他法律规定的公民必须履行的一切义务。如《宪法》规定的遵守《宪法》和其他法律，维护国家安全、荣誉和利益，依法纳税等公民基本义务。

2. 教师作为专业人员的基本义务

依据我国《教师法》等相关法律以及教师的职业特点，我国教师必须依法履行有关遵纪守法、履行教育教学职责的六大义务。

(1)遵纪守法

《教师法》第八条第一款规定："教师应当遵守宪法、法律和职业道德，为人师表。"这意味着，教师作为公民和教育教学专业人员，应遵守法律，主动培养学生的法律意识，教育学生遵纪守法；教师必须遵守教师职业道德规范，即我国2008年修订的《中小学教师职业道德规范》规定的具体内容；教师承担教书育人、培养社会主义事业建设者和接班人、提高民族素质的使命，教师必须严于律己，为人师表，成为学生的楷模。

(2)履行教育教学职责

教育教学工作是教师的本职工作，也是教师的基本义务。《教师法》第八条第二款规定，教师有"贯彻国家的教育方针，遵守规章制度，执行学校的教学计划，履行教师聘约，完成教育教学工作任务"的义务。这意味着教师教育教学工作必须坚持社会主义方向，对学生进行社会主义教育，不得有违背社会主义方向和国家政策的言论和教育内容；教师必须遵守学校的规章制度，按照教学计划和课程标准的要求进行教学，不得随意改动教学计划，不得无故缺勤旷工；教师应该按照聘任合同的约定，履行自己的教育教学职责，完成合同约定的工作任务。

(3)对学生进行思想政治教育

《教师法》第八条第三款规定，教师有"对学生进行宪法所确定的基本原则的教育和爱国主义、民族团结的教育，法制教育以及思想品德、文化、科学技术教育，组织、带领学生参加有益的社会活动"的义务。这意味着，教师应自觉对学生进行思想教育和品德教育；教师应坚持德育为先，将社会主义核心价值体系融入学生的思想政治教育中；教师应达到对爱国主义、民族团结教育和法制教育的要求；教师应有目的有组织地带领学生参加有益的社会实践活动。

（4）爱护尊重学生

《教师法》第八条第四款规定，教师有"关心、爱护全体学生，尊重学生人格，促进学生的品德、智力、体质等方面全面发展"的义务。这意味着，教师必须关心、爱护、公平对待全体学生，不得歧视个别学生；教师应尊重学生的人格尊严；教师应促进学生德、智、体、美全面发展，不能偏重学生智力和学业成绩，忽视其德育和体质发展。

（5）保护学生合法权益

《教师法》第八条第五款规定，教师有"制止有害于学生的行为或者其他侵犯学生合法权益的行为，批评和抵制有害于学生健康成长的现象"的义务。这意味着，教师作为公民，有批评和抵制有害于学生健康成长行为的义务；但作为专职人员，教师履行该义务的范围仅限于在学校教育教学的工作中，超出该范围的不属于教师的法定义务。

（6）提高业务水平

《教师法》第八条第六款规定，教师有"不断提高思想政治觉悟和教育教学业务水平"的义务。这是国家对教师不断提高自身专业素质的要求。教师要很地履行教书育人的职责，就必须树立终身学习理念，拓宽知识视野，更新知识结构；潜心钻研业务，勇于探索创新，不断提高专业素养和教育教学水平。

拓展阅读

《教育法》有关教师义务的规定

第三十三条　教师享有法律规定的权利，履行法律规定的义务，忠诚于人民的教育事业。

《义务教育法》有关教师义务的规定

第二十九条　教师在教育教学中应当平等对待学生，关注学生的个体差异，因材施教，促进学生的充分发展。

教师应当尊重学生的人格，不得歧视学生，不得对学生实施体罚、变相体罚或者其他侮辱人格尊严的行为，不得侵犯学生合法权益。

《教师法》有关教师义务的规定

第八条　教师应当履行下列义务：

（一）遵守宪法、法律和职业道德，为人师表；

（二）贯彻国家的教育方针，遵守规章制度，执行学校的教学计划，履行教师聘约，完成教育教学工作任务；

（三）对学生进行宪法所确定的基本原则的教育和爱国主义、民族团结的教育，法制教育以及思想品德、文化、科学技术教育，组织、带领学生开展有益的社会活动；

（四）关心、爱护全体学生，尊重学生人格，促进学生在品德、智力、体质等方面全面发展；

（五）制止有害于学生的行为或者其他侵犯学生合法权益的行为，批评和抵制有害于学生健康成长的现象；

（六）不断提高思想政治觉悟和教育教学业务水平。

第四节 学生的权利与义务

一、学生的权利

在教育教学过程中，学生处于主体地位，依法享有相关权利。学生权利指学生依法享有的某种权能和利益，表现为学生作为权利享有者能够做出或者不做出一定的行为，或者要求他人做出一定行为的资格。学生权利包括学生作为普通公民依法享有的权利和学生作为受教育者依法享有的权利。

（一）学生的基本权利

1. 学生作为公民依法享有的基本权利

学生作为普通公民依法享有相关法律赋予公民的基本权利，如公民有受教育的权利，公民的受教育权一律平等，不受种族、性别、社会地位、出身等方面的限制。公民依法享有政治权利、宗教信仰自由、平等权、人身权、文化教育权、经济权、监督权等权利。

2. 学生作为受教育者享有的基本权利

《教育法》规定，学生享有参加教育教学权、获得经济资助权、获得学业证书权、申诉起诉权和其他法定权利。

（1）参加教育教学权

学生享有参加教育教学计划安排的各种活动，使用教学设施、设备、图书资料的权利。这意味着，学生有参加教育教学活动和使用教育教学设施的权利。任何个人或组织不得非法剥夺学生参加教育教学活动和平等使用教育教学设施的权利。

（2）获得经济资助权

学生有按照国家有关规定获得奖学金、贷学金、助学金的权利；奖学金由国家为奖励品学兼优的学生而设立；贷学金、助学金均面向家庭经济困难的学生，分别提供银行贷款、勤工俭学活动。任何组织或个人不得非法克扣或拖欠学生应获得的经济资助。

（3）获得学业证书权

获得学业证书权是指学生享有在学业成绩和品行上获得公正评价，完成所规定的学业后获得相应的学业证书、学位证书的权利。这意味着学生在学习、品行、生活等方面的表现获得客观公正评价，教师对学生的评价不应受到教师个人、家长权势、地位、金钱等与教育教学无关因素的影响。另外，若学生完成或提前完成教育教学计划规定的全部课程，通过考试或修满学分，学生在该教育阶段结束时有权获得相应的学业证书和学位证书。

（4）申诉起诉权

学生享有对学校给予的处分不服时向有关部分提起申诉，对学校、教师侵犯其人身权、财产权等合法权益提出申诉或者依法提起诉讼的权利。任何组织或个人不得非法剥夺学生的申诉起诉权，有关部门应积极受理，按规定予以答复。

（5）法定其他权利

除上述权利之外，学生还享有法律规定的其他权利，如生存权、发展权、参与权、人身自由权、人身安全、生命健康权等。

拓展阅读

《教育法》对学生权利的规定

第九条　中华人民共和国公民有受教育的权利和义务。

公民不分民族、种族、性别、职业、财产状况、宗教信仰等，依法享有平等的受教育机会。

第三十七条　受教育者在入学、升学、就业等方面依法享有平等权利。

学校和有关行政部门应当按照国家有关规定，保障女子在入学、升学、就业、授予学位、派出留学等方面享有同男子平等的权利。

第四十三条　受教育者享有下列权利：

（一）参加教育教学计划安排的各种活动，使用教育教学设施、设备、图书资料；

（二）按照国家有关规定获得奖学金、贷学金、助学金；

（三）在学业成绩和品行上获得公正评价，完成规定的学业后获得相应的学业证书、学位证书；

（四）对学校给予的处分不服向有关部门提出申诉，对学校、教师侵犯其人身权、财产权等合法权益，提出申诉或者依法提起诉讼；

（五）法律、法规规定的其他权利。

（二）学生权利的保护

在学校教育教学活动中，学校或教师应当承担保护学生权利的责任和义务。依据《教育法》《义务教育法》《教师法》《未成年人保护法》等教育法律法规的相关内容，学校或教师应在如下方面保护学生权利。

1. 人身权的保护

公民的人身权分为人格权和身份权两种。人格权包括姓名权、名誉权、生命权、健康权、人身自由权和肖像权等；身份权包括知识产权中人身权利、监护权和亲属身份权。教师要对学生尽到保护义务。《教师法》第八条规定，教师要制止有害于学生的行为或者其他侵犯学生合法权益的行为，批评和抵制有害于学生健康成长的现象。

（1）尊重学生的人格

教师不能以讽刺、挖苦、侮辱、谩骂学生等方式侵犯学生的人格尊严；教师不能强迫学生做有损人格尊严的事；教师不得因学生家庭、性格、性别、民族、长相等歧视学生。

《义务教育法》第二十九条第二款规定，教师应当尊重学生的人格，不得歧视学生。《未成年人保护法》第十八条规定，学校应当尊重未成年学生受教育的权利，关心、爱护学生，对品行有缺点、学习有困难的学生应当耐心教育、帮助，不得歧视，不得违反法律和国家规定开除未成年学生。这是对教师不得歧视学生的原则性规定。

（2）尊重学生的生命健康权

生命健康权包括生命权和健康权两项人身权。对于教师来说，需做到以下几点。一是教师不能体罚或变相体罚学生。《义务教育法》第二十九条第二款规定，教师应当尊重学生的人格，不得歧视学生，不得对学生实施体罚、变相体罚或者其他侮辱人格尊严的行为，不得侵犯学生合法权益。《未成年人保护法》第二十一条规定，学校、幼儿园、托儿所的教职员工应当尊重未成年人的人格尊严，不得对未成年人实施体罚、变相体罚或者其他侮辱人格尊严的行为。二是教师不得以其他方式侵犯学生的生命健康权，如强奸猥亵学生、强迫学生卖淫等。教育行政部门和学校建立并不断完善教师职业道德考核制度、奖惩机制，以防止此类事件的发生。

（3）尊重学生的人身自由权

我国《宪法》明确规定公民的人身自由不受侵犯。任何公民，非经人民检察院批准或者人民法院决定，并由公安机关执行，不受逮捕；禁止非法拘禁和以其他方法非法剥夺或者限制公民的人身自由，禁止非法搜查公民的身体。限制公民人身自由，情节严重的，还要追究其刑事责任。

（4）不得侵犯学生财产权

《教育法》《未成年人保护法》中有相关条款，保障未成年人的人身、财产和其他合法权益不受侵犯。关于教师不得侵犯学生财产权的规定，是对教师在管教学生时损毁学生财物，或以其他方式致使学生蒙受经济损失的禁止性规定。另外，教师不得乱罚款，乱收费，乱摊派。

（5）尊重学生的隐私权

《未成年人保护法》第三十九条规定，任何组织或者个人不得披露未成年人的个人隐私。教师在工作中要谨行慎言，尊重学生的隐私。教师不要随意泄露学生隐私，如私人日记、个人身体秘密等。教师不得随意翻看学生物品。《未成年人保护法》第三十九条第二款规定，对未成年人的信件、日记、电子邮件，任何组织或者个人不得隐匿、毁弃；除因追查犯罪的需要，由公安机关或者人民检察院依法进行检查，或者对无行为能力的未成年人的信件、日记、电子邮件由其父母或者其他监护人代为开拆、查阅外，任何组织或者个人不得开拆、查阅。

2. 受教育权的保护

（1）义务教育保障权

未成年人有依法接受义务教育的权利，学校或者教师不得以任何理由限制学生接受义务教育，义务教育的保障是国家、政府、家庭、学校和全社会的责任。我国《宪法》《教育法》《义务教育法》从学生、学校、教师、教育教学、经费保障、法律责任等方面对学生接受义务教育的权利进行明确规定。如《义务教育法》第二条规定，国家实行九年义务教育制度，义务教育是国家统一实施的所有适龄儿童、少年必须接受的教育，是国家必须予以保障的公益性事业。

（2）学生的受教育权

学生的受教育权具体表现为就学的平等权、上课权和受教育的选择权等。教师不能随意剥夺学生的上课权、不能随意缺课。

《教师法》第八条规定，教师应当执行学校的教学工作，履行教师聘约，完成教学工作任务。《义务教育法》第二十八条规定，教师要忠诚于人民的教育事业。《教育法》第三十三条规定，教师享有法律规定的权利，履行法律规定的义务，忠诚于人民的教育事业。《未成年人保护法》第十八条规定，学校应当尊重未成年人的受教育权。

（3）特殊群体的受教育权

我国教育法律法规中，明确规定了对特殊群体受教育权的保护。对女子、经济困难学生、残疾人、违法犯罪的未成年人等群体的受教育权有明确规定。

《教育法》第三十七条规定，受教育者在入学、升学、就业等方面依法享有平等权利。学校和有关行政部门应当按照国家有关规定，保障女子在入学、升学、就业、授予学位、派出留学等方面享有同男子平等的权利。第三十八条规定，国家、社会对符合入学条件、家庭经济困难的儿童、少年、青年，提供各种形式的资助。第三十九条规定，国家、社会、学校及其他教育机构应当根据残疾人身心特性和需要实施教育，并为其提供帮助和便利。第四十条规定，国家、社会、家庭、学校及其他教育机构应当为有违法犯罪行为的未成年人接受教育创造条件。

二、学生的义务

《教育法》是确定学生义务的主要法律依据，明确规定学生的基本义务。学生的基本义务包括学生作为公民必须依法履行的基本义务和学生作为受教育者必须依法履行的基本义务。

(一)学生作为公民的基本义务

作为普通公民，和教师一样，学生也应当依法履行《宪法》和其他法律规定的公民必须履行的一切义务。如《宪法》规定的遵守《宪法》和其他法律，维护国家安全、荣誉和利益等公民基本义务。

(二)学生作为受教育者的基本义务

依据《教育法》对学生义务的规定，学生作为受教育者应当履行下列义务。

1. 遵守法律、法规

《教育法》第四十四条第一款规定，学生应当遵守法律、法规。学生作为受教育者应遵守教育法律法规，培养法制意识，遵纪守法。

2. 遵守学生行为规范，尊敬师长，养成良好的思想品德和行为习惯

《教育法》第四十四条第二款规定，学生应当遵守学生行为规范，尊敬师长，养成良好的思想品德和行为习惯。学生作为受教育者要尊敬师长、团结同学，遵守学生行为规范和学生守则，如《小学生日常行为规范》《中学生日常行为规范》。

3. 努力学习，完成规定的学习任务

《教育法》第四十四条第三款规定，学生应当努力学习，完成规定的学习任务。完成规定的学习任务是学生作为受教育者应该履行的基本义务。学生应当确立为中华民族的伟大复兴而努力奋斗的远大志向，认真学习，提高自身的综合素质，以德、智、体、美全面发展的社会主义的建设者和接班人的目标严格要求自己。

4. 遵守所在学校或者其他教育机构的管理制度

《教育法》第四十四条第四款规定，学生应当遵守所在学校或者其他教育机构的管理制度。学生要遵守学校各项规章制度，服从学校和教师的管理和教育。若对学校的管理或处理决定有异议，应当通过正当的途径向有关部门或有关人士反映。

思 考 题

一、单项选择题

1. 最新修订的《中华人民共和国义务教育法》自（　　）开始施行。

A. 1994 年 1 月 1 日　　　　　　　B. 2006 年 9 月 1 日

C. 1995 年 9 月 1 日　　　　　　　D. 2007 年 6 月 1 日

2. 我国学校一般实行（　　）负责制。

A. 教师　　　　　B. 校长　　　　　C. 教育部门　　　D. 地方政府

3.《中华人民共和国未成年人保护法》第二十一条规定："学校、幼儿园、托儿所的教职员工应当尊重未成年人的人格尊严，不得对未成年人实施体罚、变相体罚或者其他侮辱人格尊严的行为。"这体现学生具有（　　）。

A. 生存的权利　　　B. 安全的权利　　　C. 人身自由的权利　　D. 受尊重的权利

二、辨析题

1. 教育法律法规与教育政策的概念一样。

2. 行政处分与行政处罚的法律性质一样。

三、简答题

1. 简述教师的权利与义务。

2. 简述学生的权利与义务。

四、材料分析题

小学生小林是老师眼中的差生，他调皮捣蛋，经常干扰其他同学学习，班主任王老师多次教育，不见改变。王老师试图联系家长，但因种种原因，一直未能联系上。王老师便三番五次找他谈话，希望其自动退学。小林一来厌学，二来不断被老师施压，最后选择了自动退学。

请根据我国教育法律法规，就该班主任的做法进行分析。

第十三章　教育科学研究

学习目标 ▶ --

1. 了解教育科学研究的内涵、意义和特点。

2. 学会对教育科学研究进行分类。

3. 掌握教育科学研究常用的四种方法：教育观察法、教育调查法、教育实验法、教育行动研究。

4. 熟悉教育科学研究的活动过程，并能够学会基本的教育科学研究。

教育科学研究是教育学理论中偏向方法论的内容，但对整个教育研究来说，教育科学研究是沟通教育理论和教育实践的桥梁。教育工作者应当重视教育科学研究，积极参与研究活动，形成良好的研究意识和扎实的研究能力，服务于当下的教育实践和教育改革。本章主要探讨了教育科学研究的基本内涵、意义和特点，分析了教育科学研究的分类和四种常用的教育科学研究方法，介绍了教育科学研究的活动过程；旨在从理论阐述和现实操作上引导未来教师掌握教育科学研究的基础知识，并能学以致用，将所学知识结合实际开展基本的教育科学研究。

第一节　教育科学研究概述

一、教育科学研究的内涵

教育科学研究一般可以被理解为教育工作者对教育领域中的活动、现象和问题进行科学研究。教育科学研究把教育学视为一门科学，要求教育学的研究方法进一步科学化、规范化。从教育的整个历史发展来看，教育科学研究经历了最初的"经验—描述"阶段、近代的"哲学—思辨"阶段、现代的"科学—实证研究"阶段、当前的"规范—综合"阶段。[①] 教育科学研究方法的历史演进表明，教育科学研究的发展既与时代发展和社会进步息息相关，也与人类的智慧提升和价值取向密不可分。在当前的教育研究中，教育科学研究方法不局限在实证化的研究方法外框中，一些质性化的研究方法如人类学研究方法、历史研究方法、民族学研究方法等也属于教育科学研究方法的范畴。教育科学研究方法的科学性不能仅从研究方法的名称来判断，而需要深入考究研究方法的资料获取和分析过程是否体现科学性。因此，教育科学研究既是对教育活动中客观规律的规范化探寻，同时也是对诸多教育现象和教育问题的有价值取向的科学化思考。

二、教育科学研究的意义

教育科学研究在理论上有助于深化、拓展教育理论，形成更科学的教育认识；在实践上能为教育研究者、教育决策者和教育实施者提供理论依据和指导，推动教育改革和实践，促进教师专业成长。

(一)深化和拓展教育理论

教育科学研究的一个重要目的就是对现有教育理论进行基本探讨，通过创造新的理论、完善已有理论来实现拓展和深化教育理论。对于教育理论工作者而言，教育科学研究主要是从理论出发，观照教育实践，对实践的经验和资料进行总结和归纳而形成新的教育思想和观点，从而对原有的教育理论进行深化或拓展。而对教育实践者而言，教育科学研究一般是从教育教学实践出发，发现教育问题，反思解决之道，开始自下而上的教育科学研究。从实践土壤上生成的教育理论可以被称为"扎根理论"。这些理论不是靠演绎推理得来的，而是深深植根于扎实的教育实践之中，来自对长期的教育实践的洞察与分析。[②] 苏联的教育家苏霍姆林斯基在担任帕夫雷

---

①孙泽文：《论教育科学研究方法的历史演进与发展趋势》，载《荆楚理工学院学报》，2016(3)。
②孙泽文等：《教育科学研究的特征、层次和价值思考》，载《教学与管理》，2016(27)。

什中学校长期间，坚持在一线上课，并从教育实践出发开展了多项教育科学研究，撰写了多部教育著作和教育论文，如《帕夫雷什中学》《给教师的一百条建议》等。我国的教育家李吉林长期从事小学教育教学的实践探索与研究，在自身教育经验和思考的基础上创立了情境教育，对我国教育教学影响深远，情境教育理论和其衍生的相关研究深化和丰富了我国教育理论。

(二)推动教育改革和实践

教育改革是一种按照预期的要求来改进教育实践、促进教育发展、有意识、有计划的尝试，是面向未来的创造性活动，是教育变革的系统工程。[①] 当前我国的教育改革在不断推进，基础教育课程改革更是深层次的教育革命。教育改革不是凭空产生，而是有事实、有根据、有理论基础的教育举措。教育科学研究是研究教育理论并且服务于教育实践的活动。做好教育科学研究，可以推动教育理论回归实践，实现教育理论为教育改革和实践提供理论指导和理论依据的价值。

(三)促进教师专业成长

教师的能力不仅包括学科知识能力、教育教学能力，也包括教师的科学研究能力。不会做教育科学研究的教师，即使教学经验丰富、学科水平一流，但终究不能将自己的所思所感总结升华成理性认识，在个人的专业成长上也会止步不前。学会做教育科学研究，可以帮助教师突破个人专业成长的瓶颈。教育科学研究促使教师增强研究意识，掌握科研知识，发展科研技能，形成良好的教师专业素养，促进教师专业水平提升。

三、教育科学研究的特点

教育科学研究是教育领域内的科学研究，具备一般科学研究的普遍特点以及教育科学研究区别于其他科学研究的特点，以下是对后者的阐述。

(一)研究对象的教育性

教育科学研究的研究对象一般是教育过程中的教育者、受教育者、教育活动、教育方法等，具有鲜明的教育性。教育科学研究是着眼于教育并为教育服务的，教育科学研究在于揭示教育规律、把握教育艺术，所有的研究活动都是紧紧围绕着教育而展开。教育科学研究的选题、收集资料、分析资料、形成结论这一系列的过程也是富于教育性的，因为选题要具有教育意义，资料的收集和分析应从教育的立场出发，符合教育的规律，在形成结论时应兼顾教育的科学性和价值性。

(二)研究方式的人文性

教育科学研究与自然科学研究的区别主要在于，前者的关注点是主观的人，而后者的关注点是客观的物。在教育科学研究中，人既是研究的主体，也是研究的客

---

① 王守恒：《教育科学研究方法》，合肥，安徽大学出版社，2002。

体,并且是研究的最终目的,所以教育科学研究在研究方式上具有明显的人文性,不能完全依照自然科学研究的研究规范。[1] 因此,教育科学研究在研究方式上要谨记和把握人文性,在研究时要保持人文主义关怀和人道主义精神,把握好研究的伦理尺度,坚守对人的尊重和保护。

(三)研究问题的复杂性

相比于其他科学研究,教育科学研究的研究问题具有显著的复杂性。主要体现为以下几方面。首先,教育系统本身就是一个复杂的系统。教育内部系统涉及教师和学生,即人的复杂性。由于人具有发展性和差异性,教育科学研究很难保持研究变量的同质性,即使是在对变量控制要求严格的实验法中,也难以保证研究变量的纯粹客观和同质。其次,教育系统与社会其他系统之间联系甚多且关系复杂,这导致了教育问题本身的复杂性。可以说,一个教育问题的产生原因绝不仅仅局限于教育内部系统,也要考虑外部系统因素对教育的影响。例如,城乡之间义务教育发展不均衡,表面上是因为城乡的师资水平、设备条件、制度文化等差距大,但进一步追踪缘由,则可知是城市化、城镇化的快速发展促使农村的优秀师资、优秀生源不断流向城镇,城市集中了更多的优质教育资源,而农村的优质教育资源在流失,其本质原因在于城乡经济的差距。

(四)研究视角的多元性

随着学科融合和学科交叉的发展,教育学日益与社会学、心理学、人类学、经济学、神经学等学科产生融合与交叉,教育科学研究也体现出研究视角的多元性的特点。对于同一个教育问题,教育工作者们可以从不同维度和层次去审视和研究。比如一个儿童画画,画了一幅看上去是随意涂鸦的画,至少从成人审美的角度来看是不美观的,但若从教育学本身去审视这幅画,可能会把这幅画视为儿童天性的释放和表达;如果从教育社会学的视角去审视,则可能会将该儿童画作与同年龄段的儿童画作进行比较,从而预测该儿童的社会能力发展情况;从教育心理学的视角去审视,则可能关注儿童的身心健康和智力发展等方面。

(五)研究结果的迟效性

教育科学研究具有迟效性,主要体现在两方面。一方面,教育科学研究的周期一般比较长,尤其像一些跟踪研究,需要持续数月甚至数年的时间,然后经过缜密的分析和归纳才能得出研究结论。也就是说,教育科学研究要得出结论本身就需要较长的研究周期。另一方面,教学科学研究的研究结论在后期推广和应用方面也需要一个漫长的过程。十年树木,百年树人。人的发展是一个周期很长的实践活动,教育科学研究在最终效果方面也是如此,研究的效果并非即时的、立显的,而是需要教育系统内诸要素的配合协调。

---

[1] 孙泽文等:《教育科学研究的特征、层次和价值思考》,载《教学与管理》,2016(27)。

第二节　教育科学研究的分类和方法

一、教育科学研究的分类

对教育科学研究的合理分类，有利于进一步明确研究的内容和目的、提升研究的科学水平。教育科学研究分类方式较多，其中比较常见的分类方式主要有以下三种。

(一)按照研究的性质和目的分类

1. 基础研究

基础研究的主要目的在于发展和完善已有的教育基本理论。通过研究寻找新的事实，阐明新的理论，或重新评价和完善原有的理论。基础研究回答"为什么"的问题，与建立教育科学的一般原理有关。[1] 比如对教育本质的探讨、对教育目的的分析、对素质教育理论的研究等，基础研究是从学理上探究和丰富教育基本理论。

2. 应用研究

应用研究的目的是将教育理论知识应用到教育工作实际问题中，主要解决某些特定的实际问题或提供直接有用的知识。应用研究回答"是什么"的问题，用理论来审视教育实际，并帮助指出存在的问题和解决的方向，研究成果可以直接被教育决策部门、学校和老师采用，比如小学生学习负担的研究、高考制度改革研究、师范生教育实习的满意度研究等。

3. 开发研究

开发研究目的在于将现有的研究成果推广应用到教育实践中，探讨可行性和适用性，回答"怎么样"的问题。例如，将某一获得人们认可的教学成果推广实施到某一区域中，进而研究其适用性。

(二)按照研究方法分类

1. 历史研究

历史研究通过对过去发生的事件进行研究，来解释目前事件和预测未来事件，比如研究我国古代的科举考试制度来考察当今教育评价的基本理念。

2. 描述研究

描述研究是通过问卷调查、访谈、观察等方式来收集研究资料以验证假设或回答现时研究的问题，比如大学生学习动机的调查研究、农村留守儿童的教育现状研究。

---

①裴娣娜：《教育研究方法导论》，10 页，合肥，安徽教育出版社，1995。

3. 相关研究与比较研究

相关研究是对两个或更多事件之间的关联以及关联的程度进行研究，比如关于中学生学习兴趣与学习成绩之间关系的研究。

比较研究是按一定标准对彼此有联系的事物加以对照分析，以确定它们的共同点和差异点，共同规律和特殊本质，从而得出符合客观实际的结论；[1] 比如不同教材编排体系的比较研究、集中实习和分散实习的比较研究。

4. 实验研究

教育领域中的实验研究是一种自然实验，即在可控的教育环境中，确定自变量，控制因变量，研究事件背后的因果联系和客观规律。

5. 理论研究

理论研究是对教育的基本问题及其相互关系，从理论上加以分析和综合、抽象与概括，以发现其内在规律的研究。

(三)按照研究的范式分类

1. 量化研究

量化研究是指研究者通过一些科学化的研究工具，如问卷、量表，对事物进行数量化的测量和分析，从而探寻因果关系、判断发展变化的一种研究。量化研究通常需要用到现代的数据统计、数据分析，以客观的数据来阐明研究问题。量化研究常常采用问卷调查法、测量法、教育实验法等研究方法。

2. 质性研究

质性研究是相对于量化研究提出来的。详细来说，质性研究是以研究者本人作为研究工具，在自然情景下采用多种资料收集方法对社会现象进行整体性探究，使用归纳法分析资料并形成理论，通过与研究对象互动对其行为和意义的建构获得解释理解的一种活动。[2] 从研究的逻辑上看，定性研究是描述性、解释性的研究，它在本质上是归纳的过程，即从特殊教育情景中归纳出一般的结论，侧重于对事物本质和原因的探讨，结果一般不具备推广意义。质性研究常常采用观察法、访谈法、历史法、人类学方法、民族志等研究方法。

二、教育科学研究的方法

教育科学研究的方法众多，其中常用的教育研究方法主要有以下四种。

(一)教育观察法

1. 教育观察法的概念

观察法源于人类学的研究，后来逐步走进了心理学和教育学的研究领域。观察作为一种认识世界和事件的基本方法，应用很广泛。在教育研究中，教育观察法是

---

①裴娣娜：《教育研究方法导论》，12 页，合肥，安徽教育出版社，1995。

②陈向明：《质的研究方法和社会科学研究》，12 页，北京，教育科学出版社，2000。

指教育研究者根据一定的观察目的，制订相应的研究计划，通过感觉器官和辅助设备，对处在自然状态下的教育现象进行系统考察，从而获得经验事实的一种研究方法。①

2. 教育观察的类型

（1）直接观察和间接观察

根据观察的方式划分，可将教育观察分为直接观察和间接观察。直接观察是研究者运用自己的眼睛、耳朵等感觉器官直接获取第一手资料；间接观察是研究者借助于录音机、摄像机等辅助设备来获取现场资料。

（2）参与性观察和非参与性观察

根据观察者是否直接参与被观察者所从事的活动，可将教育观察分为参与性观察和非参与性观察。参与性观察是研究者直接参加到被观察者群体中，作为其中一员参加活动，并不暴露自己的研究者身份，从而获取真实可信的第一手资料。这种观察能够深层次地了解被观察者，获取平时难获得的资料，但是要求研究者要始终保持清醒、客观，不被被观察者同化，以免影响研究结论的客观性。非参与性观察则是研究者不加入被观察者群体，不参加他们的活动，以"旁观者"的身份进行观察。这种观察是比较客观、公正的，但可能看到的只是表面的或偶然的现象。

（3）结构式观察和非结构式观察

根据观察方式的结构化程度，可将教育观察分为结构式观察和非结构式观察。结构式观察是研究者有明确的观察目标、问题和范围，有详细的观察计划、步骤和合理设计的可控性观察，在观察过程中研究者严格按照观察计划进行观察和记录。这种方法能够收集大量的、翔实的资料，便于定量分析和比较研究，但也缺乏灵活性，不适合对突发事件的观察。非结构式观察是研究者只有大致的观察目的和内容，没有周密的观察计划和提纲，对现场的观察采取弹性态度，根据现场具体情况灵活实施。这种方法简便易行，灵活机动，可以让研究者在观察时发挥主动性、创造性。

3. 教育观察法的实施步骤

（1）明确观察目的和意义。研究者需明确观察中要了解什么情况，收集哪方面的资料。研究者应提前掌握被观察者的基本情况，了解被观察者的特点，以便进一步确定获取资料的方向和重点。

（2）制订观察计划与实施方案。观察目的确定后，研究应制订详细的观察计划和实施方案，使观察能够系统有序地进行。观察计划与实施方案一般应包括以下内容：①观察的目的和任务；②观察的对象，应选取具有代表性和典型性的对象；③观察的内容，列出需要通过观察获得的材料的要目；④观察过程，包括选择观察的途径，安排观察的时间、次数和位置，选择观察的方法，确定观察的密度，等等；⑤观察

---

①侯怀银主编：《教育研究方法》，115 页，北京，高等教育出版社，2009。

的记录表格、速记符号，规定有关的统一参照标准；⑥观察手段和工具；⑦观察的注意事项，根据观察的特点，列出为保持被观察者常态的有关规定。[①]

（3）实施观察。研究者按照观察计划进入现场进行系统观察。在实施观察时研究者应注意把握好观察重点，注意充分运用各种感官获取尽可能多的信息，及时做好观察记录。

（4）整理和分析观察资料。观察结束后，研究者要对观察资料进行初步整理，包括剔除错误材料，补充遗漏材料，对笔录、音频、视频等资料及时进行分类整理等。对于观察资料的分析，可依据观察方式决定采取定性还是定量的方法。最终在资料分析的基础上，得出研究结论，撰写教育观察报告。

4. 教育观察法的优势与不足

教育观察法的优势主要体现在以下几点。第一，资料来源真实，可靠性强。研究者在进行教育观察研究时，一般都是亲临现场，深入到研究对象生活和学习情境中进行观察，因而是亲眼所见、亲身经历，所获取的资料真实、客观。即便是间接观察，研究者也有对现场的真实记录和保存，可以通过回放来确保资料的真实性和可靠性。第二，操作上方便易行。观察法的实施前提是研究者在正式观察前明确观察目的和项目，具备良好的专业理论知识和能力。研究者到了观察现场，不需要特殊的条件，不必使用复杂的仪器设备就可直接开展，并且教育观察法不会影响被观察者的正常活动。第三，教育观察法尤其适用于非言语行为资料的收集，使研究者能够对被观察者的行为进行细致的观察和分析，有助于对研究对象的深入了解。

但教育观察法也有不足之处：第一，不能判断"为什么"等因果关系的问题，只能说明"有什么"和"是什么"问题；第二，当被观察者人数众多且比较分散的时候，观察容易遗漏信息；第三，样本量小，所得的研究结果普适性不佳。

(二)教育调查法

1. 教育调查法的概念

教育调查法是在一定的教育理论指导下，通过问卷、访谈等手段获取第一手资料的方法。教育调查法一般是在常态的教育实践中收集资料。依据调查对象的范围大小教育调查法可分为全面调查、重点调查、抽样调查和个案调查。全面调查是用来调查某一事物和现象在某一地区的全面情况；重点调查是选择一部分能反映研究对象特征的单位进行调查；抽样调查是从总体所包含的全部个体中随机抽出一部分个体作为调查对象，以推断、说明总体的一种调查；个案调查是对某一个事件或某一个学生进行深入调查，如果这种研究是长期的调查研究，则又被称为跟踪调查。

2. 两种重要的调查方法

在教育调查中最常采用的方法是问卷调查法和访谈调查法。

[①]张艳：《中小学教师怎样进行课题研究（六）——教育科研方法之教育观察法》，载《教育理论与实践》，2008(6)。

(1)问卷调查法

问卷调查法是研究者将事先设计好的问卷发放给被调查者,让其在一定时间内完成填写,然后回收问卷获取资料的一种方法。其中问卷是研究者按照调查目的和一定维度进行编制的且具有良好信度和效度的问卷。问卷调查法是教育调查法中最基本的研究方法。

问卷调查法的实施步骤应包括以下几步。

①明确调查的对象、目的和意义。研究者根据研究课题、研究内容,弄清楚要调查的样本对象,要获取什么方面的信息,对整个研究有何重要意义。

②编制调查问卷。编制问卷是问卷调查中最关键的一个环节,问卷的质量直接关系到研究结果的科学性,并在很大程度上影响着问卷的回收率和有效率。所以研究者在编制问卷时,应提前对研究问题进行初步研究,把握问卷的内容维度,避免跑题。同时,也要注意问卷的结构编排、格式设置和语言表述,使之条理清晰、易于理解、方便作答。

③试测问卷并修正问卷。问卷编制完成后,研究者应选取一部分调查对象作为试测样本,发放问卷让其填写,再对问卷的数据进行统计分析,检验问卷的信度和效度。如果问卷的信度和效度不达标,则需要修正相应的问卷内容,直至符合标准为止。

④正式施测。研究者开始正式发放问卷,可以直接进入教育现场面对面地发放问卷,也可以通过邮寄(包括网络邮寄)来发放。问卷发放后应及时回收,并保证问卷的回收率要高于70%。

⑤整理和分析问卷资料,撰写调查报告。在这一阶段,为保证资料的科学性和可靠性,研究者应对回收的问卷进行筛选,剔除无效问卷,在此基础上对有效问卷进行统计分析。在教育统计中,SPSS统计分析软件是常用的工具之一。根据统计分析的结果,研究者发掘数据背后隐含的规律,最后撰写调查研究报告。

问卷调查法的优点在于:能在短时间内搜集大样本信息资料,效率高;方便实用,节省费用;调查问卷一般采取匿名回答,所获取的信息也比较客观真实。但问卷调查法也有自身的局限性:问卷质量直接决定了获取资料的可靠性;由于是大样本的调查,搜集的资料容易流于表面,难以深入了解被调查者态度或行为背后的原因;要求被调查者具有一定的文化水平,低年级儿童和文化程度低的成人难以独立完成一份标准问卷。但问卷调查法仍然在教育科学研究方法中具有重要的地位,是教育实证研究中经常采用的研究方法。

(2)访谈调查法

访谈,就是研究性交谈,是以口头形式,根据被询问者的答复搜集客观的、不带偏见的事实材料，以准确地说明样本所要代表的总体的一种方式。① 访谈调查法通过面对面交谈的形式来获得调查资料，是教育科学研究中不可或缺的一种研究方法。

访谈调查法的基本实施步骤如下。

①制定访谈提纲。研究者根据研究内容，把握研究的主要问题，明确要通过访谈了解访谈对象的哪些信息。完整的访谈提纲应包括：提纲标题，即关于什么的访谈；访谈对象的人口学信息，即性别、年龄、学历、职称、工作单位等相关信息；访谈的主要问题，这是访谈提纲的主体部分，主要涉及研究问题的具体化。研究者要考虑问题的表述、问题之间的前后联系还有问题的伦理性。

②做好访谈前的准备工作。研究者应提前联系好访谈对象，约好访谈的时间和地点；准备好访谈过程中需要用到的工具，如介绍信、纸、笔、照相机、录音笔等；在访谈前应尽可能了解访谈对象的基本情况，包括经历、兴趣爱好等，以便顺利切入访谈并深入访谈对象。

③正式访谈。研究者首先自我介绍，并介绍访谈的目的、意义、方式方法，请求访谈对象的支持和配合。在转入正题之前，可以谈谈访谈对象比较熟悉的话题，帮助建立双方的熟悉感和信任感。研究者在提问后要注意倾听，及时做好记录，不随意打断对方说话。

④结束访谈，整理和分析访谈资料。访谈结束后，研究者应向访谈对象表达谢意；及时对访谈资料进行整理归档和编码，方便下一步对访谈资料的分析。

访谈调查法的优点为：研究者能在访谈中直接观察到被访谈者的非言语行为并感知被访谈者回答问题的态度，便于全面系统地分析访谈资料；访谈具有很强的灵活性，可以根据访谈的具体情况灵活调整访谈方式、访谈内容，能够促进问题的深入。访谈调查法也存在一定的局限性：花费较多的时间、人力和物力，适用于小样本的调查；访谈过程的顺利进行很大程度上依赖于研究者个人的访谈技巧和素质，在研究结果上也容易带有研究者个人的主观臆断。

(三)教育实验法

1. 教育实验法的概念

教育实验法是研究者按照研究目的，合理地控制或创设一定条件，人为地干预和变革研究对象，从而验证假设、探讨教育现象的因果关系并揭示教育规律的一种研究方法。在教育实验法中，对变量的理解尤为重要。研究者要人为干预和变革的研究对象的因素是自变量，研究对象相应的反应和变化是因变量，而在这个实验过程中需要合理控制条件使之不影响研究结果的就是无关变量。

---

①裴娣娜：《教育研究方法导论》，180 页，合肥，安徽教育出版社，1995。

2. 教育实验法的类型

(1)实验室实验与自然实验

这是依据实验情境的不同划分的。实验室实验是在特定的实验情境中进行，实验环境相对封闭，对变量控制比较严格，能够比较清楚准确地观察到自变量对因变量的影响。自然实验，也叫现场实验，是在实际的教育情境中进行的。研究者不对教育情境做特意的改变和控制，被试也不知道自己在参与实验，因而行为和态度更加自然、可靠。自然实验是教育实验研究中的基本方式。

(2)探索性实验与验证性实验

这是依据实验目的的不同划分的。探索性实验是探究造成某种教育现象的原因究竟有哪些，或者操纵某些条件会引起什么效果，它的特点是影响因子多，常将许多可能影响结果的因子组合在一起研究，对它们进行比较、筛选、更新，实验规模小，对实验精度的要求不高。

验证性实验的实验目的在于验证假设是否成立、方案能否有理想效果。它的特点是问题明确，因素不多，实验规模较大，控制要求较高。

(3)前实验、准实验与真实验

这是依据实验的控制程度和效度来划分的。前实验是指没有控制无关因子的措施及内外效度差的实验。准实验是没有随机选择被试，是在现有的班级内进行，无法完全控制无关因子的实验。真实验是随机选择被试、完全控制无关因子、内外效度都很高的实验。在教育情境中，严格控制无关变量是很难做到的，所以教育实验一般都是准实验。

3. 教育实验法的实施步骤

教育实验法的一般实施步骤如下。

(1)确定实验课题，形成理论假设。

(2)设计实验方案，明确实验的具体操作程序，确定实验对象、实验方式以及观测实验结果的方式。

(3)正式实施实验，按照实验方案进行教育实验，采取一定的实验处理，观察实验结果并及时记录。

(4)总结实验，实验结束后将大量的原始资料归纳整理，并做基本的统计分析，找出因果关系，形成结论。

4. 教育实验法的优势与不足

教育实验法的优势主要有：第一，教育实验法在研究过程中对无关因素的控制相对严格，因此在建立因果关系方面优于其他方法，研究的结果更加明晰；第二，研究结果可以重复验证，根据实验过程的规定条件，可以重复教育实验并获得基本相同的研究结果，提高了研究的信度和效度；第三，教育实验法可以检验和完善新的教育教学理论，当新的教育教学理论产生时，不能贸然地将其全面实施，需要进行小范围的实验来检验该理论的科学性、可操作性等，教育实验法可以检验新的教育科学理论并推动其应用于教育实践。

教育实验也有不足之处，主要包括：教育实验不同于自然科学的实验室实验，难以做到对教育实验中无关变量的完全控制；对实验条件的要求较高，对实验设备条件、对参与实验的人员都有一定的要求；研究结果存在适切性问题，实验过程中研究者对情境的控制使之与真实的教育情境存在一定差异，所以研究结论在推广应用时不一定非常切合教育实际。

(四)教育行动研究

1. 教育行动研究的概念

教育行动研究是人们在教育实践的情境中进行的，旨在改进和解决教育实际问题，边探索边实践的研究方法。[①] 行动研究法产生于 20 世纪 30 年代美国的社会问题研究，50 年代开始应用于教育领域，80 年代初传入我国。现在已逐步成为我国中小学教师的主要的教育科研方法之一。

2. 教育行动研究的类型

根据参与研究人员的构成，教育行动研究可以具体分为三类：独立式行动研究、支持式行动研究、协同式行动研究。

(1)独立式行动研究

独立式行动研究是校内教育者个人独立进行的行动研究。工作的独立性是教师职业的一个特点，对于教师而言，独立的行动研究实施起来方便灵活，能够根据自身面临的教育实际问题有针对性地选择研究方式和研究安排。这种研究要求行动者具有较高的进取动机，有较强的批判反思能力，能够在日常教育实践中善于发现问题、提出问题，并有较强的分析问题和解决问题的能力。实际上，具备这种能力的教师比较少，大部分教师的专业成长、工作改进需要同伴的帮助、专家的引领、学校的支持等。

(2)支持式行动研究

当校内教育者为主要行动者，来自校外的研究者是咨询者和支持者时，这种行动研究就是支持式行动研究。如果在支持式行动研究过程中，校内教育者具有较强的批判意识和能力，是研究的主体，而校外研究者只是起着辅助作用，那么这就是内生性行动研究。如果校外研究者是研究主体，校内教育者只是配合者和操作者，那么这就是外控型行动研究。显然，对于校内教育者来说，前者的研究水平和研究要求更高，更有助于教师的专业成长。

(3)协同式行动研究

协同式教育行动研究是指校内和校外研究者共同参与，以平等协商的方式来共

---

①卢家楣主编：《教育科学研究方法》，192 页，上海，上海教育出版社，2012。

同解决教育教学中的实际问题的行动研究。为唤醒外控型行动研究中校内教育者的自主研究意识，应当让他们认识到校内教育者和校外研究者在行动研究中是互相补充、相互促进的关系，他们之间是民主平等的，使他们能够达到"视域融合"，有着共同的教育愿景和行动理念。

表 13-1　不同参与者的教育行动研究比较①

	独立式行动研究	支持式行动研究		协同式行动研究
		内生型	外控型	
参与者	校内教育者，如校长、教师	校内教育者，校外教育者；以校内教育者为主	校内教育者，校外教育者；以校外教育者为主	校内和校外教育者、平等协商
变革	校内教育者对实践不满意，对教育当局、家长、社会提高教育质量要求的理解	校内教育者对实践不满意，对教育当局、家长、社会提高教育质量要求的理解	校内教育者对实践不满意，教育当局、大学等机构发起的改革	校内教育者对实践不满意，校外教育者对教育质量真诚关怀
优势	灵活，与日常教学生活紧密结合，与实践者的职业生涯紧密结合	容易与日常教学生活结合，教师的认可度较高	在行动研究初期，或是校内行动者成就动机不强、反思能力不强时比较有效	校内与校外双方自愿，优势互补，既能与学校环境结合起来，又能吸收外界智力资源
局限性	需要行动者有较高的成就动机、丰富的知识和教学技能、较强的批判反思能力	需要行动者有较高的成就动机、丰富的知识和教学技能、较强的批判反思能力	限制校内行动者自主性，使行动研究容易脱离学校环境，持续性差，实用性差	对校外教育者要求较高，双方沟通成本较高

3. 教育行动研究的实施步骤

教育行动研究的实施步骤一般如下。

(1)明确要研究的教育问题。

(2)根据研究问题制订行动研究计划，选择合适的研究方法，安排合理的研究进度。

(3)按照研究计划进行教育行动，并对行动过程进行记录或描述。常见的记录方式有三种：研究日志、教育叙事和教育案例。

(4)为保证研究的科学性，需对行动过程进行考察和反思，获得反馈意见，修改行动计划，并启动新一轮的教育行动研究。

4. 教育行动研究的优点与存在的问题

教育行动研究的优势主要体现在这些方面：第一，以教育教学中的实务问题为

---

① 赵明仁、王嘉毅：《教育行动研究的类型分析》，载《高等教育研究》，2009(2)。

导向，研究的主要目的是改进和解决教育实际问题；第二，研究的情境就是具体的教育情境，研究结论适用于最终问题的解决；第三，在教育行动研究中，研究门槛较低，教师就是研究者，这有助于激发教师的科研热情，促进教师的专业发展，提升教师的研究能力。

教育行动研究也存在一些问题：校内教育者在参与教育行动研究时存在不少困难，普遍反映缺少时间、缺乏研究的理论知识和经验、资料获取不易、缺乏校方支持、缺乏研究氛围等，这些困难使校内教育者难以展开有效的教育研究活动；教育行动研究的问题常常过于细碎、微观，多探讨课堂教学和学生管理的细节问题、技术性问题，而缺少对教育问题的宏观思考、整体把握，所以研究结论往往流于表面、不够深入。

第三节　教育科学研究的活动过程

一、确定教育研究课题

教育科学研究的首要问题是选好研究课题。选择了一个好课题，可以保证研究工作的顺利开展，可以将研究结果运用于教育实践，促进教育实践活动的优化。

一个好的研究课题应具备如下特点。

(一)问题必须有价值

选题要有良好的理论价值，即可以对教育理论进行丰富和补充。同时，选题也应具备明显的实践价值，即课题的研究成果对教育实践有改进意义。教育科学研究的最终目的还是促进教育实践的进步，这个在选题之初就应明确。

(二)问题必须兼具现实性和科学性

问题的现实性体现在研究问题有充足的事实依据，是从教育实践中产生又亟待解决的问题。问题的科学性是研究问题的指导思想，是明确的，并以教育科学基本原理为理论依据。研究问题的科学性和现实性分别决定了研究课题的理论深度和实践广度。

(三)问题必须具体明确

选题一定要具体化，界限要清楚，范围宜小，不能太宽泛、太笼统。大而空、笼统模糊的研究课题实施起来往往难度大，也不能对教育实践的改进提供良好的具体指导。

(四)问题要有创新性

教育科学研究应避免千篇一律、炒冷饭。选题的新颖性、创新性是影响研究价值的一项重要指标。选题创新包括研究假设的创新、研究内容的创新、研究视角的创新、研究方法的创新等，而这些创新均是在前人已有研究基础上的，研究者应广泛查阅已有的研究资料和成果，为选题创新性的实现奠定基础。

(五)问题要有可行性

在客观条件上，要具备完成研究的必要物资设备、资料、时间、经费、技术、人力等条件；在主观条件上，研究者自身的知识基础、研究基础、经验、能力、专长、兴趣等，都是完成研究课题必不可少的条件。

二、设计教育研究方案

确定了研究课题之后，需要制订具体可行的研究方案。一般来说教育科学研究方案的设计主要有以下内容。

(一)明确研究问题，界定核心概念

研究问题中的关键概念需要明确界定，从而把握好研究方向，避免因歧义而产生误解。

(二)提出研究目标

研究目标是对研究所要达到某种研究结果的概括性预期。在表述研究目标时可以从理论目标和实践目标两方面入手，即在教育理论和教育实践上的预期结果。

(三)拟定研究内容

研究内容是研究目标的具体化，是为了达到研究目标所要进行的具体研究。可以将研究课题具体细化成几个子课题，明确子课题包括哪几部分内容，逐一分解，形成研究内容的序列。

(四)确定研究对象

研究者根据研究内容选取研究对象。但往往由于研究条件的限制，无法对全部的研究对象都做研究。通常的做法是从研究对象的总体中选择部分具有典型意义的对象进行研究，这也叫作"取样"或者"抽样"。根据取样是否随机，可以分成随机取样和非随机取样。随机取样在选取研究样本时遵循随机的原则，非随机取样不遵循随机原则。一般随机取样的样本代表性更强。

(五)选择研究方法

研究者需根据研究目的和研究的主客观条件，来选择最适合的研究方法，比如文献法适合系统全面地搜集文字资料；问卷调查法适合大样本的研究，可以高效率地了解研究对象的态度、行为；访谈法则适合小样本研究，能够深入研究对象，挖掘隐藏在背后的信息。关于研究方法的介绍前面的章节已有涉及，这里不再赘述。

(六)制订研究过程

这是对整个课题研究过程的全面规划，不仅要厘清各个研究环节的逻辑关系、采用的研究方法和手段，还要将研究目标和内容分解细化到具体的时间段和负责人，制订具体详细的研究进度安排。

三、整理与分析教育研究资料

(一)整理教育研究资料

资料整理是教育研究过程中的一个重要环节。通过各种研究方法获得的一手资料或二手资料，均需要加工整理。可以说，对资料的整理工作贯穿教育科学研究的始终，每一次研究活动的进行都离不开资料的整理。

整理资料的第一步就是对所获得的教育研究资料进行审查和校对，鉴别资料的真实性、可靠性和准确性，剔除无效的或有效性低的资料。第二步是对资料进行分类，分类的标准是多样化的，可以根据研究资料的性质、内容和特征分类。比如对某市未成年人参与网络游戏的现状进行研究，可以将研究资料按城乡分类、按性别分类、按年龄段分类、按家庭收入分类等。第三步是对分类资料进行汇总和分析，汇总资料时要做到完整、系统、简明和集中。

(二)分析教育研究资料

如果把前期的资料收集比喻为"播种阶段"，那么资料分析就好比"收获阶段"。播种主要是消耗资源的阶段，收获则主要是消耗精力（脑力）的阶段。[①] 所以，对研究资料的分析是获得论文成果、显示研究水平的重要部分。

对教育研究资料的分析主要有定性分析和定量分析两类。定性分析的对象主要是事实描述性资料，通过对这些事实描述性资料，分析事件的内在规定性，分析事件的成因和变化过程。而定量分析是从事物的数量特征入手，运用一定的统计方法进行数量分析，从中得出事件的内在规律的分析方法，主要面向的是数据资料。定量分析能够精确地描述变量与变量之间的关系，研究结果多采用图表搭配文字的方式呈现，比较客观，令人信服。

四、撰写教育研究论文

资料分析完成以后，研究者就可以着手撰写教育研究论文。当然，教育科学研究的成果有多种呈现方式，包括学术论文、调查报告、实验报告、行动研究报告等。这里主要介绍学术论文的写作。

(一)研究论文的结构框架

跟其他研究一样，教育研究论文也有规范的结构框架。从形式上看，研究论文通常包括题目、作者、摘要、引言、正文、讨论参考文献、附录等部分，其中正文部分包括了研究论文的文献综述、研究方法、研究结论。从内容上，研究论文对语言表述、前后逻辑关系有着严格的要求。研究论文不同于文学中的文章，应尽量避免出现"我认为""笔者认为""本人"这样的主观语句，应注意论文表述的严谨性和客

[①] 张红霞：《教育科学研究方法》，51页，北京，教育科学出版社，2009。

观性。在撰写论文时，应先写研究问题的概念、意义，再写研究方法、研究过程的实施，然后呈现研究结果，形成研究结论，并对研究结果进行讨论，这是一个在逻辑关系上逐渐深化的过程。

(二)论文题目

题目是论文的眼睛，一个好的题目会为论文增色不少。论文的题目应尽可能传达出研究问题的信息，体现论文的创新点，说明研究对象和方法，但一般不可超出15字。有时候也可在题目的下面加上副标题，但在撰写论文时应尽量避免使用副标题，只有在存在两个同等重要的主题或论点的情况下才能使用副标题。

(三)论文的摘要和关键词

论文的摘要是对整篇论文内容的简要概括，以便读者能快捷地了解全文的概貌。写作摘要的时候要注意：文字要简练，一般以两三百字为宜；内容全面，重点突出。而关键词的选取对论文被检索、被引用十分重要。关键词反映了论文中的关键概念、关键词语，每篇论文的关键词数量不要过多，一般不要超过五个。

(四)论文的引言部分

引言部分也被称为引论、绪论，是在论文正文前的一段阐述文字，可长可短。引言的内容一般阐述研究领域和研究背景，交代研究目的和研究问题，阐明研究方法，分析理论意义和实践意义。简言之，引言是向读者介绍为什么研究、研究什么、怎样研究等问题。

(五)论文的正文部分

这部分是作者展开论题、论述个人研究成果的部分，是论文的主体部分。在正文部分，作者阐明自身的研究假设，简要说明自己的研究过程，还有对资料的理论分析，最终得出研究结论。这部分内容是论文学术价值大小、研究者研究水平高低的重要体现。

(六)论文的讨论部分

此部分是作者对论文的研究结果进行进一步分析和解释的部分，讨论的焦点往往是论文的关键点。在讨论部分，作者需要对论文的研究内容进行回顾和反思，总结论文提出了哪些创新性的观点，说明了什么问题，或者解决了什么实际问题；如存在与前人研究不同的结果，需要着重分析和讨论；客观剖析论文研究过程中或结果分析中存在的不足，必要时需对这些不足之处、尚待解决的问题提出研究设想和改进建议。

(七)参考文献

任何科学研究活动都是在前人研究的基础上前进和发展的，教育科学研究也不例外。在论文形成的过程中，凡是引用了他人的材料或研究成果的地方，都必须实事求是地注明出处。这既是对他人研究成果的尊重，也是对自身学术道德的严格要求。

参考文献的标注包括文中注、尾注和脚注。文中注是在正文中用括号标明引用文献的作者和时间，如：（王策三，2004）。尾注是在论文的末尾列出所有被论文引用过的文献，一般是罗列在正文后面，多用于期刊论文。脚注是在本页底边加注，加注的内容可以是引用的文献，也可以是对正文的补充、解释和说明。

拓展阅读

中小学教师怎样幸福地做科研①

当科研使更多教师成为"有主张的教育者"和"有理论的实践者"，当科研使更多学校成为"有特色的品牌校"，使教育质量实现整体性提升，教育科研便找到了它的价值，幸福便成了它的"修饰语"。

谈起科研，有些中小学教师往往色变。现实中常有"开题时轰轰烈烈，中期时冷冷清清，结题时灰飞烟灭"的故事。

但是，对于中小学教师来说，教育科研又是不可或缺的。苏霍姆林斯基说："如果你想让教师的劳动能够给教师带来乐趣，使天天上课不至于变成一种单调乏味的义务，那你就应当引导每一位教师走上从事研究这条幸福的道路上来。"

近年来，随着新一轮基础教育课程改革的推进，广大教师和教育管理者从事教育科研的热情日益高涨，但由于一线教师对教育科研的价值认识还存在一定程度的偏颇，在教育科研貌似繁荣，其实存在并暴露出一些问题。

比如，不针对自身教育教学中的问题，什么时髦研究什么，先跟风而上，后应付交差，这属于功利性研究；自感力不能及又不深入钻研，使科研流于形式，这样的研究是无力型研究；课题研究不规范，脱离教育实践，不顾学校教育实践的复杂性，机械地套用实验法等研究方法、手段，得出的实验结果没有说服力，这样的研究是虚假型研究；有的教师在研究之初热情高涨，但随着研究的日益深入和工作压力的增大，逐渐滋生畏难情绪，容易虎头蛇尾，这样的研究是短命型研究；虽有经验却总结不出，或总结的成果缺乏系统性，零散、泛泛甚至不知所云，某些课题研究视角和研究方法单一，或研究的目的指向不清，开题时就没做好论证和界定，越研究越感到进行不下去，最后只好草草结题，这样的研究是低效型研究。

以上种种教育科研中存在的现实问题，导致学校教育科研价值异化，某些学校的教育科研甚至沦为教师完成教学任务的障碍或者误区。

当前，新一轮基础教育课程改革进入深化阶段，让教师成为研究者既是新课程改革的重要理念，又是新课程改革的实践诉求。因此，一线中小学教师只有树立正确的科研价值观才能在教育科研中有所收获。

---

① 胡艳：《中小学教师怎样幸福地做科研》，载《中国教育报》，2015-12-23。

以问题解决为目的。任何科研都始于问题，没有问题就没有科研的冲动，没有科研的冲动，也就不会有真正的行动，没有真正的行动，就不可能解决实践问题。课堂教学是教师的生命舞台，也是教师产生成体验与困惑的地方。教师应该学做有心人，从实践中反思理念、言论与行动，勤于聚焦和研究自己的课堂与学生，在教育教学中及时发现问题，寻找工作中存在的困惑，并提炼出有价值的研究课题。

以实际需要为导向。中小学教师应从自己的教育教学和学校实际出发，同时着眼于学校和教师最迫切需要解决的问题，以应用性研究为主，避免跟风应景，重复他人。一线教师教育科研的出发点在根本上是改进实践而非构建理论，特别是随着教育形势的发展，学校文化建设、教与学方式的改变、教师专业发展等成为学校新的需要，在科研中探索出学校和教师发展的正确路径、满足新需要是中小学教师教育科研的重要意义。

以"小、短、平、实"为原则。在选题上，要把握素质教育和新课程改革的发展方向，特别要围绕课程标准、校本课程资源开发、学习方式、师生关系、研究性学习、课堂教学方法、综合实践活动、学生发展性评价、教育信息与教学资源整合等热点，从"小处"入手，选小题目，做深、做透，研究实实在在的问题，脚踏实地，不好高骛远。

以总结经验为起点。经验总结是教育研究成果的重要形式，是教育科研的重要组成部分，是教师最熟悉和易于操作的，也是教育教学工作的反思、总结、提高、升华的有效手段。但是，经验总结不是使之简单化，更重要的是要提炼出解决问题的新规律、新思路、新方法，真正提升自己的研究能力和创新水平，使教育思想和教师角色得到更新和转变。

以专业发展为动力。中小学教育科研一定要消除"精英化"思想，强调每一个教师都是教育科学研究的成员，人人参与教育科研，真正实现科研立校、科研强师的目标。中小学教师的教育科研的着眼点放在理论与实践的结合上，切入点放在自己的教育教学上，关键点放在对教育过程的反思上，生长点放在不拘一格、有所创新上，最终目的放在解决教育教学实际问题上。只有这样，教师才能克服功利思想，通过参与教育科研活动不断提高自己的专业能力和水平。

以多种形式为载体。中小学教育科研的特点具有草根性和实践性，因此教育科研旨在从教育教学中的小问题、小现象、小策略、小故事入手，提出自己的草根理论，形成自己的管理、教育、教学特色。限于时间和精力，中小学教师的科研形式除了立项课题以外，也可以选择如撰写教育案例、教学反思、教育叙事、研究论文，开展教育(教学)思想研讨会、学术论坛、教育沙龙、名师工作室、教学模式推介会、公开课等多种形式。

以大胆创新为旨趣。教师要力争打破两种权威：一种是所谓的理论权威，另一种是所谓的经验权威。唯有如此，新课程才能在"新"字上得以实现，教师才会在科研中探索形成自己的教育理念和风格，才会在新课改中有所作为。

思考题

一、单项选择题

1. 根据（   ）可将教育科学研究划分成基础研究、应用研究和开发研究。

A. 研究的性质和目的

B. 研究资料来源

C. 研究方法

D. 研究对象

2. 没有随机选择被试，无法完全控制无关因子的教育实验研究是（   ）。

A. 前实验

B. 准实验

C. 真实验

D. 探索性实验

3. 根据观察方式划分，教育观察研究可分为（   ）。

A. 直接观察与间接观察

B. 参与式观察与非参与式观察

C. 自然观察与实验室观察

D. 结构式观察与非结构式观察

二、辨析题

1. 观察法只能得到教育现象表面的和感性的材料，所以在教育研究中要少用观察法。

2. 教育科学研究的效果具有即时性，也就是说研究成果能即时应用于教育实践且成效明显。

三、简答题

1. 请简述访谈法的优缺点。

2. 请谈谈一个好的研究课题要符合什么标准。

四、材料分析题

心理学家罗森塔尔曾对小学一至六年级的学生进行了一次智力测试。然后将每班学生随机分成两组，并谎称是根据智力测试成绩来分组的。其中一组占总人数的20％，被称为高智商组（A组），实验支持者将该组学生名单交给新任教师，并告诉他们，预测表明，这一部分学生在智力方面有很大的发展可能性，具有在不久的将来产生学业冲刺的能力。剩余80％的学生为普通组（B组）。实际上，学生是用随机分派的方法分成两组的，也就是说，分组时根本没考虑之前进行的智力测试，A、B

两组被试的智力在统计上是相等的。经过 8 个月的教学后，罗森塔尔发现 A 组学生比 B 组学生的智商有了更大的增长。

1. 该实验设计属于前实验设计、准实验设计还是真实验设计？
2. 实验中的因变量、自变量分别是什么？
3. 这种实验的特点是什么？

附　录

中小学教师专业标准(试行)

教育部文件　　教师〔2012〕1号

中学教师专业标准(试行)

为促进中学教师专业发展，建设高素质中学教师队伍，根据《中华人民共和国教师法》和《中华人民共和国义务教育法》，特制定《中学教师专业标准(试行)》(以下简称《专业标准》)。

中学教师是履行中学教育教学工作职责的专业人员，需要经过严格的培养与培训，具有良好的职业道德，掌握系统的专业知识和专业技能。《专业标准》是国家对合格中学教师的基本专业要求，是中学教师实施教育教学行为的基本规范，是引领中学教师专业发展的基本准则，是中学教师培养、准入、培训、考核等工作的重要依据。

一、基本理念

(一)师德为先

热爱中学教育事业，具有职业理想，践行社会主义核心价值体系，履行教师职业道德规范，依法执教。关爱中学生，尊重中学生人格，富有爱心、责任心、耐心和细心；为人师表，教书育人，自尊自律，以人格魅力和学识魅力教育感染中学生，做中学生健康成长的指导者和引路人。

(二)学生为本

尊重中学生权益，以中学生为主体，充分调动和发挥中学生的主动性；遵循中学生身心发展特点和教育教学规律，提供适合的教育，促进中学生生动活泼学习、健康快乐成长，全面而有个性地发展。

(三)能力为重

把学科知识、教育理论与教育实践有机结合，突出教书育人实践能力；研究中学生，遵循中学生成长规律，提升教育教学专业化水平；坚持实践、反思、再实践、再反思，不断提高专业能力。

(四)终身学习

学习先进中学教育理论，了解国内外中学教育改革与发展的经验和做法；优化知识结构，提高文化素养；具有终身学习与持续发展的意识和能力，做终身学习的典范。

二、基本内容

维度	领域	基本要求
专业理念与师德	（一）职业理解与认识	1. 贯彻党和国家教育方针政策，遵守教育法律法规。 2. 理解中学教育工作的意义，热爱中学教育事业，具有职业理想和敬业精神。 3. 认同中学教师的专业性和独特性，注重自身专业发展。 4. 具有良好职业道德修养，为人师表。 5. 具有团队合作精神，积极开展协作与交流。
	（二）对学生的态度与行为	6. 关爱中学生，重视中学生身心健康发展，保护中学生生命安全。 7. 尊重中学生独立人格，维护中学生合法权益，平等对待每一位中学生。不讽刺、挖苦、歧视中学生，不体罚或变相体罚中学生。 8. 尊重个体差异，主动了解和满足中学生的不同需要。 9. 信任中学生，积极创造条件，促进中学生的自主发展。
	（三）教育教学的态度与行为	10. 树立育人为本、德育为先的理念，将中学生的知识学习、能力发展与品德养成相结合，重视中学生的全面发展。 11. 尊重教育规律和中学生身心发展规律，为每一位中学生提供适合的教育。 12. 激发中学生的求知欲和好奇心，培养中学生学习兴趣和爱好，营造自由探索、勇于创新的氛围。 13. 引导中学生自主学习、自强自立，培养良好的思维习惯和适应社会的能力。 14. 尊重和发挥好共青团、少先队组织的教育引导作用。
	（四）个人修养与行为	15. 富有爱心、责任心、耐心和细心。 16. 乐观向上、热情开朗、有亲和力。 17. 善于自我调节情绪，保持平和心态。 18. 勤于学习，不断进取。 19. 衣着整洁得体，语言规范健康，举止文明礼貌。
专业知识	（五）教育知识	20. 掌握中学教育的基本原理和主要方法。 21. 掌握班级、共青团、少先队建设与管理的原则与方法。 22. 掌握教育心理学的基本原理和方法，了解中学生身心发展的一般规律与特点。 23. 了解中学生世界观、人生观、价值观形成的过程及其教育方法。 24. 了解中学生思维能力、创新能力和实践能力发展的过程与特点。 25. 了解中学生群体文化特点与行为方式。
	（六）学科知识	26. 理解所教学科的知识体系、基本思想与方法。 27. 掌握所教学科内容的基本知识、基本原理与技能。 28. 了解所教学科与其他学科的联系。 29. 了解所教学科与社会实践及共青团、少先队活动的联系。
	（七）学科教学知识	30. 掌握所教学科课程标准。 31. 掌握所教学科课程资源开发与校本课程开发的主要方法与策略。 32. 了解中学生在学习具体学科内容时的认知特点。 33. 掌握针对具体学科内容进行教学和研究性学习的方法与策略。

续表

维度	领域	基本要求
专业能力	（八）通识性知识	34. 具有相应的自然科学和人文社会科学知识。 35. 了解中国教育基本情况。 36. 具有相应的艺术欣赏与表现知识。 37. 具有适应教育内容、教学手段和方法现代化的信息技术知识。
	（九）教学设计	38. 科学设计教学目标和教学计划。 39. 合理利用教学资源和方法设计教学过程。 40. 引导和帮助中学生设计个性化的学习计划。
	（十）教学实施	41. 营造良好的学习环境与氛围，激发与保护中学生的学习兴趣。 42. 通过启发式、探究式、讨论式、参与式等多种方式，有效实施教学。 43. 有效调控教学过程，合理处理课堂偶发事件。 44. 引发中学生独立思考和主动探究，发展学生创新能力。 45. 发挥好共青团、少先队组织生活、集体活动、信息传播等教育功能。 46. 将现代教育技术手段整合应用到教学中。
	（十一）班级管理与教育活动	47. 建立良好的师生关系，帮助中学生建立良好的同伴关系。 48. 注重结合学科教学进行育人活动。 49. 根据中学生世界观、人生观、价值观形成的特点，有针对性地组织开展德育活动。 50. 针对中学生青春期生理和心理发展特点，有针对性地组织开展有益身心健康发展的教育活动。 51. 指导学生理想、心理、学业等多方面发展。 52. 有效管理和开展班级、共青团、少先队活动。 53. 妥善应对突发事件。
	（十二）教育教学评价	54. 利用评价工具，掌握多元评价方法，多视角、全过程评价学生发展。 55. 引导学生进行自我评价。 56. 自我评价教育教学效果，及时调整和改进教育教学工作。
	（十三）沟通与合作	57. 了解中学生，平等地与中学生进行沟通交流。 58. 与同事合作交流，分享经验和资源，共同发展。 59. 与家长进行有效沟通合作，共同促进中学生发展。 60. 协助中学与社区建立合作互助的良好关系。
	（十四）反思与发展	61. 主动收集分析相关信息，不断进行反思，改进教育教学工作。 62. 针对教育教学工作中的现实需要与问题，进行探索和研究。 63. 制定专业发展规划，积极参加专业培训，不断提高自身专业素质。

三、实施建议

（一）各级教育行政部门要将《专业标准》作为中学教师队伍建设的基本依据。根据中学教育改革发展的需要，充分发挥《专业标准》引领和导向作用，深化教师教育改革，建立教师教育质量保障体系，不断提高中学教师培养培训质量。制定中学教师准入标准，严把中学教师入口关；制定中学教师聘任（聘用）、考核、退出等管理制度，保障教师合法权益，形成科学有效的中学教师队伍管理和督导机制。

（二）开展中学教师教育的院校要将《专业标准》作为中学教师培养培训的主要依据。重视中学教师职业特点，加强中学教育学科和专业建设。完善中学教师培养培训方案，科学设置教师教育课程，改革教育教学方式；重视中学教师职业道德教育，重视社会实践和教育实习；加强从事中学教师教育的师资队伍建设，建立科学的质量评价制度。

（三）中学要将《专业标准》作为教师管理的重要依据。制定中学教师专业发展规划，注重教师职业理想与职业道德教育，增强教师育人的责任感与使命感；开展校本研修，促进教师专业发展；完善教师岗位职责和考核评价制度，健全中学绩效管理机制。中等职业学校参照执行。

（四）中学教师要将《专业标准》作为自身专业发展的基本依据。制定自我专业发展规划，爱岗敬业，增强专业发展自觉性；大胆开展教育教学实践，不断创新；积极进行自我评价，主动参加教师培训和自主研修，逐步提升专业发展水平。

小学教师专业标准（试行）

为促进小学教师专业发展，建设高素质小学教师队伍，根据《中华人民共和国教师法》和《中华人民共和国义务教育法》，特制定《小学教师专业标准（试行）》（以下简称《专业标准》）。

小学教师是履行小学教育教学工作职责的专业人员，需要经过严格的培养与培训，具有良好的职业道德，掌握系统的专业知识和专业技能。《专业标准》是国家对合格小学教师专业素质的基本要求，是小学教师实施教育教学行动的基本规范，是引领小学教师专业发展的基本准则，是小学教师培养、准入、培训、考核等工作的重要依据。

一、基本理念

（一）师德为先

热爱小学教育事业，具有职业理想，践行社会主义核心价值体系，履行教师职业道德规范，依法执教。关爱小学生，尊重小学生人格，富有爱心、责任心、耐心和细心；为人师表，教书育人，自尊自律，做小学生健康成长的指导者和引路人。

（二）学生为本

尊重小学生权益，以小学生为主体，充分调动和发挥小学生的主动性；遵循小学生身心发展特点和教育教学规律，提供适合的教育，促进小学生生动活泼学习、健康快乐成长。

（三）能力为重

把学科知识、教育理论与教育实践有机结合，突出教书育人实践能力；研究小学生，遵循小学生成长规律，提升教育教学专业化水平；坚持实践、反思、再实践、再反思，不断提高专业能力。

（四）终身学习

学习先进小学教育理论，了解国内外小学教育改革与发展的经验和做法；优化知识结构，提高文化素养；具有终身学习与持续发展的意识和能力，做终身学习的典范。

二、基本内容

维度	领域	基本要求
专业理念与师德	（一）职业理解与认识	1. 贯彻党和国家教育方针政策，遵守教育法律法规。 2. 理解小学教育工作的意义，热爱小学教育事业，具有职业理想和敬业精神。 3. 认同小学教师的专业性和独特性，注重自身专业发展。 4. 具有良好职业道德修养，为人师表。 5. 具有团队合作精神，积极开展协作与交流。
	（二）对小学生的态度与行为	6. 关爱小学生，重视小学生身心健康，将保护小学生生命安全放在首位。 7. 尊重小学生独立人格，维护小学生合法权益，平等对待每一位小学生。不讽刺、挖苦、歧视小学生，不体罚或变相体罚小学生。 8. 信任小学生，尊重个体差异，主动了解和满足有益于小学生身心发展的不同需求。 9. 积极创造条件，让小学生拥有快乐的学校生活。
	（三）教育教学的态度与行为	10. 树立育人为本、德育为先的理念，将小学生的知识学习、能力发展与品德养成相结合，重视小学生全面发展。 11. 尊重教育规律和小学生身心发展规律，为每一个小学生提供适合的教育。 12. 引导小学生体验学习乐趣，保护小学生的求知欲和好奇心，培养小学生的广泛兴趣、动手能力和探究精神。 13. 引导小学生学会学习，养成良好学习习惯。 14. 尊重和发挥好少先队组织的教育引导作用。
	（四）个人修养与行为	15. 富有爱心、责任心、耐心和细心。 16. 乐观向上、热情开朗、有亲和力。 17. 善于自我调节情绪，保持平和心态。 18. 勤于学习，不断进取。 19. 衣着整洁得体，语言规范健康，举止文明礼貌。
专业知识	（五）小学生发展知识	20. 了解关于小学生生存、发展和保护的有关法律法规及政策规定。 21. 了解不同年龄及有特殊需要的小学生身心发展特点和规律，掌握保护和促进小学生身心健康发展的策略与方法。 22. 了解不同年龄小学生学习的特点，掌握小学生良好行为习惯养成的知识。 23. 了解幼小和小初衔接阶段小学生的心理特点，掌握帮助小学生顺利过渡的方法。 24. 了解对小学生进行青春期和性健康教育的知识和方法。 25. 了解小学生安全防护的知识，掌握针对小学生可能出现的各种侵犯与伤害行为的预防与应对方法。

续表

维度	领域	基本要求
专业知识	（六）学科知识	26. 适应小学综合性教学的要求，了解多学科知识。 27. 掌握所教学科知识体系、基本思想与方法。 28. 了解所教学科与社会实践、少先队活动的联系，了解与其他学科的联系。
	（七）教育教学知识	29. 掌握小学教育教学基本理论。 30. 掌握小学生品行养成的特点和规律。 31. 掌握不同年龄小学生的认知规律和教育心理学的基本原理和方法。 32. 掌握所教学科的课程标准和教学知识。
	（八）通识性知识	33. 具有相应的自然科学和人文社会科学知识。 34. 了解中国教育基本情况。 35. 具有相应的艺术欣赏与表现知识。 36. 具有适应教育内容、教学手段和方法现代化的信息技术知识。
专业能力	（九）教育教学设计	37. 合理制定小学生个体与集体的教育教学计划。 38. 合理利用教学资源，科学编写教学方案。 39. 合理设计主题鲜明、丰富多彩的班级和少先队活动。
	（十）组织与实施	40. 建立良好的师生关系，帮助小学生建立良好的同伴关系。 41. 创设适宜的教学情境，根据小学生的反应及时调整教学活动。 42. 调动小学生学习积极性，结合小学生已有的知识和经验激发学习兴趣。 43. 发挥小学生主体性，灵活运用启发式、探究式、讨论式、参与式等教学方式。 44. 发挥好少先队组织生活、集体活动、信息传播等教育活动。 45. 将现代教育技术手段渗透运用到教学中。 46. 较好使用口头语言、肢体语言与书面语言，使用普通话教学，规范书写钢笔字、粉笔字、毛笔字。 47. 妥善应对突发事件。 48. 鉴别小学生行为和思想动向，用科学的方法防止和有效矫正不良行为。
	（十一）激励与评价	49. 对小学生日常表现进行观察与判断，发现和赏识每一个小学生的点滴进步。 50. 灵活使用多元评价方式，给予小学生恰当的评价和指导。 51. 引导小学生进行积极的自我评价。 52. 利用评价结果不断改进教育教学工作。
	（十二）沟通与合作	53. 使用符合小学生特点的语言进行教育教学工作。 54. 善于倾听，和蔼可亲，与小学生进行有效沟通。 55. 与同事合作交流，分享经验和资源，共同发展。 56. 与家长进行有效沟通合作，共同促进小学生发展。 57. 协助小学与社区建立合作互助的良好关系。
	（十三）反思与发展	58. 主动收集分析相关信息，不断进行反思，改进教育教学工作。 59. 针对教育教学工作中的现实需要与问题，进行探索和研究。 60. 制定专业发展规划，积极参加专业培训，不断提高自身专业素质。

三、实施建议

（一）各级教育行政部门要将《专业标准》作为小学教师队伍建设的基本依据。根据小学教育改革发展的需要，充分发挥《专业标准》引领和导向作用，深化教师教育改革，建立教师教育质量保障体系，不断提高小学教师培养培训质量。制定小学教师准入标准，严把小学教师入口关；制定小学教师聘任（聘用）、考核、退出等管理制度，保障教师合法权益，形成科学有效的小学教师队伍管理和督导机制。

（二）开展小学教师教育的院校要将《专业标准》作为小学教师培养培训的主要依据。重视小学教师职业特点，加强小学教育学科和专业建设。完善小学教师培养培训方案，科学设置教师教育课程，改革教育教学方式；重视小学教师职业道德教育，重视社会实践和教育实习；加强从事小学教师教育的师资队伍建设，建立科学的质量评价制度。

（三）小学要将《专业标准》作为教师管理的重要依据。制定小学教师专业发展规划，注重教师职业理想与职业道德教育，增强教师育人的责任感与使命感；开展校本研修，促进教师专业发展；完善教师岗位职责和考核评价制度，健全小学绩效管理机制。

（四）小学教师要将《专业标准》作为自身专业发展的基本依据。制定自我专业发展规划，爱岗敬业，增强专业发展自觉性；大胆开展教育教学实践，不断创新；积极进行自我评价，主动参加教师培训和自主研修，逐步提升专业发展水平。

2017年下半年中小学教师资格考试
教育知识与能力试题(中学)

注意事项:

1. 考试时间为120分钟,满分为150分。

2. 请按规定在答题卡上填涂、作答。在试卷上作答无效,不予评分。

一、单项选择题(本大题共21小题,每小题2分,共42分)。

1. 提出"泛智"教育思想,探讨"把一切事物教给一切人类的全部艺术"的教育家是( )。

    A. 夸美纽斯　　　B. 赫尔巴特　　　C. 赞科夫　　　D. 布鲁纳

2. 教育与人类社会共始终,为一切人一切社会所必需,是新生一代的成长和社会生活的延展与发展不可缺少的手段,这表明教育具有( )。

    A. 阶级性　　　B. 历史性　　　C. 永恒性　　　D. 平等性

3. 社会成员经由教育的培养、筛选和提高,可以在不同的社会区域、社会层次、职业岗位以及科层组织之间转换和调动。这种教育的功能是( )。

    A. 社会流动功能　　　　　　B. 文化传递功能

    C. 社会改造功能　　　　　　D. 人口控制功能

4. 法国启蒙思想家卢梭于1762年发表了小说体的教育名著,系统地阐述了他的自然主义教育思想,这部教育名著是( )。

    A.《理想国》　　　B.《巨人传》　　　C.《教育论》　　　D.《爱弥儿》

5. 在不同时期、地域、民族和阶层中生活的人的思想、品行、才能和习性,无不被打上历史地域、民族和阶层的烙印,表现出很大的差别。这种现象表明的影响人发展的因素是( )。

    A. 遗传因素　　　B. 社会环境　　　C. 教育影响　　　D. 个体实践

6. 教育目的的制定受到诸多因素的影响,其中决定教育目的的性质、方向和内涵的因素是( )。

    A. 受教育者的身心发展特点

    B. 哲学思想和教育思想

    C. 生产力水平和政治经济制度

    D. 文化传统和教育传统

7. 李老师在教育过程中,深入了解学生,针对学生的不同发展水平、兴趣、爱

好和特长，引导学生扬长避短，发展个性，不断促进学生的自由发展。李老师的这种做法适应了人身心发展的哪一特点？（　　）

　　A. 顺序性　　　　B. 阶段性　　　　C. 连续性　　　　D. 差异性

　　8. 和任何事物的发展一样，学生品德的发展也是由其内部矛盾推动的。学生品德发展的内部矛盾是（　　）。

　　A. 社会道德要求与学生现有品德发展水平之间的矛盾

　　B. 学习德育要求与学生现有品德发展水平之间的矛盾

　　C. 学生品德发展的社会要求与学校德育要求之间的矛盾

　　D. 学生品德发展的新需要与其现有发展水平之间的矛盾

　　9. 教学过程是一种特殊的认识过程，其区别于人类一般认识过程的特点是（　　）。

　　A. 主动性、阅读性和引导性

　　B. 探索性、间接性和引导性

　　C. 间接性、引导性和简捷性

　　D. 间接性、引导性和复杂性

　　10. 2001 年，教育部颁布的《基础教育课程改革纲要（试行）》规定，我国普通高中阶段的课程设置方式是（　　）。

　　A. 以分科课程为主

　　B. 分科课程和综合课程结合

　　C. 以综合课程为主

　　D. 活动课程和学科课程结合

　　11. 在一定课程理论指导下，依据培养目标和课程方案，以纲要形式编制的关于教学科目内容、教学实施建议以及课程资源开发等方面的指导性文件是（　　）。

　　A. 课程计划　　　B. 课程标准　　　C. 教学方案　　　D. 教学指南

　　12. 在某个时期内，个体对某种刺激特别敏感，过了这个时期，同样的刺激则影响很小或没有影响，这个时期称为（　　）。

　　A. 关键期　　　　B. 发展期　　　　C. 转折期　　　　D. 潜伏期

　　13. 图 1 是由三个扇形和三条折线组成，但是人们会把它知觉为两个三角形和三个圆形，其反映的知觉特性是（　　）。

　　A. 整体性

　　B. 选择性

　　C. 稳定性

　　D. 恒常性

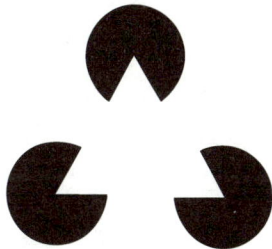

图 1

14. 按照埃里克森人格发展理论，12～18岁个体心理发展的主要任务是( )。

A. 强化自我主动性

B. 培养勤奋感

C. 建立自我同一性

D. 获得亲密感

15. 下列教师课堂行为中，体现教师正确运用无意注意规律的是( )。

A. 对教学重点在语音语调上予以强调

B. 发现个别学生上课走神时，立即点名批评

C. 讲课前公布学生成绩

D. 用彩色粉笔把黑板边缘装饰得格外醒目

16. 地理老师教学生记忆"乞力马扎罗山"时，为方便学生记忆，将之戏称为"骑着马打着锣"。这种学习策略属于( )。

A. 复述策略　　　B. 精细加工策略　　C. 组织策略　　　D. 元认知策略

17. 英语老师先教学生蔬菜、水果、肉的英文单词，再教羊肉、猪肉、牛肉、胡萝卜、辣椒、西红柿、杧果、木瓜、香蕉等英文单词，并要求学生把后者放入到前者的类中。这种知识学习属于( )。

A. 下位学习　　　B. 上位学习　　　C. 组合学习　　　D. 并列学习

18. 当解出一道困惑自己许久的难题时，小明感到无比兴奋、激动，心理学将小明此时的情感体验称为( )。

A. 道德感　　　　B. 理智感　　　　C. 美感　　　　　D. 幸福感

19. 小东每次锁门离家后，明知已锁过门，但总是怀疑门没锁上，非要返回检查才安心，他的这种行为表现属于( )。

A. 强迫恐惧　　　B. 强迫焦虑　　　C. 强迫观念　　　D. 强迫行为

20. 在小组讨论中，关于什么是道德行为培养的关键，同学们有下列四种不同的看法，其中正确的是( )。

A. 形成良好的道德意志　　　　　B. 形成良好的道德环境

C. 形成良好的道德情感　　　　　D. 形成良好的道德习惯

21. 教师在课堂上提问一些有难度的问题时，通常会不由自主地将眼光停留在那些优秀的学生身上，这种现象反映的是( )。

A. 从众反映　　　B. 木桶效应　　　C. 期待效应　　　D. 投射效应

二、辨析题(本大题共 4 题，每小题 8 分，共 32 分)：判断正误，并说明理由。

22. 德育的起点是提高道德认识。

23. 教学具有教育性。

24. 短时记忆向长时记忆转化的条件是想象。

25. 负强化和惩罚在本质上是相同的。

三、简答题(本大题共 4 小题，每小题 10 分，共 40 分)。

26. 简述综合实践活动的主要领域。

27. 简述班主任工作的基本内容。

28. 简述建构主义学习理论的知识观、学习观、学生观。

29. 简述态度与品德形成的三阶段及其主要内容。

四、材料分析题(本大题共 2 小题，每小题 18 分，共 36 分)：阅读材料，并回答问题。

30. 某市教育局最近出台一项改革措施，审查义务教育学校的办学效益，对效益高的学校实行倾斜政策，加大投资力度。市教育局先制定出以学生学业成绩、升学率等为主要指标的评价体系，然后依据这一指标体系，由教育行政部门、教育评估专家和学校三方组成评估小组，对全市义务教育学校逐一进行评估，评出一定比例的高效益学校，高效益学校评出后，由政府出面对这些学校加大投资力度，以确保有限的教育资源得到最大限度的利用。据市教育局有关人士称，这项措施的出台将改变以往那种重点学校"近水楼台先得月"的局面，因为评估的结果很有可能表明，重点学校不一定等于高效益的学校，一般学校也并不一定等于效益低的学校。

问题：试运用我国义务教育发展的理念和政策，评论该市教育局的这项改革措施。

31. 贾德 1908 年所做的"水下打靶"实验，是学习迁移研究的经典实验之一，他将被试分成两组。要他们练习用标枪投中水下的靶子。实验前，实验人员对一组讲授了光学折射原理；对另一组则不讲授，他们只能从尝试中获取一些经验。在开始投掷练习时，靶子置于水下 1.2 英尺处。结果，学习过和未学习过折射原理的被试的成绩相同。这是由于在开始测验时，所有被试都必须学会运用标枪，理论的说明不能代替练习。当把水下 1.2 英尺处的靶子移到水下 4 英尺处时，两组的差异就明显地表现出来：未学习折射原理一组的被试不能运用水下 1.2 英尺处的投掷经验以改进靶子位于水下 4 英尺处的投掷练习，错误持续发生；而学过折射原理的被试，则能迅速适应水下 4 英尺处的学习情境，学得快，投得准。

(1)贾德在该实验基础上，提出何种学习迁移理论？(4 分)

(2)该理论的基本观点是什么？(4 分)

(3)依据该理论，产生学习迁移的关键是什么？(5 分)

(4)该理论对教学的主要启示是什么？(5 分)

参 考 文 献

[1]班华，王正勇. 高中班主任[M]. 南京：南京师范大学出版社，2003：144.

[2]崔允漷. 有效教学[M]. 上海：华东师范大学出版社，2009.

[3]陈向明. 质的研究方法和社会科学研究[M]. 北京：教育科学出版社，2000.

[4]陈玉琨等. 课程改革与课程评价[M]. 北京：教育科学出版社，2001.

[5]戴莹莹. 科学教育：斯宾塞的教育思想[N]. 中国社会科学报，2017-04-06.

[6]恩格斯. 自然辩证法[M]. 北京：人民出版社，1971：150.

[7]方炳林. 普通教学法[M]. 台北：教育文物出版社，1976：306.

[8]冯建军. 基于个体发展差异的教育公正原则[J]. 教育研究与实验，2008(4).

[9]国际21世纪教育委员会. 教育——财富蕴藏其中[M]. 北京：教育科学出版社，2015.

[10]顾明远. 教育大辞典. 第1卷[M]. 上海：上海教育出版社，1990.

[11]顾明远. 教育与社会政治经济制度的关系[J]. 江苏教育，1982(9).

[12]顾明远. 从新民主主义教育到社会主义教育[J]. 教育研究，2011(7).

[13]候怀银. 教育研究方法[M]. 北京：高等教育出版社，2009.

[14]黄济，王策三. 现代教育论[M]. 北京：人民教育出版社，1996.

[15]赫尔巴特. 普通教育学·教育学讲授纲要[M]. 李其龙译. 北京：人民教育出版社，1989.

[16]胡森. 国际教育百科全书：第6卷[M]. 李进等译. 贵阳：贵州教育出版社，1990：22.

[17]教育部人事司，教育部考试中心. 中学教育学考试大纲[M]. 北京：北京师范大学出版社，2002.

[18]教育部师范司. 教师专业化的理论与实践[M]. 北京：人民教育出版社，2001.

[19]教师资格考试命题研究中心. 教师资格证国家统一考试专用指导教材：教育知识与能力(中学)[M]. 北京：北京师范大学出版社，2015.

[20]教师资格考试研究中心. 教师资格证考试用书：教育知识与能力(中学)[M]. 上海：华东师范大学出版社，2015.

[21]教师资格考试研究中心. 教师资格证考试用书：综合素质(中学)[M]. 上海：华东师范大学出版社，2015.

[22]卢家楣. 教育科学研究方法[M]. 上海：上海教育出版社，2012.

[23]卢乐珍. 别错过幼儿感知觉发展关键期[J]. 家庭教育，2004(2B).

[24]赖华强. 班主任工作案例教程[M]. 广州：暨南大学出版社，2004：89.

[25]李剑萍，魏薇. 教育学导论[M]. 北京：人民出版社，2002：226.

[26]刘海峰. 高考改革的教育与社会视角[J]. 高等教育研究，2002(5).

[27]刘继武，王坦. 论教学结构[J]. 山东师大学报(社会科学版)，1987(3).

[28]马克思，恩格斯. 马克思恩格斯选集：第1卷[M]. 北京：人民出版社，1995：18.

[29]马克思，恩格斯. 马克思恩格斯全集：第2卷[M]. 北京：人民出版社，1972：614.

[30]马克思，恩格斯. 马克思恩格斯全集：第3卷[M]. 北京：人民出版社，1972.

[31]马克思，恩格斯. 马克思恩格斯全集：第23卷[M]. 北京：人民出版社，1972：202.

[32]马克思，恩格斯. 马克思恩格斯全集：第42卷[M]. 北京：人民出版社，1972：123.

[33]马克思，恩格斯. 马克思恩格斯选集：第20卷[M]. 北京：人民出版社，1971：316.

[34]马克思. 资本论：第1卷[M]. 北京：人民出版社，1975.

[35]麻艳香，蔡中宏. 教育：文化发展的内在机制[J]. 西北民族大学学报(哲学社会科学版)，2010(1).

[36]南京师范大学教育系. 教育学[M]. 北京：人民教育出版社，2005.

[37]孟宪承. 教育概论[M]. 北京：商务印书馆，1947：116.

[38]马卡连柯. 论共产主义教育[M]. 刘长松等译. 北京：人民教育出版社，1962：270.

[39]彭小明、郑东辉. 课堂教学技能训练[M]. 北京：高等教育出版社，2012.

[40]皮连生. 学与教的心理学[M]. 上海：华东师范大学出版社，2003：398.

[41]裴娣娜. 现代教学论基础[M]. 北京：人民教育出版社，2015.

[42]裴娣娜. 教育研究方法导论[M]. 合肥：安徽教育出版社，1995.

[43]全国十二所重点师范大学联合编写：教育学基础：第3版[M]. 北京：教育科学出版社，2016.

[44]鲁杰. 教育社会学[M]. 北京：人民教育出版社，1990：387.

[45]施良方. 课程理论——课程的基础、原理与问题[M]. 北京：教育科学出版社，1996.

[46]施良方，崔允漷. 教学理论——课堂教学的原理、策略与研究[M]. 上海：华东师范大学出版社，1999.

[47]苏霍姆林斯基. 和青年校长的谈话[M]. 北京：教育科学出版社，2001：672.

[48]苏霍姆林斯基. 给教师的建议[M]. 北京：教育科学出版，1984.

[49]苏霍姆林斯基. 苏霍姆林斯基选集：第3卷[M]. 北京：教育科学出版社，2001.

[50]苏霍姆林斯基. 要相信人[J]. 外国教育资料，1980(1).

[51]邵宗杰，裴文敏，卢真金. 教育学[M]. 上海：华东师范大学出版社，2006：260.

[52]佘美华. 浅议游戏化教学在小学数学课堂教学中的应用[J]. 读与写杂志，2016(5)：215.

[53]孙泽文. 论教育科学研究方法的历史演进与发展趋势[J]. 荆楚理工学院学报，2016(6).

[54]孙泽文，叶敏，程远志，路华清. 教育科学研究的特征、层级和价值思考[J]. 教学与管理，2016(9).

[55]王道俊，王汉澜主编. 教育学[M]. 北京：人民教育出版社，1999.

[56]王道俊，郭文安. 教育学[M]. 北京：人民教育出版社，2009.

[57]王本陆. 课程与教学论：第3版[M]. 北京：高等教育出版社，2017.

[58]王琼宇. 从班杜拉的社会学习理论看教育[J]. 社会心理科学，2015(2).

[59]吴式颖等. 外国教育史教程[M]. 北京：教育科学出版社，2015.

[60]吴俊升. 教育哲学大纲[M]. 北京：商务印书馆，1935.

［61］王守恒. 教育科学研究方法［M］. 合肥：安徽大学出版社，2005.

［62］王铁. 教育学基础知识问答［M］. 北京：中国青年出版社，1983：359.

［63］王策三. 教学论稿［M］. 北京：人民教育出版社，1985：244－245.

［64］王玉珊. 日本教育及其在经济发展中的作用研究［D］. 长春：东北师范大学，2012.

［65］夏征农，陈至立. 辞海［M］. 上海：上海辞书出版社，2002.

［66］王砚峰. 老龄化的代价与中国未来人口红利［EB/OL］.（2017-06-19）［2018-02-19］. http：//
news. hexun. com/2017-06-19/189706886. html.

［67］熊芳. 论教育生产力的作用规律［J］. 湖南科技大学学报(社会科学版)，2011(5).

［68］肖川. 论文化与教育［J］. 教育理论与实践，1991(1).

［69］徐勇，曾广玉，张洪波，陶芳标. 119 对双生子智力遗传度的研究［J］. 心理科学，1996(5).

［70］袁振国. 当代教育学［M］. 北京：教育科学出版社，2004.

［71］叶澜. 教育概论［M］. 北京：人民教育出版社，2006.

［72］叶存洪等. 教育学［M］. 大连：大连理工大学出版社，2010.

［73］叶传民.“5 的乘法口诀”教学思考［J］. 新课程：下，2014（2）：181.

［74］余文森. 新课程背景下的公共教育学教程［M］. 北京：高等教育出版社，2004.

［75］余丽. 反思性学习在教师专业发展中作用的研究［D］. 广州：华南师范大学，2003.

［76］朱勃. 比较教育——名著与评论［M］. 长春：吉林教育出版社，1988：87.

［77］朱慕菊. 走进新课程［M］. 北京：北京师范大学出版社，2002.

［78］钟启泉等. 基础教育课程改革纲要(试行)解读［M］. 上海：华东师范大学出版社，2001.

［79］左藤正夫. 教学论原理［M］. 钟启泉译. 北京：人民教育出版社，1996.

［80］钟启泉，崔允漷. 新课程的理念与创新——师范生读本［M］. 北京：高等教育出版社，2003.

［81］张文显. 法理学［M］. 北京：高等教育出版社，北京大学出版社，1999.

［82］张红霞. 教育科学研究方法［M］. 北京：教育科学出版社，2009.

［83］张焕庭. 现代西方资产阶级教育论著选［M］. 北京：人民教育出版社，1979：267.

［84］张兴茂，赵志亮. 1990 年代以来中国教育生产力的发展和经济增长的关系［J］. 吉首大学学
报，2012(4).

［85］郑真真，吴要武. 人口变动对教育的发展［J］. 北京大学教育评论，2005(2).

［86］朱文英. 资源环境和人——李奕谈信息化对基础教育的影响［J］. 中国教育信息化，2006
(12).

［87］张艳. 中小学教师怎样进行课题研究(六)——教育科研方法之教育观察法［J］. 教育理论与实
践，2008(6).

［88］赵明仁，王嘉毅. 教育行动研究的类型分析［J］. 高等教育研究，2009(2).

［89］中华人民共和国国家统计局，中国儿童发展纲要(2011－2020)年统计监测报告［EB/OL］.
（2017-10-27）［2018-2-19］. http：// www. stats. gov. cn/tjsj/zxfb/201710/t20171026_1546618.
html.